EL PENSAMIENTO ALEMÁN
DE KANT A HEIDEGGER

EUSEBI COLOMER

EL PENSAMIENTO ALEMÁN
DE KANT A HEIDEGGER

TOMO PRIMERO
LA FILOSOFÍA TRASCENDENTAL: KANT

Herder

Diseño de la cubierta: Claudio Bado

1ª edición, 5ª impresión, 2016

© 1986, *Herder Editorial, S.L., Barcelona*

ISBN de la Obra Completa: 978-84-254-1518-0
ISBN del Volumen I: 978-84-254-1519-7

La reproducción total o parcial de esta obra sin el consentimiento expreso de los titulares del *Copyright* está prohibida al amparo de la legislación vigente.

Imprenta: ServicePoint
Depósito legal: B-4494-2013

Printed in Spain – Impreso en España

Herder
www.herdereditorial.com

A LA MEMORIA DE MI PADRE
A MI MADRE EN SU OCHENTA Y CINCO ANIVERSARIO

ÍNDICE

Prólogo	1
Nota editorial	5
Introducción	7

Capítulo primero: Trayectoria vital y doctrinal	25
1. Importancia y novedad de Kant	25
2. La problemática kantiana: aspecto gnoseológico y aspecto ético-metafísico	26
3. El hombre y la obra	30
4. El carácter	34

Capítulo segundo: Período precrítico	37
1. Etapa de enmiendas al racionalismo (1746-1763)	38
a) Evolución en el concepto de espacio	39
b) Evolución en los conceptos de razón y causa	43
c) Evolución en el concepto de existencia	45
2. Etapa de influencia empirista (1764-1766)	52
3. Descubrimiento de la idealidad del espacio y del tiempo (1768-1770)	55
4. Hacia la formulación definitiva de la problemática crítica: el problema del objeto (1771-1780)	62

Capítulo tercero: Crítica de la razón pura: estructura e idea clave	67
1. Origen y finalidad de la *Crítica*	67
2. Cambio de método: la revolución copernicana	69
3. Objeto de la *Crítica:* la razón y su estructura trascendental y *a priori*	71
4. El problema crítico y su concreción: los juicios sintéticos *a priori*	74
5. Idea clave de la *Crítica:* la finitud de la razón	77
6. Observaciones críticas	82

Capítulo cuarto: Estética trascendental	87
1. Idea general	88
2. El problema a resolver	89

Índice

3. Apriopidad de espacio y tiempo 90
   a) Exposición metafísica 90
   b) Exposición trascendental 92
4. Realidad empírica e idealidad trascendental de espacio y tiempo 93
5. Consecuencias críticas de la estética trascendental 95
   a) La posibilidad de las matemáticas 95
   b) Nueva noción de sujeto 96
   c) Relatividad del conocimiento sensitivo 97
6. Observaciones críticas 99

Capítulo quinto: Analítica trascendental 105
1. Idea general 106
2. Analítica de los conceptos 107
   a) Deducción metafísica 108
   b) Deducción trascendental 113
3. El «yo pienso» plenitud del subjetivismo 121
4. Analítica de los principios 127
   a) El esquematismo de los conceptos puros 127
   b) El sistema de los principios del entendimiento puro 131
5. Consecuencias críticas de la analítica trascendental 138
   a) Unidad de sensibilidad y entendimiento en la experiencia 138
   b) Limitación del uso objetivo de los conceptos 139
   c) La paradoja kantiana: la naturaleza como producto de nuestra espontaneidad 140
   d) Autoconciencia y conocimiento del yo 142
   e) Refutación del idealismo 143
   f) Fenómenos y noúmenos 146
6. Observaciones críticas 157

Capítulo sexto: Dialéctica trascendental 161
1. Las ideas trascendentales 162
2. Crítica de la metafísica especial 167
   a) Psicología racional 168
   b) Cosmología 169
   c) Teología racional 173
3. Consecuencias críticas de la dialéctica trascendental 183
   a) Uso regulativo de las ideas 183
   b) Imposibilidad de la metafísica como ciencia 185
4. Observaciones críticas 187

Capítulo séptimo: Teoría trascendental del método 191
1. Disciplina de la razón pura 191
2. Canon de la razón pura 192
3. Arquitectónica e historia de la razón pura 196
4. Interpretaciones de conjunto y valoración de la primera *Crítica* .. 198

Capítulo octavo: Crítica de la razón práctica: Analítica 203
1. Preliminares: supuesto, alcance y planteamiento de la segunda *Crítica* 204
2. El hecho de lo moral 209
3. Los principios del orden moral 211

Índice

4. Formulaciones del imperativo moral 215
5. La autonomía de la voluntad 222
6. La libertad, condición de posibilidad de la moralidad 223
7. Mecanismo y libertad 225
8. Características de la moral kantiana 229

Capítulo noveno: Crítica de la razón práctica: Dialéctica 231
1. La antinomia del supremo bien 231
2. Los postulados de la razón práctica 233
3. El primado de la razón práctica 237
4. La fe moral 239
5. Esperanza y religión 244
6. Observaciones críticas 245

Capítulo décimo: Crítica del juicio 251
1. Origen y planteamiento de la tercera *Crítica* 256
2. La facultad de juzgar y su principio *a priori* 258
3. El juicio estético 261
4. El juicio teleológico 265
5. Observaciones críticas 267

Capítulo undécimo: Filosofía de la religión, del derecho y de la historia 273
1. Kant y la Ilustración 273
2. Filosofía de la religión 275
3. Filosofía del derecho 284
4. Filosofía de la historia 292

Capítulo duodécimo: El *Opus postumum* 301
1. Problemática física 302
2. Problemática gnoseológica 303
3. Problemática metafísica 307

Bibliografía 321
1. Bibliografía general 321
2. Kant 322
   a) Fuentes e instrumentos de trabajo 322
   b) Estudios 323

PRÓLOGO

Desde fines del siglo XVIII la línea directriz de la filosofía pasa por Alemania. En épocas anteriores no habían faltado filósofos en el mundo cultural germano. Alberto Magno, el Maestro Eckhart, el cardenal Nicolás de Cusa y Leibniz —para citar sólo cuatro nombres bien conocidos— son sin duda filósofos y alemanes, pero, por mucho que haya de alemán en su manera de filosofar, su pensamiento se inscribe en la órbita cultural europea del momento, llámese ésta escolástica, humanismo renacentista o racionalismo postcartesiano. A partir de Kant la gran filosofía europea empieza a hablar alemán. La serie imponente de grandes filósofos que se suceden casi sin solución de continuidad por espacio de más de siglo y medio, desde Kant, Fichte, Schelling, Hegel, Kierkegaard, Marx, Nietzsche hasta Dilthey, Husserl y Heidegger, constituye un fenómeno único en la historia europea. Aquí y no en otra parte, por obra de pensadores originales y creadores y no de meros epígonos, se plantean y resuelven para bien o para mal los grandes problemas espirituales, sociales y políticos de la época moderna. En un mundo que cambia vertiginosamente, estos hombres se han convertido en buena parte en autores clásicos. Sin embargo, todavía hoy, si queremos comprender verdaderamente lo que nos pasa, si queremos saber lo que culturalmente somos, de dónde venimos y adónde vamos, hay que acudir a su obra de pensamiento.

En estos últimos decenios ha tenido lugar entre nosotros un amplio y profundo movimiento de recepción de las corrientes filosóficas europeas de la modernidad y muy particularmente del pensamiento alemán idealista y postidealista. En cierto sentido hubo que quemar etapas para poner la filosofía en nuestro país a la altura de los tiempos. La obra que presentamos: *El pensamiento alemán de Kant a Heidegger* llega, pues,

Prólogo

en buena sazón. No se trata de una historia completa de la filosofía alemana moderna y contemporánea. Como lo indica el título, se trata de seguir un camino que a grandes zancadas, por trancas y barrancas, lleva efectivamente de Kant a Heidegger. Ahí reside, en efecto, uno de los rasgos más peculiares y ejemplares de esa etapa del pensamiento alemán: que su desarrollo constituye un camino, una génesis, un proceso, en una palabra, una «historia» que puede ser «contada», como se cuenta cualquier otra historia. Los autores seleccionados han sido escogidos a fuer de actores de esa historia, de personajes por cuyos dedos pasa alguno de los hilos de la trama argumental. Esta circunstancia explica —y esperamos que también justifique— ausencias y presencias.

Esta obra ha nacido y crecido con el ejercicio de la docencia en la Facultad de Teología de Barcelona y en la Facultad de Filosofía y Ciencias de la Educación de la Universidad de Deusto, en Bilbao. Este origen académico se hace visible en algunas de sus características. Así el libro ofrece, como es usual, una exposición o presentación de carácter general, pero lo más exacta y completa posible, del camino de pensamiento de cada filósofo, en su génesis histórica y en su despliegue cronológico y sistemático, de suerte que pueda servir al lector, estudiante o profesor de filosofía, de introducción a su estudio. Estas exposiciones van acompañadas de la correspondiente información bibliográfica, en la que se da noticia del estado de las fuentes, con sus principales ediciones, versiones al castellano, etc., y de los estudios más relevantes sobre el tema, muy particularmente de los que pueden ser de mayor utilidad entre nosotros, como son los aparecidos en castellano, ya sean trabajos originales, ya sean traducciones.

Una relativa novedad de esta obra consiste en el uso directo de las fuentes. En cualquier caso, en la exposición de las diferentes filosofías se ha dejado hablar a los propios filósofos mucho más abundantemente de lo que ocurre en las historias de la filosofía al uso. Esto es válido en general en todos y cada uno de los autores estudiados, pero lo es todavía más en el caso de aquellos tres pensadores que constituyen los tres hitos fundamentales de nuestra historia, Kant, Hegel y Heidegger, y del tratamiento dispensado a obras tales como las tres *Críticas*, la *Fenomenología del espíritu*, la *Enciclopedia de las ciencias filosóficas* o *El ser y el tiempo*. Se ha tenido también muy en cuenta el dicho de Kant, según el cual la misión del profesor de filosofía no consiste tanto en enseñar pensamientos, cuanto en enseñar a pensar. Ahora bien, enseñar a pensar significaba como mínimo, en una obra como la presente, esforzarse en poner de relieve los lazos y conexiones existentes entre los diferentes pensadores, sin ocultar, antes al contrario, subrayando, la tarea de criba, de juicio inmanente, que el mismo proceso del pensamiento lleva a cabo respecto de los huecos, quiebras o pasos en falso de anteriores planteamientos. Enseñar a pensar significaba también en ocasiones defender a un determinado autor de la crítica injusta de otro, someter cada pensador al más exigente de los criterios, el de su propia coherencia y —¿por qué no?— plantearse honestamente, cuando era necesario, la cuestión prohibida, la cuestión de la verdad.

No existe una historia neutral, al menos en el ámbito de la historia del espíritu. Si el filósofo, a diferencia del científico, se sitúa frente a su objeto en la actitud del actor y no sólo del espectador, si una pregunta verdaderamente filosófica es aquella en la que se halla desde siempre incluido el mismo preguntante, no sería razonable exigir de una obra histórico-filosófica una imposible neutralidad. Naturalmente tampoco se trata de lanzarse en brazos de un partidismo sectario que mide a todo otro tipo de pensamiento con el propio rasero y se hace así ciego a lo que hay de progreso, de auténtica novedad, en la historia de las ideas. En cualquier caso el autor de esta historia no ha pretendido ser neutral, tampoco sectario o partidista, pero sí comprometido con una determinada concepción de la verdad y del quehacer filosófico como quehacer inevitablemente meta-físico que, por no ser hoy, en nuestro escéptico o cansado mundo intelectual, lo que se llama moneda corriente, constituya acaso una interesante novedad.

Tal vez algún lector se sorprenda de la desacostumbrada atención que hemos dedicado a la problemática teológica. El hecho tiene que ver con el marco académico arriba indicado, concretamente con la larga docencia de la historia de la filosofía en una Facultad Teológica. Sin embargo, no se trataba sólo de prestar un servicio a los estudiosos de la Teología. Se trataba también de sacar a la luz una dimensión a veces olvidada de la misma filosofía. Cuanto uno conoce más de cerca esa gran etapa del pensamiento, tanto más se percata del importante papel que en su origen y desarrollo tuvo la Teología. Nietzsche no se engañaba al señalar, aunque fuera en son de burla, que por las venas de la filosofía alemana corría sangre teológica. Él mismo no fue ninguna excepción. Por otra parte, ¿por qué había de ser de otro modo? Según una conocida distinción de Ortega, las ideas se tienen, pero en las creencias se está. Ahora bien, el horizonte de creencias del hombre europeo ha sido determinado decisivamente por el cristianismo. Por ello entre nosotros se han dado en mayor o menor medida filosofías cristianas o anticristianas, teológicas o antiteológicas. Lo que no se ha dado, a no ser como excepción, es una filosofía literalmente «pagana». El mismo ateísmo humanista del siglo XIX, el ateísmo de Feuerbach, Marx o Nietzsche, en su tremenda radicalidad, es algo que sólo podía aparecer en un mundo marcado por el cristianismo.

En la versión de los textos alemanes al castellano hemos tenido en cuenta las traducciones existentes, aunque confrontándolas con el texto original. La edición utilizada es la que, junto con la edición alemana, se cita en las notas a pie de página, excepto en el caso de la *Crítica de la razón pura*, para la que nos pareció mejor citar la reciente traducción de P. Ribas, pese a que habíamos utilizado en parte la anterior e incompleta de M. García Morente.

Esta obra ha podido llevarse a cabo gracias a las facilidades encontradas en la Biblioteca Borja de Sant Cugat y en la Biblioteca Loyola de la Universidad de Deusto. Vaya aquí la expresión de mi agradecimiento a directores y colaboradores. Por último, quiero también testimoniar mi gratitud a mi compañero, el padre J.M.ª Rocafiguera S.I. por su eficaz colaboración como amanuense. Sin su fraterna y desinteresada ayuda este libro difícilmente hubiera visto la luz.

Sant Cugat del Vallès (Barcelona)   Eusebi Colomer S.I.
     Navidad de 1984

NOTA EDITORIAL

El relativamente breve espacio de tiempo que media entre la aparición de este primer volumen de *El pensamiento alemán de Kant a Heidegger* y la presente reedición hace innecesaria una revisión a fondo del texto. Sin embargo, era aconsejable aprovechar la ocasión para introducir en él algunas modificaciones de detalle, que recogieran, en la medida de lo posible, los progresos que la investigación kantiana ha realizado en estos últimos años.

Éste es el caso de la decisiva importancia de la *Crítica del juicio* para la entera sistemática kantiana. A este respecto, en esta segunda edición se ha ampliado significativamente el comienzo del capítulo X, dedicado a la tercera *Crítica*, con objeto de poner en claro, con mayor énfasis que en la anterior, el puesto clave que corresponde a dicha obra en el conjunto de la filosofía crítica.

En otro orden de cosas, el debate actual en torno a la crisis de la modernidad ha puesto sobre el tapete la cuestión de los rasgos esenciales de la moderna filosofía del sujeto y de sus diferentes figuras históricas y, en estrecha relación con ella, la cuestión del estatuto ontológico de su paradigma central, la autoconciencia. La primera edición había abordado escuetamente esta interesante problemática histórico-filosófica en la *Introducción* que abre el volumen. En la presente reedición se ha ampliado considerablemente dicho tratamiento, incluyendo expresamente en él las tres subfiguras de la subjetividad absoluta, a fin de hacer patente de modo inequívoco el curioso círculo descrito, en su conjunto, por la moderna filosofía del sujeto: se pasa del sujeto, considerado como substancia (Descartes), a la substancia considerada como sujeto (Hegel). Al mismo tiempo, avanzando los resultados a consignar en el volumen II de esta obra, la nueva exposición subraya, en conformidad con la historiografía más reciente, que el idealismo no es la línea recta que va de Fichte a Hegel, pasando por Schelling, sino un movimiento rico y complejo, que lleva paradójicamente a sus dos primeros representantes a desmarcarse finalmente de él.

Las otras modificaciones introducidas en el texto son de menor calibre. Se trata en concreto del esfuerzo por formular de nuevo, con mayor precisión, dos pasajes particularmente difíciles. El primero se refiere al último paso dado por Kant en la formulación definitiva del problema crítico. El segundo a la inevitable afirmación del noúmeno en sentido negativo.

La reciente celebración del segundo centenario de la publicación de la *Crítica de la razón práctica* y de la *Crítica del juicio* ha confirmado y conducido adelante el cambio de orientación, llevado a cabo desde hace más de medio siglo por la investigación kantiana, desde un interés casi exclusivamente gnoseológico hasta la exigencia de comprensión del sistema global de la filosofía crítica. Esta ampliación de perspectivas de la investigación más reciente se refleja oportunamente en la bibliografía. Ésta ha sido remozada en casi todos sus apartados, pero muy particularmente en lo que se refiere a la problemática vinculada con las dos últimas *Críticas*. Se ha puesto especial empeño en dar constancia de los abundantes estudios aparecidos últimamente entre nosotros. Lo mismo hay que decir de las versiones de escritos kantianos al castellano o al catalán, aparecidas con posterioridad al año 1985.

Sant Cugat del Vallès (Barcelona)
Octubre de 1992

INTRODUCCIÓN

La filosofía alemana, de Kant a Heidegger, se sitúa en el horizonte europeo de la modernidad. ¿Qué se entiende por modernidad? Como lo indica su mismo nombre, la modernidad es un concepto relativo. Se es moderno en relación a una etapa anterior de la historia que se considera precisamente como antigua. Por ello, antes de abordar el pensamiento alemán en su despliegue completo, y para definir con exactitud su puesto en el conjunto de la historia del pensamiento de Occidente, será bueno desarrollar, en una especie de filosofía de la historia de la filosofía, la diferencia existente entre el pensamiento antiguo y el moderno.

1. LAS DOS NAVEGACIONES FILOSÓFICAS

La filosofía es un concepto históricamente realizado. Por ello, la pregunta por su esencia nos remite a la historia. Ahora bien, en la historia del pensamiento occidental, la filosofía se ha desplegado en dos etapas muy diferenciadas, que pueden caracterizarse, respectivamente, como metafísica del *ser* y metafísica del *sujeto*.

En efecto, a lo largo de su historia milenaria, desde Parménides, Platón y Aristóteles hasta Tomás de Aquino, Duns Scoto y Suárez, la metafísica clásica se comprendió a sí misma, en frase de Platón, como una γιγαντομαχία περὶ τῆς οὐσίας[1] y no cesó de preguntarse una y otra vez por aquella pregunta que Aristóteles declara desde antiguo, ahora y siempre buscada y siempre abierta: τί τὸ ὄν[2]. Es decir, la metafísica clásica se caracteriza por ser una *filosofía del ser*. El pensamiento metafísico

---
1. *Sofista*, 264a.
2. *Met.*, Z, 1, 102 8b 2s.

se orienta conscientemente hacia el ser y piensa al hombre en función de su lugar en el conjunto de los entes.

Con la filosofía moderna, en cambio, empieza lo que se ha denominado con una famosa expresión de Platón, el δεύτερος πλόος, la segunda navegación filosófica[3]. El eje de gravedad de la filosofía pasa del *ente* al *hombre*. El hombre se sitúa en el centro del universo de los entes y se constituye de algún modo en medida a la que aquéllos han de sujetarse para poder pasar y ser tenidos por tales. El hombre es comprendido en su núcleo esencial como *sujeto* para el que el ente se convierte en *objeto* de pensamiento. El comienzo cartesiano de esta filosofía, con su famoso *Cogito, ergo sum*, centra definitivamente el pensamiento moderno en torno al sujeto humano. En Descartes será todavía el sujeto *individual* que, en su autoconciencia, está seguro de sí mismo y reconstruye a partir de sí mismo el universo entero de los entes. En Kant, el sujeto se convierte, en cambio, en sujeto *trascendental*, concebido como el conjunto de estructuras *a priori* que hacen posible el conocimiento del objeto. La revolución copernicana ha sido consumada: no es el objeto el que determina el conocimiento, sino el conocimiento el que determina el objeto. Con ello quedaba establecida la primacía filosófica del sujeto y la metafísica moderna recibía el sello de una *filosofía de la subjetividad*.

2. LA ESTRUCTURA ONTO-TEO-LÓGICA DE LA METAFÍSICA CLÁSICA

Ambas filosofías llevan consigo un concepto peculiar del conocer y son por ello, de un modo u otro, metafísica del conocimiento. La filosofía clásica parte del hecho de que hay pensamiento y es pensamiento del ser. Su principio de base es el de Parménides: τὸ γὰρ αὐτὸ νοεῖν ἔστιν καὶ εἶναι, no en el sentido de que el ser sea producto del pensar, sino en el sentido de que el pensamiento piensa lo que es. Pero este principio no hay que entenderlo en la línea de una inmediatez del conocimiento. Precisamente la metafísica clásica surgió del intento de poner a prueba esta inmediatez[4]. En otras palabras, el pensamiento metafísico no se mueve en el plano óntico, concerniente a la realidad tal como nos es dada, sino en el plano *onto-lógico*, relativo al λόγος del ὄν, es decir, a las condiciones de posibilidad e inteligibilidad de la realidad dada. Para el metafísico la realidad no es pura facticidad bruta o carente de sentido: es inteligible. Y esto significa que, en medio de su contingencia y mutabi-

---

3. Cf. M. García Morente - J. Zaragüeta, *Introducción a la filosofía*, Madrid 1943, p. 152.
4. Cf. P. Cerezo Galán, *La reducción antropológica de la teología*, en: *Convicción de fe y crítica racional*, Salamanca 1973, p. 140s.

La estructura onto-teo-lógica de la metafísica clásica

lidad, tiene unos elementos de necesidad y permanencia que permiten su afirmación por el pensamiento. La metafísica se impone por tarea buscar en cualquier cosa, en toda cosa, estos elementos de necesidad, de permanencia y suficiencia que constituyen la trama inteligible de la realidad.

De otro modo el pensamiento no podría decir: el ente es esto o aquello. Ahora bien, esta pretensión metafísica de elevar el ὄν al λόγος, de encontrar la *ratio sufficiens* del ente, lleva consigo inevitablemente un horizonte de *transcendencia*. En efecto, la realidad dada no es suficientemente inteligible en sí misma. Su carácter de no necesidad empuja el pensamiento a la afirmación de una esencia necesaria en la que pueda hacer descansar, de modo absoluto, sus afirmaciones. Con ello la metafísica recibe el sello característico del *transcensus*, que encontramos ya en Platón, y queda constituida definitivamente en lo que se ha denominado su estructura *onto-teo-lógica*[5].

Puede decirse pues con todo derecho que la tesis metafísica por antonomasia es de carácter *teológico*. Reza así: «Dios es» o «Dios es la esencia necesaria». Esta tesis es expresión del mismo movimiento del pensamiento que constituye la metafísica y que podría formularse así: puesto que hay pensamiento y es pensamiento del ser (la negación escéptica del pensamiento es una actitud que, por contradictoria, se anula a sí misma, como ya vio Aristóteles, ya que sólo puede establecerse echando mano de la misma posibilidad del pensamiento), es preciso que se den sus condiciones de posibilidad. Ahora bien, puesto que el pensamiento opera afirmando y negando, es decir, comprometiéndose absoluta e incondicionalmente con sus propios contenidos e implantándolos en el orden del ser, es preciso que se dé una esencia necesaria *(quae non possit non esse)*, como condición de posibilidad de la necesidad e incondicionalidad que exige el pensamiento. Así de la necesidad de la esencia se pasa a la esencia necesaria. Como es obvio, esta esencia necesaria no está dada inmediatamente en el mundo al modo de una cosa o realidad particular. No hay Dios como en primavera hay rosas y ruiseñores. Su realidad se impone al pensamiento como fundamento de todo lo que hay y, por ende, de la misma dinámica del pensar. De ahí que se sitúe o en el mundo en cuanto todo (ésta parece haber sido la actitud de Parménides) o se conciba de un modo u otro (tal es el caso de Platón, Aristóteles y Tomás

---

5. Cf. M. Heidegger, *Identität und Differenz*, Pfullingen 1957, p. 58s. Utilizamos el término «ontoteología» en su significado etimológico, como expresión de la estructura racional necesaria de la metafísica clásica, y no en el sentido peyorativo que Heidegger, desde su concepción de la historia de la metafísica como olvido del ser, suele atribuirle. Véase una exposición histórico-sistemática de la estructura ontoteológica de la metafísica clásica, en su origen aristotélico y en su desarrollo medieval, árabe-cristiano, en S. Gómez Nogales, *Horizonte de la metafísica aristotélica*, Madrid 1955, p. 11ss; 59ss; 151ss.

de Aquino) como su fundamento trascendente. Es decir, en cualquier caso, en el plano ontológico[6].

3. LA FILOSOFÍA MODERNA Y SU ESTRUCTURA ANTROPO-LÓGICA

La filosofía moderna parte de un planteamiento distinto. Hemos dicho que el principio de base de la filosofía clásica era el de Parménides. El pensamiento moderno no niega este principio, pero lo pone en cuestión. La cuestión del ser se plantea como *cuestión del conocer*. No deja de ser la cuestión del ser, ya que el conocer consiste en poder afirmar con seguridad: esto es o no es así, pero es la cuestión del ser planteada desde un lado muy determinado: como cuestión de la posibilidad de poder o no afirmar que algo es o no es así o de otra manera[7]. El hombre ha dejado de ser el ente privilegiado y se ha convertido en *medida* y *fundamento* del mundo del conocer. La filosofía del ser se ha hecho filosofía del *sujeto*.

La lectura filosófica de la moderna filosofía del sujeto ha estado condicionada demasiadas veces por una interpretación, que tendía a presentar la nueva etapa del pensamiento europeo en brusco contraste con toda la filosofía anterior. El cambio acaecido en el escenario filosófico a inicios del siglo XVII se entendía en función de la contraposición realismo-idealismo. Concretamente, la filosofía clásica habría sido una filosofía de las cosas, de la *res*. La moderna, en cambio, sería una filosofía de nuestros pensamientos, de la *idea*. He aquí un texto que habla por sí mismo: «Habíamos entrado en el campo de la filosofía por la senda de la metafísica. Nos habíamos hecho la pregunta fundamental de la metafísica, que es la pregunta: ¿qué existe? y habíamos tropezado inmediatamente con la respuesta que el espíritu humano da espontánea, naturalmente, a esta pregunta. Esta respuesta está contenida en la metafísica realista. Existen las cosas y yo en ellas... Pero llega un momento en la historia del pensamiento humano en que la creencia en el realismo empieza a sufrir menoscabo... Comienza en este momento la segunda navegación de la filosofía. La primera la inició Parménides; esta segunda la inicia Descartes. Pero aquellos navegantes —Parménides, Platón, Aristóteles— eran navegantes inocentes. No había sufrido la filosofía desengaño ninguno todavía. En cambio, el navegante nuevo, el navegante Descartes, ha perdido la virginidad, ha perdido la inocencia. Tiene detrás de sí un pasado filosófico

---

[6] Cf. P. Cerezo Galán, o.c., p. 140ss.
[7] Cf. F. Martínez Marzoa, *Historia de la filosofía*, II: *Filosofía moderna y contemporánea*, Madrid 1973, p. 51.

aleccionador, una experiencia previa, que ha fracasado. ¡Cuidado!, piensa Descartes, ¡No vayáis a equivocaros!... Y así la filosofía moderna cambia por completo su centro de gravedad y da al problema de la metafísica una respuesta inesperada. ¿Quién existe? Yo y mis pensamientos. Entonces ¿es que el mundo no existe? Es dudoso. Espontánea y naturalmente todos creemos que las cosas existen. Creemos todos que el mundo existe, aunque yo no exista. Pero ahora se nos propone una actitud vertiginosa; se nos propone algo desusado y extraordinario, como una especie de ejercicio de circo. Se nos propone nada menos que esto: que lo único de que estamos seguros que existe soy yo y mis pensamientos. De manera que el problema de la filosofía moderna es tremebundo, porque ahora la filosofía no tiene más remedio que sacar del "yo" las cosas... He aquí a lo que llegamos con la nueva tesis del idealismo»[8].

En su conocida *Historia de la filosofía* J. Marías insiste de nuevo en la misma idea. «El sistema de Descartes es idealista. ¿Qué quiere decir esto? El idealismo es la tesis opuesta al realismo metafísico. El realismo —Grecia y la Edad Media— cree que... la verdadera realidad son las cosas —*res*—... El idealismo, por el contrario, piensa que no sé nada de seguro más que yo mismo (el *cogito*); que sólo sé de las cosas, en cuanto están en relación conmigo y soy testigo de ellas... El yo funda el ser de las cosas, como ideas suyas; esto es el idealismo»[9].

En realidad de verdad, las cosas son mucho más complejas. Al margen de que en Descartes el arranque idealista no consigue imponerse, sino que deriva de nuevo hacia una metafísica realista, la oposición al realismo está tan lejos de expresar la esencia de la nueva filosofía, que los idealistas alemanes denominarán indistintamente su pensamiento «real-idealismo» e «ideal-realismo». Por otra parte, como señala acertadamente W. Schulz, la metafísica cartesiana «no significa de ningún modo el establecimiento unívoco de la preeminencia del yo autoconsciente, puesto que Dios es colocado sobre el yo como el verdadero sujeto, que determina y sostiene el mundo en su totalidad, incluso al hombre».[10] Tampoco Kant pretende expresamente hacer descollar al hombre, sino más bien poner límites a su conocimiento, un límite que se manifiesta en la incapacidad de la razón teórica para traspasar la frontera de la experiencia y conocer los tres grandes objetos de la metafísica racionalista: el mundo, yo y Dios. Y si el idealismo alemán proclama la infinitud de la razón y exalta a su portador, el sujeto autoconsciente, hasta hacer de él en Hegel «secretario particular»

---

8. M. García Morente-J. Zaragüeta Bengoechea, *Fundamentos de filosofía*, Madrid 1947, p. 134-144.
9. J. Marías, *Historia de la filosofía*, Madrid 1957, p. 219.
10. W. Schulz, *El Dios de la metafísica moderna*, México 1961, p. 11.

Introducción

del espíritu absoluto, el último Fichte vuelve a poner a Dios en el lugar que antes correspondía al yo puro, como único sujeto del saber absoluto, y el viejo Schelling elabora una filosofía en la que la razón, al preguntarse por su ser y darse cuenta de su fragilidad y desnudez, se ve obligada a poner de nuevo a Dios por encima de sí misma[11].

Hay que proceder, pues, con extrema cautela en la determinación global de la historia de la filosofía del sujeto, ya que su final no coincide exactamente con su comienzo. Tal vez lo único que puede hacerse es seguir paso a paso esta historia apasionante, cuyo desarrollo muestra tantas idas y venidas, es a la vez tan lógico y tan imprevisto y turbulento, que podría muy bien llevar el título novelesco de «Las aventuras del sujeto».

La historia empieza efectivamente con este término, el cual, aunque desconocido para su primer actor, constituye, sin embargo, su principio generador. Con el término *subiectum* los latinos tradujeron el griego ὑποκείμενον, literalmente aquello que está puesto debajo de algo a guisa de fundamento sustentador de sus cualidades o determinaciones. Si estas determinaciones son consideradas como predicados, tenemos el *sujeto lógico*. Si son cualidades reales, tenemos el *sujeto óntico*, o sea aquello que normalmente se llama la *substancia*. Ambos significados convergen en definitiva, ya que la substancia o sujeto óntico es también sujeto lógico, la cosa de la que se predica algo. En este sentido Aristóteles define: «El sujeto es aquello de lo que se dice toda otra cosa, pero que a su vez no puede ser dicho de ninguna otra»[12].

Este doble significado del término «sujeto» se mantuvo inalterable a lo largo de la Antigüedad y la Edad Media. Sin embargo, la atención especial otorgada por los medievales al alma, como sujeto de sus potencias, preparó el paso del significado antiguo y medieval del término al moderno. Poco a poco se introdujo el uso de considerar como sujetos al así llamado *sujeto psíquico*, o sea al portador de las cualidades conscientes, el cual antes no era sino un caso particular del sujeto óntico. Hay que advertir que Descartes no utiliza todavía este término, sino el de *conscience*, un vocablo de origen latino al que él da carta de naturaleza en francés, o también de *res cogitans*. Pero el significado de ambos términos es ya el que determinará en adelante el curso de la filosofía moderna. El *cogito*, la subjetividad pensante, en tanto que *conscience* o *res cogitans*, es decir, en tanto que una cosa, cuyas determinaciones son los pensamientos que tiene, se convierte en *subiectum* o ὑποκείμενον, o sea primer fundamento

---
11. Cf. ibid. p. 12.
12. *Met.*, VII, 3, 1028*b* 36.

La filosofía moderna

en el ámbito gnoseológico de todo lo que para ella es objeto de conocimiento.

La filosofía moderna arranca, pues, de la autoconciencia y encuentra en ella los rasgos de radicalidad e incondicionalidad que la metafísica clásica había puesto en Dios o lo absoluto. La autoconciencia no es la esencia necesaria, pero es la esencia que se sabe a sí misma necesariamente (*quae non possit non esse certa*). Se trata de una especie de absoluto-relativo, de realidad primordial, como diría Ortega, no en el plano ontológico, sino en el gnoseológico. Todo lo que conocemos lo conocemos por y en la conciencia. El orbe entero del conocimiento tiene su asiento en ella. En este sentido cabe decir que la tesis central de la nueva filosofía no es ya teológica, sino *antropológica*. Ya no reza: «Dios es», sino: «yo pienso». El viejo principio ontológico de trascendencia es substituido por el principio gnoseológico de *inmanencia*[13]. Este principio presenta estas tres características:

1) La aprioridad y fundamentalidad del *cogito* o del sujeto autoconsciente que se constituye, desde Descartes, en *fundamentum inconcussum veritatis*. En Descartes este fundamento daba prueba de su suficiencia al mantenerse firme frente a todo intento de ponerlo en duda. En Kant el *yo pienso* se convierte todavía más radicalmente en la condición de posibilidad de todo nuestro conocimiento del mundo. Aquello que hace posible que exista un mundo para mí es la unidad de la autoconciencia. El yo pienso se desemboza, pues, no sólo como fuente de certeza, sino como el principio supremo de todo el conocimiento humano.

2) La reducción de la realidad a la objetividad. Si el fundamento es el *cogito*, el sujeto pensante y autoconsciente, entonces la realidad no es, sino en tanto que es dada en la conciencia, es decir, en cuanto que es objeto para un sujeto. En otras palabras, puesto que el fundamento es un *esse*, en cuanto *percipere* y *cogitare* (*cogito - sum*), lo fundamentado por este fundamento sólo logra el *esse* como *perceptum* y *cogitatum*, es decir, como correlativo del *cogito*. Con ello queda consumada la posición filosófica de la modernidad: no se trata sólo de substituir la antigua centralidad del ente por la nueva del sujeto. La primacía del sujeto lleva consigo la substitución de la noción de ente por la de objeto. Las consecuencias gnoseológicas de esta substitución están a la vista. Objeto *(obiectum)* significa originariamente lo que hace frente a alguien, lo que surge en el horizonte de otro, en este caso, del sujeto. El ente existía independientemente del hombre que lo conocía. El objeto sólo es objeto

---

13. Sobre el principio de inmanencia y sus tres características cf. P. Cerezo Galán, o.c., p. 176. El autor se refiere a Descartes, pero la temática es aplicable también a Kant.

para el sujeto que lo aprehende y, como tal, no existe independientemente del sujeto. La realidad ha sido reducida a la objetividad.

3) La escisión del ser en la relación de conciencia sujeto-objeto y, en consecuencia, la reducción de la verdad del ser a la verdad del sujeto, a la claridad y distinción de la certeza representativa en Descartes o a la conformidad del objeto con la legalidad universal y necesaria del pensamiento que lo piensa en Kant. De ahí el hiato, la escisión, la fractura que recorre la primera etapa del pensamiento moderno y se expresa en una serie de términos antinómicos: sujeto-objeto, *res cogitans-res extensa*, apariencia-cosa en sí, fenómeno-noúmeno. ¿Cómo retornar del *cogitatum* al *esse*, del objeto al ente? Desde el planteamiento inicial de la modernidad no hay camino de vuelta. La subjetividad humana, remitida a sí misma, es como el castillo encantado de la vieja fábula, en el que se puede entrar, pero del que no se puede salir. Habrá que esperar al nuevo planteamiento del idealismo para que el camino de vuelta sea posible o, más exactamente, ya no sea necesario. Ahora bien, es justamente por este hiato que Dios se introduce en el horizonte de los primeros representantes de la filosofía del sujeto, pero se introduce para consolidar o delimitar la inmanencia, para otorgar al sujeto cognoscente la seguridad que le falta en calidad de último garante de la economía de la verdad en Descartes, o para sellar definitivamente su finitud en Kant, como aquel hipotético *intuitus originarius*, que conoce la cosa en sí misma porque la pone en el ser, pero del que sólo sabemos que no es nuestro modo de conocer. Dios no entra, por así decirlo, por la puerta grande de los señores, sino por la puerta de servicio.

Esta inflexión antropológica del pensamiento moderno ha llevado a Cornelio Fabro y Karl Löwith a ver en él una raíz atea[14]. El *cogito* cartesiano sería, a pesar de su autor, discípulo de los jesuitas y católico practicante, un principio intrínsecamente ateo, «por la sencilla razón de que la afirmación del principio de inmanencia referida al ser, es y no puede ser otra cosa, en virtud del principio de no contradicción, que la afirmación de la negación de la trascendencia referida al conocer, cosa que es el primer paso del ateísmo en su significado fundamental»[15]. El primado del sujeto, iniciado ingenuamente por Descartes, llevaría así, en fuerza de su lógica interna, a la autonomía del sujeto y finalmente al ateísmo. En el *cogito* cartesiano, en tanto que autoposición del hombre, estaría incluida *in nuce* la negación de Dios.

---

14. Según Löwith, el camino de la historia de la filosofía lleva desde la cosmo-teología griega a través de la antropoteología cristiana a la emancipación del hombre de la tutela de Dios. La filosofía moderna se torna antropológica en la medida en que el hombre se emancipa del cosmos divinizado de los griegos y del Dios trascendente de la Biblia. Cf. K. Löwith, *Gott, Mensch und Welt in der Metaphysik von Descartes zu Nietzsche*, Gotinga 1967, p. 9s.

15. C. Fabro, *Introduzzione all'ateismo moderno*, Roma 1964, p. 992.

Las tres formas históricas de la subjetividad

Es preciso matizar la parte de verdad que hay en esta interpretación. Ante todo, hay un hecho histórico indiscutible: ni Descartes ni Kant fueron ateos. Ni lo fueron, ni podían serlo, ya que el ateísmo teórico es contradictorio con el sentido relativo del principio de inmanencia. Parece pues más exacto hablar con Walter Schulz[16] de una doble teoría de la subjetividad: la que se sabe finita y por lo mismo definida por el Infinito trascendente (éste es el caso de Descartes y, en parte, también de Kant), y la que, después de haber intentado «mediar» internamente esta relación (es el caso de Hegel), acaba cerrándose autónomamente en sí misma (es el caso de Feuerbach). Ahora bien, en este último caso, la inmanencia se ha consolidado indebidamente en el plano ontológico. El hombre ya no es sólo el *primum gnoseologicum*, sino también el *primum ontologicum* de comprensión y de fundamentación de todo lo real. Lo que sí es verdad es que la primacía moderna del principio de inmanencia debía llevar y llevó de hecho a un progresivo desplazamiento de Dios del campo de la filosofía. Dios ya no es la frase metafísica originaria, y si por un momento parece que vuelve a serlo en Hegel, lo será dentro de una esencial ambigüedad en la que no se sabe últimamente quién es quién en el arco dialéctico que enlaza la autoconciencia del hombre con la autoconciencia de Dios. Heidegger no anda pues desencaminado al subrayar la relación existente entre el anuncio nietzscheano de la «muerte de Dios» y la lógica interna del pensamiento moderno. En su opinión, en la moderna filosofía del sujeto, el lugar que metafísicamente pertenece a Dios, el que corresponde a la creación y conservación del ente creado, este lugar permanece vacío. El hombre no ocupa, pues, aquel lugar. El hombre no podría ocupar nunca el lugar de Dios. Sucede, sin embargo, que aquel lugar es substituido por otro, el correspondiente a otra fundamentación del ente, no en tanto que creado, sino en tanto que conocido por el hombre. Este nuevo lugar y esta nueva fundamentación del ente en su ser no es otra cosa que la subjetividad del sujeto[17]

4. LAS TRES FORMAS HISTÓRICAS DE LA SUBJETIVIDAD

La moderna filosofía de la subjetividad presenta tres formas distintas, en correspondencia estricta con la diferente interpretación que en ella se hace del principio del sujeto. «Sujeto», decíamos antes, significa originariamente lo que está puesto debajo en función de fundamento. Ahora

---

16. Cf. W. Schulz, *El Dios de la metafísica moderna*, México 1961, p. 24.
17. Cf. M. Heidegger, *Holzwege*, Francfort del Meno 1952, p. 235.

bien, este fundamento ha sido entendido históricamente de estas tres maneras: *individualmente* por Descartes; *trascendentalmente* por Kant y *absolutamente* por los idealistas: los primeros Fichte y Schelling, y Hegel. Describamos sumariamente estas tres formas históricas de la subjetividad.

La filosofía del sujeto arranca del *cogito, ergo sum* de Descartes. Hegel, un filósofo que sentía una cierta debilidad por las frases grandilocuentes, describe al pensador galo como un «héroe» esforzado, una especie de Colón de la filosofía que «descubrió y conquistó» una tierra virgen: el continente del sujeto[18]. Hegel reconoce en Descartes al introductor del principio central de la modernidad filosófica: el principio de la autoconciencia. Por ello inicia la exposición de su pensamiento con el tono solemne de las grandes ocasiones: «Es justamente ahora cuando llegamos a la filosofía del mundo nuevo y lo hacemos con Descartes. Con él entramos propiamente en una filosofía independiente, que sabe que procede autónomamente desde la razón y que la autoconciencia es un momento esencial de la verdad. Aquí podemos sentirnos nuevamente en casa y gritar por fin, como hacen los navegantes después de un largo viaje por mares revueltos: ¡tierra! Descartes es uno de los pocos hombres que lo empezaron todo desde el principio. Con él comienza el pensamiento de la era moderna. El principio de esta nueva etapa es el pensamiento que parte de sí mismo»[19].

No es preciso subrayar la importancia histórica del hallazgo cartesiano. El filósofo francés da un nuevo rumbo a la nave del pensamiento europeo. Por espacio de más de dos siglos la filosofía dará vueltas en torno al sujeto. Pero el nuevo comienzo cartesiano no estaba exento de dificultades. Descartes había llegado a la certeza partiendo de la duda. Comienza dudando de los objetos del pensamiento y acaba dudando del mismo pensamiento. Quién sabe si no me engaño siempre al pensar, si no pienso, por así decirlo, al revés, porque un extraño genio maligno, una especie de antidivinidad omnipotente, pero malvada, nos ha hecho de tal modo, que nos engañamos necesariamente. Llevada la duda a este extremo, no existe otra salida que la que él encuentra. Para estar seguros del acto mismo de pensar, es preciso que el objeto de nuestro pensamiento sea el mismo sujeto que piensa. Éste es exactamente el caso del *cogito*. «Ya puede engañarme cuanto quiera», escribe Descartes. «No podrá hacer que yo sea nada mientras pienso que soy algo»[20]. A. Machado, con su conocido epigrama, se queda corto:

---
18. G.W.F. Hegel, *Vorlesungen über die Geschichte der Philosophie*, vol. III (ed. H. Glockner, vol. 19), Stuttgart 1959, p. 331.
19. Ibid., p. 328.
20. R. Descartes, *Meditationes de prima philosophia* (ed. Ch. Adam-P. Tannery, vol. 7), París 1904, p. 25.

Las tres formas históricas de la subjetividad

Ya hubo quien dijo:
cogito, ergo non sum.
¡Qué exageración!

Para Descartes no se trata de una exageración, sino de una imposibilidad. En el *cogito* la conciencia se ocupa inmediatamente de sí misma. Esta inmediatez la hace inmune a todo posible error.

El filósofo ha recuperado, pues, la certeza, pero a costa de quedar encerrado en la cárcel de la autoconciencia. Si no quiere pasarse la vida repitiendo el *cogito* —una cosa bastante fastidiosa y que no conduce a ninguna parte—, ha de arreglárselas para salir fuera. Pero ¿cómo hacerlo? La misma evidencia inmediata de la conciencia se lo prohíbe. Fuera está al acecho aquel entrometido genio maligno, que se esfuerza por engañarle. Para deshacerse de este molesto personaje, que él mismo ha suscitado, Descartes precisa ahora de la ayuda de Dios. Sólo él puede actuar en sentido contrario del genio maligno y garantizar con su autoridad soberana la verdad de los objetos de conciencia. Descartes demostrará, pues, la existencia de Dios, partiendo de la idea que de él tiene en la conciencia. No es de este lugar tratar a fondo este punto litigioso, que se relaciona normalmente con la manoseada objeción del círculo. Bástenos señalar que en el fondo se trata sólo de darme cuenta, de que la idea de Dios o del infinito es tan inmediata como la de mí mismo, ya que es una idea concebida en el mismo acto de pensar —y eso equivalentemente quiere decir, para Descartes, de dudar— por el que me conozco a mí mismo como finito.

Si consideramos el comienzo cartesiano desde el ulterior desarrollo histórico de su hallazgo central, el *cogito*, hay que decir que el filósofo galo se quedó a mitad de camino. Es claro, en efecto, que el yo del *cogito*, aunque no sea el yo del discurso ordinario, sino el yo que queda cuando se ha excluido de él todo lo que no sea pensar, es, sin embargo, un yo concreta e individualmente existente y no el yo transcendental de Kant[21]. Como le echará en rostro Heidegger, Descartes «dejó indeterminado en su comienzo radical el modo de ser de la *res cogitans* o, más exactamente, el sentido del ser del *sum*»[22]. De hecho, él entiende ingenuamente la subjetividad del sujeto en el sentido de la *res cogitans*, es decir, en el sentido de la substancialidad. Si su pensamiento suscita problemas nuevos, éstos son resueltos sobre la base de los planteamientos antiguos, de manera que a nivel ontológico el giro cartesiano no es ningún giro. Descartes entiende además al sujeto demasiado estrechamente como un

---

21. Cf. F. Copleston, *Historia de la filosofía*, vol. IV, Barcelona 1971, p. 96.
22. H. Heidegger, *Sein und Zeit* (GA, vol. 2), Francfort del Meno 1975ss, p. 28.

Introducción

sujeto insular, aislado del mundo, con el que se relaciona mediante sus ideas y representaciones. No se da cuenta, le echará en rostro Kant, que la autoconciencia no es sin más lo primero, que en el plano de lo empírico no hay prioridad de la experiencia interna sobre la externa y, por consiguiente, que yo no soy consciente de mí mismo, sino en el acto de conocer lo otro. Sujeto y objeto son inseparables: la realidad empírica del uno incluye la del otro. La subjetividad cartesiana ha de abrirse, pues, a una nueva forma más honda de subjetividad: el sujeto kantiano trascendental.

Para el filósofo de Königsberg el objeto incluye una relación necesaria al sujeto que le impone su ley. Ahora bien, no hay ley sin legislador. ¿Quién y cómo es en nuestro caso el legislador? La alternativa es doble: o el sujeto infinito o el sujeto finito. Kant escoge sin vacilar la segunda alternativa. Su pensamiento crítico será una *filosofía del sujeto finito*. Para un hipotético sujeto infinito, concretamente para la intuición creadora que la tradición atribuye a Dios, no hay propiamente objeto. Conocer equivale aquí a crear. En este sentido, Dios no conoce el objeto, sino la cosa en sí. Y la conoce, porque la pone en el ser. El hombre, en cambio, para poder conocer necesita recibir algo que le es dado. Ese carácter *receptivo* del conocimiento constituye el sello de la finitud del sujeto humano. Somos receptivos, porque somos finitos. Sin embargo, esta receptividad no es puramente pasiva: tiene también necesariamente un momento decisivo de actividad, de creatividad trascendental. En Kant no se da nunca un dato puro. Todo lo que recibimos lo recibimos a nuestra manera. El esfuerzo del filósofo se dirige consecuentemente a poner en claro el modo como recibimos todo lo que recibimos, es decir, a deducir las estructuras *a priori* del sujeto que hacen posible el conocimiento del objeto. Tales estructuras son el espacio y el tiempo como formas de la sensibilidad y las categorías como conceptos puros del entendimiento. Concretamente, el conocimiento sensible no es posible, si no situamos las impresiones de los sentidos en el horizonte *a priori* del espacio y del tiempo. De modo análogo, el conocimiento intelectual no es posible, si no deletreamos las intuiciones sensibles mediante un amplio abanico de categorías, las cuales, lejos de proceder de la experiencia, como pensaba Hume, la constituyen objetivamente como experiencia, puesto que se originan de la pura espontaneidad del «yo pienso». La objetividad proviene, pues, de la síntesis trascendental. La unidad del objeto tiene su condición de posibilidad en la unidad de la conciencia. De este modo, a partir del caos desordenado de las impresiones de los sentidos se estructura y unifica objetivamente, lo que quiere decir también universal y necesariamente, la experiencia científica. Ésta es ulteriormente reducida a su última unidad sistemática mediante las tres ideas de la razón: mundo, yo y Dios. Conocer es, pues, para Kant una actividad conformadora del objeto. Kant llama a su descubrimiento la «revolución copernicana»: no es el objeto el que determina el conocimiento, sino el conocimiento el que determina el objeto. En la constitución trascendental del objeto intervienen tres facultades: la sensibilidad, el entendimiento y la razón. Cada una de ellas presenta un doble aspecto: es a la vez activa y pasiva. La sensibilidad recibe las impresiones de los sentidos y proyecta sobre ellas el horizonte *a priori* del espacio y del tiempo. De este modo se constituye el fenómeno. El entendimiento recibe los fenómenos de la sensibilidad y los subsume bajo las categorías. Así se realiza el paso del fenómeno al objeto. Finalmente, la razón recibe los objetos que le ofrece el entendimiento y los remite a tres centros ulteriores de unidad de la experiencia: el mundo para la experiencia externa, el yo para la interna y Dios para toda experiencia. Estas tres facultades constituyen la subjetividad trascendental como síntesis de las estructuras *a priori* que hacen posible el conocimiento. La subjetividad trascendental es constitutiva del conocimiento y, en consecuencia, del mundo conocido. El sujeto kantiano trascendental es como un dios en minúscula, al que corresponde un mundo: éste, empero, ya no es el mundo en sí, sino «su» mundo, el mundo de «sus» objetos.

La subjetividad kantiana trascendental no es, pues, la subjetividad individual cartesiana, sino una subjetividad en general, obligatoria para todo sujeto finito. Sin embargo, esta subjetividad, por así decirlo, «intersubjetiva» no es todavía la subjetividad absoluta del idealismo, sino una subjetividad en cierto sentido «relativa», que remite necesariamente como concepto-límite a una cosa en sí vacía y desconocida. El planteamiento crítico de Kant es tan exigente, que el mismo «yo pienso» se reduce a la conciencia de que soy, sin conocerme a mí mismo tal como soy. El sujeto trascendental, la condición objetiva de todo conocimiento, no es ni puede ser objeto de conocimiento. Si lo convertimos en objeto, ya no es el yo trascendental, sino el yo empírico. Del yo trascendental «sólo podemos decir que no es ningún concepto, sino una pura conciencia que acompaña a todo concepto..., una x que sólo es conocida por medio de los pensamientos que son sus predicados»[23].

El gran problema de Kant es el dualismo que apunta en todas partes: dualismo o bipolaridad entre el objeto como apariencia y como cosa en sí, entre el yo trascendental y el yo empírico, a los que hay que añadir todavía el dualismo entre el yo teórico fenoménico y el yo práctico nouménico y entre causalidad y libertad, mecanismo y teleología. La

---

23. I. Kant, *Kritik der reinen Vernunft*, B. 404 - A 346.

superación de todos estos dualismos llevará al idealismo. La subjetividad trascendental de Kant se entiende ahora de un modo u otro como absoluta. El sujeto ahonda en la experiencia de la absolutez del conocimiento. Se trata de una experiencia similar a la que había llevado a la metafísica clásica a la afirmación de Dios o del absoluto. Ahora sin embargo, es interpretada en la línea de la absolutez de la razón. La razón que actúa en el hombre no es ya, como en Kant, la razón finita, sino la razón absoluta. La subjetividad del sujeto humano se comprende a sí misma en relación con el sujeto absoluto. A partir de este momento caen todas las barreras que Kant había levantado entre el ser y el conocimiento. El conocimiento supera la apariencia y se instala en todos los terrenos en la cosa en sí misma. Ahora bien, si el viejo Kant tenía toda la razón del mundo al reivindicar frente al naciente idealismo la unidad de la filosofía crítica, él mismo le había abierto el camino gracias al pensamiento de la pura espontaneidad del «yo pienso» y había apuntado además en la segunda y tercera *Crítica* dos puntos de vista: el realismo de la acción moral y la imitación por parte de la facultad de juzgar de la actividad soberanamente artística de la inteligencia creadora, que están en la raíz del idealismo moral de Fichte y del idealismo estético de Schelling.

Fichte vuelve a unir los dos mundos, teórico y práctico, que Kant había separado. El realismo de la acción moral se extiende al campo del conocimiento. El sujeto, porque es moral, toca la realidad. Fichte libera de este modo el yo trascendental kantiano de su aspecto puramente formal y lo convierte en el acto de ponerse a sí mismo y de poner al mismo tiempo lo otro de sí mismo, el no-yo, como límite que hace posible el conocimiento y como campo de ejercicio de la moralidad. Con ello el yo trascendental de Kant, convertido en «yo puro» o «yoidad», en principio inmanente del yo individual, ha sido de algún modo hipostatizado, pero no a la manera de una substancia, sino como acción real y originaria, como libertad creadora.

El paso del idealismo moral de Fichte al idealismo estético de Schelling se hace a través de Spinoza. Si Schelling apela al yo de Fichte es para entenderlo como la substancia de Spinoza. Más que de un «yo absoluto» se trata ahora de un «absoluto yo», en el sentido de que el yo pasa a ser predicado y lo absoluto sujeto. Schelling supera así el residuo de dualismo que quedaba todavía en el monismo fichteano del yo. «Lo absoluto es subjetividad, pero una subjetividad que ya no tiene frente a sí misma un otro, sino que es identidad de subjetividad y objetividad»[24]. Desde esta síntesis de Spinoza y Fichte, Schelling esboza una filosofía *a priori* de la

---

24. V. Hössle, *Wahrheit und Geschichte*, Stuttgart-Bad Canstatt 1984, p. 738.

Las tres formas históricas de la subjetividad

naturaleza que en una grandiosa concepción teleológica, heredada de Kant y que anticipa a Hegel, presenta el proceso de desarrollo natural como el llegar a ser espíritu del espíritu.

Hoy está cada vez más claro que Hegel debe al primer Schelling algunas de sus intuiciones centrales. El progreso del pensamiento hegeliano respecto del de su antecesor radica en su rigor metódico y en su enorme constructividad sistemática. La clave del éxito es la dialéctica como instrumento de *mediación*. Por eso el primero y acaso el único reproche que Hegel dirige a Schelling se refiere a la *inmediatez* de su planteamiento. Es bien conocida la alusión mordaz de Hegel al pensamiento de su viejo amigo de Tubinga, como un formalismo monocromo y abstracto que «hace pasar su absoluto por la noche, en la que, como suele decirse, todas las vacas son negras»[25]. Lo importante es darse cuenta de lo que se esconde detrás de esta crítica sangrienta y despiadada: la nueva concepción hegeliana de un absoluto dialéctico, el cual, pese a llevar en sí mismo la diferencia, permanece sin embargo uno e idéntico. Según una formulación bien conocida, se trata de concebir y expresarlo absoluto «no sólo como substancia, sino también y en la misma medida como sujeto»[26], es decir, no como una cosa estática y muerta, sino como un proceso vivo, un movimiento de ida y vuelta, que incluye la oposición y la reconciliación. Por esto en la substancia-sujeto se realiza el concepto de espíritu, entendido como «aquella substancia absoluta que en la libertad perfecta y en la suficiencia de su oposición, es decir, de diferentes conciencias que son para sí, constituye la unidad de estas conciencias: *yo* que es *nosotros* y *nosotros* que es *yo*»[27].

El espíritu no es obviamente un dato inmediato, sino el resultado de todo el proceso de la historia, un sujeto intersubjetivo, una comunidad de individuos libres, que superan su oposición mediante el perdón y la reconciliación. Hegel advierte, sin embargo, que en el sí reconciliador se hace presente un no sé qué sobrehumano: «el Dios que se manifiesta entre aquellos que se saben como puro saber»[28]. La última palabra de Hegel parece ser, pues, una especie de alusión escatológica: la comunidad *teándrica*. En cualquier caso, Fichte y Schelling son a la vez asumidos y superados en esta nueva forma hegeliana de la subjetividad absoluta, una subjetividad *mediada*, que ya no tiene frente a sí un otro, ni es una mera unidad indiferenciada, sino que, en y a través de su otro, no se hace en definitiva sino a sí misma[29].

---

25. G.W.F. Hegel, *Phänomenologie des Geistes* (ed. H. Glockner, vol. 2), p. 22.
26. Ibid.
27. Ibid., p. 147.
28. Ibid., p. 516.
29. Cf. V. Hössle, o.c., p. 740.

Introducción

El idealismo alemán no es sólo la línea continua que por medio de Schelling va de Fichte a Hegel. El segundo Fichte y el último Schelling rompen esta continuidad y se sitúan de algún modo fuera del marco estricto de una filosofía de la subjetividad. En el segundo Fichte el interés creciente por el tema de lo absoluto enlaza con la decisión de ir más allá del yo. Dios se sitúa ahora en el punto de arranque de su pensamiento como fundamento absoluto del saber, un fundamento que el saber aprehende, sin comprenderlo, en el preciso momento de alcanzar su límite. Por su parte, el último Schelling descubre no sin asombro la fragilidad de la razón. La razón, que pretende fundamentarlo todo, es incapaz de fundamentarse últimamente a sí misma. Siempre cabe preguntar: ¿Por qué hay razón y no más bien sinrazón? Ahora bien, como la razón no puede trascenderse a sí misma, sólo le queda aceptar su ser pensante como puesto por un Dios trascendente, que le da el poder de ser lo que es. En este sentido, según una conocida tesis de W. Schulz, Schelling habría consumado el idealismo, es decir, lo habría llevado a una plenitud que incluye su acabamiento[30].

En resumen: la novedad de la moderna filosofía del sujeto radica en el intento de estructurar la problemática filosófica a partir de un elemento originario: el sujeto autoconsciente. Pero, bien mirado, esta novedad es muy relativa. Si exceptuamos a Kant y al primer Fichte, la nueva filosofía se mueve todavía en el marco conceptual de la ontología clásica. Por mucho que arranque del sujeto y que lo defina como autoconciencia, entiende expresa o tácitamente el ser del sujeto como substancia. De ahí que en su desarrollo histórico describa un círculo: se pasa del sujeto, entendido como substancia, a la substancia, entendida como sujeto. Para decirlo con palabras de Heidegger: precisamente porque para Descartes el sujeto auténtico es la substancia, «Hegel podrá afirmar más tarde: la substancia auténtica es el sujeto o el sentido auténtico de la substancialidad es la subjetividad»[31].

5. ¿COMIENZO O FIN?

Parecería que estamos de nuevo al comienzo de nuestra historia y, en cierto sentido, así es. Mediante un audaz golpe de mano Hegel ha restablecido en sus fueros la metafísica especulativa, que Kant tenía por imposible, y ha vuelto a situar a Dios o lo absoluto en cabeza de la filosofía.

---

30. Cf. W. Schulz, *Die Vollendung des deutschen Idealismus in der Spätphilosophie Schellings*, Stuttgart 1955, p. 6s.
31. M. Heidegger, *Die Grundprobleme der Phänomenologie* (GA, vol. 24), p. 122.

¿Comienzo o fin?

Pero este comienzo se desembozará pronto como un final. En efecto, al margen de que en Hegel Dios dice en el lenguaje representativo de la religión lo que concebimos filosóficamente como lo absoluto, es claro en cualquier caso que lo que él entiende por lo absoluto no coincide con el Dios trascendente de la antigua metafísica en su versión cristiana. Ésta tenía como eje la *analogía*. Entre Dios y la criatura se da una relación no mutua: la criatura tiene una relación esencial con Dios, pero no viceversa. El pensamiento de Hegel, en cambio, tiene como eje la *dialéctica*. Y es propio de la dialéctica la mutua referencia de sus dos extremos.

En Hegel, por tanto, Dios remite esencialmente al hombre y al mundo y viceversa. Dios es como un círculo infinito que tiene necesidad de desplegarse en la naturaleza y en la historia para cerrar de este modo el movimiento de su autorreflexión. Dios se sabe en nosotros y nosotros nos sabemos en Dios. O para expresarlo en la audaz formulación, tan cara a Hegel, del viejo Maestro Eckhart: «De que Dios sea "Dios" yo soy la causa. Si yo no existiera, Dios no sería "Dios".»[32] Hegel no dice nunca, ni podía decirlo, que Dios no es más que la profundidad infinita de la conciencia humana, la subjetividad que se sabe. Lo harán muy pronto sus sucesores.

Comienza para la filosofía una época de violentas convulsiones. Los herederos de Hegel se debaten entre sí para quedarse con la herencia del maestro. Feuerbach piensa: hay que devolver al hombre, su verdadero sujeto, los predicados absolutos que Hegel ponía todavía a cuenta de Dios. Marx añade: hay que hacer descender la filosofía hegeliana del cielo a la tierra, transformando su dialéctica de teórica en práctica. Nietzsche concluye: hay que desenmascarar la ontoteología hegeliana y con ella la historia entera de la metafísica, teñida de cabo a rabo de platonismo, y no arredrarse ante la única constatación liberadora: «Dios ha muerto.» Sólo Kierkegaard, el solitario caballero de la fe, se mantendrá ajeno al conflicto. Él no quiere saber nada de la herencia de Hegel. Al contrario, la repudia con toda su alma.

Toda la confusión de los tiempos modernos, proclamada una y otra vez, estriba en haber olvidado la diferencia absoluta, la diferencia cualitativa entre Dios y el hombre. Él, por su parte, hará de esa diferencia el quicio de su pensamiento.

Todo esto es ya historia transcurrida. Como Ortega decía de su generación, en relación con los grandes escritores de la generación del noventa y ocho, ya no somos los hijos sino los nietos de la revolución coperni-

---

32. Meister Eckhart, *Deutsche Predigten und Traktate*, edición y traducción de J. Quint, Munich 1955. p. 308 (*Predigt* 32).

cana. Como herederos de la moderna subjetividad no podemos dejarla de lado. Pero como herederos desheredados: la subjetividad se ha desfundado entre tanto a sí misma en la conciencia de su finitud radical, hay que plantear de nuevo, con mayor rigor y a otro nivel, el problema que la moderna filosofía del sujeto puso y no resolvió[33].

---

[33]. El intento de J. Maréchal, continuado de diversas maneras por K. Rahner, J.B. Lotz y otros, de superar a Kant desde Kant, de esbozar lo que se llama una «metafísica trascendental» que asume el principio de la subjetividad sin caer en el subjetivismo, buscando la última condición de posibilidad de dinamismo infinito y de la exigencia absoluta del conocimiento en la afirmación del absoluto, constituye un esfuerzo interesante en la dirección arriba indicada. Entre nosotros ha hecho suya esta postura J. Gómez Caffarena en los dos volúmenes de su *Metafísica fundamental* y *Metafísica trascendental*, Madrid 1969. Con todo, no faltan quienes, como C. Fabro, consideran en su misma raíz un error el giro copernicano y propugnan como única solución la vuelta a la metafísica del ser. Acentos antisubjetivistas se encuentran, por otra parte, en el pensamiento de Husserl y Heidegger, aunque dentro de su peculiar marco fenomenológico y por ende pre-metafísico. Nietzsche, por su parte, apunta ya el tema de la «destrucción» del sujeto, que hoy se ha convertido en el *dernier cri* de los círculos filosóficos más vanguardistas. Pese a todo, no creemos que pueda decirse sin más que la evolución del pensamiento europeo ha dejado atrás el principio moderno de la subjetividad. De ser así la filosofía habría pasado verdaderamente de la modernidad a la hoy tan decantada «postmodernidad».

CAPÍTULO PRIMERO

TRAYECTORIA VITAL Y DOCTRINAL

Hay filósofos, cuyo estudio interesa sólo a los especialistas. Los otros pueden ahorrárselo sin excesivo sonrojo. No es éste el caso de Kant. Cualquier filósofo que se precie ha de ocuparse un día u otro con su pensamiento: le va en ello su misma existencia de filósofo. Kant está siempre literalmente a la vuelta de cada esquina. Su pensamiento no es sólo la clave de toda la filosofía moderna. Es también un pensamiento que pone en cuestión un determinado tipo de filosofía. En este sentido, hay que pasar por él, aunque sea para dejarlo atrás. Lo que no puede hacerse es ignorarlo.

1. IMPORTANCIA Y NOVEDAD DE KANT

De la importancia excepcional del pensamiento kantiano da cuenta este pasaje de una obra ya clásica: «En la historia de la filosofía occidental ha habido un pequeño número de momentos decisivos, en los que la influencia de un pensador genial se impuso irresistiblemente a la razón humana, ya para precipitar su evolución, ya para desencadenar una crisis al menos parcial. Pensamos en un Parménides extrayendo del caos inicial de las especulaciones cosmológicas la unidad del ser; en un Platón y un Aristóteles, dominando el desorden creado por los sofistas y fundando de nuevo la metafísica; en un santo Tomás de Aquino, reencontrando el sentido pleno del aristotelismo y poniéndolo en armonía con el sobrenaturalismo cristiano; en un Descartes, restableciendo mediante un golpe de audacia el imperio intransigente de la razón y apresurando así la maduración del problema del conocimiento. Kant asumió un papel igual al menos al de sus grandes predecesores, el día en que se impuso por tarea

1. Trayectoria vital y doctrinal

instituir la crítica definitiva del saber racional. Cualquiera que haya podido ser el valor teórico, moral y religioso de su intervención, es preciso reconocer que, para bien o para mal, se mostró de una eficacia extraordinaria. La crítica kantiana ha modificado profundamente el terreno general de la filosofía moderna. En este sentido, casi todos nuestros contemporáneos se reconocen tributarios de Kant: los unos por influjo directo de sus doctrinas, los otros por influjo indirecto, y todos al menos por la necesidad que se les impone de abordar problemas nuevos y de organizar sobre bases nuevas la defensa de las posiciones antiguas.»[1]

Sin embargo, la filosofía de Kant no significa un comienzo absoluto. En la historia del pensamiento humano no hay nunca comienzos absolutos. Los grandes filósofos no nacen a la buena de Dios, como las setas en los otoños lluviosos. Sólo lo hacen en un terreno apto y debidamente cultivado. Kant no es a este respecto ninguna excepción. Por nuevo y genial que sea su pensamiento se inscribe en el surco abierto por sus predecesores. En ellos se encuentran ya una serie de puntos de vista que preparan las posiciones kantianas. En Descartes, la vuelta al sujeto; en Leibniz, la distinción entre realidad metafísica y mundo fenoménico, entre el orden de las causas eficientes y el de las causas finales, y la relatividad del espacio y del tiempo; en Hume, la crítica de los conceptos de substancia y causa y el fideísmo; en Rousseau, el descubrimiento del corazón y de la conciencia moral. En general el pensamiento de Kant se sitúa en la encrucijada de los dos grandes caminos, el racionalismo y el empirismo, que determinaron durante más de un siglo la marcha del pensamiento europeo. Kant intentará superar el callejón sin salida en el que abocaron estas dos tendencias, en el fondo irreconciliables. Este esfuerzo por salir del atolladero dará lugar precisamente a su nueva postura crítica.

2. LA PROBLEMÁTICA KANTIANA: ASPECTO GNOSEOLÓGICO Y ASPECTO ÉTICO-METAFÍSICO

En efecto, como observa Maréchal, la crítica de Kant está determinada, en cierta medida, por los términos concretos del problema que le imponía la evolución anterior de la filosofía[2]. El pensamiento moderno partió históricamente del nominalismo, lo que quiere decir que, si hay que hablar en él de un «pecado original», éste consiste en el desconoci-

---
1. J. Maréchal, *Le point de départ de la Métaphysique*, Cahier III. *La Critique de Kant*, Bruselas-París ²1942, p. 9.
2. Cf. o.c., p. 10.

La problemática kantiana

miento de aquella solución equilibrada y armónica con la que Aristóteles y, después de él, los grandes pensadores medievales, particularmente Tomás de Aquino, habían solventado el problema del conocimiento y fundamentado la metafísica. Llámese a esta solución una teoría sintética del concepto en oposición a una teoría intuitiva o analítica, o una teoría del universal directo fruto de la abstracción total operada sobre el dato sensible o, finalmente, una teoría de la participación de sensibilidad e inteligencia en nuestro conocimiento, en todo caso estas expresiones coinciden en un punto fundamental, en afirmar que lo que nos es dado primariamente en el conocimiento no encierra términos antinómicos, enfrentados en una hostilidad originaria, sino al contrario, una unidad sintética vivida por nosotros en su esencial indivisión y que sólo secundariamente remite a la oposición de sus principios constitutivos. El nominalismo abandona este planteamiento. En su lugar funda nuestro conocimiento en dos principios constitutivos: un elemento formal, la identidad o la no contradicción, y un elemento material, el dato concreto de la intuición. La abstracción total desaparece. El concepto universal pierde su contacto con la realidad y se convierte en un *signum*, una *intentio*, mediante el cual caracterizamos algo. Frente al primado de lo universal, se yergue ahora el primado de lo individual.

Las consecuencias de este cambio de perspectiva gnoseológica van a ser decisivas. La abstracción ha sido sustituida por la intuición. Pero ¿de qué intuición se trata? Si a la intuición sensible se añade una intuición intelectual (aprehensión inmediata de los objetos inteligibles o posesión de ideas innatas) nos ponemos en camino del racionalismo. Si, por el contrario, no se admite otra intuición que la sensible nos encontramos en una línea que conduce inflexiblemente al empirismo. He aquí el *impasse* al que ha llegado el pensamiento moderno: de un lado, el empirismo fenomenista de Hume, del otro, el dogmatismo racionalista?, sea monista o pluralista, de Spinoza y Leibniz respectivamente. La evolución ulterior estaba bloqueada: el empirismo concluía en la impotencia escéptica, el racionalismo en contradicciones y aporías inevitables. El interés formidable de la filosofía de Kant reside en el hecho de que en ella se asiste al drama interno y apasionante que estas dos fuerzas seculares van a jugar durante treinta años en el seno de un pensamiento paciente, riguroso y sistemático como ninguno. La solución en la que Kant desembocará, gracias al puro esfuerzo de su pensamiento, estará muy cerca y, a la vez, muy lejos de la solución clásica. Muy lejos por sus elementos subjetivistas. Pero también muy cerca, ya que Kant con su esfuerzo personal obligó a la filosofía a remontarse hacia aquel punto de origen anterior a la divergencia de empirismo y racionalismo: la colabo-

1. Trayectoria vital y doctrinal

ración activa del entendimiento y la sensibilidad en nuestro conocimiento[3].

La tradición filosófica ha visto en Kant al pensador crítico preferentemente. Kant lo fue en realidad, pero él quería ser más bien un pensador ético, más aún un metafísico. En los *Sueños de un visionario*, Kant se declara, no sin ironía, un enamorado de la metafísica, aunque reconoce no haber recibido de ella demasiados favores[4]. La evolución posterior de la filosofía olvidó el aspecto ético de su pensamiento y exaltó el crítico. Con ello pasó por alto el auténtico intento de Kant, aquello que constituyó para él su vocación filosófica. Si hay que hablar de una ambición que mueve los íntimos resortes de su pensamiento, éste reside en el deseo de poner en claro, de una vez para siempre, el estatuto interno de la metafísica. En el prólogo a la *Crítica de la razón pura*, Kant expresa su preocupación por el desprecio en que es tenida en su época la antigua reina de las ciencias, maltrecha por la guerra incivil de sus servidores dogmáticos o escépticos. Del desprecio se pasó poco a poco a la indiferencia. Sin embargo «es inútil querer fingir indiferencia ante una investigación cuyo objeto no puede ser indiferente a la naturaleza humana»[5]. Al margen de que estos supuestos indiferentistas en cuanto se ponen a pensar, caen de nuevo en aquellas afirmaciones metafísicas, por las que ostentaban tanto desprecio. La metafísica es sencillamente inevitable. En ella está en juego el interés más profundo de la razón, tanto en el orden teórico como en el práctico. Por ello, a pesar de ser más vieja que las otras ciencias, la metafísica «subsistiría, aun en el caso de que todas las demás ciencias tuvieran enteramente que desaparecer, sumidas en el abismo de una barbarie destructora»[6]. De lo que se trata, pues, no es de aparentar ante los problemas de la metafísica una indiferencia imposible, sino de preguntarse serenamente por su raíz en el espíritu humano y por los fundamentos de su posibilidad como ciencia.

Ahora bien, cuando Kant se refiere en estos términos a la metafísica, está pensando en el conocimiento de objetos que superan el ámbito de nuestra experiencia sensible. Se trata, en concreto, de la metafísica espe-

---

3. Cf. o.c., p. 11.
4. Cf. *Träume eines Geistersehers*, edición de la Academia de Ciencias de Berlín (Ac. B.), vol. 2, p. 367. A comienzos de siglo subrayaron los aspectos metafísicos del pensamiento kantiano dos trabajos clásicos: H. Heimsoeth, *Metaphysische Motive in der Ausbildung des Kantischen Idealismus*, en: «Kantstudien» (1924) 121-159; M. Wundt, *Kant als Metaphysiker*, Stuttgart 1924. Más recientemente han hecho lo mismo R. Daval, *La métaphysique de Kant*, París 1951; J. Krüger, *Philosophie und Moral in der kantischen Kritik*, Tubinga 1931 y J. Lacroix, *Kant et le kantisme*, París 1966.
5. *Kritik der reinen Vernunft (KrV)*, A X; traducción de P. Ribas (= R), Madrid 1978, p. 8. Como es bien sabido, las letras A y B designan respectivamente la primera y la segunda edición original de la *Crítica de la razón pura*; las cifras romanas o árabes que siguen inmediatamente remiten a la paginación de la edición original, reproducida en la edición de la Academia de Berlín.
6. *KrV*, B XIV (R, p. 19).

cial, según la terminología de Wolff, con sus tres objetos básicos: el mundo, el yo espiritual e inmortal y Dios. Precisamente en torno a estos tres objetos luchaban entre sí escépticos y dogmáticos. Esta lucha se había concretado en tiempos de Kant en una típica oposición entre la *Aufklärung* germánica y la *Illustration* francesa. A los tres dogmas de la primera: Dios, inmortalidad, libertad, se contraponían los antidogmas de la segunda: no hay Dios, no hay inmortalidad ni libertad de la persona humana. La Ilustración germana se había convertido en una especie de religión racional o, si se prefiere, de fe filosófica. En esta fe había crecido Kant. Ahora bien, en su época esta fe estaba amenazada de muerte. El problema de su tiempo era, a sus ojos, la lucha entre esa fe y la incredulidad. Había que salvar de manos de sus ineptos detentadores dogmáticos y de sus malévolos críticos escépticos estos tres grandes dogmas de la religión filosófica que se convertirán, andando el tiempo, con ligeras diferencias de matiz, en las tres ideas de la razón teórica y en los tres postulados de la razón práctica. Kant busca la solución no en el terreno de la especulación, sino en el de la moralidad, en la certeza ética de la conciencia. Esta certeza es tan sólida que el hombre puede y debe vivir de ella. La razón teórica no puede demostrar la realidad de los tres objetos de la metafísica, pero tampoco negarla. En cambio, la razón práctica ha de afirmarlos como reales. En el momento en que Dios, la inmortalidad y la libertad se substraen al alcance de la razón teórica, se ofrecen, más luminosos que nunca, al de la razón práctica. Lo que la teoría no puede resolver, lo lleva consigo la praxis moral. «El contenido de la filosofía tradicional subsiste, pero no se puede tener de él un conocimiento desinteresado, precisamente porque estos problemas nos interesan. Kant abandona la metafísica en el sentido de un saber objetivo como una posición perdida y en el fondo peligrosa y hasta inmoral, persuadido de que la metafísica no podría separarse de la vida.»[7] Si de una metafísica se precisa es porque el hombre la exige para poder ser moral y para poder vivir con dignidad y con sentido su vida finita y dependiente sin caer en el cinismo ni en la desesperanza. «Así, pues, tuve que anular el saber para hacer sitio a la fe.»[8] He aquí la frase clave para comprender a Kant en su indigencia y en su grandeza. El pensador ético y metafísico se convierte en crítico, pero se convierte en crítico para poder ser un pensador ético y metafísico. La crítica, el cercenamiento de las pretensiones de la razón teórica en el ámbito metafísico, abre el espacio a una nueva metafísica práctica fundada en la experiencia ética.

---

7. J. Lacroix, *Kant et le kantisme*, París 1966, p. 24.
8. *KrV*, B XXX (R, p. 27).

I. Trayectoria vital y doctrinal

3. EL HOMBRE Y LA OBRA

Immanuel Kant nació el 22 de abril de 1724 en Königsberg, capital de la Prusia Oriental (hoy Kaliningrad en territorio de la U.R.S.S.), de una familia modesta y numerosa[9]. Su padre, Johann Georg Kant, guarnicionero de oficio, había casado con Anna Maria Reuter, mujer que se distinguió por su fervor religioso. Immanuel fue el cuarto de los nueve hijos de este matrimonio. Sus cinco hermanos murieron prematuramente, menos uno que estudió teología y fue párroco en Curlandia. Sus tres hermanas, casadas con modestos artesanos de Königsberg, ejercieron el oficio de sirvientas.

Dos influencias marcan su evolución humana e intelectual: la de su madre y la de sus dos maestros, Schultz y Knutzen. Kant perdió a los trece años a su madre, de la que había recibido una seria educación moral y religiosa y por la que sintió siempre una gran veneración. Se cuenta que solía decir que la obligación de la razón práctica que nos manda trabajar en nuestra perfección moral, le fue revelada de manera dramática en la conducta de su madre. A los ocho años, en 1732, Kant ingresó en el *Collegium Fridericianum*, un excelente gimnasio de Königsberg, recientemente fundado, cuyo rector y al propio tiempo profesor de teología en la universidad, era Franz Albert Schultz, amigo de la familia Kant y fervoroso pietista. Se trata en el pietismo de una corriente del luteranismo que ponía el centro de la religiosidad en la voluntad y el sentimiento y no en la inteligencia. El cristianismo es ante todo piedad, es decir, amor de Dios y de los hombres. Tomarlo como objeto de especulación y enseñanza, como hacen los teólogos oficiales, es desvirtuarlo. De hecho, Schultz se aplicaba a mantener en el gimnasio la regla que prescribía advertir a los alumnos que condujeran sus estudios y toda su vida ante la mirada de Dios omnipotente. Es curioso: en el pietismo aparece a la vez, según de qué lado se mire, lo que Kant más amará y más aborrecerá de la religión positiva: el rigor de la conducta moral y la formalización externa de la piedad.

Durante los ocho años de permanencia en el gimnasio, Kant adquirió sólidos conocimientos en las lenguas antiguas y se familiarizó con los clásicos latinos. Tenía en gran aprecio a los poetas, amaba las bellas

---

9. Ofrecen abundantes noticias acerca de Kant, su vida y carácter, tres biografías estrictamente contemporáneas, publicadas en Königsberg en 1804: L.E. Borowski, *Darstellung des Lebens und Charakters I. Kants*; R.B. Jachmann, *I. Kant geschildert in Briefen an seinen Freund*, E.A. Wasianski, *Kant in seinen letzten Lebensjahren*. Estos tres escritos han sido reproducidos útilmente en *Wer war Kant?*, ed. de S. Drescher, Pfullingen 1974. Como biografía moderna de Kant véase K. Vorländer, *I. Kants Leben*, Leipzig 1921, reimpr. Hamburgo 1974; Id., *I. Kant. Der Mann und das Werk*, 2 vols., Leipzig 1924; reimpr. Hamburgo 1977. Cf. también K. Fischer, *Vida de Kant e historia de los orígenes de la filosofía crítica*, en: I. Kant, *Crítica de la razón pura*, Buenos Aires [6]1970, p. 19-114.

artes, pero su verdadera pasión intelectual se dirigía ya hacia la ciencia físico-matemática. Fue el primer talento del colegio. Nadie, sin embargo, presintió entonces que hubiera de dedicarse en el futuro a la filosofía. Él mismo diría más tarde que sus maestros del gimnasio no supieron encender en él la más mínima centella del fuego filosófico.

En 1740 Kant ingresó en la Universidad de Königsberg para proseguir sus estudios en la facultad de filosofía. Las disciplinas que por entonces se enseñaban en dicha facultad, regentadas cada una de ellas por un profesor ordinario, eran hebreo, matemáticas, griego, lógica y metafísica, filosofía práctica, poesía, elocuencia e historia. Kant asistió además a las lecciones de teología de su protector Schultz y se interesó intensamente por las matemáticas y las ciencias naturales. El maestro que influyó más en su espíritu fue Martin Knutzen, un hombre que conciliaba el pietismo con el racionalismo de Wolff y cultivaba además las ciencias. Knutzen dirigió a Kant con mucho cariño en sus estudios y puso a su disposición su magnífica biblioteca, iniciándole además en el estudio de las obras de Newton y de Wolff.

En 1746, antes de dejar la Universidad Kant había presentado al decano de filosofía su primer ensayo: *Pensamientos sobre la verdadera noción de las fuerzas vivas*, en el que se esforzaba por conciliar el cartesianismo y el leibnizismo. El intento era tan audaz, sobre todo para un autor novel, que inspiró a Lessing este gracioso cuarteto:

> Kant emprende una difícil tarea
> para ilustrar al mundo:
> calibra las fuerzas vivas,
> olvidándose de hacerlo con las propias

Este mismo año, la muerte de su padre le forzó a abandonar temporalmente la carrera académica y a ganarse la vida con la enseñanza privada. Durante unos ocho años Kant ejerce el oficio de preceptor en casa de varias familias acomodadas y, muy particularmente, en la mansión de la condesa von Kayserling. El propio Kant recordará más tarde con gracia que si los hijos de la noble señora fueron sus discípulos, él se hizo, a su vez, discípulo de la condesa en el arte de la buena conversación. Las obligaciones de su cargo llevaban consigo en ocasiones pequeños desplazamientos. De hecho, estos años fueron los únicos que Kant pasó fuera de Königsberg.

En 1755, Kant regresa a su ciudad natal y se presenta al examen de promoción o doctorado con la disertación latina *Meditationum quorundam de igne succincta delineatio*. Poco después, en el mismo año obtiene la habilitación con la disertación, también en latín: *Principiorum primorum cognitionis metaphisicae nova dilucidatio.* A partir de este momento comienza a enseñar como *Privatdozent* en la Universidad.

Kant fue profesor auxiliar durante 15 años. Fueron unos años fructíferos, pero de intenso trabajo. Kant llegó a acumular de 16 a 20 lecciones semanales sobre las más diversas materias: lógica, metafísica, moral, antropología, pedagogía e incluso matemáticas, geografía y mineralogía. La Universidad apreciaba mucho a su joven filósofo y pensaba nombrarle profesor ordinario. Por desgracia, la única cátedra disponible por entonces era la de poesía. Kant rehusó y pensó incluso en dejar Königsberg por Erlangen cuando, el paso de su colega Buck de la cátedra de lógica y metafísica a la de matemáticas, dejó vacante la primera. Era la ocasión largamente esperada. En marzo de 1770 Kant fue nombrado oficialmente profesor ordinario de lógica y metafísica. Tenía entonces 46 años de edad.

Kant tomó posesión de su cátedra con la célebre disertación latina *De mundi sensibilis et intelligibilis forma et principiis.* Es el último opúsculo importante publicado por nuestro filósofo antes de la *Crítica de la razón pura,* que apareció en Riga en 1781 y en la que estuvo ocupado durante estos 11 años. A la primera *Crítica* siguió luego, en impresionante avalancha, toda una serie de grandes obras: los *Prolegómenos a toda metafísica futura* (1783), *Fundamentación de la metafísica de las costumbres* (1785), la segunda edición de la *Crítica de la razón pura* (1786), la *Crítica de la razón práctica* (1788), la *Crítica del juicio* (1790), *La religión dentro de los límites de la pura razón* (1793) y la *Metafísica de las costumbres* (1797). Todas estas obras las publicó Kant entre los 47 y los 74 de su edad.

A medida que pasaban los años la figura del filósofo se agigantaba dentro y fuera de su pequeña Universidad. Fue miembro del senado universitario, rector y decano de la facultad de filosofía, académico de Berlín, San Petersburgo y Viena. Un pequeño sobresalto vino a turbar en sus últimos años su tranquila existencia de profesor universitario. Al morir el rey Federico el Grande, su sucesor, Federico Guillermo II, cambió de política cultural. El ministro de enseñanza y cultos, el barón von Zedlitz, a quien Kant había dedicado nada menos que la *Crítica de la razón pura,* fue substituido por un tal Wolner, un hombre a quien Federico había calificado en alguna ocasión de «mentiroso e intrigante cura». El nuevo gobierno decidió poner coto a toda actividad literaria que pudiera hacer vacilar en la fe a sus súbditos y estableció al respecto una rígida censura. Después de varios pequeños lances con este organismo, Kant tuvo la osadía de publicar sin la autorización de Wolner, aunque con la aprobación de sus colegas de Königsberg y Jena, la segunda edición de *La religión dentro de los límites de la pura razón*. La respuesta de Wolner fue fulminante: en carta del 14 de octubre de 1794 el ministro le exponía el desagrado del rey y le anunciaba que de reincidir en su falta podrían producirse ciertas medidas desagradables. Kant respondió que no tenía de qué retractarse, pero que, como súbdito leal que era, obedecería las órdenes de su Majestad. Y así lo hizo renunciando en adelante a enseñar o escribir sobre temas de religión. Sólo a la muerte del rey, restaurada la libertad de imprenta, Kant se consideró desligado de su promesa y publicó uno de sus últimos escritos, *El conflicto de las facultades* (1798), en el que discute la relación entre la teología, la filosofía y la razón crítica.

En 1797 Kant hubo de abandonar la enseñanza a causa de sus achaques. El calendario de la Universidad daba constancia de este hecho con estas elogiosas palabras: «Por debilidad senil cesa en sus lecciones el venerable anciano de la facultad de filosofía.» Había sido profesor ordinario de lógica y metafísica durante 26 años. No obstante, Kant siguió trabajando febrilmente: publica *El conflicto de las facultades* (1798) y la *Antropología en sentido pragmático* (1798) y dedica en adelante sus horas lúcidas a redactar las notas de los trece cuadernos que constituyen el *Opus postumum*. En los últimos años de su vida, sobre todo a partir de 1800, sus fuerzas físicas y su vigor intelectual fueron en continua decadencia. Su memoria prodigiosa empezó a fallarle y el hastío y la melancolía se apoderaron de su espíritu. Un año antes de morir perdió también la vista. Falleció el domingo día 12 de febrero de 1804, murmurando estas palabras: «Está bien» *(Es ist gut)*. El entierro fue un auténtico acontecimiento ciudadano. Los dignatarios de la ciudad, seguidos de una ingente multitud de amigos y estudiantes, acompañaron el féretro del gran filósofo, primero a la iglesia de la Universidad y después a la catedral, donde fue enterrado en la llamada cripta de los profesores, en el ala norte del templo. Posteriormente, con ocasión del primer centenario de la *Crítica de la razón pura*, se le dio nueva sepultura en una capilla neogótica, construida en el mismo lugar. Presidía la pared de fondo una reproducción de *La escuela de Atenas* de Rafael. En la pared de enfrente, dispuestas de forma que el visitante pudiera captarlas inmediatamente con la mirada, aparecían las palabras con las que Kant concluyó su *Crítica de la razón práctica*: «El cielo estrellado sobre mí y la ley moral dentro de mí.» En 1924, con ocasión del segundo centenario del nacimiento del filósofo, se construyó un nuevo mausoleo. En 1950, después de la segunda guerra mundial, el sarcófago indemne bajo las ruinas del mausoleo fue forzado y robado por gentes desconocidas.

I. Trayectoria vital y doctrinal

4. EL CARÁCTER

Tres discípulos de Kant, L.C. Borowski, R.B. Jachmann y A.Ch. Wasianski, publicaron, después de su muerte, lo más memorable que de la intimidad de su maestro recordaban. Gracias a sus noticias nos es dable reconstruir la figura humana, moral e intelectual del filósofo. Kant fue un individuo de pequeña estatura —unos tres pies— y de constitución enclenque y un tanto deforme —tenía el tórax hundido y el hombro derecho levantado—, que contrastaba con la nobleza de su frente y unos hermosos ojos azules. Enfermizo por naturaleza, rehusaba los cuidados de la medicina para seguir el régimen que se había establecido por la razón: solía decir que su salud era su obra. Practicaba el *abstine* y el *sustine* de los estoicos, no sólo como principios de orden natural, sino también como normas de medicina racional. De carácter melancólico e inclinado a la misantropía, lo convirtió por la fuerza de su voluntad en afable, comunicativo y de buen humor. Gozaba de contar chistes, pero sin herir a nadie, por el gran respeto que tenía a la dignidad humana. «Si mi caballo dijera "yo" —observaba chanceando—, le saludaría como a un igual.» Era metódico y ordenado en extremo. Su jornada transcurría con la regularidad de un cronómetro. A las cinco menos cinco minutos de la madrugada, su criado Lampe, un veterano del ejército prusiano que le sirvió durante cerca de cuarenta años, despertaba al filósofo con la llamada: ¡Es la hora! Kant se levantaba al instante, se hacía preparar el desayuno, té con pan y mantequilla, fumaba la única pipa del día y en bata se ponía a preparar las clases. Éstas eran de 7 a 9 en verano y de 8 a 10 en invierno. A continuación, estudio hasta la una, la hora de la comida. Consideraba nuestro filósofo que el trato con sus semejantes era necesario a temperamentos como el suyo. Por ello solía invitar a su mesa algunos convidados, pero procurando que no pasaran de nueve —el número de las Musas—, ni bajaran de tres —el de las Gracias—. Después de la sobremesa, que se prolongaba hasta media tarde, llegaba la hora del paseo por el campo. Una hora todos los días, preferentemente solo o acompañado por su criado que le llevaba el paraguas, y siempre con el mismo recorrido, de suerte que se oyó cuchichear a los buenos burgueses de Königsberg: «No pueden ser las siete, porque no ha pasado todavía el profesor Kant.» Sólo en alguna ocasión dejó el paseo para quedarse a leer a Rousseau, que le conmovía hasta arrancarle las lágrimas. Tras el paseo seguía una ligera cena, un rato de lectura y a la cama.

Kant vivió siempre soltero. «Cuando pude necesitar a una mujer —decía—, no podía alimentarla; y cuando la pude alimentar, no la necesitaba.» No podía soportar ninguna irregularidad: en una ocasión hubo de interrumpir su lección porque un alumno llevaba desabrochados los botones de la casaca. Aunque gustaba de las marchas militares, odiaba la música porque le impedía hablar mientras la ejecutaban. Su lectura más grata, fuera de las obras de filosofía, fueron los libros de geografía y las narraciones de viajes. Con sus hermanas, que vivían en la misma ciudad, no se le vio tratar en 25 años. Una de sus máximas era: «¡Amigos, no hay amigos!» Sin embargo, en el lecho de muerte confesó a su médico: «Jamás me ha abandonado el amor de la humanidad.» Se interesaba por los acontecimientos políticos de su época y no ocultó su simpatía por la guerra de independencia americana y por la revolución francesa, aunque condenó sus excesos. Era terco en sus convicciones y así en 1798 afirmó que Napoleón no iría a Egipto, sino a Portugal, y siguió en sus trece a pesar de ser desmentido por los hechos. Vivió normalmente alejado de las prácticas religiosas y sólo por razones sociales asistía a la iglesia. Sin embargo, solía hablar bien de la religión, en particular del pietismo. De hecho, conservó, al parecer, toda su vida la fe profunda en Dios y la moral severa de su primera educación.

Conciliar la libertad con la ley, eje de la razón práctica, fue también un rasgo característico de su personalidad moral. Cuando la razón se da a sí mismo la norma, obedecerla no es ser esclavo, sino ser libre. Desde joven tuvo el gusto por la independencia, que le hacía encontrar un gran placer en pensar que no debía nada a nadie, y así evitaba con una celosa desconfianza toda tentativa de imposición de otra voluntad sobre la suya. Este afán de bastarse a sí mismo le llevó a economizar con exceso. Aunque no dejó de ayudar a sus hermanas y a un número fijo de pobres, dejó al morir la considerable suma de 27 000 táleros.

Las cualidades de su inteligencia coinciden con las de su carácter. Ahí reside el secreto de su tarea de pensamiento silenciosa, tenaz, rigurosa y perseverante. Solía decir que lo propio del profesor de filosofía no es aprender pensamientos, sino aprender a pensar. Su gusto por la independencia personal se traduce en el plano intelectual en la libertad de espíritu y el amor a la veracidad. La mentira, la simulación, la hipocresía le causaban horror. A raíz de sus dificultades con la censura escribía a Moisés Mendelssohn: «Pienso seguramente con la más entera convicción que sea posible y con gran satisfacción mía muchas cosas que jamás me atreveré a decir, pero nunca diré nada contra lo que pienso.»

Así fue Kant, uno de los mayores filósofos que recuerda la historia: un hombre ordenado, meticuloso, un tanto excéntrico, pero honrado y sincero. El único punto negro en su retrato es su racionalismo estrecho y alicorto. Todo lo que en la vida humana es extra o suprarracional no encontró en él comprensión alguna: quiso desterrar de la moralidad todo

I. Trayectoria vital y doctrinal

elemento ajeno a la pura conciencia del deber; quiso reducir la religión a la pura razón, mostrándose así ciego a la dimensión específica de la religión que es el sentido del misterio. Tampoco fue muy abierto a los afectos: ayudó a los suyos más por deber que por amor, pero no quiso tener que ver mucho con ellos. Se ha notado también que tuvo muchos amigos en sentido lato, pero ningún amigo íntimo. «Porque el hombre no es sólo razón, se puede, se debe notar que en el hombre Kant hubo deficiencias: particularmente grave es, a nuestro parecer, la religiosa; mas porque el hombre es hombre por la razón, se debe reconocer que Kant fue un hombre. Y no es poco, aun para un filósofo.»[10]

---

10. S. Vanni Rovighi, *Introducción al estudio de Kant*, Madrid 1948, p. 23.

CAPÍTULO SEGUNDO

PERÍODO PRECRÍTICO

El pensamiento filosófico de Kant antes de cristalizar en el criticismo evoluciona lentamente pasando por una serie de fases, cuya sucesión explican unos, con Fischer[1], por un movimiento oscilatorio que va de un extremo a otro para quedarse finalmente en una posición media de equilibrio, y otros, con Riehl[2], por un desarrollo progresivo. Según Fischer, habría que distinguir en la evolución del pensamiento kantiano los cuatro períodos siguientes. Un período inicial (1746-1760) en el que predomina la influencia racionalista de Leibniz - Wolff. Una segunda etapa, el llamado período inglés (1760-1770), en el que se acusa una desviación hacia el empirismo, inspirada por la lectura de Locke y Hume, desviación que, según la teoría oscilatoria de Fischer, habría llevado a una completa substitución del punto de vista de Wolff por el de Hume y culminaría en el escepticismo de la obra *Sueños de un visionario interpretados por los sueños de la metafísica*. Un tercer período de transición (1770-1772), bajo la influencia de los *Nouveaux essais* de Leibniz, en el que Kant habría vuelto momentáneamente al dogmatismo ontológico. Pero pronto una nueva crisis, ésta definitiva, debía despertar a Kant del «sueño dogmático» y conducirle, a medio camino entre el empirismo y el racionalismo, hacia la dirección definitiva que cuajaría en la *Crítica de la razón pura*.

A esta teoría de la evolución oscilatoria opuso Riehl una evolución continua y progresiva sobre la base del racionalismo de Leibniz - Wolff, pero bajo el estímulo de las influencias empiristas. No habría habido

---

[1]. K. Fischer, *Geschichte der neueren Philosophie*. I: *Kant und seine Lehre*, 2 vols., Mannheim 1860; Heidelberg 1928⁶.

[2]. A. Riehl, *Der philosophische Kritizismus und seine Bedeutung für die positive Wissenschaft*, 2 vols., Leipzig 1908².

II. Período precrítico

una substitución del punto de vista de Wolff por el de Hume, sino sólo una crítica progresiva del racionalismo jamás abandonado, a través del empirismo de Hume, jamás plenamente aceptado. La tesis de Riehl parece más conforme a la realidad, si no hay que admitir una teoría conciliadora, que explicaría la formación del pensamiento kantiano como una evolución progresiva en medio de una cierta oscilación pendular[3].

Una cosa es clara: la evolución doctrinal de Kant es el resultado del lento y progresivo enfrentamiento que estas dos fuerzas antagónicas: racionalismo y empirismo, llevaron a cabo durante 35 años en la mente del filósofo. Este enfrentamiento no se realiza en el vacío, sino en torno a un pequeño número de nociones, cuyo juego decisivo determinará las posiciones definitivas del Kant crítico. Son éstas las nociones de espacio, existencia, razón y causa, finalmente la noción de objeto. Vamos a seguir su desarrollo a lo largo de las cuatro etapas principales por las que pasó el pensamiento del filósofo.

1. ETAPA DE ENMIENDAS AL RACIONALISMO (1746-1763)

El espacio ocupa en el pensamiento filosófico del siglo XVII y XVIII un lugar similar al que en el nuestro corresponde al tiempo. Los grandes filósofos de la época se ocupan del espacio como Bergson y Heidegger lo han hecho con el tiempo. La razón de esta prioridad de la problemática del espacio sobre la del tiempo se encuentra obviamente en el ambiente de la época: los siglos XVII y XVIII han sido testigos de un formidable avance de la geometría y de la física, dos ciencias íntimamente relacionadas con el espacio, avance al que no han sido ajenos los mismos filósofos. Descartes y Leibniz pertenecen tanto a la historia de la ciencia, como a la de la filosofía. Pero hay también otra razón. El tiempo aparecía entonces como menos problemático que el espacio. Ya Descartes lo concibe como un *modus cogitandi,* más bien una relación del hombre con las cosas que una realidad en sí. En cambio, el espacio presentaba toda suerte de problemas. ¿Es una *res extensa*, como quería Descartes, o algo ideal, como pretendía Leibniz, o, finalmente, ni lo uno ni lo otro, sino un medio imaginario, abstraído de las sensaciones, como opinaba Hume? ¿Cuál es

---

[3]. Cf. J. Maréchal, o.c., p. 18ss. Modernamente se han ocupado de la cuestión, entre otros, H.J. de Vleeschouwer, *L'évolution de la pensée kantienne. Histoire d'une doctrine*, Paris 1939; trad. cast., México 1962; Id., *La déduction transcendentale dans l'oeuvre de Kant*, 3 vols., Amberes-Paris 1934-37; reed., Nueva York 1976; N. Hinske, *Kants Weg zur Transzendentalphilosophie. Der dreissigjährige Kant*, Stuttgart 1970. Replantea la entera temática J.L. Villacañas Berlanga, *La formación de la Crítica de la razón pura*, Valencia 1980. Como introducción al tema cf. J. Maréchal, o.c., pp. 21-83; A. Philonenko, *L'oeuvre de Kant. La philosophie critique*. I: *La philosophie pré-critique et la Critique de la Raison pure*, Paris ²1975, pp. 27-100.

el lugar de la geometría, la ciencia matemática del espacio, en el seno de las ciencias físicas? ¿Puede decirse con Descartes: «Toda mi física no es sino geometría»?

a) *Evolución en el concepto de espacio*

Kant no podía ser ajeno a esta problemática. No es extraño, pues, que el problema del espacio se convierta en uno de los hilos conductores de su pensamiento. De hecho, lo aborda ya en su primera obra: *Pensamientos sobre la verdadera noción de las fuerzas vivas* (1746). Kant tercia aquí en una cuestión controvertida entre Descartes y Leibniz. Descartes, como ya sabemos, había reducido la física a la geometría. Leibniz le opuso que las leyes derivadas de la geometría sólo son válidas en el dominio de la estática, pero no en el de la dinámica. Kant por su parte, después de declarar que «los principios de la matemática... confirmarán siempre las leyes de Descartes»[4], se declara sin embargo partidario de Leibniz: «El cuerpo que considera la matemática difiere totalmente del de la naturaleza y, por consiguiente, es posible que lo que es válido del primero no lo sea del segundo.»[5] El error de Descartes consiste, pues, en extender a la física lo que sólo es válido en geometría y, en consecuencia, la concepción cartesiana que asimilaba «cuerpo» y «espacio» debe ser rechazada.

¿Cómo hay que concebir entonces el espacio? Kant parte de la noción leibniziana. Leibniz, en efecto, concebía el espacio como el resultado de la «relación de coexistencia» entre las mónadas. Un cuerpo *A* tiene en un determinado momento determinadas relaciones de situación con *C*, *D* y *E*, cuerpos que consideramos fijos. Supongamos que el cuerpo *A* se mueve y que otro cuerpo, *B*, entabla con *C*, *D* y *E* unas relaciones de situación que concuerdan enteramente con las que antes tenía *A*. Estas relaciones, por coincidentes que sean, no son la misma cosa en un caso o en otro. Sin embargo, responde a una tendencia natural del espíritu (no a una exigencia objetiva) afirmar en este caso que *B* ocupa el mismo lugar que antes tenía *A*. Según esto, el lugar, dirá Leibniz, es aquello que es lo mismo en momentos diferentes para existentes, aunque sean diferentes, cuando sus relaciones de coexistencia con ciertos existentes, que desde el uno de estos momentos hasta el otro se suponen fijos, convienen enteramente. El lugar, así considerado, expresa relaciones reales,

---

4. *Gedanken von der wahren Schätzung der lebendigen Kräfte* (Ac. B., vol. I), p. 41. Cf. la exposición de A. Philonenko, o.c., p. 58ss.
5. Ibid., p. 140.

pero en sí mismo no es nada real, sino algo ideal. Ahora bien, lo que resulta de los lugares considerados en su conjunto es precisamente el espacio[6].

Kant en parcial acuerdo con Leibniz define también el espacio como un orden, pero no como el orden ideal o inteligible leibniziano de coexistencia entre las mónadas (las mónadas no tienen ventanas y por tanto no puede haber entre ellas interacción), sino como un orden resultante de un juego de fuerzas transitivas. Como escribe Kant: «Es fácil demostrar que no habría espacio ni extensión, si las substancias no tuvieran la fuerza de actuar fuera de ellas mismas. Sin esta fuerza no hay relación, sin ésta no hay orden y sin éste no hay espacio.»[7] El espacio es, pues, un orden y, por consiguiente, una noción, un concepto. Sin embargo, este concepto carece de claridad o, mejor, hay en él algo no conceptual: la tridimensionalidad. «En cualquier caso, existe una cierta dificultad en comprender cómo la pluralidad de las dimensiones del espacio proceden de la ley, según la cual las substancias actúan fuera de ellas mismas.»[8] La estructura tridimensional del espacio permanece, pues, sin explicar. Es precisamente en función de esta dificultad que aflora en Kant un pensamiento que, de haberlo tomado en serio, hubiera modificado el planteamiento de la *Crítica:* la idea de la posibilidad de una geometría no euclidiana. Kant admite, en efecto, como posibles otros tipos de espacio y, por consiguiente, también otros mundos y añade: «Una ciencia de todos estos diferentes tipos de espacio sería, sin duda alguna, la más alta geometría que pueda permitirse emprender un entendimiento finito.»[9]

En la *Nova dilucidatio* (1755) Kant se crece en su oposición a Leibniz. Al mismo tiempo la problemática del espacio se le hace más aguda. Antes reconocía no poder explicar su estructura tridimensional. Ahora es el espacio mismo lo que no se explica. En efecto, pretender deducir el espacio de la fuerza que las substancias tienen de actuar fuera de sí mismas es cometer una petición de principio. Con este «fuera de sí mismas» se está ya aludiendo al espacio que se pretende deducir. Lejos, pues, de deducir el espacio se le da por supuesto. Por ello Kant tiene ahora por posible la coexistencia de una pluralidad de substancias completamente separadas las unas de las otras y, en consecuencia, sin constituir entre ellas un orden. Kant separa, pues, lo que Leibniz había unido: coexistencia y orden. Con ello el planteamiento leibniziano en la deducción del espacio cae por su base: si es posible concebir una coexistencia sin or-

---
6. Cf. F. Martínez Marzoa, o.c., p. 137
7. *Gedanken von der wahren Schätzung der lebendigen Kräfte*, p. 23.
8. Ibid.
9. Ibid., p. 24.

den, hay que admitir también que en este caso no habría espacio. El problema de la deducción del espacio hay que plantearlo, pues, en estos términos: ¿qué se precisa para que la coexistencia llegue a ser un orden? Para que la coexistencia llegue a ser un orden es preciso que las substancias tengan un origen común, que Kant pone ahora en Dios. De este modo el problema de la tridimensionalidad del espacio recibe una solución fácil: Dios ha querido en nuestro mundo un espacio así, como puede haber querido que existan otros mundos, cada uno dispuesto a su manera. En este sentido, dirá Kant, no es falso afirmar con Malebranche que vemos todas las cosas en Dios. En segundo lugar, para que la coexistencia llegue a ser un orden es preciso también que las substancias actúen efectivamente las unas sobre las otras. A la armonía preestablecida de Leibniz, substituye Kant, por tanto, el «influjo físico» de las substancias entre sí, cuyas acciones y reacciones determinan el espacio. El espacio es más un orden de causalidad que un orden de coexistencia y es sólo lo segundo porque es lo primero. Con ello Kant ha abandonado la concepción de Leibniz y se ha acercado a la de Newton: el espacio no es una relación ideal de coexistencia, sino una relación real y causal. Si la monadología ha de tener un sentido es sólo como *monadologia physica.* A esta tarea dedicará pronto Kant una futura obra[10].

Entre tanto, Kant había dado un paso adelante en su camino, y en su obra *Historia general de la naturaleza y teoría del cielo* (1755) acepta la posibilidad del espacio absoluto de Newton al que, igual que el físico inglés, denomina «el campo infinito de la presencia divina». Como es sabido, Newton pensó que lo que llamamos un «cuerpo» sólo puede darse «en» el espacio, por tanto sobre el supuesto de eso que llamamos «espacio». De este modo estableció la noción de que el espacio es algo en sí mismo inmutable, uniforme e ilimitado, independiente de los cuerpos y anterior a ellos. A este espacio concede Newton una entidad metafísica, distinta de Dios, pero anterior al mundo, precisamente como condición metafísica previa de la posibilidad de los cuerpos. En este sentido, el espacio absoluto escapa a la observación y por ello determinamos los lugares y movimientos no en relación al espacio, sino con respecto a algún cuerpo que consideramos fijo. Kant no hace suyas todas las consecuencias metafísicas que Newton deducía de la noción de espacio absoluto, pero acepta su punto de vista fundamental: un cuerpo sólo puede darse «en» el espacio. Por tanto, es preciso admitir «el» espacio como algo previo a la existencia de los cuerpos.

Al adoptar el punto de vista de Newton, Kant se ha hecho más rea-

---

10. Cf. A. Philonenko, o.c., p. 61ss.

lista que Leibniz. Pero por lo mismo recaen sobre él las dificultades que Leibniz había dirigido a la postura newtoniana. En efecto, si se admite que aparte de las relaciones de situación entre las cosas el espacio es algo real, hay que admitir como posible, por ejemplo, que el mundo pudiera cambiar de lugar, «pasearse», por así decirlo, por el espacio, sin que dentro de él cambiasen las posiciones de unas cosas con respecto a las otras. Semejante movimiento sería en principio inobservable, ya que todo observador forma por definición parte del mundo y se mueve con él. Esta idea de un movimiento inobservable repugna al buen sentido de Leibniz. No basta decir: que un movimiento no puede ser observado, no implica que no pueda existir. Como responde Leibniz, el movimiento es independiente de la observación, pero no de la observabilidad. Sin duda, hay movimientos que no pueden ser observados de hecho, pero carece de sentido admitir que pueda haber un movimiento que sea inobservable por principio. No hay movimiento, cuando no hay cambio observable. Mejor dicho, cuando no hay cambio observable, no hay en absoluto cambio. En otras palabras, la noción newtoniana del espacio absoluto viola el principio de Galileo de la relatividad del movimiento[11].

En la *Monadologia physica* (1756) Kant confirma y precisa el paso que, a la zaga de Newton, había dado un año antes. Contra Leibniz y con Newton tiene el espacio por real, por trascendente con respecto a la conciencia; pero a la vez, con Leibniz y contra Newton, no ve en él nada substancial que esté en el fondo de las cosas, sino sólo la forma real de su relación, la expresión y el orden de sus contactos externos. Kant, con todo, saca una nueva consecuencia de su anterior punto de vista: si el espacio constituye un orden real y no meramente ideal o inteligible, como quería Leibniz, entonces hay que incluir la geometría y la física en la «filosofía natural» de Newton. Kant se da cuenta inmediatamente de las dificultades que este intento conlleva. Mientras que la geometría afirma la divisibilidad del espacio al infinito, la inexistencia del vacío y la inutilidad de la fuerza de atracción, la filosofía afirma la existencia de realidades indivisibles, del vacío y de la fuerza de atracción. «¿Cómo es posible», se pregunta Kant, «que la metafísica se alíe con la geometría, siendo así que es más fácil ensamblar un grifo con un caballo, que no la filosofía trascendente con la geometría?»[12] Por negativo que parezca este resultado constituye, sin embargo, para Kant un hito importante: el descubrimiento de la dialéctica del espacio en los cuadros del racionalismo clásico. De hecho, las dos primeras antinomias de la futura *Antitética de la razón pura* están ya anticipadas, *in nuce*, en esta obra.

---

11. Cf. F. Martínez Marzoa, o.c., p. 133ss.
12. *Monadologia physica* (Ac. B., vol. I), p. 475. Cf. A. Philonenko, o.c., p. 64s.

Etapa de enmiendas al racionalismo (1746-1763)

b) *Evolución de los conceptos de razón y causa*

De nuevo el punto de partida del pensamiento de Kant es la filosofía de Leibniz, con sus dos típicas exigencias de identidad y racionalidad. En primer lugar está la exigencia de identidad. Toda proposición verdadera, pensaba Leibniz, se funda en la identidad lógica del sujeto y del predicado. Es el ideal del conocimiento estrictamente analítico: el sujeto es la *ratio cognoscendi* de los predicados que se le atribuyen. Basta analizar su contenido para encontrar en él el predicado. Semejante concepción no ofrece dificultad en lo que se refiere a las denominadas «verdades de razón». Pero ¿qué pasa con las «verdades de hecho»? En efecto, al hablar de «verdad de hecho», ya estamos diciendo que el enlace entre el sujeto y el predicado no es necesario sino, por así decirlo, «factual». Que César pasó el Rubicón, no lo sabemos por el análisis del sujeto, sino por la historia. ¿Cómo es posible, pues, hablar de verdad de hecho y mantener sin embargo la exigencia de identidad? Leibniz responde: la verdad de hecho es sólo tal para el conocimiento finito, pero no para el conocimiento infinito. Lo que quiere decir: el carácter de verdad de las verdades de hecho consiste en que han de poder ser elevadas a verdades de razón. Si conociéramos exhaustivamente el concepto de Julio César, encontraríamos en él que hubo de pasar el Rubicón, vencer a Pompeyo, morir asesinado por Bruto, etc.

En segundo lugar está la exigencia de racionalidad, cuya expresión es el principio de razón suficiente. No hay nada, afirma Leibniz, de lo que no pueda darse una razón suficiente. Dios, la esencia infinita, tiene en sí mismo la razón de su existencia. Las esencias finitas no tienen en sí mismas la razón suficiente ni de su posibilidad ni de su existencia, pero la tienen en su causa: en Dios.

De ahí dedujo Wolff que los conceptos de razón (lógica) y causa (ontológica) son convertibles. Dios, porque tiene su razón en su esencia, es *causa sui*. En cuanto a las cosas finitas, su justificación racional traduce su dependencia ontológica de una causa. Siempre la razón lógica es causa ontológica y viceversa[13].

Pues bien, influido por Crusius, profesor antiwolffiano de Leipzig, Kant en su tesis de habilitación *Principiorum primorum cognitionis metaphysicae nova dilucidatio* (1755) niega aquella convertibilidad. Kant distingue entre la *ratio essendi* y la *ratio cognoscendi:* la segunda no coincide necesariamente con la primera.

Unos años más tarde, en el *Ensayo de introducción del concepto de*

---

13. Cf. J. Maréchal, o.c., p. 31.

II. Período precrítico

magnitudes negativas en la sabiduría acerca del universo (1763), Kant se propone la siguiente cuestión: ¿cómo enlazar la necesidad lógica con la realidad efectiva? Es evidente, en efecto, que se puede concluir de un principio lógico a sus consecuencias según la regla de la identidad. Pero ¿cómo concluir por pura identidad de un principio lógico a una existencia real? No es la identidad, por ejemplo, la que nos permite concluir del viento a la lluvia. Ahora bien, ésta es la cuestión: que una cosa venga de otra sin que sea en virtud del principio de identidad. ¿Cómo es posible comprender que, porque existe una cosa, existe también otra? La razón lógica *(Idealgrund)* y la causa *(Realgrund)* no sólo no son convertibles entre sí, sino que se oponen rigurosamente. La razón lógica dice identidad de un objeto y de su razón explicativa; la causa, en cambio, dice oposición relativa de un efecto y de su principio físico. La causa es, por definición, otra cosa *(Etwas anderes)* que el efecto y por lo mismo algo distinto de él. De ahí que Kant no acepte la expresión *causa sui* en relación con Dios. En conclusión, Kant ha roto con la doble exigencia de identidad y de racionalidad que caracteriza la filosofía racionalista. Con ello se ha acercado, por sus propios pasos, a la problemática de Hume. La relación causal se torna ininteligible. La pregunta que late ya ahora en el fondo de su razonamiento se convertirá, andando el tiempo, en uno de los problemas clave de la *Crítica*. ¿Cómo explicar la relación causal? ¿Cómo entender que «porque una cosa existe, exista también otra»?[14] La consecuencia del *Ensayo sobre las magnitudes negativas* es ya la puesta en cuestión de la categoría de causalidad.

Pero eso no es todo. En el mismo *Ensayo sobre las magnitudes negativas* Kant aborda también otros aspectos de la oposición entre lógica y existencia. Kant establece como tesis general que la oposición real no es reducible a la contradicción lógica. En otras palabras, si la contradicción lógica ($A = $ no A) es inconcebible, las oposiciones matemáticas y físicas ($+A = -A$) son perfectamente concebibles. En efecto, sea una contradicción lógica cualquiera: $A = $ no A. El resultado es un cero lógico, una nada. Sea en cambio la oposición de dos fuerzas físicas, la una positiva $+A$ y la otra negativa $-A$. El resultado es también un cero, pero no un cero lógico, una nada, como en la contradicción lógica, sino un *equilibrio* entre dos fuerzas contrarias que se neutralizan, pero no se anulan. En otras palabras, la oposición real no se funda en el principio de no contradicción. La prepotencia de este principio se ha roto[15].

La contraposición entre lógica y existencia se manifiesta todavía en

---

14. *Versuch, den Begriff der negativen Grössen in die Weltweisheit einzuführen* (Ac. B., vol. II), p. 202. Cf. J. Maréchal, o.c., p. 33.
15. Cf. A. Philonenko, o.c., p. 43.

otro punto decisivo. En Leibniz toda proposición verdadera ha de poder ser demostrada por el principio de identidad, mientras que dicho principio se convierte en la única verdad indemostrable. Kant, en cambio, establece que no hay una sola, sino más bien una multitud de verdades indemostrables. El problema central para él será en adelante el de encontrar una explicación de la verdad de las proposiciones indemostrables por el principio de identidad. La solución definitiva a este problema se encuentra en la primera *Crítica*, en los llamados juicios sintéticos *a priori*. Pero ya ahora Kant repudia el matematismo metafísico de Wolff. Los puntos de partida de una metafísica no pueden tener sino una justificación: la de ser *dados* en una experiencia.

c) *Evolución en el concepto de existencia*

La contraposición entre razón y experiencia, que acabamos de exponer, comportaba un apartamiento del método wolffiano en un aspecto central: la deducción conceptual. Kant subraya que la explicitación de conceptos jamás podrá darnos la existencia de algo *(Dasein)*. La matemática puede proceder deductivamente, porque es indiferente a la existencia material de sus objetos. Las leyes que definen la esencia de un triángulo no dependen del triángulo que el geómetra traza en la pizarra: al contrario, éste depende de aquéllas. Pero no ocurre lo mismo en la física y la metafísica: estas dos ciencias tratan de cosas existentes. Y un saber acerca de tales cosas no puede partir de posibilidades lógicas, sino de lo que nos es dado en la experiencia, para buscar luego sus condiciones de posibilidad. Ahora bien, para sostener su tesis de que la deducción no puede darnos existencia alguna, Kant no necesita negar que todo predicado cierto está ya contenido en la noción del sujeto, porque para él la existencia no es ningún predicado.

Kant alude a esta revolucionaria noción de existencia en su segunda disertación latina para la habilitación: *Principiorum primorum cognitionis metaphysicae nova dilucidatio* (1755). La existencia no es una cualidad, un predicado como otro cualquiera. La existencia constituye un caso aparte, algo único. Esta noción de existencia que caracterizará posteriormente al Kant crítico es desarrollada más ampliamente en la obra *El único fundamento posible para una demostración de la existencia de Dios* (1762). Kant empieza por distinguir en los juicios entre el sentido lógico de la cópula y el sentido existencial. Es preciso guardarse de confundir el ser = existencia con el ser = relación entre sujeto y predicado[16]. Ambos

---

16. Cf. *Der einzig mögliche Beweisgrund zu einer Demonstration des Daseins Gottes* (Ac. B., vol. II), p. 73.

II. Período precrítico

sentidos del término «ser» no sólo son distintos, sino radicalmente intercambiables: entre uno y otro se abre un abismo que nada podría colmar. «Tomad un sujeto, el que sea, por ejemplo Julio César. Reunid por el pensamiento todos los predicados que puedan convenir a Julio César, sin omitir siquiera los de tiempo y lugar. ¿No os dais cuenta inmediatamente de que, pese a todas estas determinaciones, puede, sin embargo, tanto existir como no existir?»[17] Existencia y esencia pertenecen a un orden radicalmente distinto. La existencia no es jamás predicado de ninguna esencia, no es nada que forme parte del concepto de una cosa. En el plano de su determinación conceptual una cosa es absolutamente igual tanto si existe, como si no existe; no adquiere ni pierde nota alguna por el hecho de existir o no existir. Al atribuir la existencia a alguna cosa no añadimos al sujeto ningún predicado, sino que ponemos absolutamente el sujeto con todos sus predicados. Como escribe Kant: «La existencia es la posición absoluta de una cosa y se distingue por ello de cualquier predicado que en cada caso concreto se pone solamente en relación a otra cosa.»[18] Por ello a la pregunta sobre si en la existencia hay más que en la pura posibilidad, responde Kant distinguiendo entre lo que se pone y el modo como se pone. «En un existente no se pone más que en un puro posible (en lo que se refiere a sus predicados): solamente se pone algo más por medio de un existente que por medio de un posible, en cuanto que en el existente se implica también la posición absoluta de la cosa misma.»[19]

Esta concepción de la existencia recuerda en más de un aspecto la de Tomás de Aquino. Para Kant significa en cualquier caso una adquisición definitiva. La misma doctrina reaparecerá con una típica modificación en la *Crítica de la razón pura*.

La nueva noción de existencia repercute inmediatamente en un aspecto importante de la evolución intelectual de Kant: su postura frente a la «teología natural». Kant había ya abordado el tema de Dios en una de sus primeras obras: *Historia general de la naturaleza y teoría del cielo* (1755), pero en un contexto más bien apologético, encaminado a conciliar los nuevos descubrimientos de la física con los viejos contenidos de la metafísica. La obra contiene, en efecto, el desarrollo del nuevo sistema kantiano del universo. Casi un siglo después de Newton, Kant intenta demostrar el origen mecánico del cosmos. «Me parece que puede decirse aquí, en cierto sentido y sin ninguna pretensión: "Dadme solamente materia y a partir de ella os voy a construir un mundo." Es decir, dadme

---
17. Ibid., p. 72.
18. Ibid., p. 73.
19. Ibid., p. 75.

Etapa de enmiendas al racionalismo (1746-1763)

materia y os mostraré cómo de ella ha de salir un mundo.»[20] Newton en su sistema del universo, hacía intervenir a Dios para restablecer el juego de la máquina del mundo y para evitar que, en fuerza de posibles desviaciones, los planetas cayeran los unos sobre los otros. A Kant le basta con una materia dotada de fuerza de atracción para determinar las causas que han conducido a la constitución del actual sistema del universo. La hipótesis kantiana, retocada después por el astrónomo francés Laplace, ha pasado a la historia de las ciencias con el nombre de teoría cosmogónica de Kant - Laplace.

Dos cosas merecen a este respecto ser subrayadas: la teoría kantiana vale no sólo para el sistema solar, sino que se extiende también a las estrellas fijas, la vía láctea y las más lejanas galaxias. Cada cuerpo celeste es miembro de un sistema, semejante a nuestro sistema solar, el cual a su vez se integra en otro sistema de orden superior y así hasta el infinito. Ante la inmensidad del cielo —este «cielo estrellado por encima de mí» que tanto le fascinó— Kant piensa en la infinitud y en la eternidad y cita estos versos de Haller:

¡Infinitud! ¿Quién podría medirte?
Ante ti los mundos son como un día y los hombres un instante[21]

En su hipótesis cosmogónica Kant se atiene a una perspectiva estrictamente científica y causal y excluye, consecuentemente, toda explicación hiperfísica o metafísica. Kant tiene conciencia, con todo, de los límites de su punto de vista mecanicista: quedan por explicar la existencia misma de la materia y la constitución de los organismos vivos. Nadie es capaz de decir aquí: dadme solamente materia y a partir de ella os mostraré cómo han sido engendrados un gusano o una brizna de hierba. Kant no abandonará nunca este punto de vista. Jamás la ciencia podrá explicar a su entera satisfacción las maravillas de la vida. La vida organizada es un abismo para la ciencia. Como Voltaire, Kant opina que basta la más pequeña hierbecilla para confundir la inteligencia humana[22].

Dado el contenido científico de esta obra, se comprende que la reflexión teológica de Kant se oriente en la línea del clásico argumento teológico. Kant teme que su teoría del mundo pueda ser interpretada por algunos como un materialismo mecanicista incompatible con la fe en Dios. Por ello se esfuerza en mostrar la coherencia profunda de ambos planos, el físico y el metafísico-religioso. Hay espíritus que piensan que,

---

20. *Allgemeine Naturgeschichte und Theorie des Himmels* (Ac. B., vol. I), p. 229.
21. Ibid., p. 315. Cf. *KrV*, A 613 (R, p. 512s).
22. Cf. A. Philonenko, o.c., p. 33ss.

II. Período precrítico

si Dios no pusiera directamente su mano en todo, el mundo sería un caos. Kant intenta mostrar lo contrario. Que cuanto más armonía y autonomía tenga el mundo, más patente se hace en él la mano de Dios. Kant no pretende probar expresamente que el orden del universo conduce a Dios, cosa que es para él, en este momento, un presupuesto evidente, sino sólo que su sistema mecanicista está más de acuerdo con un Dios creador y ordenador del mundo, de suerte que «justamente hay un Dios, porque la naturaleza, incluso en el caos, no puede comportarse sino regular y ordenadamente»[23].

Kant aborda expresamente la problemática de la teología natural en la obra ya citada *Principiorum primorum cognitionis metaphysicae nova dilucidatio* (1755). Ante todo, Kant se opone decididamente a buscar una «razón» de la existencia de Dios. Es inútil pretender conocer la «razón» de la existencia de Dios, por la sencilla razón de que Dios carece de ella. Lo único que podemos y debemos decir de él es que existe. «Existit: hoc vero de eodem et dixisse et concepisse sufficit.»[24] ¿Qué decir pues del argumento ontológico y de su pretensión de encontrar la prueba de la existencia de Dios en el análisis de su mismo concepto? Esta argumentación carece para Kant de todo valor probativo. Si la existencia no es ningún predicado, el argumento ontológico cae por su misma base. Es ocioso buscar en el análisis del sujeto un predicado que, por hipótesis, no se encuentra en él. De hecho, Kant somete a crítica en esta obra el argumento ontológico en la versión moderna de Descartes. Sus defensores no sólo dan un paso indebido del orden ideal al real, sino que cometen un círculo vicioso: si encuentran la existencia en el concepto de Dios, es porque ellos mismos la habían introducido. En definitiva, todo el proceso permanece en el mundo de las ideas. Se saca de la noción de Dios lo mismo que antes se había puesto en ella.

Pero, si Kant dice adiós al argumento ontológico en su versión cartesiana, es para restablecerlo en una forma nueva que depende, en parte, de Leibniz. En efecto, Leibniz añadió al argumento ontológico clásico una significativa corrección: Dios, si es posible, existe necesariamente. La posibilidad del ser necesario implica necesariamente su existencia. El quicio de la argumentación reside, por tanto, en la prueba de la posibilidad de Dios. Leibniz lo hace por dos caminos complementarios. *A priori*, mostrando que el concepto de ser necesario no encierra contradicción; y *a posteriori* en función de la exigencia de posibilidad de los entes realmente existentes. Leibniz piensa que, si se niega la posibilidad del ser necesario, se niega también, de rechazo, la posibilidad de los entes con-

---
23. *Allgemeine Naturgeschichte*, p. 228.
24. *Principiorum primorum cognitionis metaphysicae nova dilucidatio* (Ac. B., vol. I), p. 394.

tingentes. Si el ser por sí mismo es imposible, explica Leibniz, también lo son los entes que existen por razón de otro, ya que éstos, en definitiva, no son, sino por razón del ser por sí mismo y así, en esta hipótesis, nada existiría. En otras palabras, la imposibilidad del ser necesario haría imposible toda realidad. Es necesario, pues, que sea posible, aquello sin lo cual nada sería posible. Kant se apropia la última idea de Leibniz y le da esta precisa formulación: «Datur Ens cuius existentia praevertit ipsam et ipsius et omnium rerum possibilitatem, quod ideo absolute necessario existere dicitur. Vocatur Deus.»[25] Dios es, pues, el ser cuya existencia precede su propia posibilidad y la de todas las otras cosas. Kant ha deducido metafísicamente la existencia de Dios, pero por un camino que él considera inverso al cartesiano e, incluso, hasta cierto punto, al leibniziano. No se trata de pasar de la posibilidad de Dios a su existencia, sino al contrario. La posibilidad se apoya en la existencia y no al revés. Nada sería posible si no hubiera previamente algo real, más aún, algo que existe absoluta y necesariamente.

Kant vuelve sobre esta problemática en la obra más importante que en la etapa precrítica dedica a la teología natural: *El único fundamento posible de una demostración de la existencia de Dios* (1763). Kant subraya desde el prólogo la importancia de la reflexión filosófica para «el principal de nuestros conocimientos: Dios existe»[26]. El filósofo quisiera en estas materias un conocimiento con un grado de certeza semejante al de las matemáticas. Para ello ha de penetrar «en el abismo sin fondo de la metafísica, un océano tenebroso y sin orillas», donde hay que avanzar con mucho cuidado, revisando continuamente la ruta «no sea que una imperceptible corriente marina nos aparte del camino recto»[27]. Kant opina que una prueba apodíptica de la existencia de Dios no ha sido dada todavía por nadie. Su obra es sólo un intento en este camino. Por ello, después de analizar las diversas pruebas de Dios y sus respectivos fundamentos, Kant se queda únicamente con una de ellas, la suya propia, a la que considera como la única posible. Kant ha dado un paso más en su camino crítico. Al rechazo del argumento ontológico añade ahora el del cosmológico. Con todo, el motivo es el mismo. Kant identifica el proceso lógico de ambos argumentos y concluye que del puro análisis del concepto de una cosa contingente no puede concluirse la existencia del ser necesario. Ambos puntos de vista pasarán, sin más, a la *Crítica de la razón pura*.

Sin embargo, a diferencia de la *Crítica*, y al margen del argumento

---

25. Ibid., p. 395.
26. *Der einzig mögliche Beweisgrund*, p. 65.
27. Ibid., p. 66.

II. Período precrítico

teleológico, al que concederá siempre, al menos en el plano humano, un cierto valor persuasivo, Kant se apresta ahora a desarrollar una original prueba de Dios, cuyo fundamento reside en la posibilidad del pensamiento objetivo. La argumentación recoge elementos que ya conocemos por la *Nueva discusión de los primeros principios del conocimiento metafísico*, pero insertados en un contexto nuevo, metafísicamente muy profundo y sugerente. Maréchal llama a esta argumentación un «razonamiento trascendental», porque bosqueja ya los planteamientos ulteriores de la *Crítica:* se mueve en el plano de la búsqueda de las condiciones de posibilidad de un hecho dado, en este caso el hecho del pensamiento objetivo[28]. Pero esta búsqueda se hace en un horizonte distinto del de la *Crítica,* precisamente el del pensamiento objetivo, un pensamiento ontológico y no meramente fenomenológico, cuya exigencia arraiga en el orden del ser y no ha sido relativizada al nuevo orden del pensar y, por ello, en una línea muy afín a la que condujo a la metafísica clásica a la afirmación de Dios o de la esencia necesaria.

¿Qué se entiende aquí por «pensamiento objetivo»? Se entiende un pensar lleno de contenidos ontológicos, arraigado, por tanto, en el orden de la verdad y del ser. Ahora bien, el pensamiento así entendido exige una doble condición de posibilidad. Ante todo, que el objeto pensado sea pensable, es decir, que no sea contradictorio. En segundo lugar, que el objeto pensado sea algo real y no una mera ficción. Lo contradictorio no puede ser pensado objetivamente, puesto que no existe. Por otra parte, lo que de ningún modo existe tampoco puede ser pensado. Como escribe el propio Kant: «Cuando yo reflexiono un momento sobre por qué aquello que se contradice a sí mismo es absolutamente nada e imposible, observo que es porque entonces se suprime el principio de no contradicción, el último fundamento lógico de todo lo pensable, y desaparece toda posibilidad y no queda nada que pueda ser pensado. De ahí deduzco que si yo suprimo absolutamente toda existencia y, como consecuencia, desaparece el último fundamento de todo lo pensable, al mismo tiempo desaparece también toda posibilidad y no queda nada para ser pensado. Por tanto, algo puede ser absolutamente necesario o porque con su contrario se elimina lo formal de todo lo pensable...; o también porque su inexistencia suprime el material de todo lo pensable y todos los datos.»[29] Esto último es precisamente el caso de Dios o del ser absolutamente necesario. Suprimida su existencia, desaparece también el fundamento de la posibilidad de toda realidad, y, en consecuencia, nada puede ser pensado.

---

28. Cf. J. Maréchal, o.c., p. 58.
29. *Der einzig mögliche Beweisgrund,* p. 82.

Etapa de enmiendas al racionalismo (1746-1763)

El razonamiento kantiano puede expresarse así: el hecho *(Faktum)* de la existencia del pensamiento, hecho innegable ya que se afirma en su misma negación, exige la posibilidad interna *(das Mögliche)* del contenido objetivo del pensamiento *(das Denkliche)*. Ahora bien, la posibilidad interna del contenido objetivo del pensamiento importa dos aspectos: uno formal (la coherencia lógica); otro material o real (el carácter dado o facticidad del objeto del pensamiento). La posibilidad interna del pensamiento se sitúa, pues, bajo un doble fundamento: el lógico-formal (principio de no contradicción) que prescribe la forma lógica de todo lo pensable; y el real-material (principio de razón suficiente) que garantiza el contenido real de lo pensado. En otras palabras, el pensamiento objetivo presupone un objeto pensable lógicamente coherente y realmente dado. De otro modo no sería posible. Lo contradictorio no es pensable. Pero tampoco es pensable objetivamente lo no existente. Y así, en la hipótesis de que nada existiera, nada podría ser pensado, porque no habría nada que pensar. La posibilidad del pensamiento objetivo presupone la existencia de la realidad pensada. Por tanto, todo aquello que hiciera imposible la existencia de la realidad, haría también imposible el mismo pensamiento. Ahora bien, la no existencia del ser necesario destruye el fundamento de toda posibilidad de la realidad. Si no existe el ser necesario, todo puede no ser, la realidad se torna imposible. Negar el ser necesario es suprimir toda posibilidad. Por tanto, la condición de posibilidad del pensamiento objetivo reside no sólo en la realidad, sino también en aquella realidad que no puede no ser *(quae non possit non esse)*, la realidad necesaria, puesto que sin ella se suprime toda posibilidad y, en consecuencia, se hace imposible todo pensamiento. En otras palabras: es absolutamente imposible que se dé aquello que hace imposible toda posibilidad o, a la inversa, es absolutamente necesario que se dé aquello cuya negación suprime toda posibilidad y, por tanto, también la posibilidad del pensamiento. Luego existe el ser necesario como condición de posibilidad de toda realidad y del mismo pensamiento objetivo. El argumento podría resumirse así:

1) Hay pensamiento y no puede ser negado sin reafirmarlo y reponerlo en la misma negación (el hecho innegable del pensamiento objetivo).

2) Deben darse, por tanto, las condiciones de posibilidad del pensamiento, tanto en la línea formal (coherencia del objeto), como en la material o real (carácter dado o facticidad de la realidad).

3) La negación del ser necesario destruye el fundamento de posibilidad de toda realidad.

II. Período precrítico

4) Destruir el fundamento de posibilidad de toda realidad es suprimir todo contenido posible de pensamiento y, por lo tanto, negar el pensamiento objetivo (el hecho que no puede ser negado sin contradicción).
5) Luego, la negación del ser necesario es imposible.
6) En consecuencia, existe el ser necesario como condición última de posibilidad del pensamiento objetivo[30].

Ya hemos subrayado anteriormente que el proceso kantiano se mueve en el marco de un pensamiento ontológico y no meramente fenomenológico. Al cambiar después el marco del pensamiento de Kant, cambiará también el sentido de este proceso: ya no podrá llevar a Dios, sino sólo a su idea. Pero el proceso mismo reaparecerá en la *Crítica de la razón pura*, como expresión del camino por el que la razón finita se eleva hasta su máximo ideal, la idea de Dios.

2. ETAPA DE INFLUENCIA EMPIRISTA (1764-1766)

La nueva etapa está bajo el signo de Hume. Es difícil datar exactamente el primer contacto de Kant con el filósofo inglés. Al parecer, tuvo lugar después de 1763, es decir más o menos por la época de composición de los *Sueños de un visionario interpretados por los sueños de la metafísica* (1766). En cualquier caso, es un hecho indiscutido que la lectura de Hume constituyó para Kant un formidable *shock* de orden intelectual, que le hizo despertar del «sueño dogmático» y le puso en camino hacia su futura postura crítica. Con todo, Kant no admite sin más los puntos de vista escépticos de Hume. La citada obra *Sueños de un visionario* incluye una sátira despiadada de la metafísica racionalista, pero no una capitulación ante el escepticismo metafísico del empirista inglés. Kant se confiesa más bien un amante desengañado pero fiel. «Tengo la desgracia», dice, «de estar apasionado por la metafísica, sin que pueda gloriarme de haber recibido de ella muchos favores.»[31] Con todo, la obra *Sueños de un visionario* ocupa un lugar importante en la evolución de Kant. El visionario al que Kant se refiere es el místico sueco Swedenborg, cuyos *Arcana coelestia*, voluminosa exposición de sus visiones, alcanzaron entonces gran celebridad. Al comparar los sueños del visionario

---

30. Véase sobre esta argumentación J. Maréchal, o.c., p. 50ss; P. Cerezo Galán, o.c., p. 143s; A. Cortina Orts, *Dios en la filosofía trascendental de Kant*, Salamanca 1981, p. 39ss. Para una breve exposición histórica de la temática teológica en la etapa precrítica cf. M. Trevijano, *La teodicea del Kant precrítico*, en: «Pensamiento», XXXII/126 (1976) 157-180.
31. *Träume eines Geistersehers, erläutert durch Träume der Metaphysik* (Ac. B., vol. II), p. 367.

Etapa de influencia empirista (1764-1766)

con los de metafísica, Kant apunta ya hacia su futura postura crítica. La escuela wolffiana había considerado como característico de la realidad frente al sueño la coherencia lógica, la inteligibilidad o la pensabilidad. Siguiendo con su idea de que la existencia no es alcanzable por un análisis lógico, Kant afirma ahora que también hay sueños coherentes. Y no sólo sueños de la imaginación, racionalmente coherentes, sino de la misma razón. Las meras construcciones lógicas, ¿no serán acaso sueños de la razón con el mismo título que los sueños de la imaginación? ¿Es que basta la no contradicción para determinar lo real y diferenciarlo de lo soñado? La razón, llevada de la necesidad de su propio proceder, es capaz de levantar edificios, aparentemente sólidos y coherentes, pero que se aguantan en el aire, como los sueños. Tales son los sistemas de la metafísica racionalista. La metafísica sueña y sus sueños no son mejores que las visiones de Swedenborg. Y Kant no duda en citar a Virgilio para decirnos lo que piensa de metafísicos y visionarios:

> Ibant obscuri sola sub nocte per umbras.

La idea de un sueño de la razón adelanta, como se ve, aquello mismo que en la *Crítica de la razón pura* Kant denominará la «ilusión trascendental», a saber, la tendencia innata de la razón a sobrepasar los límites de la experiencia posible y, por tanto, sus propios límites como facultad de conocimiento. Porque más allá de los límites de la experiencia, ya no hay conocimiento, sino sólo pensamiento sin contenido real, en otras palabras, pura ilusión. Sin embargo, la metafísica, incluso como sueño, interesa al filósofo, ya que es un sueño que tiene lugar en virtud del mismo proceder de la razón. Si la razón traspasa sus propios límites, sólo ella puede reconocer que los traspasa. La verdadera autoconciencia de la metafísica consiste, pues, en reconocer los límites de su propio proyecto. La metafísica se convierte así en ciencia de los límites del conocimiento humano[32].

Los *Sueños de un visionario* constituyen, pues, el primer paso serio de Kant hacia el criticismo. Pero con ello no se ha calibrado todavía su verdadera importancia en la génesis del kantismo. Hay que añadir inmediatamente que este paso se lleva a cabo en estrecha relación con la problemática ética. Swedenborg entre otras cosas pretendía hablar con los espíritus. Kant se subleva ante eso que él tiene por una superchería y substituye el «reino de los espíritus» por el «reino de los fines». Para acceder a este reino, el hombre no tiene necesidad de dejarse llevar de la ilu-

---

32. Cf. F. Martínez Marzoa, o.c., p. 157.

II. Período precrítico

sión ni del ensueño, no precisa de ninguna imagen, por noble que sea, ni de ninguna deducción lógica. Le basta con tomarse en serio la experiencia moral. Los valores morales son, sin duda, suprasensibles, pero suprasensible no significa aquí metafísico en sentido peroyativo. Con ello, Kant empieza a caracterizar la nueva metafísica que él busca: a la definición negativa, ciencia de los límites de la razón, se añade otra positiva, la ciencia que explica la relación entre razón y experiencia. El paso hacia el criticismo se ha realizado en el seno de la ética[33].

De hecho, Kant dedica su atención en esta época hacia los problemas morales. Dos años antes de publicar los *Sueños de un visionario* en las *Observaciones sobre el sentimiento de lo bello y lo sublime* (1764) Kant, influido por la lectura de dos moralistas ingleses, Hutcheson y Shaftesbury, intenta una fundamentación psicológica de la ética. Los fenómenos morales se fundan en la disposición moral del hombre, concretamente en el sentimiento moral: por ello la moral es independiente de la metafísica y depende más de la experiencia que de la razón. «Los principios de la virtud no son reglas especulativas, sino la conciencia de un sentimiento vivo en cada corazón humano...: el sentimiento de la bondad y de la dignidad de la naturaleza humana.»[34] El racionalismo se esfuma ante la experiencia moral.

A esta influencia de Hutcheson y Schaftesbury hay que añadir todavía la de Rousseau. Las obras del pensador ginebrino, sobre todo el *Contrato social* y el *Emilio*, tocaron a Kant en sus fibras más profundas. No sin razón se ha hablado del «descubrimiento del corazón». Al final de los *Sueños de un visionario* Kant exalta la fe moral por encima de las sutilezas de los filósofos. «En ella», escribe, «tenemos un guía seguro que nos conduce sin rodeos a nuestro verdadero fin.»[35] Delbos llega a decir que a Rousseau, más que a Hume, convenga tal vez la famosa expresión de que despertó a Kant del «sueño dogmático». En cualquier caso, Kant debe a Rousseau aquello que constituye precisamente el centro de su ética: la convicción de que la conciencia moral no se confunde con la cultura, ni con el progreso de las artes y de las ciencias, ni constituye el privilegio de una casta de entendidos, sino que está al alcance de todo hombre. «Hubo un tiempo», escribirá Kant, «en que yo creía que todo esto podía constituir el honor de la humanidad y despreciaba al populacho que lo ignora. Rousseau me ha abierto los ojos. Esta superioridad ilusoria se desvaneció y he aprendido a honrar a todos los hombres y no me sentiría mucho más útil que los simples trabajadores, si no creyera

---

33. Cf. A. Philonenko, o.c., p. 52s.
34. *Beobachtungen über das Gefühl des Schönen und des Erhabenen* (Ac. B., vol. II), p. 217.
35. *Träume eines Geistersehers*, p. 373.

La idealidad de espacio y tiempo (1768-1770)

que este sujeto de estudio puede dar a los otros un valor que consiste en esto: hacer valer los derechos de la humanidad.»[36]

3. DESCUBRIMIENTO DE LA IDEALIDAD DEL ESPACIO Y DEL TIEMPO (1768-1770)

A lo largo de ese lento y zigzagueante camino que acabamos de describir, el Kant precrítico se ha ido encontrando paso a paso con casi todos los problemas de la *Crítica*. En el fondo, se trata siempre de un modo u otro de la contraposición entre lógica y existencia, razón y experiencia, en una palabra, de las relaciones entre el conocimiento sensible y el inteligible. Toda esa compleja problemática va a concentrarse ahora en torno a dos nociones fundamentales: las de espacio y causa. Y el primer paso, todavía provisorio hacia la solución definitiva, lo va a dar Kant en 1770, en la *Dissertatio de mundi sensibilis atque intelligibilis forma et principiis*.

En 1768, en el escrito *Del primer fundamento de la distinción de objetos en el espacio* Kant se reafirma en el abandono del concepto leibniziano de espacio y en la adopción del espacio absoluto de Newton. La obra se propone como tarea encontrar «una prueba evidente de que el espacio absoluto, independientemente de toda materia e incluso como primer principio de la posibilidad de su composición, posee una realidad propia»[37]. Kant encuentra esta prueba en los «hechos de la geometría», en concreto, en una curiosa experiencia, a la que aludirá más tarde en los *Prolegómenos*, la experiencia de las figuras simétricas no congruentes. Consideremos una mano derecha y otra izquierda. Ambas son por hipótesis absolutamente simétricas, tienen el mismo tamaño y las mismas particularidades morfológicas. Un observador situado en la mano derecha encontrará para cada punto de ella relaciones de situación absolutamente similares a las de otro observador homólogo situado en la mano izquierda. Consideradas las relaciones de situación interna, las dos manos son iguales. Sin embargo, si se intenta hacerlas coincidir, se verá que es imposible. Las dos manos no son congruentes: la una es inevitablemente derecha y la otra izquierda. Los guantes de la una no sirven para la otra. La definición inteligible de ambas manos es la misma. ¿De dónde proviene, pues, su distinta situación relativa? Kant responde: la diferencia proviene de su orientación en el espacio, no de sus relaciones de coexistencia, sino de su situación en el espacio como totalidad.

---
36. *Reflexionen* (Ac. B., vol. XX), p. 44.
37. *Von dem ersten Grunde des Unterschiedes der Gegenden im Raume* (Ac. B., vol. II), p. 378.

II. Período precrítico

Kant puede, pues, concluir: «Es claro que las determinaciones del espacio no se derivan de la situación relativa de las partes de la materia, sino, al revés, estas situaciones dependen de las determinaciones del espacio. En consecuencia, en la constitución de los cuerpos se encuentran diferencias reales que no pueden referirse sino a un espacio absoluto y originario, ya que sólo por él es posible la relación de las cosas corporales.»[38] No es preciso subrayar la importancia de esta conclusión. En ella se contienen dos adquisiciones decisivas. En primer lugar, el espacio no puede ya considerarse como algo conceptual, ya que en él hay elementos irreductibles al concepto. En segundo lugar, el espacio es puesto claramente como principio de la posibilidad de los objetos. Ambos puntos de vista constituirán el núcleo fundamental de la noción de espacio en la *Disertación* de 1770 y pasarán, posteriormente, a la *Crítica de la razón pura*[39].

Esto no quiere decir que el problema del espacio esté definitivamente resuelto. Al contrario, en este preciso momento Kant se enfrenta con la auténtica dificultad, aquella de la que, por contraste, va a salir la luz. Kant ha puesto el espacio como algo real y absoluto, pero, como reconoce él mismo al final de su demostración, este supuesto no está exento de dificultades, como se comprueba «cuando uno se esfuerza por captar su realidad por medio de ideas de la razón»[40]. En efecto, por un lado, el espacio absoluto, como condición necesaria que es de nuestra representación de los cuerpos, se presenta como algo no empírico ni contingente. Pero, por otro lado, tiene un carácter concreto e inmediato que hace imposible reducirlo a un concepto abstracto y lo acerca más bien a la intuición. En otras palabras, Kant no sabe cómo conciliar en la noción de espacio el carácter absoluto y necesario que parece referirlo al entendimiento y el carácter manifiestamente intuitivo y singular que lo adscribiría más bien al orden sensible. El espacio escapa así a los medios en que se funda nuestro conocimiento empírico y racional. Kant se encuentra de bruces con la misma dificultad con la que ya se encontró Newton: aquello que es puesto como condición de posibilidad de todo nuestro conocimiento permanece en sí mismo desconocido[41].

Por si esto fuera poco, reaparecen las antinomias con las que Kant se encontró en la *Monadologia physica*. Si el espacio (como el tiempo) es una cosa absoluta, ¿cómo explicar que en ella se nos hagan presentes las otras cosas? Hay que recurrir a un acto de creación. Pero entonces hay que suponer también un comienzo del mundo en el tiempo, y este su-

---

38. Ibid., p. 383.
39. Cf. A. Philonenko, o.c., p. 67.
40. *Von dem ersten Grunde des Unterschiedes der Gegenden im Raume*, p. 383.
41. Cf. A. Philonenko, o.c., p. 67s.

La idealidad de espacio y tiempo (1768-1770)

puesto no es posible, ya que el tiempo vacío carece de punto de referencia; y hay que admitir un límite del mundo en el espacio, y esta admisión no es posible, puesto que la noción de límite no tiene sentido sino dentro de las partes del mundo. El problema del espacio (y del tiempo) se convierte, por tanto, en el problema de las antinomias[42]. Ahora bien, por confesión del propio Kant, es a partir de esa dialéctica de la razón, en contradicción consigo misma, que nació la *Crítica*. «El punto del que he partido», escribe Kant a Ch. Garbe el 21 de septiembre de 1798, «no es el concerniente a la búsqueda de la existencia de Dios, la inmortalidad, etc., sino que he partido de las antinomias de la razón pura: el mundo tiene un comienzo - el mundo no tiene ningún comienzo... etc., hasta la cuarta: el hombre es libre y, en contraposición, no hay libertad sino que todo es necesidad en la naturaleza. He aquí lo que me despertó de mi sueño dogmático y me condujo a la crítica de la razón para superar el escándalo de la aparente contradicción de la razón consigo misma.»[43]

A esta aporía en la noción de espacio hay que añadir todavía otra similar en la de causa. Kant había topado ya con ella en fuerza de la lógica misma de su pensamiento. El *Ensayo sobre las magnitudes negativas* (1763) incluía ya el reconocimiento de la dificultad de justificar racionalmente el enlace causal. La lectura de Hume no interviene, pues, para encender el fuego de la problemática kantiana, pero le añade más leña. El filósofo inglés había subrayado, en efecto, la imposibilidad de justificar el concepto de causa por la razón: el nexo causal depende de la costumbre que tenemos de ver que unas cosas siguen a otras, pero no de la realidad misma de las cosas. En consecuencia, la ciencia se reduce en el fondo a creencia *(Belief)*. En los *Sueños de un visionario* (1766) Kant da muestras de haber aprendido la lección de Hume. El enlace causal no se deja coger por la razón, sino sólo por la experiencia que es la instancia suprema a la que han de someterse todos nuestros juicios de existencia. Pero la experiencia no nos ofrece la relación causal en sí misma, sino sólo la sucesión regular de una serie de acontecimientos. El nudo de la cuestión permanece, pues, sin resolver. Apelar a la experiencia interna, por ejemplo, a la causalidad de la voluntad, no sirve para nada, ya que los fenómenos internos son en sí mismos tan mudos como los externos[44]. Kant acepta, pues, el planteamiento de Hume, pero se resiste a aceptar su consecuencia: la ciencia no puede reducirse a una simple creencia. Si alguien dudara de ello, ahí está la física de Newton para sacarle de la du-

---
42. Cf. ibid., p. 68.
43. *Briefwechsel* II (Ac. B., vol. XII), p. 258s.
44. Cf. A. Philonenko, o.c., p. 53s.

II. Período precrítico

da. El problema de la causalidad se plantea, pues, para Kant en estos términos: ¿cómo justificar racionalmente una noción que tiene que ver manifiestamente con la experiencia, pero cuyo contenido de necesidad y universalidad no puede provenir de la experiencia? ¿Cómo comprender que, porque algo es, otra cosa deba ser necesariamente? En el fondo, la cuestión que aquí se debate es la cuestión de la estructura misma de nuestro conocimiento, en otras palabras, la cuestión de la relación entre razón y experiencia. Por ello, este problema, según cómo se plantee, es capaz de trastocarlo todo, de cambiar en sus mismos cimientos las bases de la filosofía e incluso del pensamiento humano. Es esto exactamente lo que va a suceder.

Un primer paso en la solución del problema se encuentra en la «gran luz» de 1769. Como le ocurrió a Descartes en un cuartel de Alemania, junto a una estufa, en el invierno de 1619-1620, también ahora Kant, después de tantos años de esfuerzos aparentemente inútiles, siente de pronto que se hace la luz en su espíritu y se cree en posesión de un nuevo principio que va a cambiar su trayectoria filosófica. El año de 1769 es el año de «la gran luz» y constituye por ello un hito decisivo en la génesis del kantismo. Sabemos de la existencia de esta luz por una carta del propio Kant a su amigo Lambert, del 2 de septiembre de 1770. Dice así: «Hace como un año que me lisonjeo de haber llegado a una concepción que, ampliada convenientemente, permitirá examinar conforme a un criterio seguro y fácil toda suerte de cuestiones metafísicas, y decidir con certeza en qué medida son ellas capaces de recibir o no una solución.»[45] Que esta famosa luz consistió en el descubrimiento de la idealidad del espacio y del tiempo, con su consecuencia: la distinción entre el conocimiento sensible y el intelectual, se desprende de las dos cartas que Kant escribió al confidente de sus meditaciones filosóficas, el médico berlinés Markus Herz, una del 21 de febrero de 1772, en la que le comunica «hallarse en estado de publicar una *Crítica de la razón pura* que comprende la naturaleza del conocimiento así especulativo como práctico»[46] y otra, diez años más tarde, del 1 de mayo de 1781, anunciándole el envío de la obra prometida con la siguiente advertencia: «Este libro contiene los resultados de todas las investigaciones diversas que comenzaron con aquellas nociones, cuyo conjunto presenté en mi disertación intitulada *De mundi sensibilis atque intelligibilis forma et principiis.*»[47]

La «gran luz» de 1769 consistió, pues, en el descubrimiento del carác-

---

45. *Briefwechsel* I (Ac. B., vol. X), p. 93.
46. Ibid., p. 126.
47. Ibid., p. 249.

La idealidad de espacio y tiempo (1768-1770)

ter activo, apriórico, del conocimiento. Para resolver la aporía del espacio se le ocurre a Kant concebirlo como una forma *a priori* de la sensibilidad externa. De ahí, por analogía, Kant concibe también el tiempo como forma *a priori* de la sensibilidad interna. Entusiasmado con su descubrimiento, Kant aplica luego este apriorismo al entendimiento, primero al concepto de causa, y luego, por extensión de la problemática de Hume, a los conceptos de substancia, existencia, posibilidad, etc., que se convierten así en conceptos puros del conocimiento intelectual. Todo ello se encuentra ya tal cual en la *Disertación* de 1770. Con todo, en el momento de la «gran luz» de 1769, Kant no interpreta en el mismo sentido la apriorídad del espacio y del tiempo y la de los conceptos puros o futuras categorías. Si en lo que toca a la primera, Kant anticipa los futuros puntos de vista de la *Crítica de la razón pura*, por lo que se refiere a la segunda retrocede a puntos de vista ya superados de su pensamiento precrítico. De ahí la ambigüedad doctrinal de la *Disertación* de 1770 que se sitúa exactamente a medio camino entre el Kant precrítico y el crítico. Para darnos cuenta de esta ambigüedad vamos a analizar brevemente el contenido de esta obra.

La disertación introduce ante todo el principio de la apriorídad del espacio y del tiempo. Las representaciones de espacio y tiempo son condiciones puras de la sensibilidad. Y esto quiere decir: nada puede ser sentido, sino con arreglo a las condiciones de espacio y tiempo. Por consiguiente, todo lo que forma parte de la constitución misma del espacio y del tiempo (por ejemplo, las leyes de la geometría o de la aritmética) es necesario para todo objeto sensible, y es necesario porque es *a priori*, es decir, no depende de la presencia de determinados objetos, sino que, por el contrario, cierto tipo de presencia de objetos, la presencia sensible, tiene por condición constitutiva el espacio y el tiempo. Por ello Kant denomina a espacio y tiempo formas puras de la sensibilidad. En otras palabras, el espacio y el tiempo, lejos de ser condiciones de los objetos sensibles, son sólo la forma bajo la cual la sensibilidad los aprehende, las condiciones generales y necesarias de la sensibilidad y, por ello, la forma de lo sensible en cuanto sensible. De este modo escapan a todas las antinomias que presentan al entendimiento si se toman como realidades en sí. Pero, por lo mismo, el conocimiento sensible no es conocimiento de las cosas en sí mismas, sino de los *phoenomena*, de las cosas tal como se muestran a la sensibilidad que las recibe de acuerdo con sus propias condiciones *a priori*. Este punto de la *Disertación* constituye una aportación definitiva para la filosofía crítica de Kant.

No ocurre lo mismo con la interpretación de la apriorídad de las categorías. En este punto Kant se queda a mitad de camino y concibe el

II. Período precrítico

conocimiento intelectual como desconectado del sensible. Al no estar sometido, como la sensibilidad, a las condiciones de la receptibilidad, el conocimiento intelectual es conocimiento de las cosas en sí mismas. Como *noein*, el conocimiento tiene que ver con el *noúmeno*. Kant se expresa a este respecto con claridad meridiana: «Es evidente que los conocimientos sensibles son representación de las cosas tal como aparecen *(res sicuti apparent)* y que los inteligibles son representación de las cosas tal como son *(res sicuti sunt).*»[48] La sensibilidad nos conducía al fenómeno. El entendimiento, en cambio, al noúmeno. A diferencia de las formas de espacio y tiempo, que eran sólo condiciones de la representabilidad de las cosas para nosotros, los conceptos del entendimiento se refieren a las cosas en sí mismas o a los noúmenos. Tales conceptos ofrecen un contenido intelectual que no procede de la experiencia, sino de la actividad misma de la facultad y constituyen así el punto de vista absoluto del entendimiento acerca de los objetos que los sentidos perciben relativamente. No es preciso señalar que esta concepción todavía dogmática de las categorías no entrará a formar parte de la *Crítica*.

En conclusión, en el mismo momento en que Kant se aleja definitivamente de la metafísica racionalista, se inicia en él un retorno momentáneo a una metafísica trascendente, al reconocer, por encima de los fenómenos sensibles, la zona depurada, más luminosa que nunca, de los verdaderos inteligibles, de los noúmenos. Mas aún, la *Disertación* de 1770 afirma todavía la existencia de Dios. La unidad inteligible del mundo exige, para ser posible, la posibilidad y la realidad de una causa primera. Dios, porque es como ideal *principium cognoscendi* de toda perfección, es también como existencia *principium fiendi*[49].

El defecto principal de Kant en la *Disertación* estriba en que deja al aire, sin resolver, el difícil problema de la relación entre conocimiento sensible y conocimiento intelectual. De ahí la ambigüedad de su posición: Kant da un paso adelante, pero es para dar inmediatamente un paso atrás. Y así la *Disertación* de 1770 establece por vez primera la autonomía de lo sensible: el conocimiento sensible no es visto ya desde el racionalismo como un modo confuso del conocimiento intelectual. Al mismo tiempo, la *Disertación* establece por última vez la autonomía de lo inteligible: el conocimiento intelectual es visto todavía desde el racionalismo como un modo superior de conocimiento independiente de la sensibilidad. Para conocer intelectualmente no es preciso poner antes el pie en lo sensible. El conocimiento intelectual tiene en sí mismo, co-

---

48. *De mundi sensibilis atque intelligibilis forma et principiis* (Ac. B., vol. II), p. 392.
49. Sobre el significado de la *Dissertatio* de 1770 en la evolución intelectual de Kant, cf. J. Maréchal, o.c., p. 69ss.

La idealidad de espacio y tiempo (1768-1770)

mo el sensible, sus propios principios *a priori*. «Si el conocimiento sensible no debe llevarnos a negar la posibilidad de lo que no podemos representarnos, en revancha el puro pensamiento no debe arrastrarnos a negar la realidad y la verdad de lo que nos representamos. La realidad de lo sensible no testifica contra la posibilidad de lo inteligible, e inversamente la posibilidad de lo inteligible no testifica contra la realidad de lo sensible.»[50] Surgen así dos tipos de conocimiento: a cada uno de ellos corresponde un mundo peculiar de objetos. Al conocimiento sensible, vinculado a la receptibilidad, corresponde el fenómeno. Al conocimiento inteligible, concebido como pura espontaneidad, corresponde el noúmeno.

El propio Kant habla a este respecto de la necesidad de restablecer la ilustre tradición de la antigüedad sobre la naturaleza de los fenómenos y de los noúmenos, olvidada desgraciadamente por Wolff. Kant piensa, pues, haber vuelto a Platón, pero con una diferencia fundamental. Al separar tajantemente el conocimiento sensible del inteligible, Kant no entiende la «caverna» platónica como una región de la ignorancia. La «caverna», el conocimiento sensible, constituye una región del saber, limitado, relativo, fenoménico, pero que ya no es posible considerar como un «reflejo» del mundo inteligible. Para Kant lo sensible no es menos racional que lo inteligible, lo es de otra manera. Pero, por lo mismo, Kant deja todavía más suelto que Platón el problema de la relación entre el entendimiento y el conocimiento sensible. Kant concibe el entendimiento como la facultad de los conceptos puros. El uso de estos conceptos es doble. Existe ante todo un uso real que se refiere a las cosas en sí mismas o a los noúmenos. Pero hay también un uso lógico, en el que los conceptos se aplican a los conocimientos sensibles. Esta aplicación constituye lo que se llama la experiencia. Pero Kant no describe jamás positivamente el uso real. Se contenta con declarar que es independiente de la receptividad. Y en cuanto al uso lógico, parece considerarlo obvio. La aplicación de los conceptos puros a la sensibilidad no ha sido todavía problematizada[51]. En resumen, aunque Kant vio siempre en la *Disertación* de 1770 el verdadero comienzo de su filosofía crítica, no anda desencaminado Vleeschouwer cuando afirma que en ella «el verdadero problema crítico no ha sido todavía entrevisto»[52].

---

50. A. Philonenko, o.c., p. 73.
51. Cf. ibid., p. 78s.
52. H.J. de Vleeschouwer, *L'évolution de la pensée kantienne*, p. 65. Cf. Id. *La déduction transcendantale dans l'oeuvre de Kant*, 1, p. 202.

II. Período precrítico

4. Hacia la formulación definitiva de la problemática crítica: el problema del objeto (1771-1780)

Pese al descubrimiento de la apriondad de espacio y tiempo, en la *Disertación* de 1770, el pensamiento de Kant no ha entrado todavía en la recta final del criticismo. Juzgado desde la futura postura crítica, su planteamiento es todavía «dogmático». Kant piensa como si el conocimiento dependiese de una realidad, ya sea sensible, ya sea inteligible, que nos es más o menos accesible de acuerdo con la naturaleza de nuestras facultades de conocer. «El conocimiento en 1770 depende del ser. Todo sucede como si los objetos verdaderos fuesen los objetos reales existentes en un aquí-ahora, si se trata de fenómenos, o Dios sabe dónde, si se trata de los noúmenos; así el problema de 1770 es siempre el problema dogmático de la claridad de lo real.»[53]. Ahora bien, en el Kant crítico el verdadero objeto no es ya el ser sensible existente aquí-ahora o el ser inteligible concebido como existente, el verdadero objeto se encuentra únicamente en la ciencia, en los resultados de los cálculos de los matemáticos o de las experiencias de los físicos: «El objeto auténtico es la ciencia misma, dada y considerada como hecho y el conjunto de leyes que la constituyen. Ahora, como las leyes determinan los fenómenos, es evidente que en esta concepción, la única auténticamente trascendental, el ser depende del conocimiento.»[54]

¿Cómo llegó Kant a dar este último paso? El origen del nuevo camino se sitúa en 1772, con motivo de unas hondas meditaciones sobre el problema del objeto, o como él dice, de la relación de las representaciones con el objeto. Kant da cuenta del resultado de estas meditaciones en carta a M. Hertz del 21 de febrero de 1772. Kant reconoce ante todo que en sus largas investigaciones metafísicas había olvidado como tantos otros lo más esencial, aquello que constituye de hecho la clave del enigma. Por ello Kant se pregunta ahora: «¿Cuál es el fundamento sobre el que reposa la relación de lo que se llama en nosotros representación al objeto? Si la representación no comprende sino el modo como el sujeto es afectado por el objeto, entonces es fácil ver cómo aquélla puede ser conforme a éste, a la manera como el efecto lo es a su causa, y cómo esta determinación de nuestro espíritu puede representar algo, es decir, tener un objeto. Así las representaciones pasivas o sensibles tienen una relación comprensible con los objetos y con los principios que derivan de la naturaleza de nuestra alma, y poseen un valor comprensible para todas las cosas, en la medida en que ellas deben ser objeto de los sentidos. De modo

---

53. A. Philonenko, o.c., p. 91.   54. Ibid.

El problema del objeto (1771-1780)

similar, si lo que en nosotros se llama representación fuese activo en relación con el objeto, es decir, si por esto mismo el objeto fuese producido, a la manera como suele concebirse el conocimiento divino en tanto que arquetipo de las cosas, entonces la conformidad de esta representación con los objetos sería también comprensible. En otras palabras, la posibilidad tanto del *intellectus archetypus*, sobre cuya intuición se fundamentan las cosas mismas, como del *intellectus ectypus*, que recoge los datos de sus procesos lógicos en la intuición sensible de las cosas, es al menos comprensible. Pero nuestro entendimiento no es por sus representaciones la causa del objeto (con la sola excepción de los fines buenos en la moral) y el objeto no es tampoco la causa de las representaciones del entendimiento *(in sensu reali)*. Los puros conceptos del entendimiento no pueden, por tanto, ni ser abstraídos de las impresiones de los sentidos, ni expresan, gracias a los sentidos, la receptividad de las representaciones, sino que deben tener su fuente en la naturaleza del alma, pero en cualquier caso sin ser producidos por el objeto o producir ellos el objeto mismo.

En la *Disertación* me había contentado con expresar la naturaleza de las representaciones intelectuales de un modo simplemente negativo, al decir que ellas no eran modificaciones del alma producidas por el objeto. Pero había pasado por alto la cuestión de saber cómo es posible una representación que se refiere a un objeto, sin ser afectada por él. Yo había dicho: las representaciones sensibles representan las cosas tal como aparecen, las representaciones intelectuales las cosas tal como son. Pero ¿cómo nos son dadas estas cosas, si no lo son siguiendo el modo como nos afectan?; y si las representaciones intelectuales reposan sobre nuestra actividad interna ¿de dónde proviene el acuerdo que han de tener con unos objetos que no son producidos por ellas?; y finalmente en lo que concierne a los *axiomata* de la razón pura que miran a estos objetos ¿de dónde les viene que concuerden con éstos sin que este acuerdo se apoye en la experiencia?»[55]

En este texto Kant da una vuelta de campana a los términos del problema, tal como se planteaba en la *Disertación* de 1770. La cuestión que le preocupa ahora es saber cómo el conocimiento puede concordar con su objeto. En lo que se refiere al conocimiento sensible la cosa no parece ofrecer dificultad: la sensación, la afección, explica suficientemente, en opinión de Kant, la relación representación-objeto. Muy distinto es el caso del conocimiento intelectual. Aquí la relación representación-objeto es sencillamente incomprensible. Para que pudiera hablarse de re-

---

55. *Briefwechsel* I (Ac. B., vol. X), p. 124s.

II. Período precrítico

lación, habría que suponer o que la representación produce el objeto o que el objeto produce la representación. Ahora bien, ninguno de estos dos supuestos es compatible con el planteamiento de Kant. Los conceptos puros del entendimiento tienen su fuente en la naturaleza misma del espíritu y, por tanto, ni producen los objetos ni son producidos por ellos. Kant pone pues en cuestión aquello mismo que en la *Disertación* le parecía incuestionable: el conocimiento intelectual, es decir la aprensión de cosas en sí concebidas como realidades inteligibles. Kant no encuentra por ahora ninguna solución a su problema. Se contenta con afirmar que «el camino más absurdo que pudiera seguirse sería recurrir a un *deus ex machina*»[56]. Ahora bien, esto era más o menos lo que él mismo había hecho en 1770.

En 1775 Kant da un paso adelante en la solución del problema. En la reflexión 282 del *Duisburgscher Nachlass* se puede leer lo que sigue: «¿Cómo los conocimientos pueden ser engendrados en nosotros, siendo así que sus objetos no nos son presentados? Puesto que no son los objetos los que se rigen según nuestros conocimientos, sino al contrario los conocimientos los que deben regirse según los objetos, parece que estos últimos, al menos en lo que se refiere a sus principales momentos, deben sernos dados antes de que puedan ser pensados. Es pues la posibilidad de todo conocimiento *a priori* que sea en sí mismo estable, sin ser sacado de los objetos, lo que constituye nuestra primera y más importante cuestión.»[57]

Kant acaba de formular con exactitud lo que constituirá el problema central de la *Crítica*: la posibilidad de un conocimiento *a priori* estable, duradero, es decir, científico, universal y necesario, y ha apuntado a la vez, de modo todavía confuso y a tiento, la futura solución: la necesidad de que los objetos (no en su ser exterior y extraño al pensamiento, sino en cuanto aprehendidos por él) nos sean «dados» o «presentados» *a priori*, al menos en aquellos momentos que expresan su legalidad universal y necesaria, antes de poder proceder a su conocimiento efectivo. Para poner en obra esta solución Kant se verá obligado a hacer dos cosas. Ante todo, habrá de invertir la manera habitual de concebir la relación entre el conocimiento y su objeto. Si los objetos han de sernos presentados *a priori* en aquellos momentos que expresan su legalidad científica, y puesto que las leyes son las leyes del pensamiento, será preciso suponer que no es el conocimiento el que gira en torno a los objetos, sino los objetos en torno

---

56. Ibid., p. 126.
57. Sobre este y otros fragmentos del *Duisburgscher Nachlass*, cf. Th. Haering, *Der Duisburgsche Nachlass und Kants Kritizismus um 1775*, Tubinga 1910; H.J. de Vleeschouwer, *La déduction transcendantale dans l'oeuvre de Kant*, I. p. 262ss. Véase también A. Philonenko, o.c., p. 106s.

al conocimiento. Luego habrá de volver a unir lo que en la *Disertación* de 1770 había separado: el conocimiento sensible y el intelectual. En otras palabras, Kant ha de renunciar a lo que en 1770 denominaba el uso puro del entendimiento: la posibilidad de conocer objetos inteligibles, y ha de cuestionarse la posibilidad de lo que denominaba el uso lógico. Éste no puede concebirse ya *analíticamente*, como la subordinación del conocimiento sensible al intelectual como del inferior al superior, sino *sintéticamente*, como la subsunción del conocimiento sensible por el inteligible, el cual se encarna así en los datos de la sensibilidad. Lo primero conduce a la revolución copernicana. Lo segundo al auténtico problema crítico: ¿cómo el entendimiento puede anticipar sus conceptos en dirección a lo sensible?, o, en otros términos, ¿cómo son posibles los juicios sintéticos *a priori*?

Ahora bien, con ello ha cambiado también de raíz el sentido y la naturaleza de los conceptos puros del entendimiento, tal como se expresaban en la *Disertación* de 1770. Éstos ya no pueden concebirse como puras determinaciones del entendimiento, sino que se convierten en expresión de la estructura funcional de una inteligencia, obligada a trabajar sobre datos extraños. En efecto, lejos de proceder al margen del conocimiento sensible, el conocimiento intelectual lo subsume, es decir, se encarna en los datos de la sensibilidad y de este modo los hace inteligibles. Los conceptos puros dejan de expresar *contenidos* objetivos del conocimiento, para convertirse en meras *funciones* sin contenido, funciones de enlace entre nuestras representaciones, que constituyen los diferentes modos cómo actúa el entendimiento para hacer inteligible lo sensible, es decir, para reducir a la unidad de un objeto el material presentado por la sensibilidad. Si esto es así, bastará examinar el entendimiento en su actuación para encontrar en él sus diversos modos de obrar, es decir, sus funciones. Y dado que la operación fundamental del entendimiento consiste en el juicio, bastará examinar los diferentes tipos de juicio para poder «deducir» las funciones de unión que en ellos están en juego.

Con ello Kant tiene en la mano el «hilo conductor» que ha de conducirle al centro mismo de la *Crítica de la razón pura*: la deducción trascendental de las categorías.

En resumen, para poner a salvo el valor apodíctico de la ciencia de la naturaleza que Hume había puesto en duda, son necesarios conocimientos *a priori*. La gran luz de 1769 le asegura a Kant la legitimidad de estos conocimientos fundados en la apriondad del espacio y del tiempo y que en su calidad de intuiciones *a priori* confieren universalidad y necesidad a las ciencias matemáticas. Kant extiende inmediatamente esta solución a los conceptos puros del entendimiento, con lo que posee en germen las

II. Período precrítico

futuras categorías. Para ser coherente consigo mismo, se da pronto cuenta de que los conceptos puros no pueden ser entendidos como determinaciones del entendimiento puro, sino como funciones necesarias de la unidad del conocimiento. Las síntesis *a priori* sólo son posibles, si en el conocimiento colaboran sensibilidad y entendimiento, y si este último es capaz de subsumir los fenómenos bajo categorías, es decir, enlazar universal y necesariamente los datos que le ofrece la sensibilidad. Con ello está esbozado el problema central de la *Crítica:* dar cuenta de la posibilidad de la experiencia, es decir, sacar a la luz la esencia universal y necesaria del conocimiento como unidad de las formas de la sensibilidad y de las categorías del entendimiento[58].

---
58. Cf A. Philonenko, o.c., p. 116.

CAPÍTULO TERCERO

CRÍTICA DE LA RAZÓN PURA: ESTRUCTURA E IDEA CLAVE

De nobis ipsis silemus. De re autem quae agitur petimus... Estas palabras del canciller inglés Bacon en su *Instauratio magna* presiden como solemne frontispicio la *Crítica de la razón pura*. «Sobre nosotros mismos callamos. Pero sobre el asunto de que se trata, pedimos que los hombres no consideren este libro como una opinión, sino como una obra y tengan por cierto que no ponemos los fundamentos de una secta ni de un dogma, sino de la utilidad y amplitud humanas.» Una obra, de la que su autor espera que constituya «el fin y el término legítimo de errores sin cuento»[1]. Kant, como buen filósofo, no quiere hablar de sí mismo, sino del asunto de la filosofía en su época. Y este asunto de la filosofía a fines del siglo XVIII consiste, para él, en una crítica de la razón, es decir de la facultad humana de conocer.

1. ORIGEN Y FINALIDAD DE LA CRÍTICA

¿Por qué a fines del siglo XVIII el asunto de la filosofía se concentra tan decisivamente en la crítica del conocimiento? La respuesta se encuentra en el contraste, muy subrayado por Kant, entre los continuos progresos de la ciencia físico-matemática y los cambios incesantes de la metafísica. Kant ha vivido con entusiasmo un acontecimiento análogo al que vivieron los grandes filósofos griegos, Platón y Aristóteles. Éstos asistieron al nacimiento de la ciencia matemática; Kant al de la física como ciencia. Frente a estas dos ciencias tan seguras y rigurosas la metafísica hacía, a sus ojos, un triste papel. La que antes fue tenida por reina de las

---

1. *KrV*, B II (R, p. 4).

III. Crítica de la razón pura

ciencias era teatro de disputas sin término y objeto de desprecio o indiferencia. En ella «hay que desandar mil veces el camino, porque se encuentra que no conduce a donde se quiere»².

Kant piensa que el origen de esta enfermedad se debe a un error inicial de los metafísicos en el uso de la razón, mientras que matemáticos y físicos se pliegan, consciente o inconscientemente, a las leyes de la facultad de conocer. No vale decir: nos basta con la física y la matemática y dejemos en paz a la metafísica. Pues el hombre es, para Kant, un animal metafísico. La metafísica, si no como ciencia, al menos como *tendencia*, es tan inmortal como la razón humana: una atracción invencible dirige inconscientemente el espíritu hacia las regiones misteriosas del absoluto³.

La actitud de Kant para con la metafísica es fruto de la situación histórica. Viene a resumirse en la vieja oposición entre racionalismo y empirismo, un racionalismo que ofrece para Kant un rostro dogmático, del mismo modo que el empirismo ofrece un rostro escéptico. De ahí se sigue una típica dialéctica de afirmación y negación, aceptación y repulsa de la metafísica. Pero si el problema de Kant surge de su propia situación histórica, su proyecto tiende a cambiar esta situación. Lo que él pretende es superar esta inútil dialéctica del sí y del no. Lo que importa no es aferrarse desesperadamente a la antigua metafísica, como hacen los dogmáticos, ni tampoco, hastiados de sus fracasos, echarse en brazos del indiferentismo, como hacen los escépticos, sino llevar el problema al plano de la reflexión filosófica y convertir en objeto de investigación la razón misma como facultad de conocer. Para remediar la triste situación de la metafísica se impone, pues, a la razón humana la más difícil de sus tareas: la del propio conocimiento. Hay que llevar la razón a juicio, un juicio singular en el que el juez y el acusado coinciden. Hay que «establecer un tribunal que asegure a la razón en sus pretensiones legítimas y acabe, en cambio, con todas sus arrogancias infundadas, y esto no por medio de dictados despóticos, sino según sus eternas e inmutables leyes. Este tribunal no es otro que la misma *Crítica de la razón pura*»⁴. Por tal se entiende «no una crítica de los libros y de los sistemas, sino de la razón en general, respecto a todos los conocimientos a que ésta puede aspirar, independientemente de toda experiencia»⁵. Se trata, en suma, de examinar la facultad de conocer en el ejercicio de su conocimiento. Este examen —Kant así lo espera— permitirá descubrir el porqué del fracaso histórico de la metafísica y resolver la cuestión de su posibilidad o imposibilidad como ciencia.

---

2. Ibid., B XIV (R, p. 19).
3. Cf. J. Maréchal, o.c., p. 89.
4. *KrV*, A XII (R, p. 9).   5. Ibid.

2. Cambio de método: la revolución copernicana

Ahora bien, dado que el origen oculto del fracaso de la metafísica ha de ponerse en el método empleado hasta ahora por sus cultivadores racionalistas, que no fue otra cosa que un mero tanteo y, lo que es peor, un tanteo entre meros conceptos, se impone la aplicación a la metafísica del método *a priori* que tan buen resultado ha dado a las demás ciencias, las cuales marchan a buen paso por el camino seguro de la ciencia. El progreso moderno de la ciencia se debe, en efecto, a que los científicos «comprendieron que la razón no conoce más que lo que ella produce según su bosquejo; que debe adelantarse con principios de sus juicios, según leyes constantes, y obligar a la naturaleza a responder a sus preguntas y no dejarse conducir como con andaderas»[6]. Se trata del método de la moderna ciencia de la naturaleza: esbozar una hipótesis y buscar luego su comprobación en la experiencia, pero dentro de una actitud de espíritu típicamente kantiana que consiste en «aprender de la naturaleza conforme a lo que la razón ha puesto en ella», en comportarse no como un discípulo que escucha todo lo que quiere el maestro, sino como juez autorizado que obliga a los testigos a responder a sus preguntas[7].

La aplicación de este método *a priori* a la problemática del conocimiento conduce a la famosa «revolución copernicana». El nombre procede del hecho de que, para exponer su nueva hipótesis crítica, Kant toma como punto de comparación el cambio introducido por Copérnico en la concepción de nuestro sistema solar. Así, si Copérnico pensó que había que dar una vuelta de campana a la hipótesis de base, con la que el astrónomo griego Ptolomeo había explicado el movimiento de los astros, a saber, que no era ya la tierra el centro en torno al cual giraban el sol y los planetas, sino al revés, Kant piensa análogamente que hay que cambiar la hipótesis de base con la que la filosofía ha explicado hasta ahora el conocimiento. La nueva hipótesis consiste en suponer que no se rige el conocimiento por los objetos, sino al revés, los objetos por el conocimiento. Kant introduce su hipótesis en un célebre pasaje del prólogo de la segunda edición de la *Crítica:* «Hasta aquí se admitía que todo nuestro conocimiento debía regirse por los objetos; pero, en esta hipótesis, todos nuestros esfuerzos por lograr de ellos algún juicio *a priori* por conceptos con el que extender nuestro conocimiento, no conducían a nada. Probemos, pues, si no seremos más afortunados en los problemas de la metafísica, suponiendo que los objetos deben regirse por nuestro conocimiento, lo cual se acomoda ya más con la posibilidad deseada de un

---

6. Ibid., B XIII (R, p. 18).   7. Ibid.

III. Crítica de la razón pura

conocimiento *a priori* de estos objetos que nos diga algo de ellos antes de que nos sean dados. Sucede en esto algo semejante a la primera idea de Copérnico. Viendo éste que no salía adelante en la explicación de los movimientos del cielo partiendo del supuesto de que el ejército de los astros daba vueltas en torno al espectador, intentó si no tendría más éxito haciendo dar vueltas al mismo espectador en torno a los astros inmóviles. Ahora bien, en metafísica puede hacerse también un ensayo semejante por lo que toca a la intuición de los objetos. Si la intuición debe regirse por la naturaleza de los objetos no veo cómo podrá conocerse de ellos algo *a priori*; pero si, al contrario, el objeto (en cuanto objeto de los sentidos) se rige por la naturaleza de nuestro poder de intuición, entonces puedo entender perfectamente esta posibilidad. Pero, dado que no puedo contentarme con estas intuiciones, si es que ellas han de convertirse en conocimientos, y dado que para ello es necesario que las refiera, en tanto que representaciones, a algo que sea su objeto y que yo determino por su medio, sólo puedo admitir una de estas dos hipótesis: o los conceptos por los que opero esta determinación se rigen también por el objeto y entonces me encuentro en la misma dificultad de saber cómo es posible conocer de ellos algo *a priori*, o los objetos y, lo que es lo mismo, la experiencia dentro de la cual son conocidos (en tanto que objetos dados) se rige por estos conceptos, y en este caso veo enseguida una fácil salida a mi dificultad... Por tanto, todas las tentativas por pensar los objetos, pues es necesario que puedan al menos ser pensados, deberán darnos una excelente piedra de toque de aquello que nosotros suponemos como un cambio de método en la manera de pensar, a saber, que de las cosas no conocemos *a priori* sino lo que nosotros mismos hemos puesto en ellas.»[8]

A primera vista, la comparación kantiana no está exenta de dificultad. Según una conocida objeción de B. Russell, «Kant habló de sí mismo como autor de una *revolución copernicana*, pero hubiera sido más exacto si hubiera hablado de una *contrarrevolución ptolemaica*, dado que ponía al hombre de nuevo en el centro, del que Copérnico le había destronado»[9]. La objeción es pertinente, pero no invalida el significado de la comparación. Como decían los antiguos, *comparatio non tenet in omnibus*. Ahora bien, en el símil kantiano entran en juego dos elementos: la actividad o pasividad del espectador y su posición central en el seno de un sistema. En lo que toca al primer punto el paralelo es exacto. Tanto Copérnico como Kant explican un movimiento aparente por el

---

8. Ibid., B XVII (R, p. 20s). Cf. sobre el tema F. Montero Moliner, *Sentido y alcance de la «revolución copernicana»*, en: «Rev. de Filos.», 1 (1975).
9. B. Russell, *El conocimiento humano*, Madrid 1964, p. 10.

movimiento o actividad del espectador. En lo que se refiere al segundo punto, Kant parece llevar a cabo una revolución de signo contrario a la realizada por Copérnico: el hombre se hace el centro del mundo del conocimiento. Pero no hay que olvidar que el objeto que, según Kant, se rige por el conocimiento, no es el objeto en sí, sino en cuanto conformado por nuestras estructuras cognoscitivas. La contrarrevolución ptolemaica, a la que aludía Russell tiene, pues, un sentido eminentemente relativo: «Si el entendimiento humano es quien confiere al objeto, que conoce en la experiencia, lo que hay en él de universal y necesario, y lo hace conforme a sus estructuras propias, eso es lo que más le aleja del posible centro absoluto de la realidad; el hombre verá siempre las cosas al modo humano, no como son en sí. Paga muy cara la autonomía que cobra sobre su mundo: sólo se hace centro de él a costa de que sea *su* mundo, quizá enteramente distinto del mundo en sí, el mundo simplemente tal.»[10]

3. OBJETO DE LA CRÍTICA: LA RAZÓN Y SU ESTRUCTURA TRASCENDENTAL Y A PRIORI

El intento de Kant en su *Crítica* viene dado por el mismo título de la obra. No en vano se llama ésta *Crítica de la razón pura*, aunque hubiera sido más exacto denominarla «Crítica de la razón teórica», para distinguirla, desde el comienzo, de la segunda *Crítica*, o sea de la *Crítica de la razón práctica*. En una y otra *Crítica*, se trata, en efecto, de la misma y única razón que se denomina teórica o práctica, según sea su uso, es decir, según nos proporcione *a priori* los principios que rigen nuestro conocimiento o nuestra acción moral. En la *Crítica de la razón pura*, Kant mira a la razón en su uso teórico, o lo que es lo mismo, en cuanto facultad humana de conocer en general, que comprende, concretamente, la sensibilidad, el entendimiento y la razón. Como escribe Kant: «Nuestro conocimiento empieza por los sentidos, de allí pasa al entendimiento y termina en la razón.»[11] El esquema que subyace a la estructura de la *Crítica* es, pues, el siguiente:

Razón ⎧ Sensibilidad *(Sinnlichkeit)*
⎨ Entendimiento *(Verstand)*
⎩ Razón *(Vernunft)*

---

10. J. Gómez Caffarena, *Metafísica fundamental*, Madrid 1969, p. 64.
11. *KrV*, B 355 (R, p. 300).

III. Crítica de la razón pura

Si Kant analiza la razón o facultad de conocer en general es para poner al descubierto su estructura *a priori*. La revolución copernicana ha abierto, en efecto, el pensamiento kantiano a una dimensión inédita del conocimiento: la del conocimiento trascendental y *a priori*. Ambos términos se relacionan estrechamente, ya que lo trascendental coincide, en definitiva, con el *a priori* del sujeto cognoscente. Kant ha definido con exactitud lo que entiende por conocimiento trascendental en una formulación que se ha hecho clásica: «Llamo trascendental a todo conocimiento que se ocupa no tanto de objetos, como de nuestro modo de conocerlos, en cuanto éste debe ser posible *a priori*.»[12] Ante el hecho del conocimiento cabe hacerse estas tres preguntas: ¿Qué es esto que conozco? ¿Cómo conozco? Finalmente, ¿cómo es posible el conocimiento? La primera pregunta conduce a la filosofía clásica; la segunda a la psicología; la tercera a la filosofía trascendental.

El término «trascendental», aunque tiene connotaciones clásicas, toma, pues, en Kant un sentido nuevo. En la metafísica tradicional designaba las condiciones universales del ente en cuanto ente. *Omne ens est unum, verum, bonum*, etc. En Kant significa, en cambio, las condiciones o estructuras *a priori* del sujeto cognoscente en cuanto sujeto cognoscente. Estas estructuras son las que hacen posible el conocimiento científico con su carácter de universalidad y necesidad. Lo trascendental designa, pues, en Kant las condiciones *a priori* del sujeto que hacen posible el conocimiento del objeto y tiene un doble sentido, directo o indirecto, según se refiera: *a)* a la condición *a priori* de posibilidad de un conocimiento; *b)* al conocimiento de algo como condición *a priori* de posibilidad. Kant denominará a este intento «deducción trascendental».

La noción de conocimiento trascendental es básica en la *Crítica*. Es como la llave que nos abre su más secreta cerradura y nos introduce en su auténtico dominio, el conocimiento del conocimiento. En efecto, a diferencia del término «trascendente» que connota la estructura óntica transubjetiva de los objetos, la palabra «trascendental» se refiere a la estructura *a priori* de la facultad de conocer que nos permite conocerlos. La filosofía kantiana trascendental se opone así tanto a la antigua metafísica trascendente, como al reciente psicologismo o relativismo. La antigua metafísica era una filosofía del ser. La filosofía trascendental es una filosofía de nuestro modo *a priori* de conocer o, si se quiere, una objetología u ontología a partir del sujeto, puesto que lo que surge del análisis kantiano no es sólo la subjetividad trascendental con sus formas *a priori*, sino también todo un mundo de objetos en cuanto determina-

---
12. Ibid., B 25 (R, p. 58). Véase sobre el tema J.M. Navarro Cordón, *El concepto de «trascendental» en Kant*, en: «Anales del Sem. de Metaf.» (1970) 7-26.

Objeto de la Crítica

do por estas formas. No lo olvidemos: en Kant el auténtico objeto no existe sino en el seno del conocimiento. La filosofía trascendental implica, pues, el rechazo de la metafísica trascendente. Pero, a la vez, y con mayor vigor si cabe, se opone también al psicologismo y relativismo de Hume. En el carácter *a priori* de las estructuras trascendentales del conocimiento, Kant cree haber encontrado la respuesta a la sospecha escéptica de Hume de que la ciencia, en definitiva, no pasa de ser una generalización de la experiencia, fundada en la costumbre y en la creencia. No lo olvidemos tampoco: lo que Kant pretende sacar a la luz con su análisis trascendental no es una determinada estructura psicológica humana, sino una lógica del entendimiento puro, una lógica que «no toma nada como a veces se ha creído, de la psicología, la cual no tiene por tanto influjo alguno en el canon del entendimiento»[13].

Resta definir con exactitud la noción kantiana de *a priori*. Por conocimientos *a priori*, aclara nuestro autor, entenderemos siempre «no los que tienen lugar independientemente de esta o aquella experiencia, sino absolutamente de toda experiencia»[14]. *A priori* es pues lo contrario de empírico o *a posteriori*. El conocimiento *a posteriori* sigue a la experiencia como la carreta a los bueyes. El conocimiento *a priori*, en cambio, la precede y anticipa como los bueyes a la carreta. Ahora bien, de entre los conocimientos *a priori*, se llaman puros aquellos en los cuales no se mezcla nada empírico. De lo contrario se llaman mixtos. Así, por ejemplo, la proposición: «todo cambio tiene su causa», es una proposición *a priori*, mas no es pura, sino mixta, porque el concepto de cambio no puede ser sacado más que de la experiencia. En cambio la proposición: «todo efecto tiene su causa» es *a priori* pura, porque tanto el sujeto como el predicado que la componen son conceptos puros. En último término, la noción kantiana de *a priori* expresa, pues, la prioridad de la razón sobre la experiencia, de lo necesario sobre lo contingente. En su sentido más pleno, un conocimiento *a priori* será un «conocimiento de objetos, por el cual alguna cosa es determinada a su respecto, antes de que nos sean dados»[15].

---

13. Ibid., B 78 (R, p. 95). Cf. J. Hirschberger, *Historia de la filosofía*. II: *Edad moderna, edad contemporánea*, Barcelona 1956, p. 142.
14. *KrV*, B 3 (R, p. 43).
15. Ibid., B XVI (R, p. 20).

III. Crítica de la razón pura

4. EL PROBLEMA CRÍTICO Y SU CONCRECIÓN: LOS JUICIOS SINTÉTICOS A PRIORI

La *Crítica* de Kant se ha centrado desde sus primeras páginas en la valoración de los conocimientos *a priori*. Como se lee en el prólogo, «el tema capital es siempre qué y cuánto pueden conocer entendimiento y razón independientemente de toda experiencia»[16]. Ahora bien, desde Aristóteles, el conocimiento humano ha encontrado su expresión más perfecta en el juicio. De ahí que la pregunta kantiana por la posibilidad y naturaleza del conocimiento *a priori* se concrete en esta forma: ¿en qué estriba la validez *a priori* de los juicios?

Que existen juicios *a priori* no ofrece para Kant duda alguna. Para él es cosa clara que los conocimientos metafísicos, si es que han de tener algún valor, son independientes de toda experiencia. Como escribe en los *Prolegómenos:* «Un conocimiento metafísico ha de contener puros juicios *a priori;* lo exige la naturaleza peculiar de sus fuentes.»[17] En efecto, en el mismo concepto de conocimiento metafísico está implicado que su fuente no puede ser la experiencia. De otro modo tendríamos sólo un conocimiento físico y no metafísico, es decir, de más allá de la experiencia. Pero en Kant los conocimientos *a priori* no se reducen sólo a la metafísica. La matemática se basa también en conocimientos de este tipo y lo mismo vale de la física pura, si es que ha de tener validez como ciencia. En último término ha de ser *a priori* todo juicio que goce de estricta universalidad y necesidad. La experiencia, en efecto, no puede ofrecernos nunca una necesidad y universalidad estrictas, sino sólo aproximadas. La experiencia nos enseña que algo es de tal modo, pero no que no pueda ser de otra manera; que esto o aquello ocurre una y otra vez, pero no que haya de ocurrir siempre. «Necesidad y universalidad estrictas son, pues, señales seguras de un conocimiento *a priori* y están inseparablemente unidas.»[18]

El problema que está en la base de la *Crítica* kantiana no es, pues, la existencia de juicios *a priori*, sino su naturaleza y posibilidad. Más concretamente todavía: el verdadero problema reside para Kant en la posibilidad de un determinado tipo de juicios que sean, por un lado, *a priori*, por tanto estrictamente universales y necesarios, y, por otro, no se basen en el puro análisis de un concepto dado, no consistan en la pura explicitación de algo que ya era conocido implícitamente en su misma

---

16. Ibid.. A XVII (R, p. 12).
17. *Prolegomena zu einer jeden künftigen Metaphysik, die als Wissenschaft wird auftreten können* (= *Proleg.*), § 2 (Ac. B., vol. IV), p. 266.
18. *KrV*. B 4 (R p. 44).

Los juicios sintéticos a priori

noción, sino aporten de hecho y de derecho nuevos conocimientos. Para resolver este problema Kant analiza la naturaleza de dos tipos de juicios admitidos corrientemente en filosofía: los juicios analíticos y sintéticos.

Los juicios *analíticos* son aquellos en los que el enlace de sujeto y predicado es pensado con identidad. En lenguaje formalizado se expresan así: $A = A$. Kant propone como ejemplo la proposición: «Todos los cuerpos son extensos.» Tal proposición es sin duda universal y necesaria, pero no enriquece nuestro conocimiento. En realidad, el predicado está ya pensado en el concepto del sujeto. Tales juicios son pues analíticos, pero meramente *explicativos*. No aportan ningún progreso a la ciencia, ni valen propiamente hablando fuera de la esfera conceptual. Son, como ya advirtieron Locke y Hume, meras relaciones de ideas que se rigen por el principio de no contradicción. La crítica de Kant se dirige, como es obvio, contra el ideal racionalista de conocimiento. Los dogmáticos no se tomaron el trabajo de preguntar: ¿Cómo llegamos *a priori* a tales conceptos?, para poder luego determinar su uso valedero respecto a todos los objetos de la experiencia en general. Lo decisivo para Kant no es desentrañar los conceptos, sino construirlos bien. Se trata, en suma, de fundamentar una «ciencia de la experiencia».

Los juicios *sintéticos* son aquellos en los que el enlace de sujeto y predicado es pensado sin identidad. En lenguaje formalizado su expresión es: $A = B$. El ejemplo clásico de Kant es ahora la proposición: «Todos los cuerpos son pesados.» Tales juicios enriquecen sin duda nuestro conocimiento, ya que al conocimiento del sujeto añaden un predicado que no estaba pensado en él, ni puede deducirse de él por análisis alguno. Son pues juicios *extensivos*, pero no son universales ni necesarios. La síntesis que conllevan tiene su fundamento en la experiencia, y es, por tanto, *a posteriori*. Si la ciencia no tuviese a su disposición otros juicios que éstos, tendría razón Hume en su sospecha que le llevaba a ver en ella una mera creencia sin base científica rigurosa.

De ahí que Kant se pregunte: ¿No podría darse un nuevo tipo de juicios *universales y necesarios* y a la par *extensivos*? Tales son los llamados juicios *sintéticos a priori*. En lenguaje formalizado su expresión sería de nuevo: $A = B$. Pero ahora el enlace de sujeto y predicado no se hace en virtud de la experiencia. Por eso se llama *a priori*. Pero entonces, ¿de dónde proviene la síntesis? «¿Cuál es la incógnita X sobre la que se apoya el entendimiento, cuando cree encontrar fuera del sujeto A un predicado B, extraño a aquel concepto y lo considera, sin embargo, enlazado con él?»[19] Hay, pues, aquí, confiesa Kant, «un cierto misterio escondido,

---

19. Ibid., A 9; B 13 (R, p. 49).

III. Crítica de la razón pura

cuyo descubrimiento tan sólo puede hacer seguro y digno de confianza el progreso en el ilimitado campo del conocimiento puro del entendimiento»[20]. La *Crítica de la razón pura* tiene por cometido desentrañar este misterio. La solución se halla, como es obvio, en la estructura *a priori* de la facultad. Pero, en cualquier caso, los juicios sintéticos *a priori*, constituyen el gran descubrimiento de Kant y son la base de toda su obra. Su pensamiento crítico se aguanta o cae en bloque, según se mantenga o no la validez de estos juicios.

Ahora bien, el descubrimiento de los juicios sintéticos *a priori* permite a Kant dar la última y definitiva concreción al problema crítico: «La tarea propia de la razón pura se encierra, pues, en la pregunta: ¿cómo son posibles los juicios sintéticos *a priori*?»[21] Como se advierte, Kant no se pregunta por la realidad de estos juicios, sino sólo por su posibilidad. Su existencia en todas las ciencias teóricas de la razón le parece evidente. Precisamente por ello la respuesta a la pregunta: ¿cómo son posibles los juicios sintéticos *a priori?*, lleva también consigo la respuesta a la pregunta sobre la posibilidad, de todas las ciencias que implican un conocimiento teórico, es decir la contestación a estos dos interrogantes:

¿Cómo es posible la matemática pura?
¿Cómo es posible la física pura?[22]

Como estas dos ciencias son ciencias realmente dadas, sólo cabe preguntarse por su posibilidad. «Que tienen que ser posibles queda demostrado por su realidad.»[23] No vale lo mismo de la metafísica. La metafísica sólo está dada como disposición natural de la razón, pero no como ciencia. Los ensayos que hasta ahora se han hecho por contestar a los grandes interrogantes metafísicos que la razón se plantea, impulsada por su propia necesidad, han conducido sólo a resultados contradictorios. Por ello no es posible atenerse a esta mera disposición natural, de la que siempre nace alguna metafísica, sea cual sea, sino que hay que llegar a «alguna certeza sobre el saber o no saber de los objetos de sus preguntas o sobre la capacidad o incapacidad de la razón acerca de estos objetos»[24]. En una palabra, hay que plantearse la pregunta:

¿Cómo es posible la metafísica como ciencia?[25]

---

20. Ibid., A 13 (R, p. 50s).
21. Ibid., B 19 (R, p. 54).
22. Ibid., B 20 (R, p. 55).
23. Ibid.
24. Ibid., B 22 (R, p. 56).
25. Ibid.

Pero entendiendo bien que el «Cómo es posible» equivale aquí a «si es posible». En efecto, como subraya Kant en los *Prolegómenos*, si fuese real la metafísica que pretende ser ciencia, si se pudiera decir de un libro de metafísica, como se dice de la geometría de Euclides: «Aquí está la metafísica, no tenéis más que estudiarla y os convenceréis irresistible e invariablemente de su verdad»[26], entonces la pregunta que correspondería a un pensamiento crítico sería sólo: ¿cómo es posible la metafísica? Pero desgraciadamente no es éste el caso, y entonces sólo resta plantearse sobriamente la pregunta:

¿Es en general posible la metafísica?[27]

5. IDEA CLAVE DE LA CRÍTICA: LA FINITUD DE LA RAZÓN

Antes de abordar con Kant el desarrollo de su obra es importante ahondar en aquello que constituye su idea clave: la idea de la finitud de la razón[28]. La noción de finitud de la razón se expresa muchas veces en la obra kantiana con un giro muy singular: en la *Crítica de la razón pura* se trata «de nosotros, los hombres». Esto significa que el modo humano de conocer no es el único modo posible de conocimiento. Es, eso sí, al menos el nuestro.

En el apartado anterior hemos visto que Kant reduce el problema de la *Crítica* a la pregunta ¿cómo son posibles los juicios sintéticos *a priori*? Esta pregunta implica una concepción del conocer humano como juzgar. En esto Kant sigue a la tradición y está de acuerdo con ella. Nos encontramos aquí con uno de los muchos puntos de vista en los que este filósofo, radicalmente innovador, se muestra en el fondo como un restaurador. Kant significa en este punto un progreso frente a la tradición del racionalismo, pero este progreso se hace mediante un regreso a la tradición anterior, la del aristotelismo. En efecto, en Kant como en Tomás de Aquino, el juzgar caracteriza el conocer humano en cuanto humano, pero no el conocer en cuanto conocer. El juicio no es el prototipo originario del conocimiento, sino secundario y derivado. Es el substitutivo de aquello que la metafísica racionalista había atribuido de un modo u otro al conocimiento humano, pero que, en definitiva, sólo es válido para Dios: la intuición intelectual.

---

26. *Proleg.*, § 4, p. 271.
27. Ibid.
28. Véase sobre este tema la incisiva exposición de M. Heidegger, *Kant und das Problem der Metaphysik*, Francfort del Meno ²1951, p. 28ss.

III. Crítica de la razón pura

Kant nos invita a examinar el conocimiento humano en sus dos ramas fundamentales que «acaso se originen de una raíz común para nosotros desconocida: la sensibilidad y el entendimiento. Por medio de la primera nos son dados los objetos; por medio de la segunda, los objetos son pensados»[29]. Esta mutua referencia de sensibilidad y entendimiento, con la doble dependencia que en ella se expresa: la dependencia de la sensibilidad respecto de lo dado y del entendimiento respecto de lo recibido de la sensibilidad, hace el carácter humano, es decir, finito de nuestro conocimiento. Este carácter finito del conocimiento no reside, pues, en sus defectos e imperfecciones, ni en la posibilidad de error, sino en la misma estructura esencial de la razón. Las imperfecciones fácticas del conocimiento humano son la consecuencia de su finitud esencial. Para comprenderlo, Kant nos hace contraponer el modo humano de conocer con otro posible modo no humano: la razón finita con la razón infinita.

Conocer, para Kant, es primariamente intuir. La definición del conocer como juzgar se refiere al modo humano del conocimiento intelectual, lo que Kant denomina «pensar». El pensamiento se refiere a la intuición y está a su servicio. Sólo que esta intuición, al menos para nosotros los hombres no es la intuición intelectual, sino la sensible. Como basado en la intuición sensible, nuestro conocimiento está desde siempre entregado a lo dado. El conocimiento infinito será, pues, aquel que no depende de lo dado, sino que se da a sí mismo el objeto. Tal es, en hipótesis, el caso de Dios.

Esta idea proviene de la tradición cristiana. San Agustín, por ejemplo, escribe en las *Confesiones*, dirigiéndose a Dios: «Nosotros vemos estas cosas que tú has hecho porque son, pero ellas son, porque tú las ves.»[30] Lo contrario sería, en efecto, hacer a Dios dependiente de las cosas, aunque fuera en el plano del conocimiento, lo que es absurdo: la criatura no puede en ningún caso anteponerse al creador. Kant se apropia esta idea pero no a modo de tesis, sino de hipótesis, que le permite, por contraste, definir los límites de nuestro conocimiento. Dado el carácter hipotético que esta doctrina tiene en Kant, es comprensible que no la desarrolle en todos sus aspectos. Se contenta con aludir a ella en varios pasajes significativos de la *Crítica*. «Dado que en la teología natural se piensa un objeto que no sólo no es para nosotros objeto de intuición, sino que no puede ser objeto de intuición sensible para sí mismo, se ha tenido sumo cuidado de apartar de toda su intuición las condiciones de espacio y tiempo (en efecto, todo su conocimiento debe ser

---

29. *KrV*. A 15; B 29 (R. p. 60s).   30. *Conf.* XIII. c. 38. § 53.

intuición y no pensamiento, el cual importa siempre limitación).»[31] Este modo de conocer de Dios, un conocimiento que es todo él intuición y no pensamiento, es lo contrario del nuestro. En comparación con él, nuestro modo de intuir «es llamado sensible, porque no es originario, es decir, tal que por él mismo nos sea dada la existencia misma del objeto de intuición (modo que, en tanto que nosotros podemos juzgar sólo puede encontrarse en el ser primero), sino que depende de la existencia del objeto, y, por lo tanto, no es posible sino en tanto que es afectada la capacidad de representación del sujeto. No es preciso limitar a la sensibilidad del hombre este modo de intuición en el espacio y el tiempo. Es posible que todo ser pensante finito deba ser en esto asimilado al hombre, aunque no podemos decidirlo a ciencia cierta; pero, en todo caso, este modo de intuición continúa perteneciendo a la sensibilidad, precisamente porque es derivado *(intuitus derivativus)* y no originario *(intuitus originarius)* y, por tanto, no es una intuición intelectual como aquella que, de acuerdo con el razonamiento que acabamos de exponer, parece sólo pertenecer al ser primero, jamás a un ser que, tanto desde el punto de vista de su existencia como de su modo de intuir (modo que determina su existencia por relación a objetos dados) es dependiente»[32].

En una palabra: conocer para Dios es crear. El conocimiento de Dios no depende, como el nuestro, de la existencia del objeto; al contrario, la existencia del objeto depende de que Dios lo conozca. Por eso llama Kant ese modo de conocer *intuitus originarius*, es decir, tal que por él mismo sea puesta la existencia del objeto de la intuición. En contraste con él, nuestro modo de conocer es sólo *intuitus derivativus*, tal, por tanto que, lejos de poner el objeto en su ser, necesita que le sea previamente dado. La diferencia esencial entre el conocer humano y el divino se encuentra, pues, en el modo de intuición: originaria y creadora en Dios, secundaria y derivada en el hombre.

¿Dónde reside, pues, según Kant, el carácter finito del conocimiento humano? La respuesta no ofrece lugar a dudas: en el hecho de que la intuición sensible, que está siempre en su base y lo sostiene, no es originaria sino derivada, lo que viene a decir: no es creadora, sino receptiva. La intuición receptiva no puede darse a sí misma el objeto, sino que ha de permitir que le sea dado. Ahora bien, para que un objeto pueda ser dado, ha de poder ser recibido: debe poder «afectar» al espíritu. De ahí la necesidad de la sensibilidad como instrumento al servicio de las afecciones. Como escribe Kant: «Sean cualesquiera el modo y los medios con que un conocimiento se refiere a sus objetos, la referencia inmediata que

---

31. *KrV*, B 71 (R, p. 89).   32. Ibid., B 72 (R, p. 90).

todo pensar busca como medio se llama *intuición*. Pero esta intuición no tiene lugar, sino en tanto que un objeto nos es dado; lo que, a su vez no es posible (al menos para nosotros, hombres), sino a condición de que el objeto afecte de una cierta manera nuestro espíritu. La capacidad de recibir (receptividad) representaciones, gracias al modo como somos afectados por los objetos, se llama *sensibilidad*. Así, sólo por medio de la sensibilidad, nos son *dados* objetos, sola la sensibilidad nos ofrece *intuiciones;* ahora bien, es el entendimiento quien *piensa* estos objetos y es de él que brotan los *conceptos*. Es necesario, pues, que todo pensar, directa o indirectamente, se refiera, en último término, a intuiciones, por lo tanto, en nosotros a la sensibilidad, puesto que ningún objeto puede sernos dado de otro modo.»[33] La intuición humana no es finita por ser afectada a través de instrumentos sensibles, sino, al contrario, por ser finito nuestro conocimiento, por estar entregado a lo que ya es, por eso ha de recibirlo por medio de estos instrumentos sensibles. El carácter finito del conocimiento humano reside, pues, en la receptividad[34].

Ahora bien, la intuición sensible no es más que un comienzo. El conocimiento humano, precisamente porque es intuición finita, no puede ser sólo intuición. La intuición sensible no contiene todavía la referencia a objeto alguno. Ella nos ofrece sólo, como diría Hegel, un «esto-aquí-ahora», es decir, un conjunto de impresiones espacio-temporales que no constituyen todavía un «objeto». Para que esto sea un objeto, no una impresión pasajera, sino una «cosa», una «esencia», válida para todo el mundo y en todo tiempo, ha de ser determinada por un concepto. En el concepto lo particular de la intuición es englobado en lo universal y de este modo hecho inteligible. Así pues, hay conceptos, según Kant, no sólo cuando nos elevamos más allá del conocimiento de cosas concretas para conocer notas universales, sino en el mismo conocimiento de lo concreto. Y esto no porque el concepto sea concepto de lo concreto (Kant restaura más bien la noción del concepto como representación que vale para una pluralidad indefinida de objetos), sino porque en el conocimiento de cualquier cosa concreta hay también siempre, además de las impresiones sensibles, la representación de una unión, de un enlace necesario y normativo de estas mismas impresiones como referidas a un objeto. De otro modo no habría conocimiento[35]. El conocimiento en Kant consiste siempre en la subsunción de la intuición bajo un concepto. Entendimiento y sensibilidad, concepto e intuición, se necesitan mutuamente. Sin la determinación del entendimiento, la intuición sería

---

33. Ibid., A 19; B 33 (R, p. 65).
34. Cf. M. Heidegger, *Kant und das Problem der Metaphysik*, p. 31s.
35. Cf. F. Martínez Marzoa, o.c., p. 174s.

ciega. Sin el respaldo de la sensibilidad, el entendimiento pensaría en el vacío. El entendimiento es, en cierto modo, más finito que la intuición sensible: le falta su carácter inmediato y no puede conocer nada, sino por un rodeo a través de lo general. En otro sentido, se parece más a la intuición divina originaria: es espontáneo y no receptivo como la sensibilidad. No crea lo dado en la sensibilidad, pero produce sus propios conceptos que le permiten subsumirlo universal y necesariamente[36].

Esta mutua compenetración de sensibilidad y entendimiento en el ejercicio del conocimiento humano constituye, sin lugar a dudas, el quicio de la *Crítica*. Sensibilidad y entendimiento remiten el uno al otro en una especie de «circularidad trascendental». El entendimiento se apoya en la sensibilidad. La sensibilidad recala en el entendimiento. El entendimiento representa la espontaneidad del conocer. La sensibilidad su receptividad. Según que se acentúe uno u otro aspecto, tendremos una interpretación de Kant más receptivo-empirista o creativo-idealista. Lo que en cualquier caso hay que mantener es la afirmación kantiana de la unidad del conocimiento. Por mucho que Kant distinga entre sensibilidad y entendimiento, intuición y concepto, el conocimiento es para él una sola cosa. No existe un objeto de la sensibilidad y un objeto del entendimiento, sino que sólo hay objeto, es decir, conocimiento, cuando hay a la vez intuición y concepto, cuando el entendimiento hace inteligible el dato sensible de la intuición. En la *Disertación* de 1770, Kant mantenía separados ambos planos. El entendimiento no se apoyaba en la sensibilidad y por eso podía situar su conocimiento en la dimensión de lo absoluto. Ahora esto ya no es posible. Sensibilidad y entendimiento actúan dentro de una esencial compenetración. Ambos representan, en mutua correlación, un aspecto esencial del conocimiento humano. La sensibilidad, su carácter pasivo-receptivo, aunque no falte en ella el aspecto activo y creador; el entendimiento, su carácter activo y creador, aunque tampoco falte en él el aspecto pasivo-receptivo. No es posible separar ambos aspectos. Es difícil determinar de qué lado se inclina definitivamente el equilibrio inestable del pensamiento kantiano. Pero, aunque el desarrollo posterior del *Opus postumum* parece indicar que lo más peculiar de Kant se encuentra del lado de la espontaneidad creadora, una cosa es clara desde la *Crítica:* si la noción de entendimiento nos dice que el conocimiento es primariamente creatividad, espontaneidad, la de sensibilidad añade que esta espontaneidad se realiza sobre la base de una fundamental receptividad. En otras palabras, el conocimiento es espontaneidad en sí misma receptiva, es decir, finita. «La filosofía de

---

36. Cf. M. Heidegger, *Kant und das Problem der Metaphysik*, p. 35.

III. Crítica de la razón pura

Kant es, pues, pregunta por la constitución de la razón finita, y en este sentido es pregunta por el hombre. (Kant llega a decir que toda filosofía es en el fondo antropología.) En la filosofía de Kant se trata de la razón, pero de modo que, a diferencia de lo que ocurría en el racionalismo y volverá a ocurrir en el idealismo alemán, ese tratar de la razón no es tratar de lo absoluto o de Dios.»[37]

6. Observaciones críticas

El problema crítico no consiste, según Kant, en preguntarse por el valor de la razón en general (tal problema es un pseudoproblema y un contrasentido, ya que sólo puede resolverse mediante la misma razón que se ha puesto en tela de juicio), sino en preguntarse por el valor de una serie determinada de conocimientos: los metafísicos, y por la fundamentación de otra serie concreta de conocimientos: los físico-matemáticos. Si hay que acusar a Kant de algo, no es de haberse planteado un pseudoproblema, sino más bien de haber sido todavía poco «crítico», de haber pasado de contrabando, sin someterlo a reconocimiento previo, un supuesto que para él resultaba incuestionable, pero que más tarde sería puesto en cuestión: el valor absoluto, el carácter riguroso de las ciencias físico-matemáticas. «Comparemos, porque es sumamente instructivo, a Kant con Hume. Hume discurre así: la experiencia no ofrece necesidad alguna; el principio de causalidad se origina de la experiencia; luego el principio de causalidad no es necesario. Y como dicho principio no es de contextura diferente de los demás principios de la ciencia experimental, la ciencia se reduce a fe, a persuasión irracional. Kant, en cambio, razona del siguiente modo: la experiencia no ofrece necesidad alguna, pero el principio de causalidad es necesario; luego no se origina de la experiencia y habrá que buscar, por tanto, fuera de la experiencia una fuente de necesidad para él, y de modo análogo para los demás principios de la ciencia experimental. Kant encontrará esta nueva fuente porque tiene que encontrarla. Si la halló por el lado del espíritu, en la mente y en sus formas, fue ello una salida obligada, para Kant al menos, una vez que, a influjos del empirismo, quedó cerrada para él la vía de la objetividad. Pero ¿de dónde sabe Kant que el principio de causalidad es necesario? ¿Y que, en general, tiene que darse una "ciencia" del mundo de la experiencia con proposiciones universales y necesarias?»[38] La respuesta es obvia: Kant es aquí tributario de su época. Como en tantos momentos

---
37. Cf. F. Martínez Marzoa, o.c., p. 178.   38. Cf. J. Hirschberger, o.c., p. 141.

decisivos de la historia de la filosofía, nos encontramos ante la tremenda importancia del coeficiente histórico.

El núcleo central del problema crítico, según el planteamiento kantiano, se encuentra en los juicios sintéticos *a priori*. Ya hemos visto que Kant no se cuestiona su existencia, sino sólo su posibilidad. Que existen tales juicios es para él tan evidente como que existen las ciencias físicomatemáticas. De hecho, Kant nos ofrece ejemplos de ellos en todas estas ciencias. En las matemáticas: «7 + 5 = 12»; en la geometría: «La línea recta es la más corta entre dos puntos»; en la física: «La cantidad de la materia permanece invariable» o «en todo movimiento la acción y la reacción son iguales». Veamos, con todo, cómo justifica Kant su propio punto de vista.

Sea en efecto la proposición 7 + 5 = 12. Todo el mundo estará de acuerdo en que no es *a posteriori*. Pero ¿por qué no puede ser analítica? ¿Por qué no puede decirse que en ella el predicado está ya incluido en el sujeto? Kant responde: porque «el concepto de la suma de siete y cinco no encierra más que la reunión de ambos números en uno solo», pero no implica en concreto ninguna respuesta a la pregunta sobre «cual sea ese número único que comprende los otros dos»[39]. Por mucho que analicemos aquella reunión de siete y cinco, no encontraremos en ella el número doce. Hay que salir de estos conceptos, ayudándose de la intuición que les corresponde, por ejemplo, los cinco dedos o cinco puntos y así, poco a poco añadir las unidades del cinco al concepto de siete. Para convencerse de ello, basta con aumentar el valor de los números en cuestión. Entonces se advierte claramente que, por muchas vueltas que le demos, por el mero análisis del concepto de dos sumandos no se encuentra el número único que constituye su suma.

Kant subraya, pues, el hecho de que los juicios de la aritmética no son analíticos. En ellos interviene necesariamente un factor nuevo: el recurso a la intuición del tiempo. Lo que Kant quiere dar a entender aparece con claridad de la observación siguiente. Sea de nuevo la proposición 7 + 5 = 12. Yo puedo muy bien cambiar el valor respectivo de los dos sumandos, sin que cambie el resultado. Así:

$$6 + 6 = 12$$
$$5 + 7 = 12$$
$$4 + 8 = 12$$
$$3 + 9 = 12$$
$$2 + 10 = 12$$
$$1 + 11 = 12$$

---

[39]. *KrV*, B 15 (R, p. 51s).

¿Qué se sigue de ahí? Se sigue que los juicios de la aritmética dependen como condición de posibilidad de la adicionabilidad indefinida de la unidad, es decir, de la propiedad de la unidad de repetirse homogéneamente a sí misma, sin que ninguna diferencia cualitativa distinga entre sí estas sucesivas réplicas. Ahora bien, esta condición básica nos conduce en último término a una magnitud cuantitativa, es decir a un *quantum* de tiempo. En otras palabras, que siete más cinco igual a doce lo sé solamente sobre el fondo de la previsión de la serie indefinida de la unidad como campo posible de la adición:

$$7 (...) + 5 (...) = 12$$

Ahora bien, la serie indefinida de la unidad coincide en último término con la línea del tiempo. La intuición pura del tiempo, intuición que, como veremos más adelante, constituye la forma *a priori* de la sensibilidad subyace, pues, como condición de posibilidad en todos los juicios de la aritmética[40].

Sucede algo similar en el caso de la geometría. Sea por ejemplo esta proposición: «La línea recta es la más corta entre dos puntos.» En opinión de Kant, no se trata de una proposición analítica, sino sintética. En efecto, «mi concepto de recta no encierra nada de magnitud, sino sólo una cualidad. El concepto de lo más corto es enteramente añadido y no puede sacarse por ningún análisis del concepto de línea recta; la intuición tiene que venir en nuestra ayuda y sólo por ella es posible la síntesis»[41]. No es preciso decir que Kant se refiere aquí a la intuición espacial. Si me veo obligado a afirmar que la línea recta es la más corta entre dos puntos, no es porque el concepto de lo más corto se incluya en el concepto de recto, sino porque constato que la proposición contraria es irrepresentable, es decir, porque me es imposible construir en el espacio cualquier línea más corta entre dos puntos que no sea la recta. De hecho, el recurso a la intuición de espacio interviene en la mayoría de las demostraciones geométricas. La geometría construye sus figuras sobre el fondo de la intuición de espacio como campo posible de esta construcción. De modo similar a lo que ocurría en la aritmética, la intuición pura del espacio, intuición que constituye la forma *a priori* de la sensibilidad externa, subyace como condición de posibilidad en todos los juicios de la geometría[42].

Hoy día las ciencias matemáticas van por nuevos caminos. Mientras que en su etapa precrítica Kant llegó a entrever la posibilidad de una

---
40. Cf. J. Maréchal, o.c., p. 94s.
41. *KrV*, B 16 (R, p. 52).
42. Cf. J. Maréchal, o.c., p. 98s.

geometría no euclidiana, en la *Crítica* no tiene presente otras matemáticas que las clásicas. Kant se mueve en el ámbito de nuestras representaciones sensibles ordinarias (las de la aritmética clásica y de la geometría de Euclides) y busca sus condiciones generales de posibilidad en la intuición *a priori* de espacio y tiempo. La teoría kantiana de la sensibilidad aparece así ligada a una etapa concreta de la historia de la ciencia.

El tributo que Kant paga a la historia es todavía más patente en el caso de las ciencias físicas. Las proposiciones de orden físico que él aduce como ejemplos de juicios sintéticos *a priori* son contestables. Que en todas las transformaciones del mundo corpóreo la cantidad de materia permanezca inalterada o que en toda comunicación del movimiento tengan que ser siempre iguales la acción y la reacción constituyen hoy para nosotros o una generalización de la experiencia que procede por extrapolación o una hipótesis teórica que tiene valor en la medida en que la experiencia la verifica. Son, pues, ciertamente, juicios sintéticos, pero ¿quién osaría afirmar que son *a priori*?[43] Sin embargo, para Kant, estos dos juicios (y en general todas las grandes leyes de la física de Newton) no son sino el resultado de la aplicación de las categorías de substancia y causa al mundo fenoménico. Si la teoría kantiana de la sensibilidad aparecía ligada a la matemática clásica, la del entendimiento lo está a la física mecanicista. No sabemos qué hubiera pensado Kant de haber nacido un siglo más tarde. Lo único que sabemos es que, desde su concepto riguroso de ciencia, ante teorías tales como las de la física cuántica de Plank o de la relatividad de Einstein, no hay más remedio que decir: no son ciencias.

---

43. Cf. ibid., p. 100.

CAPÍTULO CUARTO

ESTÉTICA TRASCENDENTAL

El edificio de la *Crítica* kantiana descansa a manera de piedra sillar sobre este principio fundamental: el conocimiento comienza con la experiencia, pero no se identifica con la experiencia. Su universalidad y necesidad presupone una elaboración de la facultad que no procede de la experiencia y que es necesariamente *a priori*. Kant se ha expresado con claridad a este respecto en la *Introducción* que antepone a su obra. «No hay duda de que todo nuestro conocimiento comienza con la experiencia. Pues, ¿por medio de qué iba a despertar nuestra facultad de conocer y ponerse en actividad, sino es por medio de objetos que mueven nuestros sentidos y que, de una parte, producen por sí mismos representaciones y, de la otra, ponen en movimiento nuestra facultad intelectual a fin de que compare, una o separe estas representaciones y trabaje así la materia bruta de las impresiones sensibles para sacar de ellas un conocimiento de objetos, aquel conocimiento que llamamos experiencia? Así, en cuanto al tiempo, ningún conocimiento precede en nosotros a la experiencia, y todo conocimiento comienza con ella.»[1] Hasta aquí Kant coincide enteramente con Aristóteles: el espíritu es como una «tabla rasa» en la que no hay nada escrito. Para que en él se escriba algo son necesarios los datos de los sentidos. He aquí el elemento empírico, aposteriórico del conocimiento. Pero Kant añade inmediatamente: «Si bien todo nuestro conocimiento comienza con la experiencia no se origina todo él de la experiencia.»[2] En él hay algo que no puede venir de la experiencia: su uni-

---
1. *KrV*, B 1 (R, p. 41). Ha subrayado vigorosamente la importancia de la experiencia en Kant F. Montero Moliner, *El empirismo kantiano*, Valencia 1973. El propósito de esta obra es «poner de relieve las riquezas propias del *empirismo* kantiano, pero, al mismo tiempo, considerar las dificultades que entraña su inserción en un sistema que pretendía ante todo desarrollarse como *idealismo trascendental* o como *apriorismo*» (p. 11). Es el gran problema de Kant: cómo conjugar la aposterioridad del empirismo con la apriondad del idealismo.
2. Ibid. (R, p. 42).

IV. Estética trascendental

versalidad y necesidad. «La experiencia nos dice lo que es, pero no nos dice que esto deba ser necesariamente así y no de otra manera. Ella no nos da ninguna verdadera universalidad, y la razón que es tan ávida de conocimientos de esta especie queda más bien con ella excitada que satisfecha.»³ Por ello Kant apunta la siguiente hipótesis: «Puede, pues, muy bien ser, que nuestro conocimiento por experiencia sea una síntesis de lo que recibimos de las impresiones sensibles y de lo que nuestra facultad de conocer, simplemente excitada por ellas, produce por sí misma, adición que no somos capaces de distinguir de la materia primera, hasta que un largo ejercicio nos ha enseñado a separarla de ella.»⁴ La *Crítica de la razón pura* no es otra cosa que la puesta en obra de este largo ejercicio. Su primer momento lo constituye lo que Kant denomina la *estética trascendental*.

1. IDEA GENERAL

La reflexión trascendental aplicada al conjunto de nuestros fenómenos conscientes nos conduce, después de haber substraído todas las condiciones *a priori*, a una diversidad inicial, irreductible, de la cual no podemos decir otra cosa sino que *nos es dada*. Ninguna ley interna de la conciencia explica la presencia ni la variedad de este dato inicial. Se impone simplemente a nuestra facultad de conocer y a nosotros no nos queda sino recibirlo.

Pero un dato consciente no es concebible sino investido por la forma de la facultad. Como reza un viejo adagio escolástico: *quidquid recipitur, ad modum recipientis recipitur*. De ahí que Kant distinga en la impresión sensible, es decir, en el dato tal como aparece en la conciencia, dos aspectos: la impresión, en tanto que por ella la sensibilidad *es afectada*, y la misma impresión, en cuanto *investida* por el modo propio de la sensibilidad. En el primer sentido la impresión sensible constituye la materia del fenómeno. La forma del fenómeno serán las relaciones de que se revista al dato inicial al serle comunicado el modo propio de la sensibilidad: las formas *a priori* de espacio y tiempo. La estética trascendental trata de hacer aflorar estas formas o, lo que es lo mismo, el *modus recipientis* con el que la sensibilidad recibe *quidquid recipitur*⁵.

No hay que decir que el término «estética» se toma aquí en el sentido griego originario de αἴσθησις, es decir, como doctrina de la percep-

---
3. Ibid., A 1; A 2 (R, p. 42).
4. Ibid., B 1; B 2 (R, p. 42).
5. Cf. J. Maréchal, o.c., p. 127s.

ción sensible. Ya conocemos el cometido que le asigna Kant: se trata de aislar en el conocimiento sensible los elementos *a priori* que lo constituyen. Antes de seguir a Kant en el ejercicio de esta tarea, será útil conocer el significado exacto de una serie de nociones básicas.

Kant llama «intuición» a la referencia inmediata de un conocimiento con su objeto. Esta referencia inmediata al objeto que constituye la intuición importa: 1) que el objeto nos sea dado. Pero para ello es necesario: 2) que el objeto afecte al espíritu de alguna manera. Ahora bien, al hecho de la afección lo llama Kant «sensación». Y a la capacidad de ser afectado lo denomina «sensibilidad». Sensibilidad y receptividad son, pues, sinónimos.

Ya sabemos que en Kant la intuición se realiza sólo como intuición sensible.

De hecho, la intuición de la que hasta ahora nos ha hablado es la que él llama «empírica», es decir aquella que se refiere al objeto mediante la sensación. Pero Kant habla también de un nuevo y extraño tipo de intuición: la «intuición pura». Intuición pura en sentido trascendental es aquella en que no hay nada que pertenezca a la sensación. La intuición pura no es otra cosa que la forma pura de la sensibilidad, en concreto, como vamos a ver, las dos formas de espacio y tiempo que, como tales, se hallan *a priori* en el espíritu y subyacen por tanto a toda intuición sensible.

2. EL PROBLEMA A RESOLVER

Es un hecho de experiencia que el conocimiento sensible se realiza en el espacio y en el tiempo. La multiplicidad de las impresiones nos aparece distribuida en el espacio y seriada en el tiempo. Por medio de los sentidos externos percibimos objetos como fuera de nosotros y todos ellos en el espacio. En él es determinada o determinable su figura, magnitud y mutua relación. Por el sentido interno percibimos los estados internos de nuestro espíritu y todos ellos en el tiempo. Las relaciones espacio-temporales constituyen el entramado de todo nuestro conocimiento de objetos sensibles y de todos y cada uno de nuestros estados anímicos. De cualquiera de estos objetos hemos de decir irremediablemente que está aquí o allá, arriba o abajo, a la derecha o a la izquierda, a tal o cual distancia de lo uno o de lo otro, como hemos de decir de cualquiera de nuestros estadios anímicos que ocurre ahora, después de aquel, o antes de aquel otro. No podemos representarnos nada, sino inmerso en las relaciones de espacio y tiempo.

IV. Estética trascendental

Este hecho sugiere naturalmente la pregunta: ¿qué son, pues, el espacio y el tiempo? ¿Son algo real, como pensaba Newton? ¿Son más bien, como opinaba Leibniz, relaciones de las cosas entre sí, pero tales como corresponderían a las cosas en sí mismas? O ¿son sólo la forma general de la intuición sensible y, por tanto, se hallan sólo en la constitución subjetiva de nuestro espíritu, sin la cual no podrían ser atribuidos a ninguna cosa? He ahí el problema que Kant pretende solventar. Para resolverlo es preciso investigar con él la naturaleza de las representaciones de espacio y tiempo.

3. APRIORIDAD DE ESPACIO Y TIEMPO

Kant adopta, por supuesto, la última de las tres hipótesis anteriormente esbozadas. Espacio y tiempo no son algo real en sí mismo, ni expresan relaciones de coexistencia o de sucesión entre cosas reales, sino que son la forma *a priori* de nuestro conocimiento sensible. La demostración de esta tesis se realiza, como es usual en la *Crítica*, en dos etapas. En la primera, la «exposición metafísica», Kant demuestra que espacio y tiempo son de hecho la forma *a priori* de la sensibilidad. En la segunda, la «exposición trascendental», Kant eleva el hecho al derecho y demuestra que espacio y tiempo deben ser necesariamente lo que son como única condición de posibilidad de las ciencias matemáticas.

a) *Exposición metafísica*

Se trata de demostrar que espacio y tiempo son de hecho formas *a priori* del conocimiento sensible. Para ello Kant ha de poner en claro dos cosas: 1) que espacio y tiempo son *a priori* y no algo adquirido *a posteriori*, es decir que no dependen del hecho de la experiencia, sino que se presuponen en toda experiencia de hecho; que no están sometidos a las condiciones de la experiencia, sino al revés, la experiencia a las condiciones de espacio y tiempo; 2) que las representaciones de espacio y tiempo son intuiciones puras de la sensibilidad y no conceptos de la mente. Ambas tesis se desdoblan en un par de razonamientos dirigidos respectivamente contra el empirismo de Hume y el racionalismo de Leibniz.

Lo primero se demuestra como sigue: 1) El espacio y el tiempo están en la base de toda nuestra experiencia sensible. Nada externo puede afectarnos sino «fuera de», «al lado de», «arriba o abajo de», etc.; ni podemos percibir ningún estado interno sino «antes de», «después de», «al mismo tiempo de», etc. Ahora bien, con ello estamos diciendo que las representaciones de espacio y tiempo condicionan de antemano toda experiencia posible, que no dependen por tanto de la experiencia, sino que la experiencia depende de ellas.

2) El espacio y el tiempo son necesarios en la experiencia. De hecho, no podemos imaginar que no haya espacio o que no haya tiempo, pero podemos muy bien imaginar que no haya tal o cual cuerpo en el espacio o que no ocurra tal o cual suceso en el tiempo. Como escribe Kant «no podemos nunca representarnos que no haya espacio, aunque podemos pensar muy bien que no se encuentre en él objeto alguno»[6]. De modo similar «no podemos suprimir el tiempo, pero podemos muy bien sacar del tiempo los fenómenos»[7]. Espacio y tiempo son, pues, dados necesariamente *a priori* como condición de posibilidad de toda nuestra experiencia.

La segunda tesis se demuestra como sigue: 1) Espacio y tiempo son representaciones singulares. De hecho nos representamos siempre un único espacio y un único tiempo. Y cuando hablamos de «espacios» y «tiempos» nos referimos sólo a segmentos o partes delimitadas dentro de «el» espacio y «el» tiempo únicos. En consecuencia, espacio y tiempo no son conceptos sacados deductivamente de las representaciones de las cosas en general, sino intuiciones puras. 2) Espacio y tiempo son representados como una magnitud infinita dada. Las representaciones particulares del espacio y del tiempo sólo son posibles como limitaciones del espacio y del tiempo únicos e ilimitados. De ahí se sigue que la relación de los espacios y tiempos particulares con el espacio y el tiempo es inversa a la que se da entre los individuos concretos y el concepto universal. Un concepto es una representación que está contenida como nota común en una infinidad de posibles objetos. El espacio y el tiempo, en cambio, no están contenidos en los espacios y tiempos particulares, sino que los contienen, en el sentido de que los abarcan y van más allá de ellos.

La argumentación kantiana es evidentemente reiterativa. Kant se limita a decir de diversas maneras una sola cosa: las representaciones de espacio y tiempo subyacen necesariamente a toda nuestra experiencia sensible. Espacio y tiempo son algo así como el horizonte en donde situamos necesariamente todo objeto. Se trata en ello de un hecho de experiencia innegable para toda conciencia constituida. Al partir subrepticiamente de este hecho, Kant se ha facilitado su propia solución. Pero el fondo del problema es otro. Lo que está en cuestión es la llamada «anti-

---

6. *KrV*, A 24; B 38-39 (R, p. 68). 7. Ibid., A 31; B 46 (R, p. 74).

nomía» del espacio y del tiempo, no es la presencia de estas representaciones en toda conciencia constituida, sino su naturaleza, es decir, el origen último de su constitución en la conciencia. Y en lo que se refiere a esta cuestión, lo menos que puede decirse es que la solución de Kant no es necesariamente la única. En realidad, como vamos a ver en seguida, lo que ha movido a Kant a dar el paso que ha dado —paso decisivo, puesto que decide de antemano la marcha ulterior de la *Crítica*— es su voluntad de poner a salvo el carácter apodíctico, es decir, sintético *a priori* de una ciencia por él muy querida, la ciencia matemática.

b) *Exposición trascendental*

Kant entiende por deducción trascendental «la explicación de un conocimiento como un principio por donde puede conocerse la posibilidad de otros conocimientos sintéticos *a priori*»[8]. Se trata, pues, de dar una explicación del espacio y del tiempo que haga concebible la posibilidad de las matemáticas como conocimientos sintéticos *a priori*. Esta explicación consiste concretamente en demostrar que espacio y tiempo son no sólo de hecho, sino de derecho intuiciones puras de la sensibilidad que se hallan en nosotros antes de toda percepción de un objeto. En la exposición metafísica ha mostrado ya que la cosa es así. Ahora, en la exposición trascendental, pretende demostrar que no sólo es así, sino que no puede ser de otra manera.

Ahora bien, de modo similar a lo que ocurrirá en la deducción trascendental de las categorías, el pensamiento kantiano se enfrenta aquí con una aporía. La matemática (geometría y aritmética) es para Kant una ciencia que determina las proposiciones del espacio y del tiempo sintéticamente y, sin embargo, *a priori*. ¿Qué tienen que ser pues las representaciones de espacio y tiempo para que sea posible semejante conocimiento de ambos? Evidentemente, dado el carácter intuitivo de ambas ciencias, esta representación ha de ser necesariamente una intuición. Pero esta intuición ha de darse *a priori*, es decir, anteriormente a toda percepción de un objeto. Ahora bien, ¿cómo es posible intuir algo *a priori*? La intuición, decíamos antes, es la referencia inmediata de un conocimiento a su objeto. ¿Cómo comprender entonces la paradoja de una intuición *a priori*, es decir, la referencia inmediata a un objeto antes de que el objeto nos sea dado? Como escribe Kant en los *Prolegómenos:* «La intuición es una representación en tanto que depende de la presencia inmediata del objeto. Según esto parece imposible intuir originariamente

---

8. Ibid., B 40 (R. p. 70).

algo *a priori*, porque entonces la intuición debería verificarse sin la presencia previa o actual de un objeto y así no podría ser intuición.»⁹ En otras palabras, ¿cómo es posible una presencia sin algo que esté presente? ¿Cómo puede la intuición de un objeto preceder al mismo?

La solución que Kant da a esta aporía adelanta la que dará más tarde en el caso similar de las categorías. «Solamente de un modo es posible que mi intuición preceda a la realidad del objeto y se efectúe como conocimiento *a priori*, a saber, si no contiene otra cosa que la forma de la sensibilidad que precede en mi sujeto a toda impresión real por medio de la cual soy afectado por los objetos.»¹⁰ En otras palabras, una intuición *a priori* es posible, porque no se refiere a los objetos mismos, sino a la región o ámbito formal de los objetos, al horizonte trascendental en el que se presentan los objetos: horizonte espacio-temporal que es una forma estructural del espíritu.

Con ello Kant tiene en la mano todos los elementos necesarios para proceder a la explicación trascendental de espacio y tiempo como condición de posibilidad de la ciencia matemática. En efecto, es propio del conocimiento matemático que no procede analíticamente, por descomposición de sus conceptos, sino sintéticamente, mediante la construcción de los mismos. La geometría tiene por base la posibilidad o imposibilidad de construir una figura en el espacio. La aritmética hace efectivo su concepto de número por la adición sucesiva de la unidad en el tiempo. Geometría y aritmética se basan, pues, en la intuición de espacio y tiempo. Ahora bien, los enunciados de ambas ciencias son apodícticos y necesarios. Si las condiciones espacio-temporales de la intuición sensible fuesen empíricas, caería por tierra esta necesidad. Por consiguiente, sólo en la hipótesis de que el espacio y el tiempo sean intuiciones puras, presentes *a priori* en nuestro espíritu, se salva el carácter necesario y apodíctico de las ciencias matemáticas. De este modo Kant ha conseguido su propósito: mostrar cómo son posibles los juicios sintéticos *a priori* en las ciencias matemáticas, o lo que es lo mismo, dar una fundamentación metafísica a la matemática pura.

4. REALIDAD EMPÍRICA E IDEALIDAD TRASCENDENTAL DE ESPACIO Y TIEMPO

De lo dicho se desprende lo que Kant denomina la «realidad empírica» y la «idealidad trascendental» de las representaciones de espacio y tiempo.

---

9. *Proleg.*, § 8, p. 281s.   10. Ibid., § 9, p. 282.

IV. Estética trascendental

a) Espacio y tiempo no representan ninguna propiedad de las cosas en sí mismas ni en su relación recíproca, es decir ninguna determinación que pertenezca a los objetos mismos, hecha abstracción de todas las condiciones subjetivas de la intuición.

b) El espacio no es otra cosa que «la forma de todos los fenómenos de los sentidos externos, es decir, la condición subjetiva de la sensibilidad, bajo la cual nos es posible la intuición externa»[11]. De ahí que esta forma de los fenómenos pueda ser dada en el espíritu con anterioridad a su percepción real. Pero por ello mismo «no podemos hablar de espacio, de seres externos, etc., más que desde el punto de vista del hombre. Si prescindimos de la condición subjetiva bajo la cual recibimos la intuición externa, la representación de espacio no significa nada»[12].

De modo similar el tiempo no es otra cosa que «la forma del sentido interno, es decir de la intuición de nosotros mismos y de nuestro estado interno»[13]. El tiempo, pues, como el espacio, está dado *a priori* en el espíritu con anterioridad a la percepción de nuestros estados anímicos. Pero existe una diferencia esencial entre el tiempo y el espacio. El tiempo es además «la condición formal *a priori* de todos los fenómenos en general»[14]. Si el espacio era la forma que definía una región de lo sensible, el tiempo es la forma que define todo lo sensible externo e interno, por la sencilla razón de que todo lo sensible se refiere a la sensación y toda sensación, por ser un estado de la mente, pertenece a la sensibilidad interna y está sometida a la forma del tiempo. Nada puede ser dado en la experiencia que no se encuentre, inmediata o mediatamente, en el tiempo. En la concepción de Kant la temporalidad es más radical y universal que la espacialidad. He aquí un dato que anuncia a Heidegger.

Lo mismo que ocurría en el caso del espacio, «si hacemos abstracción de nuestro modo de intuirnos interiormente y de comprender, mediante esta intuición, todas las intuiciones externas..., el tiempo no es nada»[15].

c) Kant afirma por tanto la realidad empírica y la idealidad trascendental de espacio y tiempo. Realidad empírica, puesto que espacio y tiempo se refieren a la experiencia, hasta el punto de que nada puede sernos dado en ella que no se encuentre sometido a las condiciones espacio-temporales, pero también idealidad trascendental, ya que espacio y tiempo no son nada, si abandonamos la condición de posibilidad de toda experiencia y los consideramos como algo que está en la base de las cosas en sí mismas.

---

11. *KrV*, A 26; B 42 (R, p. 71).
12. Ibid.
13. Ibid., A 33; B 49 (R, p. 76).
14. Ibid., A 34; B 50 (R, p. 77).
15. Ibid.

5. CONSECUENCIAS CRÍTICAS DE LA ESTÉTICA TRASCENDENTAL

La primera parte de la *Crítica* está preñada de consecuencias. La primera y más obvia se refiere a la fundamentación de las ciencias matemáticas.

a) *La posibilidad de las matemáticas*

Kant ha logrado su propósito. La pregunta que encabezaba la problemática crítica: ¿cómo es posible la matemática pura?, ha encontrado la respuesta buscada. Como escribe nuestro autor en los *Prolegómenos:* «La matemática pura es sólo posible como conocimiento sintético *a priori*, porque no se refiere a otro como puro objeto de los sentidos, sino que en el fondo de toda intuición empírica existe una intuición pura de espacio y tiempo y ciertamente *a priori*. Y esta intuición puede existir, porque no es otra cosa que la forma pura de la sensibilidad, la cual precede a la aparición real de los objetos y la hace de hecho posible. Pues esta facultad de intuir *a priori* no concierne a la materia del fenómeno, esto es, a lo dado en su sensación, sino solamente a la forma de la misma, al espacio y al tiempo.»[16] La matemática queda así fundada, tal como quería Kant, como ciencia no analítica, sino sintética *a priori* que encuentra en la intuición pura de espacio y tiempo la condición de posibilidad para construir *a priori* sus propias síntesis.

Este hecho nos revela ya un aspecto peculiar de la *Crítica* kantiana. El filósofo de Königsberg considera en ocasiones su obra crítica como una «metafísica de la naturaleza». Por la misma razón se la podría denominar una «metafísica de la ciencia matemática». Kant ha llevado a cabo en su estética trascendental, aunque sea desde su peculiar ángulo de visión, una fundamentación metafísica de la matemática. La crítica kantiana no es sólo «discernimiento», «crisis» de los límites y fronteras de la metafísica como metafísica especial. Es también esbozo de una metafísica general en cuanto metafísica de las ciencias físico-matemáticas. Lo peculiar de Kant es que el logro positivo de su crítica en cuanto fundamentación metafísica de estas dos ciencias, se acompañe necesariamente del resultado negativo para con la llamada metafísica especial. Kant esperará a firmar su sentencia definitiva de muerte al final de la *Crítica*. Pero en realidad la metafísica especial, en cuanto saber de objetos que no pueden ser objeto de los sentidos, está ya sentenciada. En definitiva, en la estética trascendental se juega ya todo el ulterior proceso de la crítica.

---

16. *Proleg.*, § 11, p. 283s.

IV. Estética trascendental

b) *Nueva noción de sujeto*

La estética trascendental esboza ya la nueva noción de «sujeto trascendental». El sujeto en Kant no es puntual, sino como un campo de irradiación: el campo abierto del espacio y del tiempo, en el que nos son dados todos los objetos sensibles. De un modo algo burdo podría compararse el sujeto kantiano a una vela encendida en una habitación oscura. Todos los objetos que hay en ella, la mesa, la silla, el sofá, la librería, etc. sólo son percibidos en la medida en que caen dentro del ámbito iluminado por su luz. Algo similar sucede en nuestro conocimiento sensible: ningún objeto puede sernos dado, sino dentro del ámbito constituido por las condiciones espacio-temporales del sujeto. En este sentido hay que afirmar lo siguiente: la forma de espacio y tiempo, como la luz que procede de la vela, es a la vez forma de la sensibilidad y del objeto sensible, de la percepción y del objeto percibido, es decir, aquel campo trascendental que envuelve al sujeto y al objeto. Con ello se ha realizado el paso del sujeto insular cartesiano al sujeto kantiano trascendental.

Esta concepción kantiana del espacio y del tiempo, como estructuras *a priori* del sujeto, lleva consigo una consecuencia provocativa. Desde Locke la filosofía ha distinguido en el conocimiento sensible las llamadas cualidades secundarias (color, calor, tacto, gusto, sonido) de las primarias (la extensión, y todo lo que de ella depende, espacialidad, materialidad, figura, etc.). Las primeras se consideran subjetivas, las segundas objetivas. Kant lleva a este respecto una especie de pequeño giro copernicano. Por supuesto, para él las llamadas cualidades secundarias dependen de nuestro modo peculiar de sentir. El buen sabor de un vino no pertenece a sus determinaciones objetivas, sino a la peculiar constitución del sentido en el sujeto que lo cata. Pero por subjetivas que sean estas representaciones tienen que ver, sin embargo, de un modo u otro con la materia de la sensación y remiten a algo originariamente dado, aunque desconocido en su en sí. En cambio, el espacio y el tiempo remiten a la estructura *a priori* del sujeto. Aquello que para la experiencia común es lo más real del objeto se convierte en lo más ideal. Como sabemos, la razón de una afirmación tan extraña se halla en la voluntad kantiana de salvar la necesidad y universalidad sintéticas de las ciencias matemáticas. Por esto la idealidad trascendental del espacio y del tiempo se da de la mano con su objetividad *a priori*. El gusto, el color, etc., no son condiciones necesarias para todo objeto de experiencia, sino modificaciones del sujeto, que incluso pueden ser distintas para distintos individuos. En cambio, el espacio y el tiempo, por su carácter ideal, en sentido trascendental, constituyen la objetividad *a priori* de todo objeto de experiencia.

Consecuencias críticas de la estética trascendental

c) *Relatividad del conocimiento sensitivo*

La consecuencia principal de la estética trascendental es la relatividad del conocimiento sensitivo. No conocemos las cosas en sí mismas, sino en relación con nuestro modo de conocerlas. Según reza la expresión kantiana, no conocemos las cosas tal como son, sino tal como nos aparecen. La primera unidad que se establece en la conciencia a partir de la multiplicidad del dato inicial nos conduce, pues, al «fenómeno». El fenómeno es lo que aparece primariamente en la conciencia, lo que Kant denomina también la «apariencia» (*Erscheinung*). Con todo, como subraya Kant, «apariencia» no es lo mismo que «mera apariencia». La apariencia significa únicamente el «aspecto relativo» de un objeto en cuanto referido a la conciencia: no lo que me «parece», sino lo que «me aparece». Kant no subscribe un relativismo individual a la manera de Protágoras: «Según cada cosa se me muestra tal es para mí; según a ti se te muestra tal es para ti, pues tú eres hombre y yo también lo soy.»[17] En Kant, como en Protágoras, el hombre es la medida de todas las cosas, pero no en un sentido individualista y relativista, sino en sentido trascendental. Las cosas no son tal como me parecen a mí, o tal como parecen al otro. La espacio-temporalidad, como estructura *a priori* de la conciencia, libera más bien al conocimiento de la subjetividad individual y lo sitúa en el nivel de la intersubjetividad constituida, lo que Kant denominará la «conciencia en general». Fenómeno no dice ni «ficción subjetiva» ni «realidad objetiva», sino relación inmediata del sujeto y del objeto. En el fenómeno son siempre considerados los objetos y aun las cualidades que les atribuimos como algo dado; sólo que en cuanto que esta cualidad depende del modo de intuición del sujeto, el objeto como fenómeno se distingue del objeto como cosa en sí. No que la cosa en sí sea, por así decirlo, un ente distinto del fenómeno. El fenómeno no es sino la cosa misma, pero traspasada por nuestro conocimiento. Es la manifestación de la cosa para nosotros. La diferencia de conceptos relativos a la cosa en sí y a la cosa como fenómeno no es objetiva, sino sólo subjetiva y corresponde a la doble manera según la cual la misma realidad se refiere a la razón infinita o a la finita, al *intuitus originarius* o al *intuitus derivativus*.

Kant se ha expresado sobre este punto con tal claridad que su postura no deja lugar a dudas. «Hemos querido decir que toda nuestra intuición no es nada más que la representación del fenómeno; que las cosas que intuimos no son en sí mismas lo que intuimos en ellas, ni tampoco están constituidas sus relaciones en sí mismas como nos aparecen a

---

17. *Teeteto*, 152a.

IV. Estética trascendental

nosotros; y que si suprimiéramos nuestro sujeto o sólo la constitución subjetiva de los sentidos en general, desaparecerían toda constitución, todas las relaciones de los objetos en el espacio y el tiempo y aun el espacio y el tiempo mismos, que, como fenómenos, no pueden existir en sí mismos, sino sólo en nosotros. ¿Qué son los objetos en sí y separados de toda esta receptividad de nuestra sensibilidad? Esto permanece para nosotros enteramente desconocido. No conocemos más que el modo nuestro de percibirlos y que no debe corresponder necesariamente a todo ser, si bien sí a todo hombre. Mas de éste hemos tan sólo de ocuparnos.»[18] El fenomenismo de Kant es radical y se opone de antemano a todas las medias tintas. Así Kant rechaza expresamente una concepción de la intuición sensible como un conocimiento confuso, no claro y distinto, de los objetos reales. El conocimiento sensitivo no es conocimiento del fenómeno, y a través de él, de los objetos reales, sino pura y simplemente conocimiento del fenómeno. El fenómeno es sin más el objeto y el término del conocimiento sensitivo. Por ello «aunque pudiéramos elevar nuestra intuición al grado sumo de claridad, no por eso nos acercaríamos más a la constitución de los objetos en sí mismos. Pues en todo caso no haríamos más que conocer completamente nuestro modo de intuición, es decir nuestra sensibilidad, y aun ésta siempre bajo las condiciones de espacio y tiempo originariamente referidas al sujeto, pero jamás podremos conocer lo que son los objetos en sí, por luminoso que sea nuestro conocimiento del fenómeno, que es lo único que nos es dado»[19].

Sería no entender nada de la concepción kantiana del conocimiento interpretar cuanto llevamos dicho, a un nivel por así decirlo «psicológico». Kant sólo puede ser entendido en su propio nivel y éste es el que él denomina trascendental. ¿En qué consistiría la interpretación psicológica? En pensar que lo que Kant quiere decirnos es que fuera de nosotros hay «cuerpos» o «cosas», ya constituidos con entera independencia de nuestro conocimiento, a partir de cuyo contacto con nuestros sentidos construimos el fenómeno. En rigor, según Kant, los cuerpos no son cuerpos, sino en función de su constitución en el espacio, del mismo modo que las cosas no son cosas independientemente de la elaboración de nuestro conocimiento. Kant sólo sabe de los contenidos del conocimiento como dados de hecho en el mismo conocimiento, pero no sabe nada de «cosas» al margen del conocimiento. El análisis kantiano del conocimiento versa sobre el conocimiento mismo y permanece dentro de los límites del conocimiento. Es cierto que Kant habla de la «cosa en sí» contraponiéndola al objeto del conocimiento como fenómeno. Pero,

---

18. *KrV*, A 42; B 59 (R. p. 82).   19. Ibid. (R. p. 83).

como ya sabemos, Kant introduce el concepto de cosa en sí para explicar, por contraposición, el concepto de fenómeno, igual a cómo introduce el concepto de conocimiento divino para explicar por contraposición el conocimiento humano. La oposición fenómeno-cosa en sí corresponde a la oposición *intuitus derivativus-intuitus originarius*.

En efecto, si suponemos de una parte el modo de conocer de Dios y de otra el del hombre, tendremos que lo conocido por Dios *será* por el hecho mismo de ser conocido, puesto que tal conocimiento es a la vez creación, en cambio lo conocido por el hombre sólo podrá ser conocido en tanto que *ya es* y, por tanto, lo conocerá en tanto que le *es dado* y en esta medida no lo conocerá absoluta, sino sólo relativamente. En otras palabras, Dios o el *intuitus originarius* conocerá las cosas en sí, mientras que el hombre o el *intuitus derivativus* conocerá las cosas en tanto que se le muestran, es decir, la manifestación de las cosas para él, la apariencia o el fenómeno. Ahora bien, estos dos modos de conocer no coexisten en el mismo plano en el pensamiento crítico de Kant: el *intuitus originarius* es una hipótesis para explicar la tesis, el *intuitus derivativus*. En consecuencia, lo mismo ocurre con la cosa en sí y el fenómeno. La cosa en sí no tiene valor de conocimiento. Kant se queda sólo con el fenómeno, como manifestación de las cosas para nosotros. Permanece, claro es, el hecho de que esta manifestación no es absoluta, no es creación, que nos remite a un «ser ya», que el conocimiento, por tanto, no es sólo un «hacer», sino también un «recibir», en una palabra, que es principio como condición ontológica, no como causa óntica. La filosofía de Kant es pregunta por la constitución de la razón finita o, en otros términos, es una filosofía de la finitud del conocimiento humano[20].

6. OBSERVACIONES CRÍTICAS

La teoría kantiana de la apriondad del espacio y del tiempo produce la impresión de un *tour de force* que violenta nuestra experiencia más cotidiana. Según Kant espacio y tiempo forman parte de la estructura «subjetiva» del espíritu. Sin embargo, en el orden fenoménico, se nos imponen como lo más «objetivo» del objeto. ¿De dónde proviene pues este carácter de «alteridad» en algo que, en hipótesis, tiene su raíz en el sujeto? Si Kant ha optado por una solución tan alejada de la experiencia será sin duda por alguna razón de peso. Ya sabemos que la idealidad de espacio y tiempo es el precio que ha debido pagar para poner a salvo la

---

20. Cf. F. Martínez Marzoa, o.c., p. 177s.

IV. Estética trascendental

universalidad y necesidad de la ciencia matemática. A más de uno le parecerá un precio excesivo. En cualquier caso, la solución de Kant es por lo menos problemática. Su planteamiento se basa en el supuesto de que la matemática es una ciencia sintética *a priori*. Hoy el estatuto científico de las matemáticas es objeto de controversia. Gottlob Frege y C. Gauss ponen en duda, respectivamente, el carácter sintético *a priori* de la aritmética y de la geometría. Bertrand Russell es más radical y piensa que la matemática es reducible a la lógica en el sentido de que puede deducirse lógicamente de conceptos primeros y proposiciones indemostrables. L.E.J. Brouwer opina, en cambio, que la matemática implica una intuición y en este sentido se acerca a la postura kantiana[21]. Si admitimos por tanto con Russell el carácter estrictamente analítico de las matemáticas, entonces el planteamiento de Kant cae por su base. Si por el contrario concedemos a las matemáticas cierto carácter sintético, entonces el problema de Kant se convierte para nosotros en un problema real, pero aun así no es necesario que aceptemos su solución. En efecto, la estricta cientificidad de las matemáticas no parece exigir como única condición de posibilidad la peculiar concepción kantiana de espacio y tiempo. Kant no ha pensado todas las hipótesis posibles. Su alternativa es sólo doble: o espacio y tiempo forman parte de la estructura formal de la facultad de conocer o dependen de la estructura material de la realidad conocida. En este último caso la matemática sería una ciencia sintética *a posteriori* y, por tanto, carecería de auténtica universalidad y necesidad. Cabe, empero, una tercera alternativa. Espacio y tiempo pueden concebirse como formas *a priori* del sujeto humano, un sujeto que conoce espacio-temporalmente, pero sobre la base de la extensión y el movimiento como formas reales de los objetos. En este caso, el planteamiento kantiano se ha ampliado. Espacio y tiempo son inseparables de nuestra condición de seres corpóreos, inmersos en el cambio y en la mutabilidad. Ya no son, como en Kant, algo meramente antropo-lógico, sino más bien algo cosmo-lógico, la estructura de nuestro ser-en-el-mundo. No se trata aquí de justificar esta posición, sino sólo de mostrar que la solución kantiana no es la única posible.

El problema se complica todavía más por el hecho de la existencia de las nuevas geometrías. Kant no concebía otro espacio que el euclidiano, ni otra geometría que la de Euclides. En los *Prolegómenos*, como ya vimos, presenta el libro del geómetra griego como modelo acabado de una ciencia indiscutible. Sin embargo, el desarrollo posterior de geometrías no euclidianas muestra que el espacio euclídeo no es el único conce-

---

21. Cf. sobre esta cuestión A. Dou, *Fundamentación de la matemática*, Barcelona 1970, p. 59ss; 113ss.

bible. No podemos echar en cara al filósofo su prejuicio favorable a la geometría euclidiana. Pero el desarrollo de otras geometrías desautoriza peligrosamente su teoría. Para Kant la geometría es una ciencia sintética *a priori*. Y esto quiere decir: la construibilidad es esencial para un sistema geométrico. Si admitimos, por tanto, el carácter constructivo de la geometría y luego resulta que es posible construir geometrías no euclidianas, es claro que no es posible aceptar la concepción kantiana del espacio en su tenor literal. Que sean construibles sistemas no euclidianos habla en contra de la teoría kantiana de que la intuición del espacio euclidiano es una condición necesaria y universal de la posibilidad de los objetos[22].

A todo ello hay que añadir todavía una consideración de carácter histórico: en la concepción kantiana de espacio y tiempo influye decididamente la idea newtoniana de un espacio y tiempo absolutos. Kant rechaza, por supuesto, la realidad del espacio absoluto como receptáculo de los cuerpos. Pero es sólo para transponer en el plano ideal como forma subjetiva necesaria de todos los fenómenos externos. Pero esta concepción del espacio absoluto y de una medida universal del tiempo ha sido superada por la ciencia moderna[23]. Y así el kantismo no puede responder a la pregunta de Einstein: «¿Qué sucede cuando dos series de relojes se mueven uniformemente la una por relación a la otra?» O mejor no puede responder más que esto: «No sucede absolutamente nada.»

La teoría kantiana de la sensibilidad desemboca en la tesis de la relatividad del conocimiento sensitivo. En cierto sentido, nada más obvio que esta tesis. En todo conocimiento hay una parte inevitable de relatividad que incluso puede expresarse por esta proposición idéntica: «Todo conocimiento humano es siempre humano.» En el conocimiento sensitivo esta parte de relatividad es mayor por el hecho de que cada sentido conoce su objeto según su ángulo peculiar de apertura al mundo: la vista, colores; el oído, sonidos; el gusto, sabores. La sensibilidad nos ofrece un conocimiento relativo al hombre y a sus necesidades vitales y así percibimos colores o sonidos y no ondas o electrones. Ahora bien, la sensibilidad como tal es incapaz de distinguir lo que en el conocimiento corresponde a su modo peculiar de conocer y lo que corresponde al objeto. Por ello en sí misma sería relativa, si el entendimiento no fuese capaz de hacer aquella distinción. En definitiva, si se da una superación del fenómeno, se da sólo en el plano superior del conocimiento intelectual.

Ahora bien, es demasiado claro que Kant entiende la relatividad del

---
22. Cf. J. Copleston, *Historia de la filosofía*, VI: *De Wolff a Kant*, Barcelona 1973, p. 236s.
23. Cf. T. Urdánoz, *Historia de la filosofía*, IV: *Siglo XIX: Kant, idealismo y espiritualismo*, Madrid 1975, p. 40.

IV. Estética trascendental

conocimiento sensitivo de un modo mucho más radical, tan radical que compromete la totalidad del conocimiento. Haciendo uso de una comparación muy manida, cabría expresar así su pensamiento. Imaginemos un hombre que lleva unas gafas con cristales de color verde. Es evidente que verá todas las cosas de este color. Si quiere verlas en su color natural, no tiene más remedio que quitarse las gafas. Supongamos, empero, que nuestro hombre ha nacido con estas gafas, que sus cristales forman parte de la constitución de sus ojos. En este caso es evidente que lo verá todo necesariamente de color verde. Se cumple en él el dicho del poeta:

> Todo es según el color
> del cristal con que se mira.

El mundo de su experiencia es inevitablemente un mundo de color verde. Pero supongamos finalmente que nuestro hombre es filósofo y que se le ocurre reflexionar sobre su situación. El hombre se dirá más o menos a sí mismo: es un hecho innegable de experiencia que lo veo todo de color verde. Para explicarlo, sólo tengo a mano dos hipótesis: o bien las cosas son en sí mismas verdes, o bien son de otro color, para mí desconocido, en la medida en que sólo puedo verlas a través del color de mis gafas. En cualquier caso no puedo saber a ciencia cierta cuál es en último término su color natural. Sólo sé que he de verlas necesariamente de color verde.

Tal es, en forma algo grosera, el planteamiento de Kant. La revolución copernicana constituye el intento radicalmente inédito de explicar el conocimiento desde las condiciones del sujeto. Es lo que Kant denomina la «hipótesis crítica». Supongamos que los objetos se rigen por nuestro conocimiento y no al revés. La hipótesis, como hipótesis, es en sí misma correcta, pero, por desgracia, Kant introduce en ella un innegable matiz subjetivista. Si nos fijamos en la anterior comparación, nos daremos cuenta de que se da por supuesto que los cristales de nuestras congénitas e inamovibles gafas se interponen entre nosotros y los objetos. En consecuencia, no vemos las cosas tal como son, sino tal como nos lo permiten las gafas. En términos filosóficos el problema se plantea en estos términos: las condiciones subjetivas de la facultad de conocer ¿implican necesariamente la radical subjetivización del conocimiento? A esta cuestión hay que responder que no. Como indicábamos antes, en principio no es imposible que lo que percibimos bajo las formas de espacio y tiempo esté también determinado en sí mismo, de un modo u otro, por condiciones espacio-temporales, por muy verdadero que sea que no podemos percibirlo sino a través de nuestras inevitables gafas. Todo esto es posible, a no ser que se suponga una cosa: que los cristales de nuestras gafas imponen un determinado color, o lo que es lo mismo, que falsean la realidad.

Este supuesto, como es obvio, no se formula expresamente. Está como agazapado en el fondo del planteamiento kantiano y sólo aflora a la superficie indirectamente. Examinemos a modo de ejemplo dos nociones clave: las de cosa en sí y fenómeno. Propiamente, la cosa en sí es el objeto de conocimiento en cuanto no está sometido a las condiciones *a priori* de la facultad, o sea el ente o lo real independientemente de nuestro conocimiento. Es claro que en este sentido la cosa es inalcanzable para el conocimiento. En el momento en que la alcanzamos, ya no es más la cosa en sí, sino la cosa en mí. En ese plano gnoseológico la inmanencia de la conciencia es un hecho innegable de experiencia. La conciencia, como decía Ortega de la vida, es la «realidad radical», no la realidad primera o más alta en el plano ontológico, sino lisa y llanamente aquella realidad primaria y primordial, en la que todas las demás, si han de sernos realidades, han de hacerse presentes. Aún en el caso de que lo real sea anterior o superior a nosotros no tiene realidad para nosotros, si no se nos manifiesta en la conciencia. Ahora bien, con su peculiar concepción de la aprioridad de las formas de espacio y tiempo, Kant introduce en esta innegable relación cognoscitiva un matiz equívoco. Se da por supuesto que las condiciones *a priori* de la facultad se interponen entre lo dado y el sujeto que lo recibe. En consecuencia, lo que se muestra en la conciencia ya no es únicamente la «cosa *en* nosotros», sino más exactamente la «cosa *para* nosotros», encubierta y modificada por nuestras estructuras cognoscitivas.

Un equívoco similar late en la noción kantiana de fenómeno. En sí mismo fenómeno o apariencia significa solamente la *manifestación* de algo a la conciencia. En la apariencia aparece indudablemente algo, precisamente la cosa. En qué medida la cosa tal como aparece corresponde a aquello a lo que dice necesariamente relación, la cosa tal como es en sí, es algo que en este momento de nuestra encuesta crítica no estamos en condiciones de dilucidar. Como observará Hegel, no podemos salir de la conciencia y mirar por atrás para ver cómo es la cosa, no en nosotros, sino en sí misma. Pero nada nos obliga a pensar que lo que aparece en la conciencia sea radicalmente modificado por su aparición. Kant, sin embargo, rompe esa neutralidad crítica y parece dar por supuesto que en el fenómeno la cosa aparece «otra» de lo que es. En consecuencia, el concepto de fenómeno adquiere un matiz inequívocamente peyorativo. En vez de ser sencillamente la manifestación de algo a la conciencia, el fenómeno constituye más bien su *ocultación*.

IV. Estética trascendental

En resumen, Kant parece traspasar indebidamente los límites de su propio planteamiento crítico. En sí misma la tesis de la idealidad trascendental de espacio y tiempo sólo puede significar la necesidad de la presencia en la conciencia de condiciones *a priori* que se impongan al dato puro. ¿Se sigue de ahí que en la llamada cosa en sí no haya nada que corresponda a las condiciones espacio-temporales de la conciencia? He aquí una cuestión que, en rigor, debe permanecer abierta, ya que lo que en ella está en juego responde a un planteamiento meta-crítico, es decir, psicológico o metafísico. En otras palabras, el fenómeno, como dato de la conciencia, sólo puede tener un sentido precisivo. Al tomarlo en sentido exclusivo Kant es infiel a su propio pensamiento crítico y encamina sus pasos, como el personaje del cuento, hacia un paraje sin retorno[24].

---

24. Cf. J. Maréchal, o.c., p. 132s.

CAPÍTULO QUINTO

ANALÍTICA TRASCENDENTAL

La estética trascendental es sólo un comienzo. Al análisis del conocimiento sensitivo sigue en Kant el análisis del conocimiento intelectual en su doble dimensión de entendimiento y razón. El conjunto de los elementos *a priori* del conocimiento intelectual constituye lo que Kant denomina *lógica trascendental*. Se llama lógica, porque trata de las leyes del entendimiento y de la razón; trascendental, porque estas leyes son referidas por ella a elementos *a priori*. La lógica trascendental se distingue por tanto de la lógica formal. Esta última presupone el entendimiento ya constituido y se ocupa no de fundamentar, sino de fijar sus leyes. La lógica trascendental, en cambio, deduce y fundamenta este mismo entendimiento con sus funciones. Además, la lógica formal hace abstracción del contenido de los conocimientos y considera sólo la forma lógica que los une entre sí, mientras que la lógica trascendental no hace abstracción de todo contenido de conocimiento, sino que, al contrario, es la ciencia que determina la validez objetiva y *a priori* del conocimiento intelectual. Por todo ello la lógica trascendental es una lógica de la verdad, puesto que al determinar las condiciones sin las cuales ningún objeto puede ser pensado, establece las normas de lo que se llama verdad lógica.

La lógica trascendental es analítica o dialéctica. Como *analítica trascendental*, desentraña, mediante un análisis del entendimiento, los elementos *a priori* del conocimiento intelectual que hacen posible los objetos de la experiencia. Como *dialéctica trascendental* desenmascara, mediante un análisis de la razón, el uso dialéctico o sofístico del conocimiento puro más allá de los límites de la experiencia posible.

V. Analítica trascendental

1. IDEA GENERAL

En este capítulo vamos a ocuparnos con Kant de la primera tarea. Su desarrollo constituye la analítica trascendental. La intuición sensible, en efecto, no es todavía el conocimiento. Separada de su complemento natural, el entendimiento, la sensibilidad sería como un torso sin cabeza. Al conocimiento sensible se asocia el inteligible, a la intuición el concepto, a la sensibilidad el entendimiento. Kant lo expone en un pasaje fundamental de su *Crítica*: «Nuestro conocimiento se origina en el espíritu de dos fuentes fundamentales: la primera es el poder de recibir las representaciones (la receptividad de las impresiones); la segunda el de conocer un objeto mediante estas representaciones (la espontaneidad de los conceptos). Por la primera un objeto nos es dado; por la segunda es pensado en relación con esta representación (como simple determinación del espíritu). Intuición y concepto constituyen los dos elementos de todo nuestro conocimiento, de suerte que ni los conceptos sin una intuición correspondiente, ni la intuición sin conceptos pueden darnos conocimiento... Si llamamos sensibilidad a la receptividad de nuestro espíritu, es decir a su poder de recibir representaciones en cuanto es afectado de alguna manera, llamamos contrariamente entendimiento, al poder de producir en nosotros mismos representaciones, es decir a la espontaneidad del conocimiento. Nuestra naturaleza está hecha de tal modo que la intuición no puede ser sino sensible, es decir, no contiene sino el modo como somos afectados por los objetos, mientras que el entendimiento es el poder de pensar el objeto de la intuición sensible. Ninguna de estas dos propiedades es preferible a la otra. Sin sensibilidad ningún objeto nos sería dado y sin el entendimiento ningún objeto sería pensado. Los pensamientos sin contenido son vacíos, las intuiciones sin conceptos ciegas. Tan necesario es, pues, hacer a los conceptos sensibles (es decir, añadirles el objeto en la intuición), como hacer a las intuiciones inteligibles (es decir, someterlas a conceptos). Las dos facultades no pueden cambiar sus funciones. El entendimiento no puede intuir nada, ni los sentidos pensar nada. Sólo de su unión puede salir el conocimiento.»[1]

Sensibilidad y entendimiento constituyen, pues, en unidad la realización total del conocimiento. Ambos momentos son igualmente necesarios. Ninguno de ellos es superior al otro. Sólo de su mutua unión y colaboración surge lo que llamamos el conocimiento. Sin embargo, no es lícito confundir la aportación de cada uno, sino que hay motivos para distinguir cuidadosamente una de otra. Por eso Kant ha distinguido la

---
1. *Krv*, A 50-51; B 74-76 (R. p. 92s).

Analítica de los conceptos

ciencia de las reglas de la sensibilidad en general, es decir la estética trascendental, de la ciencia de las reglas del entendimiento en general, es decir la analítica trascendental. En la estética Kant ha deslindado cuidadosamente los elementos *a priori* de la sensibilidad que hacían posible la intuición sensible. La tarea de Kant en la analítica consistirá, a su vez, en deslindar aquellos elementos *a priori* del conocimiento intelectual por los que estamos en condiciones de pensar las representaciones sensibles.

El proceso podría llevar este título: *Del fenómeno al objeto*. En efecto, la reflexión trascendental nos muestra que las representaciones o fenómenos, para convertirse en objetos, deben ser investidos por el entendimiento por nuevas condiciones *a priori*. Conocer un fenómeno como objeto, por ejemplo, el libro que ahora estoy leyendo, significa atribuirle una serie de relaciones y de predicados universales y absolutos que desbordan totalmente mi representación concreta y pasajera. El libro es una cosa permanente, distinta de mí, sujeta a una serie de leyes necesarias, etc. En una palabra, el libro ha dejado de ser un fenómeno pasajero, para convertirse en un objeto de experiencia concebible fuera de toda relación con mi subjetividad actual. El sistema de estas relaciones necesarias constituye la analítica trascendental, que, según la definición de Kant, es «aquella parte de la lógica trascendental que expone los elementos del conocimiento puro del entendimiento, a saber, los conceptos puros y los principios, sin los cuales en absoluto ningún objeto puede ser pensado»[2]. La analítica trascendental se divide, en consecuencia, en analítica de los conceptos y analítica de los principios. Los conceptos son los primeros conceptos de orden que integran bajo una unidad superior la multiplicidad de los fenómenos. Los principios son las proposiciones y leyes universales construidas sobre los conceptos.

2. ANALÍTICA DE LOS CONCEPTOS

Kant entiende por analítica de los conceptos no el procedimiento usual en filosofía de descomponer los conceptos en su contenido y traerlo así a la claridad, sino el análisis todavía no intentado de la facultad de pensar en orden a descubrir, en su propio origen, los conceptos puros que la hacen posible. Los conceptos puros proceden de la espontaneidad del entendimiento. Se trata pues de verlos brotar de su misma fuente: la unidad del entendimiento, para poder hacer así un inventario de los mismos. Kant denomina este procedimiento «deducción metafísica» de las categorías.

---

2. Ibid., A 62; B 87 (R, p. 100). Cf. la exposición de J. Maréchal, o.c., p. 141s.

V. Analítica trascendental

a) *Deducción metafísica*

¿Cómo llevar a cabo este intento? Kant busca ante todo lo que denomina el «hilo conductor» y lo encuentra en una concepción del entendimiento como facultad de juzgar. Los supuestos en los que se basa esta concepción son los siguientes. En la estructura global del conocimiento el papel de la intuición sensible es, como ya sabemos, el de la relación inmediata con el objeto. En consecuencia, toda otra posible relación con el objeto será mediata, y se apoyará necesariamente en la intuición. El concepto, aun cuando es él quien establece propiamente la referencia al objeto, no está en contacto inmediato con él. Se refiere al objeto mediante la intuición sensible. En otras palabras, el concepto es una representación mediata, representación de una representación, representación referida a otra representación. Esta otra representación puede ser, a su vez, otro concepto, por ejemplo cuando refiero el concepto «árbol» a «abeto», «encina», «roble», etc., pero en este caso cada uno de estos conceptos ha de estar, a su vez, referido a otra representación, hasta alcanzar una representación que ya no sea mediata, sino inmediata, es decir, una intuición. Ahora bien, la referencia de un concepto a otra representación es el juicio. Así por ejemplo, en el juicio: «la encina es un árbol» refiero el concepto «árbol» al de «encina» y éste a ciertos fenómenos que se nos presentan en la sensibilidad. El juicio es, pues, lo mismo que el concepto, el conocimiento mediato de un objeto, es decir, la representación de una representación. En cada juicio hay un concepto que vale por muchos y entre esta multitud comprende también una representación dada, que se refiere entonces inmediatamente al objeto. La lógica tradicional distingue generalmente la doctrina del concepto de la del juicio y considera los conceptos como algo dado con lo que se construyen los juicios. En la lógica trascendental de Kant, el concepto sólo tiene lugar en el juicio. El entendimiento no puede usar de los conceptos sino para juzgar, lo que viene a decir que los conceptos son predicados de un posible juicio. El juicio es la función en la cual y sólo en la cual tiene lugar el concepto[3].

Esto supuesto, el razonamiento de Kant es como sigue. Como ya sabemos, el entendimiento humano carece de intuición. Ahora bien, fuera de la intuición, no hay otro modo de conocer que por conceptos. Por consiguiente es propio del entendimiento humano un conocimiento por conceptos, no intuitivo, sino conceptual y discursivo. Las intuiciones se fundaban en la receptividad de las impresiones. Los conceptos sólo pueden fundarse en la espontaneidad del pensar. En otras palabras, las

---
3. Cf. *KrV*, A 68; B 93 (R, p. 105). Cf. F. Martínez Marzoa, o.c., p. 185s.

Analítica de los conceptos

intuiciones, como sensibles que eran, descansaban en afecciones; los conceptos, en funciones. Ahora bien, ¿en qué puede consistir la función de un entendimiento no intuitivo, cuya espontaneidad no es creadora, sino que presupone lo dado por la sensibilidad? Evidentemente tal función sólo puede consistir en la acción de ordenar diversas representaciones bajo una unidad superior o, lo que es lo mismo, de referir un concepto a varias representaciones. Ahora bien, referir un concepto a varias representaciones es lo mismo que juzgar. «Los juicios son, según esto, funciones de unidad entre nuestras representaciones, puesto que en lugar de una representación inmediata, se usa para el conocimiento del objeto otra más elevada, que comprende en sí aquella y otra más y así son recogidos en uno muchos conocimientos posibles.»[4] Es posible, pues, reducir a juicios todas las acciones del entendimiento, de suerte que el *entendimiento* en general sea representado como una *facultad de juzgar*. En conclusión, si pensar es conocer por conceptos y los conceptos son predicados de un posible juicio, se sigue de ahí que *pensar es juzgar*. Con ello Kant ha dado con el «hilo conductor» que necesitaba para la búsqueda de las categorías. Si el entendimiento es una facultad de juzgar «podremos hallar todas las funciones del entendimiento si podemos exponer completamente las funciones de unidad en los juicios»[5]. En una palabra, el elenco de las categorías será sacado del elenco de los juicios.

En efecto, si hacemos abstracción de todo contenido de un juicio en general y atendemos sólo a la mera forma del entendimiento, encontraremos que la función del pensar en el juicio puede reducirse a cuatro rúbricas, cada una de las cuales encierra tres momentos. Estas cuatro rúbricas son la cantidad, la cualidad, la relación y la modalidad de los juicios. La primera se conoce por el sujeto; la segunda por la cópula; la tercera encierra las relaciones del pensar en los juicios; la cuarta el modo lógico como el predicado se atribuye al sujeto. Pueden representarse:

	1 *Cantidad* Universales Particulares	
2 *Cualidad* Afirmativos Negativos Limitativos	Singulares 4 *Modalidad* Problemáticos Asertóricos Apodícticos	3 *Relación* Categóricos Hipotéticos Disyuntivos

---
4. *KrV*, A 69; B 94 (R, p. 106).
5. Ibid.

V. Analítica trascendental

Que esta tabla encierra todas las formas posibles de juicios se prueba con facilidad de la forma siguiente. Sean, en efecto, las proposiciones:

A es B
A no es B
A es B o C
Si A es, B es.

La proposición *A es B* es un juicio *categórico afirmativo*, que une de un modo absoluto la forma *B* a un sujeto *A*.

La proposición *A no es B* es un juicio *categórico negativo* que niega de un modo absoluto al sujeto *A* la forma *B* o, en la forma indefinida: *A es no B*, *limita* a *A* por la exclusión de *B*.

La proposición *A es B o C* es un juicio disyuntivo que establece un lazo de unión entre los términos *B* o *C* y *A*.

Finalmente la proposición: Si *A* es, *B* es, encierra un juicio *hipotético* que expresa una relación de dependencia no recíproca de *B* frente a *A*.

Si añadimos ahora que estas proposiciones pueden ser *universales*, *singulares* y *particulares* y finalmente que la modalidad de la afirmación judicial puede expresarse mediante un tal vez (juicio *problemático*), un así es (juicio *asertórico*) o un así debe ser (juicio *apodíctico*), hemos encontrado, hecha abstracción de todo contenido, las diversas formas posibles de unidad en los juicios[6].

La tabla kantiana de los juicios se aparta en algunos puntos de la habitual en la lógica. El propio Kant hace sobre ella las siguientes observaciones:

1) Los juicios singulares podrían tratarse como universales por su extensión equivalentemente universal. Sin embargo, merecen ocupar un lugar especial en una tabla completa de los momentos del pensar en general, aunque no seguramente en una lógica que se limite al uso de los juicios entre sí.

2) Del mismo modo tenían que distinguirse en una lógica trascendental los juicios limitativos o infinitos de los afirmativos, aun cuando en una lógica general se cuentan entre éstos y no forman un miembro especial de la división.

3) Todas las relaciones del pensar en los juicios son o del predicado con el sujeto o del fundamento con la consecuencia o del conocimiento dividido y de todos los miembros de la división entre sí. En la primera especie se consideran sólo dos conceptos; en la segunda dos juicios; en la tercera varios juicios en relación unos con otros.

---

6. Cf. J Maréchal, o.c., p. 147

4) La modalidad es una función muy especial de los juicios que se caracteriza por no contribuir en nada a su contenido y referirse sólo al valor de la cópula en relación con el pensar en general. Son problemáticos aquellos juicios en los cuales la afirmación o la negación se admite sólo como posible o voluntaria. Asertóricos cuando es considerada real o verdadera. Apodícticos cuando es necesaria.

De la tabla de los juicios deduce Kant la de las categorías. En la base de esta deducción se halla el principio que le ha servido de «hilo conductor», a saber que la facultad de pensar es una facultad de juzgar. En consecuencia, «la misma función que da unidad a las diferentes representaciones en un juicio da también unidad a la mera síntesis de diferentes representaciones en una intuición, y esta unidad se llama, con expresión general, el concepto puro del entendimiento»[7]. De esta manera «se originan precisamente tantos conceptos puros del entendimiento referidos *a priori* a objetos de la intuición en general, como funciones lógicas en todos los juicios posibles hubo en la tabla anterior; pues el entendimiento queda enteramente agotado por las requeridas funciones y su facultad totalmente abrazada»[8]. Surge así, en perfecta simetría con la anterior tabla de los juicios, la siguiente tabla de las categorías:

1
De la cantidad

Unidad
Pluralidad
Totalidad

2
De la cualidad

Realidad
Negación
Limitación

3
De la relación

Substancia y accidente
Causa y efecto
Comunidad y acción recíproca

4
De la modalidad

Posibilidad e imposibilidad
Existencia y no existencia
Necesidad y contingencia

El propio Kant distingue en la anterior tabla dos grupos de categorías: el de las categorías *matemáticas* y el de las *dinámicas*. Las primeras se refieren a objetos de la intuición, pura o empírica. Las segundas a la

---

7. *KrV*, A 79; B 105 (R, p. 112s).   8. Ibid (R, p. 113).

existencia de estos objetos. Advierte también Kant que en cada clase de categorías, la tercera se origina por el enlace de la primera con la segunda. Así la totalidad no es sino la multiplicidad considerada como unidad; la limitación, la realidad enlazada con la negación; la comunidad, la causalidad de una substancia en la determinación de las otras recíprocamente; finalmente la necesidad, la existencia que es dada por la posibilidad misma. De ahí no se sigue que estas cuatro categorías sean conceptos derivados de las restantes. Al contrario, son como las demás un concepto-raíz del entendimiento puro.

Kant se sentía muy orgulloso de su sistema de categorías, precisamente porque no surgió de una rebusca emprendida por inducción, un poco a la buena de Dios, como le sucedió a una inteligencia tan penetrante como la de Aristóteles, sino que se produjo sistemáticamente por deducción «de un principio común, a saber, la facultad de juzgar que es tanto como la facultad de pensar»[9]. Este hecho ha llevado a suponer que la lógica trascendental kantiana depende en este punto de la lógica general. Tal suposición no es exacta. En su deducción de las categorías, Kant se sirve sin duda de los conocimientos lógicos de su época (lo que no le impide corregirlos o completarlos convenientemente), pero su verdadero punto de partida es más bien una reflexión sobre las ciencias. Así se explica que la tabla kantiana de las categorías, levantada sobre la tabla de los juicios, constituya una auténtica lógica de las ciencias físico-matemáticas. Las categorías de la cantidad (unidad, pluralidad, totalidad) corresponden a los principios de la foronomía cartesiana. Las categorías de la cualidad (realidad, negación, limitación) corresponden a los principios de la dinámica leibniziana. Las categorías de la relación (substancia, causa y acción recíproca) fundan los principios de la mecánica de Newton. Toda la historia reciente de la ciencia aparece así recogida por el sistema categorial de Kant. Y ¿las tres últimas categorías? Su función consiste en determinar el valor de los conocimientos que corresponden a las anteriores. Son las categorías de la modalidad que no se refieren directamente a los juicios, sino a los juicios de juicios, y definen así la reflexión sobre las ciencias: la foronomía trata matemáticamente del mundo posible: a ella corresponde la categoría de posibilidad. La dinámica nos hace ver el juego de las fuerzas reales. Es el momento de la existencia. Finalmente la mecánica expone el sistema físico del mundo: su categoría propia es la de necesidad. Del mismo modo que en cada grupo de categorías la tercera relaciona las dos primeras, las tres categorías del último grupo recogen las de los tres anteriores grupos y se

---

9. Ibid., A 80-81; B 106 (R, p. 114).

entrelazan de suerte que la posibilidad se une a la existencia para fundar la necesidad. Así queda establecido un sistema categorial ordenado y cerrado, coronado como categoría suprema por la necesidad[10].

b) *Deducción trascendental*

Rematada felizmente la tarea de la deducción metafísica de las categorías, empieza para Kant una tarea harto más dificultosa: su deducción trascendental. Esta deducción es más necesaria en el caso de las categorías que en el caso de las formas *a priori* de la sensibilidad. El propio Kant lo da a entender aludiendo significativamente a la práctica del derecho. Los juristas, en efecto, distinguen en un asunto jurídico la cuestión que se refiere al derecho *(quid iuris)* de la que se refiere al hecho *(quid facti)* y, al exigir la prueba de ambas, llaman «deducción» a la primera, o sea a la demostración de una facultad o pretensión jurídica. Ahora bien, en el ejercicio del pensamiento hacemos uso de una multitud de conceptos empíricos y nos consideramos autorizados, aun sin ninguna deducción, a darles un significado válido, porque tenemos a mano la experiencia para comprobar su validez. Pero no es éste el caso de los conceptos puros del entendimiento. Tales conceptos son, por hipótesis, independientes de toda experiencia y, en consecuencia, para legitimarlos, no podemos acudir a la experiencia, sino que necesitamos de una deducción que nos asegure *a priori* su validez.

Estamos ante uno de los pasajes más obscuros y difíciles de la *Crítica de la razón pura*. Sabemos por confesión de nuestro filósofo que estas meditaciones le costaron diez largos años de rudo trabajo y que en ellas llegó a tal punto que ya no se entendía a sí mismo. Sin embargo, a juicio del propio Kant, constituyen las páginas más fecundas y decisivas de su obra. «No conozco ningunas investigaciones que sean más importantes para desentrañar la facultad que llamamos entendimiento y, al mismo tiempo, para determinar las reglas y los límites de su uso, que las que en el segundo capítulo de la analítica trascendental he puesto bajo el título de "Deducción de los conceptos puros del entendimiento"; también me han costado más trabajo que ningunas otras, aunque no en balde, según creo.»[11]

Ahora bien, ¿qué busca Kant con su deducción trascendental de las categorías? El fin de la deducción es explicar cómo los conceptos puros pueden referirse a objetos o, correlativamente, bajo qué condiciones

---

10. Cf. A. Philonenko, o.c., p. 113ss.   11. *KrV*, A XVI (R, p. 11).

a priori son posibles los objetos. Esta deducción ha de ser *a priori*, es decir ha de mostrar que las categorías se relacionan con los objetos de experiencia no sólo de hecho, sino de derecho. En otras palabras, ha de mostrar que solas las categorías hacen posible la experiencia. Por la deducción metafísica sabemos ya que las categorías son de hecho las condiciones *a priori* de la experiencia. Ahora se trata de elevar el hecho a la dimensión del derecho. En una palabra, se trata de demostrar estrictamente *a priori* que para todo entendimiento no intuitivo el conocimiento de objetos se realiza necesariamente por intermedio de las categorías[12].

Antes de seguir a Kant por los vericuetos de su deducción ahondemos un poco más en el problema que con ella trata de resolver. La existencia de los conceptos puros del entendimiento no ha sido jamás cuestionada por Kant. Es tan cierto que se dan conceptos puros como que hay una ciencia apodíctica de la naturaleza. El auténtico problema es sólo el siguiente: ¿cómo puede un concepto puro referirse a objetos?

Para darnos cuenta exacta de este problema, recordemos brevemente los supuestos en los que Kant se basa: 1) el sujeto sólo puede recibir lo dado en la experiencia mediante la sensibilidad; 2) con la intuición sensible alcanzamos sólo lo singular, el puro dato de hecho; por tanto, todo concepto abstraído de la intuición sensible es un concepto empírico, incapaz de engendrar ciencia rigurosa alguna; 3) un concepto puro es, por definición, independiente de los datos de la sensibilidad; por consiguiente, se halla en nuestro espíritu independientemente de todo influjo de los objetos. Dados estos tres supuestos, ¿cómo puede un concepto puro referirse a un objeto? ¿En virtud del innatismo de Descartes o de la visión de las cosas en Dios de Malebranche o de la armonía preestablecida de Leibniz? Estos vuelos metafísicos no convencen al crítico Kant. Si tuviéramos un conocimiento de las cosas, sin recibir un influjo de las cosas mismas, nuestro conocimiento participaría de los caracteres que la tradición asigna al conocimiento divino: sería una intuición creadora. Pero tal intuición, comprueba sobriamente Kant, no aparece por ninguna parte[13].

Henos aquí, aparentemente, ante un callejón sin salida: los conceptos puros no pueden ser producidos por los objetos, ni producir ellos mismos los objetos. En el primer caso no serían conceptos puros, sino conceptos empíricos, en el segundo, ya no se trataría en ellos de un concepto, sino de una intuición creadora. La solución que encontró Kant para las intuiciones puras de la sensibilidad le permite también ahora salir del atolladero: los conceptos puros no pueden ser causa del *ser* de los objetos, si por objetos entendemos las cosas en sí, pero pueden ser causa

---

12. Cf. J. Maréchal, o.c., p. 150ss.   13. Cf. S. Vanni Rovighi, o.c., p. 86.

Analítica de los conceptos

del *modo* como un objeto debe presentársenos, para poder ser pensado. La materia del objeto es dada por la sensibilidad, pero la forma del objeto en general la aporta el entendimiento. He aquí cómo el propio Kant expone esta solución en el decisivo pasaje intitulado *Tránsito a la deducción trascendental de las categorías:* «No hay más que dos maneras como una representación sintética y sus objetos pueden coincidir, concordar necesariamente y, por así decirlo, salirse al encuentro: o es el objeto el que hace posible la representación o es ésta la que hace posible el objeto. En el primer caso la relación es empírica y la representación no es posible *a priori:* es el caso del fenómeno con relación a la sensación. En el segundo caso, aunque la representación no produce su objeto en cuanto a la existencia, ella es, con todo, determinante en relación al objeto, si sólo por ella es posible conocer algo como objeto. Ahora bien, existen solamente dos condiciones que hacen posible el conocimiento de un objeto: en primer lugar, la intuición por la cual este objeto es dado, aunque únicamente como fenómeno; en segundo lugar, el concepto por el que es pensado un objeto que corresponde a esta intuición. Es claro, por todo lo anteriormente dicho, que la primera condición, aquella sin la cual los objetos no pueden ser intuidos, sirve de fundamento *a priori* en el espíritu a los objetos en cuanto a su forma. Con esta condición formal de la sensibilidad, concuerdan necesariamente todos los fenómenos, puesto que no pueden aparecer (es decir, ser intuidos y dados empíricamente) sino por ella. Se trata ahora de saber, si no habrá también que admitir conceptos *a priori* como única condición que permite no intuir, pero sí pensar algo en general como objeto, pues entonces todo conocimiento empírico de los objetos será necesariamente conforme a estos conceptos, ya que sin su presuposición nada es posible como objeto de experiencia. Ahora bien, toda experiencia, además de la intuición de los sentidos, por la que algo es dado, encierra todavía el concepto de un objeto que es dado o aparece en la intuición: hay, pues, conceptos de objetos en general que sirven de fundamento a todo conocimiento, en calidad de condiciones *a priori;* en consecuencia, el valor objetivo de las categorías como conceptos *a priori* se fundará en esto: que ellas solas hacen posible la experiencia, en cuanto a la forma del pensamiento. Pues entonces se referirán necesariamente y *a priori* a objetos de experiencia, ya que sólo por ellas puede en general ser pensado un objeto de la experiencia.»[14]

Esto supuesto, pasemos ya a desenredar con Kant la complicada madeja de su famosa deducción trascendental de las categorías. Sobre este punto las dos ediciones de la *Crítica* aportan importantes variantes. En la

---

14. *KrV*, A 92-93; B 124-126 (R, p. 125s).

primera edición para asegurar la relación entre el conocimiento y los objetos de experiencia, intenta Kant «lanzar un puente» entre entendimiento y sensibilidad. Tal puente lo constituye una facultad intermedia: la imaginación trascendental. La imaginación nos da la «síntesis de la reproducción», a la que el entendimiento añade la «síntesis del reconocimiento en el concepto». La imaginación asocia, por ejemplo, al color rojo del cinabrio la representación de su peso. Pero detrás de esta asociación de hecho hay una conexión necesaria que sólo puede venir del entendimiento. El entendimiento y sólo él es capaz de constituir el objeto a partir de la multiplicidad de los datos concretos y contingentes de la sensibilidad. Pero esta acción unificadora del entendimiento pasa, por así decirlo, a través de la acción de la imaginación trascendental.

¿Por qué esta conexión entre la acción del entendimiento y la de la imaginación? ¿Por qué el entendimiento, para constituir el objeto, ha de hacer pasar su acción unificadora a través de la imaginación? Ya hemos dicho que Kant pretende establecer una mediación entre entendimiento y sensibilidad. Pero hay otra razón: la noción misma de objeto. Un objeto es siempre una síntesis de representaciones. Una síntesis, a su vez, comporta dos cosas: una multiplicidad que es de hecho reunida y el concepto normativo de esta reunión. Lo primero nos lleva a la acción de la imaginación trascendental. En efecto, en la base de todo objeto de experiencia hay siempre una multiplicidad indefinida de impresiones sensibles, multiplicidad que se da en el tiempo y que, para que haya percepción de objeto, ha de ser recorrida, recogida y reunida de una determinada manera. A la facultad de realizar esta reunión la denomina Kant imaginación trascendental. Pero esta acción de la imaginación no basta todavía para constituir un objeto. Una síntesis comporta también, como hemos dicho, el concepto normativo de esta reunión, es decir, la representación de una regla que vale para todo objeto en general. Tal representación es el concepto puro o categoría. El concepto no hace otra cosa que representar de un modo general lo que la imaginación realiza en concreto. De este modo el concepto se adecua a la intuición sensible, por cuanto expresa de un modo general (como regla normativa del enlace) el proceder determinado que ha seguido la imaginación.

En la segunda edición de la *Crítica*, Kant rehace su deducción trascendental partiendo de la consideración de la objetividad de la experiencia y de su relación necesaria a un sujeto único. Definamos ante todo con exactitud la noción de conocimiento objetivo: «Un objeto es aquello en cuyo concepto lo múltiple de una intuición dada es reunido.»[15] El objeto

---

15. Ibid., B 137 (R. p. 157).

Analítica de los conceptos

en cuanto conocido supone pues: 1) una diversidad de origen intuitivo; 2) unificada o sintetizada; 3) en un concepto, es decir en la representación normativa de una unidad sintética. Conocer objetivamente consiste, pues, en representarse en un concepto la unidad sintética de una diversidad de fenómenos. La característica del entendimiento es enlazar, unificar, reunir, conectar objetivamente, es decir universal y necesariamente. La intuición sensible sólo puede dar una multiplicidad de representaciones; el entendimiento, en cambio, unifica y enlaza.

Ahora bien, ¿qué es lo que enlaza mis representaciones? El hecho de que todas ellas puedan referirse a un yo, a una conciencia. En esta referencia al «yo pienso», a la unidad de una autoconciencia, reside, por tanto, la condición suprema de posibilidad del enlace de mis representaciones. Una representación no referida a la unidad del yo pasaría desapercibida para mí y sería como no existente. En otras palabras, para que los múltiples datos de la experiencia se conviertan para mí en «objeto» de experiencia propiamente dicha, deben hacerse «míos», deben llegar a ser conscientes para mí como sujeto único. La posición del objeto como objeto tiene su condición de posibilidad en la posición del sujeto como sujeto. Como escribe Kant: «El yo pienso debe poder acompañar todas mis representaciones; de otro modo tendría la representación de algo que no podría ser pensado, lo que quiere decir o que la representación no sería posible, o al menos, que no sería nada para mí. Ahora bien, la representación que puede ser dada antes de todo pensamiento se llama intuición. En consecuencia, lo múltiple de la intuición tiene una relación necesaria al yo pienso en el mismo sujeto que lo recibe. Pero esta representación (yo pienso) es un acto de la espontaneidad, es decir, no puede ser considerada como perteneciente a la sensibilidad. Yo la llamo apercepción pura, para distinguirla de la empírica, o también apercepción originaria, porque ella es esta autoconciencia que, al producir la representación yo pienso, debe poder acompañar todas las otras representaciones y que, una e idéntica en toda conciencia, no puede ser deducida de ninguna otra. Yo llamo todavía a la unidad de esta representación unidad trascendental de la autoconciencia, para designar la posibilidad de conocimiento *a priori* que deriva de ella. Efectivamente, las diversas representaciones que son dadas en una determinada intuición no serían todas juntas mis representaciones, si no perteneciesen todas juntas a una autoconciencia.»[16]

Ahora bien, ¿qué es aquí el yo? No se trata evidentemente del yo en el sentido ontológico cartesiano de *res cogitans*, de substancia pensante,

---

16. Ibid., B 132 (R, p. 153s).

V. Analítica trascendental

sino del yo en el sentido lógico trascendental de *sujeto de conocimiento*, como la condición común y originaria que acompaña todas mis representaciones y que es una e idéntica a sí misma en todo estado de conciencia. A esta unidad consciente denomina Kant en términos leibnizianos «apercepción pura» (apercepción significa en Leibniz conciencia clara y distinta), y la define como «unidad trascendental» por razón del conocimiento *a priori* que de ella surge.

Importa subrayar una cosa: el «yo pienso», en la concepción de Kant, incluye una síntesis de representaciones y no es posible sino por medio de la conciencia de esta síntesis. Es, pues, una unidad originariamente *a priori* y, sin embargo, sintética. Por eso la denomina Kant más exactamente «unidad sintética de la apercepción». En ella reside según Kant el fundamento último de la unidad del objeto y de la identidad del sujeto. Ambos aspectos se relacionan entre sí. En efecto, para que las diversas representaciones dadas se conviertan en objeto de experiencia, es menester que las reúna sintéticamente en una autoconciencia. A su vez, esta unidad sintética de lo múltiple de las intuiciones, como dada *a priori*, es el fundamento de la identidad de la autoconciencia. La conciencia del yo como idéntico a sí mismo en los varios estados de conciencia, aunque expresable de suyo en una proposición analítica: «yo soy yo», no es, pues, posible sino sobre la base de la unidad sintética de la apercepción. En efecto, el simple yo no ofrece ninguna multiplicidad de representaciones. Éstas han de sernos dadas por la intuición sensible y reunidas así en la conciencia. «Así pues, sólo porque puedo enlazar en una conciencia una multitud de representaciones dadas, es posible que me represente la identidad de la conciencia en esas mismas representaciones, es decir, que la unidad analítica de la apercepción no es posible, sino presuponiendo alguna unidad sintética. Este pensamiento de que las representaciones dadas en la intuición me pertenecen todas, no significa, por tanto, otra cosa, sino que yo las reúno en una autoconciencia o puedo al menos reunirlas. Y aunque no es todavía la conciencia de la síntesis de las representaciones, sin embargo, presupone la posibilidad de esta última. Dicho de otro modo, sólo porque yo puedo comprender en una conciencia lo múltiple de las representaciones, puedo llamarlas a todas mis representaciones; de lo contrario tendría un yo tan abigarrado y diferente cuantas son las representaciones de las que tengo conciencia. La unidad sintética de lo múltiple de las intuiciones en tanto que dada *a priori* es, pues, el fundamento de la identidad de la apercepción misma que precede *a priori* a todo mi pensamiento determinado. Pero el enlace no se encuentra en los objetos, ni puede ser sacado de la percepción y sólo recibido en el entendimiento, sino que, al contrario, es una operación del

Analítica de los conceptos

entendimiento, el cual no es otra cosa que la facultad de enlazar *a priori* y de reducir lo múltiple de las representaciones dadas bajo la unidad de la apercepción. Éste es el principio más alto en todo el conocimiento humano.»[17]

En la unidad originaria sintética de la apercepción está, pues, en juego la posibilidad de la experiencia tanto en el plano subjetivo como en el objetivo. No hay autoconciencia idéntica a sí misma, si el sujeto no es puesto en relación con lo múltiple de las representaciones, y, al revés, lo múltiple de las representaciones no se convierte en un objeto, si no es puesto en relación con la autoconciencia. El «yo pienso» expresa a la vez la posibilidad del sujeto de determinarse como determinante ante un material determinable en general y la posibilidad por la cual este material, de por sí múltiple y diverso, es determinado y constituido así en unidad objetiva o experiencia.

Reasumamos con Kant el hilo de la deducción trascendental: «Entendimiento es, hablando en general, la facultad de los conocimientos. Éstos consisten en la determinada referencia de las representaciones dadas a un objeto. Objeto empero es aquello en cuyo concepto lo múltiple de una intuición dada es reunido. Ahora bien, toda unión de representaciones exige la unidad de la conciencia en la síntesis de las mismas. Consiguientemente la unidad de la conciencia es lo que constituye la referencia de las representaciones a un objeto, por tanto su validez objetiva y consiguientemente aquello por lo cual llegan a ser conocimiento y sobre lo cual descansa la posibilidad del entendimiento.»[18]

Para completar la deducción queda todavía un cabo suelto: el papel de las categorías en esa referencia de las representaciones a la autoconciencia. Para atar este último cabo basta con recordar lo que ya sabemos del juicio y de su función propia: la función de unidad entre varias representaciones. Si el entendimiento no es otra cosa que la unidad de la conciencia en cuanto puesta en relación con las representaciones de la sensibilidad, las categorías o conceptos puros del entendimiento no pueden ser sino las diferentes maneras de poner la unidad de la conciencia en relación con estas representaciones. Son pues representaciones *a priori* de la unidad. En otras palabras, «aquella acción del entendimiento, por medio de la cual lo múltiple de las representaciones dadas, sean intuiciones o conceptos, es reducido bajo una apercepción en general, es la función lógica de los juicios. Todo lo múltiple, pues, en cuanto es dado en una intuición empírica, está determinado con respecto a una de las funciones lógicas en los juicios, por medio de la cual es reducido a

---

17. Ibid., B 134-135 (R, p. 155).   18. Ibid., B 137 (R, p. 157).

una conciencia en general. Pero las categorías no son otra cosa que estas mismas funciones lógicas en los juicios, en cuanto lo múltiple de una intuición dada está determinado con respecto a ellas. Así pues, lo múltiple en una intuición dada se halla necesariamente bajo categorías».[19]

Con ello hemos llegado al final de la deducción kantiana. La conclusión es clara: las representaciones se convierten en objetos al ser referidas a la unidad de la conciencia. Pero la relación de una diversidad de representaciones a una unidad es una síntesis de fenómenos y toda síntesis debe hacerse según un principio sintético o una regla *a priori*. Luego, para que los fenómenos puedan convertirse en objetos, es preciso que preexista en el espíritu una regla *a priori*, o categoría que rija su relación con la unidad de la conciencia. En consecuencia, el conocimiento objetivo exige para todo entendimiento no intuitivo la mediación de una diversidad de categorías[20].

M. Aebi ha pretendido demostrar que la argumentación kantiana descansa sobre un sofisma[21]. En efecto, la autora reduce la deducción trascendental de las categorías al siguiente silogismo:

Lo que hace posible la objetivación de un material vario sensible (*S*) es la unidad (trascendental) de la apercepción (*M*2). Toda unidad (objetiva) de la apercepción (*M*1) es una unidad según una regla o categoría (*P*). Luego, lo que hace posible la objetivación de un material vario sensible (*S*) es una unidad según una regla o categoría (*P*).

En este silogismo el término medio se ha tomado en un doble sentido: primero como unidad trascendental, luego como unidad objetiva. El silogismo tiene pues cuatro términos:

Todo *S* es *M*2
Todo *M*1 es *P*
Todo *S* es *P*

Es como si Kant dijera: todos los políticos son zorros. Todos los zorros tienen cuatro patas. Luego todos los políticos tienen cuatro patas.

La acusación es grave. En efecto, la deducción trascendental de las categorías constituye la clave de bóveda del edificio tan laboriosamente levantado por Kant. Si ésta se cae, no puede menos que arrastrar en su caída la construcción entera. La *Crítica de la razón pura* se viene abajo en bloque. En realidad, las cosas no son tan sencillas. Para Kant no hay otra objetividad que la que proviene de la síntesis trascendental. En con-

---

19. Ibid., B 143 (R, p. 161).
20. Cf. J. Maréchal, o.c., p. 160.
21. Cf. M. Aebi, *Kants Begründung der «deutschen Philosophie». Kants transzendentale Logik. Kritik ihrer Begründung*. Basilea 1947, p. XVIs.

secuencia, en su deducción no se trata de un sofisma, pero tampoco se prueba nada nuevo: simplemente se pone en obra el supuesto fundamental de su pensamiento, a saber, que el conocimiento objetivo exige ante toda experiencia, como condición de posibilidad, elementos *a priori* de la facultad de conocer. Como apunta H.J. de Vleeschouwer, a pesar de las agotadoras idas y venidas que el pensamiento de Kant lleva en ella a cabo, la deducción trascendental de las categorías es tautológica[22].

3. EL «YO PIENSO», PLENITUD DEL SUBJETIVISMO

En el fondo Kant ha venido a decirnos una cosa muy sencilla, aunque de tremendas consecuencias en filosofía: no hay objeto sino para un sujeto. Para el pensamiento moderno es ésta una verdad de Perogrullo, pero en esta verdad reside la esencia de la moderna filosofía del sujeto. La revolución copernicana ha sido consumada: los objetos del conocimiento se rigen por el sujeto y no al revés. La objetividad procede de la subjetividad. La posición del objeto como objeto coincide con la posición del sujeto como sujeto. La unidad del objeto tiene su origen en la unidad de la conciencia, esto es, en el «yo pienso». Por eso el «yo pienso», visto históricamente, constituye no sólo el centro del pensamiento kantiano, sino la plenitud del moderno subjetivismo. El sujeto ya no es como en Descartes mero punto de partida: veo las cosas desde el yo, pero las cosas continúan siendo cosas. El sujeto se ha convertido de punto de partida en centro: mi ver constituye las cosas. Si Descartes significa históricamente la juventud, Kant significa la madurez del moderno subjetivismo. Después de él ya sólo puede venir la orgía romántica de Fichte: el yo como autoposición.

Por eso llama Kant al «yo pienso» o a la «unidad sintética de la apercepción» el principio más alto en todo el conocimiento humano. En efecto, a su luz, el entendimiento se convierte en la facultad de enlazar *a priori* y reducir lo múltiple de las representaciones dadas, bajo la unidad de la apercepción. Si en la estética trascendental el principio supremo de la posibilidad del conocimiento sensible era que todo lo múltiple de la intuición se hallara bajo las condiciones formales del espacio y del tiempo, el principio supremo de la posibilidad de todo conocimiento es ahora que todo lo múltiple de la intuición se halle bajo las condiciones de la unidad sintética originaria de la apercepción. Bajo el primero de estos dos principios están todas las múltiples representaciones de la in-

---

22. Cf. *La déduction transcendentale dans l'oeuvre de Kant*, vol. 2, p. 408ss.

V. Analítica trascendental

tuición, por cuanto nos son dadas, y están bajo el segundo, por cuanto tienen que poder ser enlazadas en una conciencia para poder ser pensadas o conocidas. «La unidad sintética de la conciencia es, pues, *condición objetiva* de todo conocimiento. No que yo la necesite sólo para conocer un objeto, sino que es una condición bajo la cual tiene que estar toda intuición para llegar a ser objeto para mí, ya que de otro modo y sin esta síntesis lo múltiple no se uniría en una conciencia.»[23]

Sin embargo, si la unidad sintética de la apercepción es el principio supremo del *conocimiento humano*, lo es sólo *en cuanto humano*, es decir, en cuanto que en él está en juego un entendimiento no intuitivo, sino conceptual, y por ello entregado a lo que ya es. La unidad de la apercepción no es, por tanto, el principio supremo de todo entendimiento posible, sino sólo de aquel cuya pura autoconciencia en la representación «yo soy» no proporciona a la vez lo múltiple de la intuición. «Un entendimiento, cuya autoconciencia proporciona al mismo tiempo lo múltiple de la intuición, un entendimiento, por tanto, por cuya representación existieran al mismo tiempo los objetos de esta representación, no necesitaría para la unidad de la conciencia ningún acto particular de la síntesis de lo múltiple. El entendimiento humano, en cambio, necesita de este acto, porque solamente piensa y no intuye.»[24]

En consecuencia, las categorías como las diversas maneras de relacionar la unidad de la conciencia con las representaciones de la sensibilidad sólo tienen sentido para el conocimiento humano. Para un entendimiento intuitivo, como es en hipótesis el de Dios, un entendimiento que no se representa objetos dados, sino, al contrario, cuya representación produce o da el ser a los objetos, las categorías carecen totalmente de sentido. «Éstas son sólo reglas para un entendimiento, cuya facultad toda consiste en pensar, es decir en la acción de reducir a la unidad de la apercepción la síntesis de lo múltiple que le es dado en la intuición, un entendimiento, pues, que no conoce nada por sí mismo, sino que ordena y enlaza tan sólo la materia del conocimiento, la intuición que ha tenido que serle dada por el objeto.»[25] El porqué de esta peculiaridad de nuestro entendimiento que consiste en llevar a cabo la unidad de la apercepción *a priori* mediante solas las categorías es algo que escapa a nuestras posibilidades. Ello es para Kant tan imposible de exponer como el fundamento de por qué tenemos precisamente estas y no otras funciones del juicio o de por qué el espacio y el tiempo son las únicas formas de nuestra intuición sensible.

---

23. *KrV*, B 138 (R, p. 157s).
24. Ibid., B 138-139 (R, p. 158).
25. Ibid., B 145 (R, p. 162).

El «yo pienso», plenitud del subjetivismo

Lo que está claro para Kant es que las categorías constituyen los intrumentos conceptuales de nuestra lectura de la experiencia, aunque en un sentido diferente del que tenían en la metafísica clásica. Ya hemos visto que las categorías se manifiestan como conceptos puros a través de la tabla de los juicios. Las categorías son, según esto, expresión de la forma lógica de los juicios, o, lo que es lo mismo, del enlace necesario entre el sujeto y el predicado. Dado que este enlace se expresa por la cópula, las categorías son los diversos modos de decir el «es» de la cópula. Esto parece acercarlas al sentido que tenían en Aristóteles. Κατηγορέω significa originariamente acusar o hablar contra alguien en público, en el «ágora» o, como interpreta Heidegger, decirle a uno en la cara lo que es[26]. De ahí toma el vocablo en Aristóteles el sentido lógico de «predicar», o sea de decir lo que las cosas son. Sin embargo, entre Kant y Aristóteles hay una diferencia fundamental. En Aristóteles a los diversos modos de decir corresponden en la realidad diversos modos de ser. Por ello, en la concepción clásica del juicio, el «es» de la cópula es, a la vez, expresión del enlace entre el sujeto y el predicado y afirmación absoluta o posición de ambos en el orden absoluto del ser. Kant echa en cara con razón a los lógicos contemporáneos haber concebido el juicio como mera relación entre dos conceptos. En su concepción, además de la relación entre varias representaciones, el juicio incluye también el «es» de la cópula en cuanto expresión del modo como una representación dada es reducida a la unidad de la conciencia. Kant subraya, pues, de nuevo, la importancia de la cópula en una doctrina del juicio, pero cambia y reduce su sentido. La cópula «es» ya no expresa la posición de sujeto y predicado en el orden absoluto del ser, sino, kantianamente, la afirmación de objetividad, la posición del objeto como objeto. «Un juicio no es otra cosa que el modo de reducir conocimientos dados a la unidad objetiva de la apercepción. Para eso está la cópula "es" en los juicios, para distinguir la unidad objetiva de las representaciones dadas de la subjetiva. Pues esa cópula señala la referencia de las representaciones a la apercepción originaria y la unidad necesaria de las mismas.»[27] Sólo así se transforma el enlace de las representaciones en juicio, es decir, en un enlace objetivamente válido, y se distingue del enlace de estas mismas representaciones en el que hubiera sólo validez subjetiva, según las leyes de la asociación o por repetición o acumulación de experiencias. En consecuencia, las categorías, en cuanto diferentes modos de decir el «es», se convierten en condiciones constitutivas de la objetividad de los objetos de experiencia o, lo que es lo mismo, en condiciones de posibilidad de la misma experiencia.

---

26. Cf. *Sein und Zeit*, Tubinga [8]1957, p. 44.
27. *KrV*, B 141-142 (R, p. 160).

V. Analítica trascendental

Kant ha expresado con claridad su pensamiento en un conocido ejemplo de los *Prolegómenos*. Yo puedo haber observado muchas veces que «cuando hay sol, una piedra se calienta». Cualquier otro puede haberlo hecho igual que yo. Sin embargo, no es posible deducir de ella ninguna necesidad. Si en el enlace de nuestras observaciones no hubiera nada más que la repetición o la asociación de hechos, Hume tendría razón. Un conocimiento necesario de la experiencia sería imposible. ¿Qué es pues lo que permite afirmar necesariamente en este caso: «el sol calienta la piedra»? El hecho de que a la observación se añade la categoría de causa, la cual enlaza necesariamente, o sea objetivamente para la conciencia en general, el concepto de sol con el de calor y, consiguientemente, lo que era meramente una observación se convierte en experiencia[28].

Kant estaba orgulloso de haber resuelto así satisfactoriamente el problema planteado por Hume. Su solución se sitúa en los antípodas de la del empirista inglés. Hume había desconfiado de poder justificar por la razón las categorías de causa y de substancia y las había reducido a la mera experiencia. Tales conceptos no podían expresar ninguna necesidad ni universalidad. Kant, en cambio, para salvar su carácter de universalidad y necesidad, establece su origen *a priori* en el entendimiento puro y sitúa el fundamento de su posibilidad «en la relación del entendimiento con la experiencia, pero no de tal manera que ellos se deriven de la experiencia, sino que la experiencia se derive de ellos, modo de relación que nunca se le ocurrió a Hume»[29]. Lejos de proceder de la experiencia, las categorías la constituyen necesariamente como experiencia.

Al revés de lo que ocurría en la sensibilidad, en la que algo aparentemente objetivo: el espacio y el tiempo, aparecía trascendentalmente como subjetivo, ahora algo aparentemente subjetivo: las categorías del entendimiento, constituye la objetividad trascendental de los objetos. Como formas del enlace necesario del pensamiento, las categorías son también formas del enlace necesario de los objetos del pensamiento. El entendimiento impone a los objetos su propia legalidad *a priori*: mediante las categorías anticipa *a priori*, antes de toda experiencia, la regularidad necesaria y universal de los objetos de experiencia. Con razón Kant compara en los *Prolegómenos* la función de las categorías a la del abecedario. Para un analfabeto un libro no es otra cosa que un conjunto de garabatos ininteligibles. Algo similar sería para nosotros la experiencia sin la mediación de las categorías. «Las categorías sirven, por así decirlo, para deletrear los fenómenos, para convertirlos en experiencia.»[30] Gracias

---
28. Cf. *Proleg.*, § 20, p. 301
29. Ibid., § 30, p. 313.
30. Ibid.

El «yo pienso», plenitud del subjetivismo

a las categorías, la multiplicidad de por sí incoherente de las impresiones sensibles se hace inteligible; los fenómenos se enlazan y encadenan entre sí y lo que sólo era un montón de garabatos sin sentido se convierte en una página coherente del gran libro de la experiencia. Experiencia equivale siempre en Kant a intuición más pensamiento. Y dado que el pensamiento funciona mediante las categorías, sólo la categorización de las intuiciones sensibles conduce a la experiencia.

En la exposición de la deducción trascendental de las categorías nos hemos referido a las diferencias existentes entre las dos ediciones de la *Crítica*. Ha llegado el momento de analizarlas más en detalle y, sobre todo, de apuntar sus consecuencias. El quicio de la cuestión se encuentra en la valoración de la función sintética de la imaginación trascendental. Kant entiende aquí por imaginación no la imaginación «reproductora», la facultad capaz de reproducir y asociar sensaciones pasadas, que para él sólo es objeto de la psicología, sino la imaginación «productiva», la facultad que lleva a cabo la síntesis de las múltiples impresiones dadas en el tiempo y prepara así la acción unificadora y objetivadora del entendimiento, facultad que, como condición *a priori* de conocimiento, pertenece a la filosofía trascendental. Ahora bien, en la primera edición de la *Crítica*, la acción del entendimiento se subordinaba en cierto modo a la de la imaginación, puesto que había de pasar por ella. La síntesis de la imaginación, como enlace concreto de las impresiones sensibles, formaba parte junto con la regla normativa del enlace, el concepto puro, de la constitución trascendental de los objetos de experiencia. En cambio, la segunda edición de la *Crítica* libera la acción del entendimiento de toda sujeción a la de la imaginación. Kant mantiene la síntesis trascendental de la imaginación, a la que denomina «figurada» *(synthesis speciosa)*, para distinguirla de la síntesis propiamente dicha, la «intelectual» *(synthesis intellectualis)*, pero establece claramente la sujeción de la primera a la segunda. La síntesis trascendental de la imaginación «es un efecto del entendimiento en la sensibilidad y la primera aplicación del mismo (a la vez que fundamento de todas las demás) a objetos de la intuición posible para nosotros. Como síntesis figurada se distingue de la intelectual, que se hace sin la imaginación, sólo por el entendimiento»[31].

¿Cómo explicar un cambio tan radical? La respuesta a esta pregunta tiene que ver con la problemática global de la obra kantiana. Kant no ha dudado nunca de que las dos ramas principales de nuestro conocimiento, sensibilidad y entendimiento, se originan de una «raíz común». Según la conocida interpretación de Heidegger en *Kant y el problema de*

---

31. *KrV*, B 152 (R, p. 166).

V. Analítica trascendental

la metafísica, esta raíz común, pero desconocida del conocimiento, saldría a la luz en la primera edición de la *Crítica* como imaginación trascendental[32]. Ahora bien, si se tiene en cuenta que la tarea de la imaginación consiste en recorrer y enlazar la multiplicidad de las impresiones sensibles dadas en el tiempo y que esta multiplicidad, considerada en cuanto tal (no en su contenido empírico) no es otra cosa que la forma pura del tiempo, se comprenderá que lo que aquí está en juego no es una cuestión de detalle, acaso interesante, pero en el fondo inocente y baladí, sino el sentido global de la obra de Kant. El difícil equilibrio entre sensibilidad y entendimiento mantenido hasta ahora con tanta energía por Kant, parece haberse roto definitivamente. La concepción kantiana del conocimiento gravita sobre la sensibilidad.

Ahora bien, ello ponía en peligro el proyecto global de Kant. Ya sabemos que en este proyecto a la problemática crítica se asocia desde el primer momento el interés ético. Si Kant se propone anular el saber, es para hacer sitio a la fe. Kant ha soñado siempre en un posible uso práctico de la razón pura. Para ello necesita: 1) poner las ideas trascendentes de Dios, la libertad y la inmortalidad fuera del alcance de la razón teórica; 2) mantener, sin embargo, un uso puro (no teórico, sino práctico) de la razón, no ligado a las condiciones de la intuición sensible. Si hemos de atenernos a la primera edición de la *Crítica*, lo primero se alcanza tan bien, que hace peligrar lo segundo. En efecto, en la intención de Kant las categorías, como condiciones de posibilidad de la experiencia, sólo pueden tener valor cognoscitivo dentro del ámbito de la misma experiencia, pero, una vez afirmada por la vía de la praxis ética la realidad de objetos trascendentes: Dios, la libertad y la inmortalidad han de poder ser utilizados como instrumentos para pensar ulteriormente dichos objetos. Para ello es preciso que el entendimiento en su ser, no en su actuación cognoscitiva a nivel de la razón teórica, sea independiente de las condiciones de la sensibilidad. En la primera edición de la *Crítica* esta independencia estaba gravemente amenazada, desde el momento en que el entendimiento se concebía como supeditado, a través de la imaginación trascendental, a la forma pura de la sensibilidad: el tiempo.

Por eso en la segunda edición Kant se propone salvaguardar la independencia del entendimiento. Para ello da una vuelta de campana a la

---

32. Cf. *Kant und das Problem der Metaphysik*, p. 117ss. Según Heidegger, Kant se asustó ante su propio descubrimiento. Vio lo desconocido (la imaginación trascendental como raíz común de sensibilidad y entendimiento) y se hizo atrás. Dar por bueno su hallazgo hubiera sido tanto como acabar con la primacía inveterada de la *ratio*. Por ello, si en la segunda edición de la *Crítica* subordinó la imaginación trascendental al entendimiento, fue «para salvar la soberanía de la razón» (p. 155). Cf. sobre la interpretación heideggeriana de Kant, J.L. Molinuevo, *La Fundamentación kantiana de la Metafísica según Heidegger*, en: «Pensamiento» XXXII/127 (1976) 259-279; Id., *El tema de la trascendencia en Kant y el problema de la Metafísica*, en «Pensamiento» XXXII/128 (1976) 433-463.

relación entre sensibilidad y entendimiento establecida en la primera edición y en vez de hacer del concepto puro, junto con la imaginación, uno de los dos momentos esenciales de la síntesis pura, hace de la síntesis pura una función que realiza *a priori* el solo entendimiento. La síntesis trascendental de la imaginación es ahora el «primer efecto» de esta acción del entendimiento en la sensibilidad. De este modo el entendimiento ya no depende en su ser mismo de la imaginación y por ende de la sensibilidad, de suerte que, si siguen válidas las limitaciones de antes para su uso teórico, queda abierta la posibilidad de otros usos. La situación ha cambiado radicalmente. Si antes la *Crítica* parecía gravitar sobre la sensibilidad, ahora gravita claramente sobre el entendimiento. Pero por ello mismo, el problema de fondo continúa abierto. Si antes el problema consistía en mantener la independencia del entendimiento, ahora consiste en justificar la posibilidad de esa incursión del entendimiento en el campo diverso de la sensibilidad. ¿De dónde le viene al entendimiento el poder de realizar una función, la síntesis de la imaginación, que, como tal, no es una función intelectual, sino que se realiza en concreto en la intuición? Por ello no es extraño que Kant haya de volver a enfrentarse con la misma problemática de fondo en el capítulo dedicado al llamado «esquematismo» de los conceptos puros.

4. ANALÍTICA DE LOS PRINCIPIOS

En la analítica de los conceptos ha quedado asentado que para que sea posible la experiencia es menester que las intuiciones de la sensibilidad sean subsumidas bajo categorías. En la analítica de los principios, Kant trata de mostrar cómo se ha de hacer dicha subsunción, o sea cómo se ha de realizar el juicio, puesto que el juicio no es otra cosa que la facultad de subsumir bajo conceptos las intuiciones de la sensibilidad. La analítica de los principios tiene dos partes: 1) el estudio de las condiciones de aplicación de las categorías a los datos sensibles; 2) el estudio sistemático de los juicios sintéticos *a priori* que fluyen de esta aplicación y determinan toda nuestra experiencia de los objetos. La primera parte conduce al «esquematismo de los conceptos puros»; la segunda al «sistema de los principios del entendimiento puro».

a) *El esquematismo de los conceptos puros*

La teoría del esquematismo se ordena a la solución del arduo problema de las relaciones entre la sensibilidad y el entendimiento. Kant pre-

V. Analítica trascendental

tende echar un puente entre el concepto puro y la intuición sensible a fin de mostrar cómo los objetos de la intuición pueden ser subsumidos bajo conceptos. En sí mismo el problema no es nuevo. Muy al contrario, afecta a toda filosofía que, en vez de privilegiar unilateralmente la función de la sensibilidad o la del entendimiento, conciba el conocimiento como el resultado de la acción conjunta de ambos. Pero si bien es verdad que el problema de las relaciones entre sensibilidad y entendimiento es propio de toda filosofía que no recaiga en el puro empirismo o el puro racionalismo, hay que reconocer que en el caso de Kant reviste caracteres acuciantes. En efecto, para poner a salvo el valor universal y necesario de las categorías, Kant se ha alejado peligrosamente de la experiencia. Las categorías son conceptos puros del entendimiento, tan radicalmente distintos de la intuición sensible que jamás podrían encontrarse en ella. No proceden de la experiencia, sino que la preceden y hacen posible; no son determinados por la experiencia sino que la determinan y la crean. En este supuesto, es inevitable la pregunta: ¿Cómo se lleva a cabo la necesaria subsunción de los fenómenos bajo categorías? ¿Cómo dar razón del hecho de que un determinado fenómeno sea «deletreado» en función de una determinada categoría? La solución más a mano, hacer depender esta subsunción de lo dado en el fenómeno, es inaceptable para Kant. Sería echar por tierra en el último momento el edificio, tan laboriosamente construido, de puros conocimientos *a priori*. La subsunción ha de hacerse, pues, *a priori*. Pero entonces la anterior pregunta se hace todavía más urgente: ¿Cómo dar cuenta de la posibilidad por la cual las categorías pueden aplicarse *a priori* a los objetos de la intuición?

Kant no era tan cándido como para que se le escapase el problema. Al contrario, lo plantea desde el comienzo con una claridad meridiana: «En todas las subsunciones de un objeto bajo un concepto, tiene que ser la representación *homogénea* con el segundo, es decir, el concepto debe contener aquello que es representado en el objeto a subsumir en él; esto precisamente es lo que significa la expresión: "Un objeto está contenido en un concepto." Así el concepto empírico de un plato tiene homogeneidad con el concepto puro geométrico de un círculo, ya que la redondez, pensada en éste, puede intuirse en aquél. Mas los conceptos puros del entendimiento, si los comparamos con las intuiciones empíricas, son enteramente *heterogéneas* y no pueden jamás ser hallados en intuición alguna. ¿Cómo es, pues, posible la subsunción de éstas en aquéllos y, por ende, la aplicación de la categoría a los fenómenos, ya que nadie dirá: esta categoría, por ejemplo, la de causalidad, puede también ser intuida por los sentidos y está contenida en el fenómeno? Esta cuestión tan natural e importante es propiamente la que hace necesaria una doctrina

Analítica de los principios

trascendental del juicio, para mostrar la posibilidad por la cual los conceptos puros del entendimiento pueden ser aplicados a fenómenos en general.»[33]

Ahora bien, ¿cómo llevar a cabo este intento? El camino parece cerrado. ¿Cómo relacionar en efecto dos cosas enteramente heterogéneas? Sin embargo, tiene que haber una salida ya que, pese a todo, la subsunción de los fenómenos bajo categorías se lleva a cabo de un modo u otro. De no ser así, no habría en absoluto conocimiento. Por ello Kant no duda en hacer esta afirmación categórica: «Es, pues, claro que tiene que haber un tercer término que debe estar en homogeneidad, por una parte, con la categoría y, por otra, con el fenómeno, y hacer posible la aplicación de la primera al segundo. Esta representación medianera ha de ser pura (sin nada empírico) y, sin embargo, por una parte, intelectual, y, por otra, sensible. Tal es el esquema trascendental.»[34]

El esquema es un producto de la imaginación trascendental, lo cual no ha de extrañarnos, puesto que en la deducción trascendental de las categorías hemos encontrado ya a la imaginación como una facultad intermedia entre la sensibilidad y el entendimiento. Hay que distinguir con todo el esquema de la imagen, como hay que distinguir la imaginación trascendental o productiva de la empírica o reproductora. Como resultado de la acción de la imaginación productiva, la imagen es concreta y singular. Por ejemplo, cinco puntos puestos uno tras otro: ..... son la imagen del número cinco. El esquema está muy lejos de ser como la imagen una representación definida; significa sólo el método según el cual la imaginación construye la imagen. Así el esquema del círculo no es la imagen que trazo en la pizarra, sino el procedimiento de la imaginación para construirlo. Como escribe Kant: «A esta representación de un procedimiento universal de la imaginación para proporcionar su imagen a un concepto es a lo que yo llamo el esquema de este concepto. En realidad, a la base de nuestros conceptos puros sensibles no hay imágenes de los objetos, sino esquemas. Al concepto de un triángulo en general no podría nunca adecuársele imagen alguna. Pues no alcanzaría la universalidad del concepto, que hace que éste valga para todos, rectángulos o no, sino que estaría siempre limitado a una parte de esa esfera. El esquema del triángulo no puede existir en otra parte que en el pensamiento y significa una regla de la síntesis de la imaginación respecto a las figuras puras en el espacio. Mucho menos todavía el concepto empírico es capaz de alcanzar a un objeto de la experiencia o a una imagen del mismo, sino que se refiere siempre inmediatamente al esquema de la

---

33. *KrV*. A 137-138; B 176-177 (R, p. 182).   34. Ibid., A 138; B 177 (R, p. 183).

V. Analítica trascendental

imaginación, como una regla de la determinación de nuestra intuición conforme a un cierto concepto universal. El concepto de perro significa una regla según la cual mi imaginación puede dibujar en general la figura de cierto cuadrúpedo, sin estar limitada a alguna particular figura que la experiencia me ofrece o a la imagen posible que puedo exponer en concreto.»³⁵ En una palabra, la imagen se exprime en términos de una representación; el esquema en términos de una acción. Por ello el esquema es *a priori*, mientras que la imagen es empírica.

Ahora bien, ¿dónde encontrar en nuestra experiencia un elemento de unión que presente los caracteres del esquema? Sólo el tiempo, forma del sentido interno, confina a la vez con la sensibilidad y el entendimiento. El esquema trascendental, condición formal y pura de la sensibilidad, coincide, pues, con el tiempo. «El tiempo, como condición formal de lo múltiple del sentido interno, por lo tanto, del encadenamiento de todas las representaciones, encierra una multiplicidad *a priori* en la intuición pura. Ahora bien, una determinación trascendental del tiempo es homogénea con la categoría que constituye la unidad de la misma, por cuanto es universal y descansa en una regla *a priori*. Pero, por otra parte, es homogénea con el fenómeno, por cuanto el tiempo está contenido en toda representación empírica de lo múltiple. Por eso una aplicación de la categoría a los fenómenos será posible por medio de la determinación trascendental del tiempo que, como esquema de los conceptos puros del entendimiento, sirve de término medio para subsumir los fenómenos en la categoría.»³⁶

Kant trata en consecuencia de mostrar cómo el tiempo es la condición de aplicabilidad de las categorías a la intuición sensible. Veamos a modo de ejemplo algunas de las aplicaciones kantianas. El esquema de la substancia es la permanencia en el tiempo, es decir, la relación inmutable de algo dado con la continuidad sucesiva del sentido interno. El esquema de la causalidad es la persistencia regular del orden sucesivo de los fenómenos en el tiempo. El esquema de la acción recíproca es la simultaneidad de las determinaciones de las substancias con respecto a las de sus accidentes. El esquema de la posibilidad es la concordancia de diferentes representaciones con las condiciones del tiempo en general. El esquema de la realidad es la existencia en un determinado tiempo. El esquema de la necesidad es la existencia en todo tiempo, etc.

Como apunta Maréchal, la teoría del esquematismo responde en la intención de Kant a un problema lógico. Transportada al terreno psicológico, no deja de ser sugestiva, pero incompleta. Kant demuestra la ne-

---

35. Ibid., A 141; B 180 (R. p. 184s). 36. Ibid., A 138-139; B 177-178 (R. p. 183).

cesidad lógica del esquematismo trascendental, pero se le escapa el cómo[37]. Como confiesa el propio filósofo: «Este esquematismo de nuestro entendimiento respecto de los fenómenos y de su mera forma es un arte recóndito en las profundidades del alma humana, cuyo verdadero manejo difícilmente adivinaremos a la naturaleza y pondremos al descubierto.»[38] Por otra parte, el esquematismo encierra en sí graves problemas filosóficos. Vuelve la indecisión sobre el quicio último sobre el que descansa la teoría kantiana del conocimiento. «¿Qué es lo decisivo del esquema del tiempo, lo sensible o lo inteligible? Si lo sensible, entonces el ser y con él las esencias se disuelven en el flujo del devenir, el ser es interpretado como tiempo. Si lo inteligible e ideal, entonces la síntesis del entendimiento crea el tiempo y el ser es interpretado como idea. ¿Heidegger o Hegel? ¿O ambos a la vez?»[39]

b) *El sistema de los principios del entendimiento puro*

A la teoría del esquematismo sigue la doctrina de los principios. La reflexión trascendental ha conseguido aislar hasta ahora los conceptos y esquemas puros. Kant va a hacer ahora lo mismo con los principios del entendimiento puro que fluyen de la aplicación de las categorías a las intuiciones sensibles por intermedio de los esquemas trascendentales. Tales principios constituyen un sistema de principios sintéticos *a priori*, valederos para todo objeto en general, y encierran en sí las bases de todos los demás juicios, dentro siempre de los límites de la experiencia posible. Se trata, como nota Hirschberger, del primer esbozo de una ontología trascendental levantada sobre las categorías[40].

Entre las condiciones *a priori* de todo conocimiento posible ocupa el primer lugar el principio de no contradicción. Kant reconoce su existencia y su valor en el plano del pensamiento, como criterio negativo universal de toda verdad y como principio supremo positivo de todos los juicios analíticos. «La proposición: "A ninguna cosa conviene un predicado que la contradiga", se llama principio de no contradicción y es un criterio universal, aunque meramente negativo, de toda verdad; por lo cual pertenece únicamente a la lógica, ya que vale para los conocimientos como conocimientos en general, prescindiendo de su contenido, y afirma que la contradicción los aniquila completamente y los suprime...

---
37. Cf. J. Maréchal, o.c., p. 182, nota 1.
38. *KrV*, A 141; B 180-181 (R, p. 185).
39. J. Hirschberger, o.c., p. 153.
40. Cf. ibid.

V. Analítica trascendental

Por eso debemos dar al principio de no contradicción el valor de principio universal y plenamente suficiente de todo *conocimiento analítico*, pero su importancia y utilidad, como criterio suficiente de verdad, no va más lejos.»[41]

El tema expreso de la crítica no es el conocimiento analítico, sino el sintético. En este nuevo campo del conocimiento habrá que tener sumo cuidado, como nota Kant, de no hacer nada contra aquel «principio inviolable», pero no hay que esperar de él ninguna conclusión acerca de la verdad o falsedad de los juicios sintéticos. Ahora bien, éste es precisamente el problema que interesa a una lógica trascendental: determinar la extensión y los límites de la validez de estos juicios, pues con ello se habrá también determinado la extensión y los límites del entendimiento puro. Por ello Kant se pregunta: ¿Cuál es el principio supremo regulador que ejerce sobre los juicios sintéticos *a priori* la función que el principio de no contradicción ejerce en los juicios analíticos?

La situación en ambos casos es diversa. En el juicio analítico no he de salir del concepto del sujeto para decidir de su verdad o falsedad. En cambio en el juicio sintético, sí que he de salir. Esto quiere decir que la verdad o falsedad de los juicios sintéticos *a priori* no puede establecerse desde el sujeto, ni siquiera poniéndolo en relación con el predicado, sino que hay que mirar a una tercera cosa, de la cual proviene la síntesis de ambos. ¿En qué consiste esta tercera cosa? La respuesta se encuentra en la misma noción de juicio sintético *a priori*. Juicio sintético es aquel en el que «se da» algo nuevo que no estaba pensado ni incluido en la noción del sujeto. Ello presupone dos cosas: 1) que efectivamente se «haya dado» algo, es decir, que haya habido experiencia de hecho. De otro modo no habría síntesis; 2) que eso que «ha sido dado» esté de acuerdo con las condiciones bajo las cuales algo «puede ser dado», es decir, con las condiciones de posibilidad de la experiencia en general. De otro modo la síntesis no sería *a priori*.

Ahora bien, es evidente que aquello sin lo cual nada puede darse precede necesariamente toda experiencia posible o actual. El fundamento de los juicios sintéticos *a priori* se encuentra, pues, en la *posibilidad misma de la experiencia*, en aquello que constituye la experiencia como experiencia, lo cual está supuesto siempre en toda *experiencia de hecho*. «La posibilidad de la experiencia, es, pues, lo que da a todos nuestros conocimientos *a priori* realidad objetiva.»[42] Ahora bien, la posibilidad de la experiencia comprende el conjunto de condiciones *a priori* que constituyen al objeto como objeto: las formas puras de la sensibilidad, la unidad

---

41. *KrV*, A 151; B 190-191 (R, p. 192).   42. Ibid., A 156; B 195 (R, p. 195).

Analítica de los principios

sintética de los fenómenos, iniciada en la imaginación y enlazada según reglas o categorías en la unidad de la conciencia. «El principio supremo de todos los juicios sintéticos es pues: todo objeto está bajo las condiciones necesarias de la unidad sintética de lo múltiple de la intuición en una experiencia posible. De esta manera, los juicios sintéticos *a priori* son posibles cuando las condiciones formales de la intuición *a priori*, la síntesis de la imaginación y la necesaria unidad de la misma en una apercepción trascendental, son referidas por nosotros a un conocimiento de experiencia posible en general y decimos: las condiciones de posibilidad de la experiencia en general son, a la vez, condiciones de posibilidad de los objetos de experiencia y tienen por ello validez objetiva en un juicio sintético *a priori*.»[43]

Puesto ya el principio supremo regulador, procede Kant a la enumeración de los diversos principios del entendimiento puro a partir de la tabla de las categorías, dado que dichos principios no son sino las reglas del uso objetivo de las mismas. Si las categorías se dividen en categorías de la cantidad (1), de la cualidad (2), de la relación (3) y de la modalidad (4), los principios se subdividirán del modo siguiente:

1
Axiomas de la intuición

2
Anticipaciones de la apercepción

3
Analogías de la experiencia

4
Postulados del pensamiento
empírico en general

El sistema global de estos principios constituye la ontología de Kant en sentido trascendental, es decir, las leyes universales de la objetividad de los objetos de experiencia. Y dado que en Kant la experiencia se refiere siempre a la experiencia científica, tales principios son, kantianamente, los principios metafísicos de la ciencia físico-matemática, es decir, las leyes *a priori* que dan razón de la posibilidad y validez objetiva de la matemática y de la física. Kant los denomina respectivamente principios *matemáticos* y principios *dinámicos*. En concreto, los principios de los dos primeros grupos se refieren a la *intuición* de objetos y fundan la validez objetiva de las matemáticas. Los principios de los dos últimos

---
43. Ibid., A 158; B 197 (R, p. 196).

grupos se refieren a la *existencia* de objetos y fundan la validez objetiva de la física o de la dinámica. Los primeros se refieren, según esto, a la configuración o determinación esencial de lo dado; los segundos al hecho existencial de que algo se da.

A las categorías de la *cantidad* corresponden los *axiomas de la intuición*, cuyo principio fundamental es el siguiente: «Todas las intuiciones son de magnitudes extensivas.»[44] Kant entiende por magnitud extensiva «aquella en que la representación de las partes hace posible la representación del todo y la precede necesariamente. No puedo representarme una línea, por pequeña que sea, sin trazarla en el pensamiento, es decir, sin producir todas sus partes poco a poco desde un punto. Lo mismo ocurre con el tiempo, por corto que sea. Pienso en el tránsito sucesivo de un momento a otro, por donde, mediante todas las partes del tiempo y su adición, se produce finalmente una determinada magnitud de tiempo»[45]. En otras palabras, la magnitud extensiva no es la *quantitas,* sino lo *quantum,* aquello que hace posible la *quantitas.* Ahora bien, lo dado en la intuición sensible o el fenómeno es necesariamente *quantum,* porque no se da de otra manera que en el espacio y el tiempo, es decir, se extiende en el espacio y el tiempo.

A las categorías de la *cualidad* corresponden las *anticipaciones de la percepción.* Su principio básico es éste: «En todos los fenómenos, lo real que es objeto de la sensación, tiene una magnitud intensiva, o sea, un grado.»[46] Kant llama ahora magnitud intensiva «a aquella que es aprehendida sólo como unidad y en la cual la multiplicidad no puede ser representada más que por aproximación a la negación, al 0»[47]. En efecto, todo objeto sensible, además de una magnitud extensiva, en cuanto colocado en el espacio y el tiempo, tiene también una intensidad de un grado determinado en cuanto está cualificado por la materia de las sensaciones. «Así, toda sensación, y por tanto, toda realidad en el fenómeno, por pequeña que sea, tiene un grado, es decir una magnitud intensiva, que siempre puede disminuir; y entre realidad y negación hay una continua conexión de realidades posibles y de posibles percepciones más pequeñas. Todo color, verbigracia, el rojo, tiene un grado, el cual por pequeño que sea, nunca es el más pequeño; y lo mismo ocurre con el calor, el momento de la gravedad, etc.»[48]

A las categorías de *relación* corresponden las *analogías de la experiencia.* Analogía significa aquí «proporción», es decir, la constancia de cier-

---

44. Ibid., B 202 (R, p. 200)
45. Ibid., A 162-163; B 203 (R, p. 201)
46. Ibid., B 207 (R, p. 203).
47. Ibid., A 168; B 210 (R, p. 205).   48. Ibid., A 169; B 211 (R, p. 206).

Analítica de los principios

tas relaciones. Su principio general es el siguiente: «La experiencia sólo es posible mediante la representación de una conexión necesaria de las percepciones»[49] o, como reza el texto de la primera edición: «Todos los fenómenos, según su existencia, están *a priori* bajo reglas de su relación de unos con otros en el tiempo.»[50] Esta mención expresa del tiempo es importante porque, como ya sabemos, la forma pura del tiempo es la condición de posibilidad de todo fenómeno, es decir de todo lo que se manifiesta o hace presente en la experiencia. Ahora bien, la presencia en el tiempo puede darse de tres modos posibles: como *permanencia* de algo en el tiempo; como *sucesión dependiente* de una cosa tras otra y como *simultaneidad interdependiente* de varias cosas entre sí. De ahí que el principio general antedicho se subdivida en estos tres principios particulares:

1) Principio de *permanencia de la substancia*: la substancia permanece en medio del cambio de los fenómenos y su cantidad en la naturaleza ni aumenta ni disminuye.

2) Principio de la *sucesión causal*: todos los cambios suceden según la ley de la conexión de causa y efecto.

3) Principio de la *reciprocidad de la acción*: todas las substancias, en cuanto pueden ser percibidas en el espacio como simultáneas, están en continua acción recíproca.

Finalmente a las categorías de la *modalidad* pertenecen los *postulados del pensamiento empírico* en general. Tales postulados tienen que ver con tres conceptos clave de la metafísica: los de *posibilidad, existencia* y *necesidad*. La filosofía racionalista comprendió estos conceptos en función de la *ratio*: por posibilidad se entendía la pensabilidad o ausencia de contradicción; por existencia el cumplimiento de la posibilidad, demostrado a partir de sus causas, y por necesidad la impensabilidad de la no existencia de algo o sea la imposibilidad de negar algo sin contradicción. En este sentido, es necesariamente existente aquella esencia cuya no existencia sería contradictoria, es decir, Dios. Lo peculiar de esta concepción racionalista consiste precisamente en comprender posibilidad, existencia y necesidad como determinaciones de la esencia.

Kant, en cambio, afirma de entrada que «las categorías de modalidad tienen esto de particular: que el concepto al cual sirven de predicados, no es por ellas aumentado en lo más mínimo, como determinación del objeto, sino que dichas categorías expresan sólo la relación con la facultad de conocer. Cuando el concepto de una cosa está ya completo, puedo sin embargo preguntar aún acerca de este objeto, si es meramente

---

49. Ibid., B 218 (R, p. 211).   50. Ibid., A 177 (R, p. 211).

V. Analítica trascendental

posible o también real y, en este último caso, si es también necesario»[51]. Es decir, las categorías de modalidad no expresan determinaciones esenciales del objeto, sino que sólo determinan al objeto en relación con la facultad de conocimiento del sujeto. Lo que para Kant vale de la existencia, vale también de la posibilidad y de la necesidad: que no son «predicados reales», no añaden nada en el plano de la esencia a la definición de un objeto. Por medio de estas categorías no se piensa ninguna determinación del objeto, sino sólo se precisa en qué relación está el objeto con el entendimiento y el uso empírico del mismo, dentro del ámbito de la experiencia posible.

Esto supuesto, ¿qué entiende Kant por posible, existente y necesario? La respuesta se encuentra en los tres postulados del pensar empírico en general, a saber:

1) Lo que responde a las condiciones *formales* de la experiencia (según la intuición y los conceptos) es *posible*.

2) Lo que concuerda con las condiciones *materiales* de la experiencia (según la sensación) es *real (wirklich)*.

3) Aquello, cuyo *nexo con lo real* está determinado por las condiciones *generales* de la experiencia, *existe necesariamente*.

En consecuencia, la posibilidad de algo remite a las condiciones formales de la experiencia, las cuales, como condición de posibilidad de la experiencia, son también condición de posibilidad de toda posibilidad en general. La realidad remite a las condiciones materiales de la experiencia, único ámbito desde el que puede definirse si algo existe o no existe realmente. Finalmente, la necesidad remite a la ley universal de la experiencia posible: a saber, que todo cuanto ocurre se halla determinado por su causa. Para Kant no hay necesidad absoluta dada en la misma determinación esencial de una cosa, sino sólo relativa, la expresada en el nexo causal, según el cual, dada una cosa (la causa), se sigue necesariamente otra (el efecto).

La cuestión de saber si el campo de la posibilidad es mayor que el de la realidad y si éste, a su vez, es mayor que el de la necesidad, es una cuestión que pertenece a la jurisdicción de la razón, ya que en el fondo significa lo siguiente: ¿pertenecen todos los fenómenos al contexto de una única experiencia, de la cual cada una de nuestras percepciones dadas es una parte, o pueden darse otras percepciones y por tanto otra posible experiencia, además de las que pertenecen en general a la nuestra? La cuestión permanece, pues, abierta y el entendimiento no puede decidirla: no es de su competencia. Lo único que le compete es ocuparse de

---
51. Ibid., A 219; B 226 (R, p. 241s).

Analítica de los principios

la síntesis de los fenómenos. Ahora bien, desde este punto de vista que es el único que corresponde al entendimiento, la cuestión recibe, sin embargo, una respuesta inequívoca. Aunque pudiera parecer que en principio el número de las cosas posibles es más alto que el de las reales, ya que a lo posible hay que añadir algo más para obtener lo real, el entendimiento no conoce esta adición a la posibilidad, ya que eso que habría que añadir a lo posible sería en el fondo un imposible. Sólo al entendimiento «puede anadírsele algo, además de la concordancia con las condiciones formales de la experiencia y ese algo es el enlace con alguna percepción; ahora bien, lo que está enlazado con una percepción, según leyes empíricas es real aunque inmediatamente no sea percibido. Pero no puede decirse que en la conexión continua con lo que me es dado en la percepción, sea posible otra serie de fenómenos y por tanto más de una experiencia universal; porque esto no puede concluirse de lo que nos es dado y mucho menos sin que nada nos sea dado, ya que sin materia nada se puede pensar. Lo que sólo es posible bajo condiciones que sólo son posibles, no es posible en todo sentido. Pero la cuestión se toma en este sentido, cuando se quiere saber si la posibilidad de las cosas va más lejos de lo que la experiencia puede alcanzar»[52].

Algo similar hay que decir de la necesidad. El entendimiento no conoce fenómenos que no estén comprendidos en el nexo de la experiencia, de la cual la percepción dada es una parte. De ahí se sigue que el criterio de la necesidad compete únicamente al campo de la experiencia posible, pero le compete necesariamente. Todo cuanto ocurre se halla determinado *a priori* por su causa en el fenómeno. Y en este sentido «todo lo que sucede es hipotéticamente necesario. Éste es un principio que somete a una ley el cambio en el mundo, es decir a una regla de la existencia necesaria, sin la cual no habría siquiera naturaleza»[53].

Kant no conoce otra causalidad que la científica y ésta sólo como necesaria. El mundo kantiano a nivel del entendimiento es un mundo en el que rige la más férrea necesidad. Los famosos principios: *In mundo non datur hiatus; In mundo non datur saltus; In mundo non datur casus; In mundo non datur fatum* son la expresión de esta necesidad que se constituye en principio supremo de todos los juicios sintéticos *a priori*. Y puesto que las categorías se anudan todas en la de la necesidad, es posible, como apunta el propio Kant, establecer el orden de estos principios según el de las categorías y resumir en ellos el sistema del entendimiento puro. *In mundo non datur hiatus*: esta proposición expresa la necesaria contribución de las categorías de la cantidad a la experiencia.

---

52. Ibid., A 231-232; B 284 (R, p. 253).   53. Ibid., A 228; B 280 (R, p. 250).

V. Analítica trascendental

En la experiencia nada puede sobrevenir que demuestre un vacío o ni siquiera lo tolere como parte de la síntesis empírica. *In mundo non datur saltus:* esta proposición expresa la necesidad en la idea de continuidad que se realiza en las categorías de la cualidad y en el principio de la magnitud intensiva. Si antes se prohibía el vacío, ahora se prohíbe cualquier salto en la serie de los fenómenos. *In mundo non datur casus:* esta proposición, que sintetiza las dos anteriores, enlazando la cantidad a la cualidad en la relación, expresa la necesidad que fluye de la causalidad bajo las analogías de la experiencia. En el mundo nada ocurre por ciego azar, sino que todo cuanto ocurre presupone una causa. *In mundo non datur fatum:* esta última proposición constituye en cierto sentido la reflexión trascendental sobre las precedentes, en tanto que aporta la unidad de su síntesis, y añade a la determinación causal el concepto de necesidad, pero de una necesidad no ciega, sino comprensible. El sistema de principios del entendimiento puro encuentra así su apoteosis en la idea de una necesidad que no tiene nada que ver con un destino obscuro e impenetrable, sino con una inteligibilidad fundamental de lo real. Y esta apoteosis de la necesidad es también la apoteosis de la matemática cartesiana a nivel de hipótesis, de la dinámica de Leibniz a nivel de hecho y de la filosofía de la naturaleza de Newton a nivel de ley. El mundo de Kant coincide así con el de la ciencia de su época[54].

5. CONSECUENCIAS CRÍTICAS DE LA ANALÍTICA TRASCENDENTAL

Como sucedía en la estética, la analítica trascendental lleva también consigo una serie de importantes consecuencias críticas.

a) *Unidad de sensibilidad y entendimiento en la experiencia*

Kant es un renovador en el mismo grado en que es un innovador. Tal es el significado histórico de su teoría de la colaboración de entendimiento y sensibilidad en el conocimiento. Con ella Kant supera la escisión racionalismo-empirismo de la filosofía precedente y vuelve, sobre bases nuevas, a la posición aristotélica. Como escribe nuestro filósofo: «Leibniz *intelectualizó* los fenómenos, como Locke, según su sistema de la noogonía (si me es permitido usar esta expresión), *sensificó* los conceptos todos del entendimiento, es decir, los consideró como conceptos

---
54. Cf. A. Philonenko, o.c., p. 229.

empíricos o conceptos de reflexión aislados. En lugar de buscar en el entendimiento y en la sensibilidad dos fuentes totalmente distintas de representaciones, las cuales, empero, sólo *enlazadas,* pueden juzgar de las cosas con validez objetiva, atúvose cada uno de estos dos grandes hombres a una sola de las dos, que, en su opinión se refería inmediatamente a cosas en sí mismas, no haciendo la otra nada más que confundir u ordenar las representaciones de la primera.»[55]

b) *Limitación del uso objetivo de los conceptos*

El retorno de Kant al principio aristotélico de la colaboración de sensibilidad y entendimiento en el conocimiento humano no se lleva a cabo sin una peligrosa limitación crítica: nuestro conocimiento se limita a los objetos de experiencia posible. En efecto, según la conocida expresión de Kant, los conceptos sin intuición son vacíos. Dicho de otro modo, las categorías o conceptos puros carecen de contenido, no dan a conocer nada por sí solos y sólo hacen conocer cuando se encarnan en un material ofrecido por la sensibilidad. «Un entendimiento, en el cual juntamente con la autoconciencia fuera dado todo lo múltiple, intuiría; el nuestro sólo puede pensar y debe buscar la intuición en los sentidos.»[56] En consecuencia, la intuición sensible es la condición de posibilidad del conocimiento objetivo.

Kant se ha expresado a este respecto con una claridad meridiana: «*Pensar* un objeto y *conocer* un objeto no es lo mismo. En el conocimiento hay efectivamente dos partes: primero el concepto, por el cual en general un objeto es pensado, y segundo la intuición por la cual el objeto es dado; pues, si al concepto no pudiese serle dada la intuición correspondiente, sería un pensamiento según la forma, pero sin ningún objeto, no siendo posible por medio de él conocimiento de cosa alguna, porque no habría nada ni podría haber nada a que pudiera aplicarse mi pensamiento. Ahora bien, toda intuición posible para nosotros es *sensible;* consiguientemente el pensamiento de un objeto en general por medio de un concepto puro del entendimiento no puede llegar a ser en nosotros conocimiento más que cuando este concepto puro del entendimiento es referido a objetos de los sentidos. La intuición sensible es o bien intuición pura o bien intuición empírica de aquello que, en el espacio y en el tiempo, es representado inmediatamente como real por la sensación. Mediante la determinación de la primera podemos adquirir

---

55. *KrV,* A 271; B 327 (R, p. 283).   56. Ibid., B 135 (R, p. 156).

conocimiento *a priori* de objetos (en la matemática), pero sólo según su forma como fenómenos; permanece aún indeciso, si puede haber cosas que hayan de ser intuidas en esta forma. Por consiguiente, todos los conceptos matemáticos no son por sí conocimientos a no ser que supongamos que hay cosas que no se pueden exponer para nosotros más que en la forma de aquella intuición pura sensible. Pero no se dan cosas en el espacio y en el tiempo, sino en cuanto que son percepciones y, por tanto, sólo mediante una representación empírica. Por consiguiente, los conceptos puros del entendimiento, aun cuando son aplicados a intuiciones *a priori* (como en la matemática), no producen conocimiento más que en cuanto este conocimiento y por ende también, por medio de él, los conceptos puros del entendimiento pueden ser aplicados a intuiciones empíricas. Las categorías, pues, no nos proporcionan por medio de la intuición conocimiento alguno de las cosas, a no ser tan sólo por su posible aplicación a la intuición empírica, es decir que sirven sólo para la posibilidad del conocimiento empírico. Éste, empero, se llama experiencia. Por consiguiente, las categorías no obtienen uso alguno, para el conocimiento de las cosas, más que en cuanto éstas son admitidas como objetos de experiencia posible.»[57]

Más brevemente: «No podemos pensar objeto alguno a no ser por categorías; no podemos conocer objeto alguno pensado, a no ser por intuiciones que correspondan a aquellos conceptos. Ahora bien, todas nuestras intuiciones son sensibles y este conocimiento, por cuanto es dado el objeto del mismo, es empírico. Pero conocimiento empírico equivale a experiencia. Por consiguiente ningún conocimiento *a priori* nos es posible a no ser tan sólo de objetos de experiencia posible.»[58]

c) *La paradoja kantiana: la naturaleza como producto de nuestra espontaneidad*

La analítica trascendental responde a la pregunta inicial de Kant: ¿cómo es posible la ciencia de la naturaleza? La solución es grandiosa y paradójica: la ciencia de la naturaleza es posible porque la misma naturaleza es un producto de nuestro conocimiento. Éste es el sentido de la famosa revolución copernicana: si la experiencia no puede hacer posibles nuestros conceptos, sean nuestros conceptos los que hagan posible la experiencia. Nuestro sistema de juicios del entendimiento puro constituye, pues, un sistema de la naturaleza. Como escribe Kant en los *Prolegóme-*

---
57. Ibid., B 146-147 (R, p. 163s).
58. Ibid., B 165 (R, p. 175).

nos: «El entendimiento no toma sus leyes *a priori* de la naturaleza, sino que se las prescribe.»[59] Y en la *Crítica de la razón pura*: «El orden y la constancia en los fenómenos, que llamamos naturaleza, nosotros mismos lo hemos puesto y de ningún modo podríamos encontrarlo en ella si nosotros mismos no se lo hubiéramos originariamente introducido... En consecuencia el entendimiento no es solamente una facultad de hacerse con leyes mediante la comparación de los fenómenos: él mismo es el legislador de la naturaleza, lo que quiere decir que sin entendimiento no habría en general naturaleza, es decir, la unidad sintética y conforme a leyes de la multiplicidad de los fenómenos.»[60]

Kant tiene conciencia de la novedad inquietante y paradójica de tales afirmaciones. Sin embargo, vistas desde su punto de vista no tienen nada de extraño. «Por exagerado, por irracional que pueda parecer esta afirmación: el entendimiento es la fuente de las leyes naturales y, consiguientemente, de la unidad formal de la naturaleza, nada más exacto, sin embargo, ni más acomodado a los objetos de la experiencia.»[61] Pues hemos de tener en cuenta que la naturaleza de la que aquí se habla no es la naturaleza en sí —jamás se le ocurrió a Kant tal despropósito— sino solamente la naturaleza en cuanto objetivada en nuestro conocimiento. Y ni siquiera esta naturaleza objetivada depende totalmente de nuestra facultad de conocer, sino sólo lo que nosotros descubrimos en ella de *a priori*, es decir, el sistema formal y necesario de las leyes naturales. Lo que nosotros le imponemos *a priori* es ordenarse conforme a las reglas inmutables de la substancialidad, causalidad, reciprocidad, etc.[62] Como escribe Kant en los *Prolegómenos*: «El entendimiento es el origen del orden general de la naturaleza, en tanto que concibe todos los fenómenos bajo sus propias leyes y de este modo realiza ante todo *a priori* la experiencia según su forma, de suerte que todo lo que debe ser conocido por la experiencia está sometido necesariamente a estas leyes. Pues no tenemos nada que ver con la naturaleza de las cosas en sí mismas que es tan independiente de las condiciones de nuestra sensibilidad como de las de nuestro entendimiento, sino con la naturaleza como un objeto de experiencia posible. Y así el entendimiento en tanto que hace a ésta posible, hace igualmente que el mundo de los sentidos o no sea objeto alguno de experiencia o sea una naturaleza.»[63]

---

59. *Proleg.*, § 36, p. 320.
60. *KrV*, A 125-127 (R, p. 148s).
61. Ibid., A 127 (R, p. 149s).
62. Cf. J. Maréchal, o.c., p. 201s.
63. *Proleg.*, § 38, p. 322.

V. Analítica trascendental

d) *Autoconciencia y conocimiento del yo*

La constitución del objeto en Kant se realiza por referencia a una autoconciencia. Ahora bien, esta autoconciencia, el «yo pienso» que acompaña todas nuestras representaciones, ¿importa, como en Descartes, un conocimiento del yo ontológico? Evidentemente no. La autoconciencia nos da únicamente un conocimiento del yo como unidad de la síntesis de los fenómenos. En este sentido, el «yo pienso» no me da ningún conocimiento de mí mismo, sino sólo de mi existencia como sujeto de conocimiento. La fórmula cartesiana: *cogito ergo sum* es, pues, válida para Kant, pero sólo en el plano lógico trascendental: pienso, luego soy sujeto pensante. Como escribe el propio Kant: «En la unidad sintética originaria de la apercepción tengo conciencia de mí mismo, no como me aparezco, ni tampoco como soy en mí mismo, sino solamente de que soy.»[64] Además de este autoconocimiento existencial del yo como sujeto de pensamiento, la filosofía crítica de Kant permite evidentemente un conocimiento del yo como objeto de experiencia, al que, en consecuencia, se pueden aplicar las categorías de substancia, causalidad, etc., exactamente igual que a los otros objetos de experiencia. Pero por ello mismo este conocimiento tiene que ver sólo con la cara fenoménica del yo y no con su realidad en sí o nouménica. Sobre este punto la afirmación de Kant es categórica: «Según esto, pues, no tengo conocimiento de mí mismo tal como soy, sino sólo tal como me aparezco a mí mismo.»[65]

Kant es aquí plenamente lógico. Un entendimiento intuitivo, como es en hipótesis el de Dios, sería, en frase de Aristóteles, νόησις νοήσεως, se conocería a sí mismo tal como es, incluso antes de conocer las otras cosas. Pero, como subraya Kant, el «yo pienso» «es un pensamiento y no una intuición»[66]. Por tanto, el acto originario de conciencia «yo pienso» queda reducido a la conciencia de que yo soy, sin conocerme jamás cómo soy. El sujeto trascendental no puede ser para sí mismo objeto en el mismo plano en el que es sujeto. Si se convierte en objeto, ya no se trata del yo trascendental, sino del yo empírico. En efecto, como explica Kant el «yo pienso», como acto de la espontaneidad, expresa el acto de determinar mi existencia. La existencia está, pues, dada en él, pero no por eso está dado el modo como yo deba determinarla. Para determinarla en concreto he de acudir a la intuición de mí mismo que se me ofrece en el sentido interno, pero ésta es sensible y tiene en su base la forma del tiempo. Por el sentido interno sólo puedo intuirme tal como soy afecta-

---

64. *KrV*, B 157 (R, p. 170).
65. Ibid., B 158 (R, p. 170).
66. Ibid., B 157 (R, p. 170).

do interiormente por mí mismo y en consecuencia tal como me aparezco a mí mismo, es decir, como fenómeno. Para conocerme tal como soy, me haría falta una intuición intelectual que me diese lo determinante en mí antes del acto de determinar, de cuya espontaneidad sólo soy consciente. Pero esto no está a nuestro alcance. Por eso me es imposible determinar mi existencia como la de un ser activo por mí mismo, sino que sólo puedo representarme la espontaneidad de mi pensar, es decir el acto de determinar, y «mi existencia permanece siempre sensible, es decir, determinable como existencia de un fenómeno. Sin embargo, esta espontaneidad hace que me denomine inteligencia»[67].

e) *Refutación del idealismo*

La analítica trascendental incluye en la segunda edición de la *Crítica* una refutación del idealismo. A primera vista puede parecer sorprendente que sea precisamente Kant quien emprenda esta tarea. Su pensamiento constituye, en efecto, una especie muy peculiar de idealismo, el llamado «idealismo trascendental». Pero precisamente por ello, Kant quiere dejar bien sentadas las distancias entre ese nuevo tipo de idealismo y el idealismo clásico. El idealismo trascendental kantiano, en efecto, por mucho que ponga a cuenta del espíritu todo nuestro conocimiento *a priori*, no ha cortado del todo las amarras con la experiencia. La forma universal y necesaria de todos los objetos de experiencia la produce por sí mismo el espíritu, pero la materia ha de recibirla de la experiencia. En este sentido, el «idealismo» trascendental kantiano puede ser denominado equivalentemente «realismo» trascendental. Como idealismo formal se opone de tal modo al idealismo empírico o material que la aceptación del uno importa el rechazo del otro.

Por otra parte, Kant consideró siempre «un escándalo para la filosofía e incluso para la razón universal humana no poder admitir la existencia de las cosas fuera de nosotros sino por fe y, si a alguien se le ocurre ponerla en duda, no poder presentarle ninguna prueba satisfactoria»[68]. Justamente por ello, él se apresta ahora a dar esta prueba. Pero la prueba de la realidad del mundo exterior ha de pasar antes, como es obvio, por una refutación de la postura filosófica que la niega o pone en duda.

Según Kant, el idealismo empírico o material es la teoría que «declara que la existencia de los objetos en el espacio fuera de nosotros es o

---
67. Ibid., B 158 nota (R 170s).
68. Ibid., B XXXIX-XL nota (R, p. 32).

V. Analítica trascendental

meramente dudosa e indemostrable o falsa e imposible»[69]. El primero es el idealismo *problemático* de Descartes para quien no hay más que una afirmación empíricamente *indudable*, a saber «yo existo». El segundo es el idealismo *dogmático* de Berkeley para quien el espacio, juntamente con los cuerpos que hay en él, es *imposible* como algo en sí mismo y se convierte por ende en mero producto de la imaginación.

Desde el punto de vista de la historia de la filosofía, la exposición de Kant es inadecuada. Berkeley no pensó jamás que todos los objetos externos fueran producto de la imaginación. Fiel al postulado empirista de la receptividad de la mente, el buen obispo no acertaba a explicar cómo una idea, en hipótesis algo espiritual, puede tener como causa cosas materiales. En consecuencia, negó la realidad material de las cosas y se quedó sólo con las ideas en la mente y con Dios, como su causa. Por su parte, Descartes sostuvo que es posible dudar de la existencia de las cosas externas al yo, pero sostuvo también la posibilidad para el yo de superar esa duda. El hecho de que Kant considere inválida la demostración cartesiana de la existencia del mundo no justifica su afirmación de que en el idealismo cartesiano la existencia de las cosas es dudosa e indemostrable.

Es claro que la historia no es el punto fuerte de Kant. En cualquier caso, lo que aquí nos interesa no es la exactitud de sus conocimientos históricos sino su pensamiento. Éste nos viene dado por la refutación de los dos tipos de idealismo antes mencionados. En lo que se refiere al idealismo de Berkeley, la argumentación kantiana es muy breve. Se contenta con afirmar que «el idealismo dogmático es inevitable, cuando se considera el espacio como una propiedad de las cosas en sí mismas; pues entonces el espacio, con todo aquello a que sirve de condición, es un absurdo»[70]. Pero añade también que «el fundamento de este idealismo ha sido destruido por nosotros en la estética trascendental»[71].

El idealismo cartesiano, en cambio, es objeto de un tratamiento mucho más amplio. Kant pone inmediatamente al descubierto en la postura del filósofo galo un error básico de planteamiento. Descartes supone que tenemos conciencia de nosotros mismos independientemente de nuestro conocimiento de los objetos y se pregunta entonces cómo es posible que el yo, cuya existencia está asegurada por la autoconciencia, pueda estar también seguro de la existencia de las otras cosas. Contra ello arguye Kant que «la experiencia interna misma, que Descartes no ponía en duda, no es posible más que suponiendo la experiencia externa»[72].

---

69. Ibid., B 274 (R, p. 246).
70. Ibid., B 274 (R, p. 247).
71. Ibid.   72. Ibid., B 275 (R, p. 247).

Consecuencias críticas de la analítica trascendental

El razonamiento de Kant es retorcido, pero inequívoco. Soy consciente de mi existencia como determinada en el tiempo, es decir, respecto a la sucesión de los distintos estados de conciencia. Pero toda determinación en el tiempo presupone la existencia de algo permanente en la percepción. Ese algo permanente no puede ser nada dentro de mí mismo, puesto que es la condición de la determinación de mi existencia en el tiempo. En efecto, «todos los fundamentos de determinación de mi existencia que pueden ser hallados en mí son representaciones y, como tales, necesitan de un substrato permanente distinto de ellas, en relación con el cual pueda ser determinado su cambio y, por consiguiente, mi existencia en el tiempo en que ellas cambian»[73]. En otras palabras, mi existencia en el tiempo no es determinable más que por referencia a algo permanente que enlazado conmigo está, sin embargo, fuera de mí. Por consiguiente, la conciencia de mi existencia como determinada en el tiempo exige como condición de posibilidad la existencia de cosas reales que yo percibo fuera de mí. Como puede verse, Kant argumenta en función del principio de permanencia de la substancia, que ya conocemos como principio del entendimiento puro: no hay cambio sin algo permanente. Pero la experiencia interna no me ofrece directamente nada permanente, sino sólo la sucesión de estados de conciencia que me remiten a algo exterior a la misma conciencia. Luego la experiencia interna no es posible, si no se da a la vez otra experiencia que ya no es interna.

Kant devuelve con derecho al idealismo empírico el mismo juego que aquél jugaba. El idealismo admitía que la única experiencia inmediata era la interna y que a partir de ella había que inferir, mediatamente, la realidad del objeto de la experiencia externa. Kant, en cambio, demuestra que «la experiencia interna es mediata y sólo es posible a través de la experiencia externa»[74]. Por tanto, no se plantea siquiera la cuestión de inferir de mi existencia la de las cosas externas, por la sencilla razón de que «la conciencia de mi propia existencia como determinada en el tiempo se halla necesariamente ligada a la existencia de cosas fuera de mí»[75]. En el plano de la conciencia empírica, que es aquel en el que Kant se sitúa, no hay prioridad de la experiencia interna respecto de la externa: «Yo me doy tan seguramente cuenta de que hay cosas fuera de mí que se refieren a mi sentido, como me doy cuenta de que existo yo mismo determinadamente en el tiempo.»[76]

No es preciso decir que Kant habla aquí del yo empírico, del que

---

73. Ibid., B XXXIX-XL nota (R, p. 32).
74. Ibid., B 277 (R, p. 248).
75. Ibid., B 276 (R, p. 248).
76. Ibid., B XXLI (R, p. 33).

tengo conciencia sólo en sus estados sucesivos. El yo trascendental no está determinado en el tiempo y por ello no es dado nunca como objeto de conciencia, sino sólo pensado como condición de posibilidad de la unidad sintética de la apercepción.

La argumentación de Kant se mueve dentro de los supuestos de su pensamiento, pero pone también de relieve algo que desborda estos mismos supuestos y constituye una adquisición filosófica básica: no somos conscientes de nosotros mismos, sino en el mismo acto de conocer lo que nosotros no somos. La autoconciencia no es sin más lo primero: es conociendo lo otro que me doy cuenta refleja de mí mismo. Descartes se engañaba, pues, al concebir el *cogito* como acto de un sujeto aislado: en el mismo *cogito*, junto con la certeza de que yo soy, hay también una referencia esencial a lo que yo no soy. El planteamiento cartesiano queda ahora definitivamente superado. El nuevo planteamiento kantiano subraya, en cambio, la unidad de la experiencia. Dentro de la esfera de la realidad empírica no es posible conceder al sujeto un estatuto privilegiado. Sujeto y objeto son inseparables: la realidad empírica del uno incluye la del otro. Pero ninguno de ellos nos es dado en sí mismo, sino sólo en relación con nuestro modo de conocerlos[77].

f) *Fenómenos y noúmenos*

Hemos recorrido con Kant el «territorio del entendimiento puro». Hemos medido el terreno y fijado en él su puesto a cada cosa. «Este territorio, escribe Kant, es una isla, a la cual la naturaleza misma ha asignado límites invariables. Es una tierra que lleva el nombre encantador de la verdad, rodeada por un inmenso y tempestuoso mar, albergue de la ilusión, en donde negros nubarrones y bancos de hielo, al deshacerse, fingen nuevas tierras y engañan sin cesar con renovadas esperanzas al marino, ansioso de descubrimientos, precipitándole en locas empresas que nunca puede abandonar ni llevar a buen término.»[78] Antes de aventurarnos en ese mar para reconocerlo en toda su extensión y asegurarnos de si hay o no en él alguna esperanza de poder gritar: ¡tierra a la vista! —tal será la tarea de la dialéctica trascendental—, es aconsejable dar una última ojeada al mapa de la tierra firme que nos disponemos a abandonar y preguntarnos ante él si podemos contentarnos, en todo caso, con lo que en esta tierra se contiene. El mapa de esta tierra tiene unos contornos muy precisos: su línea de demarcación viene dada por la frontera de la

---

77. Cf. J. Copleston, o.c., VI, p. 259s.   78. *KrV.* B 294-295 (R. p. 259).

Consecuencias críticas de la analítica trascendental

experiencia posible. Y lo que se contiene dentro de estos límites es la totalidad de lo que en la estética trascendental llamábamos «fenómenos», es decir, la manifestación de las cosas para nosotros, que ahora en la analítica se han convertido definitivamente en «objetos» de experiencia. Ahora bien «fenómeno», como manifestación de la cosa para nosotros, dice relación a un «en sí» del fenómeno, a lo que la filosofía anterior y el propio Kant han apellidado el «noúmeno». La pregunta de Kant sobre si podemos contentarnos o no con lo que se contiene en la tierra, para nosotros conocida, incluye pues esta otra pregunta sobre el significado que en la filosofía crítica hay que dar a esa otra tierra posible, pero desconocida, del noúmeno.

La distinción entre fenómeno y noúmeno no es nueva en Kant. Se encuentra ya, como sabemos, en la *Disertación* de 1770, con un matiz que recuerda la distinción platónica entre el mundo sensible y el inteligible. Lo que es pensado sensiblemente es la representación de las cosas tal como aparecen, y lo que es pensado intelectualmente es la representación de las cosas tal como son. Esta primera postura, de corte realista, es abandonada definitivamente en la *Crítica*. Sin embargo, la noción de noúmeno está implícita en ella desde el primer momento, aunque no es nombrado por tal nombre, sino con el de «cosa en sí». Conocer los objetos de experiencia como fenómenos, como manifestación de las cosas para nosotros, es reconocer que hay otra cara de la misma realidad, lo que Kant denomina las cosas en sí mismas. Por otro lado, la esencial receptividad de nuestro conocimiento exige que algo nos sea dado, ya que de otro modo nada podría ser recibido. De hecho, la *Crítica* presupone desde sus primeras páginas que la facultad de conocer es «despertada» en su ejercicio por objetos que «hieren» nuestros sentidos y «ponen» así en movimiento la complicada maquinaria de sus estructuras *a priori*.

Los *Prolegómenos* constituyen el punto álgido de esta postura matizadamente realista. Para defenderse de la sospecha de idealismo que la lectura de su *Crítica*, aparecida dos años antes, había suscitado en muchos lectores, Kant va tan lejos en su réplica que llega a considerar las cosas en sí, cuya realidad es desconocida, pero de cuya existencia jamás ha dudado, como una especie de substrato de los cuerpos empíricamente percibidos. «El idealismo consiste en la afirmación de que no hay otros seres que seres pensantes; las otras cosas que creemos observar en la intuición serán solamente representaciones de seres pensantes, a las que de hecho, fuera de aquéllos, no corresponde objeto alguno existente. En contra de esto, yo digo: nos son dadas cosas, como objetos de nuestra sensibilidad, existentes fuera de nosotros; pero de lo que puedan ser en sí, nada sabemos, sino que sólo conocemos sus fenómenos, esto es las

V. Analítica trascendental

representaciones que producen en nosotros en tanto que afectan nuestros sentidos. Según esto, confieso ciertamente que fuera de nosotros hay cuerpos, esto es, cosas a las que conocemos por medio de las representaciones que nos proporciona su influjo sobre nuestra sensibilidad, aunque con respecto a lo que puedan ser en sí nos son completamente desconocidas, y a las que damos la denominación de cuerpo, palabra que significa meramente la manifestación de objetos para nosotros desconocidos, pero no menos verdaderos. ¿Se puede llamar a esto idealismo? Es precisamente lo contrario.»[79]

Se trata sin duda en este texto polémico de un fallo de lenguaje. *Aliquando bonus dormitat Homerus*. Pero bajo este lenguaje inadecuado late un problema de fondo, el más espinoso para un filósofo, el de su propia coherencia. Kant no podía menos de abordarlo expresamente. Por eso le dedica el capítulo final de la analítica. En este capítulo, abundantemente retocado en la segunda edición, Kant ha precisado con esmero su concepto de noúmeno. En la primera edición la postura kantiana da muestras todavía de una cierta inestabilidad. Kant distingue allí, en un pasaje suprimido en la segunda edición, entre los fenómenos (los objetos sensibles en cuanto son pensados según la unidad de las categorías) y los noúmenos (cosas que serían sólo objeto de un entendimiento dotado de intuición intelectual). Kant niega que el noúmeno en este sentido esté a nuestro alcance, pero afirma que el fenómeno en cuanto tal se refiere necesariamente a un «objeto trascendental» que significa «el pensamiento indeterminado de algo en general», simplemente un algo = x, del que nada sabemos ni en general podemos saber, según la actual disposición de nuestro entendimiento, y que sólo puede servir como un correlato de la unidad de la apercepción con la unidad de lo múltiple en la intuición sensible, por medio de la cual el entendimiento unifica la múltiple en el concepto de un objeto. Este objeto trascendental no se puede en modo alguno separar de los datos sensibles, ya que entonces no queda nada por medio de lo cual sea pensado. A este pensamiento totalmente indeterminado de algo en general no se le debe llamar noúmeno, ya que no sabemos nada de él[80].

El texto definitivo de la segunda edición aborda el problema con mayor precisión. Kant empieza por distinguir dos posibles usos de las categorías: el empírico y el trascendental. El uso empírico de una categoría consiste en referirla sólo a fenómenos, es decir, a objetos de la experiencia posible. El uso trascendental, en cambio, consiste en referirlo a cosas en general y en sí mismas. Es claro a estas alturas que «los concep-

---

79. *Proleg.*, § 13, p. 288s.   80. Cf. *KrV*, A 250-251 (R, p. 268).

tos puros del entendimiento no pueden ser nunca de uso trascendental, sino siempre sólo de uso empírico y que los principios del entendimiento puro no pueden ser referidos más que (en relación con las condiciones de una experiencia posible) a los objetos de los sentidos, pero nunca a cosas en general, sin tener en cuenta el modo como podamos intuirlas. La analítica trascendental tiene pues este resultado importante: que el entendimiento *a priori* nunca puede hacer más que anticipar la forma de una experiencia posible en general; y como lo que no es fenómeno no puede ser objeto de la experiencia, nunca puede saltar por encima de las barreras de la sensibilidad, dentro de las cuales tan sólo nos son dados objetos»[81].

Pero he aquí que en el mismo concepto de fenómeno o manifestación de algo para nosotros se encierra la relación hacia el «en sí» de eso que se manifiesta, hacia lo que la filosofía anterior había apellidado el noúmeno. «Cuando a ciertos objetos, como fenómenos, les damos el nombre de entes sensibles *(phaenomena)*, distinguiendo entre nuestro modo de intuirlos y su constitución en sí mismos, ya en nuestro concepto va implícito el colocar, por así decirlo, frente a ellos, o bien estos mismos objetos refiriéndolos a su constitución en sí mismos (aunque a ésta no la intuimos en ellos), o bien otras cosas posibles que no son objetos de nuestros sentidos, poniéndolas frente a ellos, como objetos pensados sólo por el entendimiento; y los llamamos entes inteligibles *(noumena)*. Pero ahora se pregunta ¿no podrían nuestros conceptos puros del entendimiento tener alguna significación con relación a estos últimos y ser un modo de conocerlos?»[82] Para poder responder a esta pregunta con posibilidades de éxito es preciso distinguir con Kant entre dos posibles acepciones del término «noúmeno»: el noúmeno en sentido negativo y en sentido positivo. Como escribe Kant: «Si por noúmeno entendemos una cosa, en cuanto *no es objeto de nuestra intuición sensible* y hacemos abstracción de nuestro modo de intuirla, tenemos un noúmeno en sentido *negativo*. Pero si entendemos por noúmeno el *objeto de una intuición no sensible*, entonces admitimos una especie particular de intuición, a saber, la intelectual, que no es empero la nuestra, y cuya posibilidad no podemos conocer; y éste sería el noúmeno en sentido *positivo*.»[83]

Es evidente que, conforme a lo dicho en la analítica trascendental, lo que llamamos noúmeno debe ser entendido sólo en *sentido negativo*: «La teoría de la sensibilidad es al mismo tiempo la de los noúmenos en sentido negativo, es decir la de cosas que el entendimiento debe pensar

---

81. Ibid., B 303 (R, p. 265).
82. Ibid., B 306 (R, p. 268s).
83. Ibid., B 307 (R, p. 270).

V. Analítica trascendental

sin la relación con nuestro modo de intuir, y por tanto no sólo como fenómenos, sino como cosas en sí mismas; acerca de las cuales, empero, en esta separación, el entendimiento comprende que no puede hacer ningún uso de sus categorías, ya que las categorías no tienen significación más que respecto a la unidad de las intuiciones en el espacio y el tiempo...; donde esta unidad de tiempo no puede encontrarse, por tanto, en el noúmeno, cesa por completo todo uso y aun toda significación de las categorías; entonces no puede comprenderse siquiera la posibilidad misma de la cosas que deben corresponder a las categorías. En efecto, la posibilidad de una cosa no puede demostrarse nunca por la no contradicción de su concepto, sino sólo garantizando este concepto por medio de la intuición correspondiente. Si, pues, quisiéramos aplicar las categorías a objetos que no son considerados como fenómenos, deberíamos poner en su base otra intuición que no la sensible, y, entonces, sería el objeto un noúmeno en sentido positivo. Pero como una intuición semejante, a saber, una intuición intelectual, está absolutamente fuera de nuestra facultad de conocer, resulta que el uso de las categorías no puede en modo alguno rebasar los límites de los objetos de experiencia. A los entes sensibles corresponden ciertamente entes inteligibles, y aun puede haber entes inteligibles con los cuales nuestra facultad sensible de intuir no tenga ninguna relación; pero nuestros conceptos del entendimiento, como meras formas del pensamiento para nuestra intuición sensible, no alcanzan a estos entes; lo que llamamos noúmeno, debe, pues, como tal, ser entendido sólo en sentido negativo.»[84]

Ahora bien, Kant declara en varias ocasiones que en este sentido negativo la afirmación del noúmeno no sólo es legítima, sino también necesaria e inevitable. En efecto, la dependencia del entendimiento respecto de la sensibilidad lleva consigo para el conocimiento dos importantes restricciones: por una parte, su *fenomenicidad*, la relatividad de su objeto al modo de conocer del sujeto humano; por otra, su *empiricidad*, la incapacidad de ir más allá de la sensibilidad y, por lo mismo, del campo de la experiencia posible. Ambas restricciones radican en la estructura misma de un entendimiento que, siendo activo y espontáneo, no es intuitivo, sino conceptual y discursivo. Pues bien, el noúmeno en sentido negativo, o sea, lo pensado como *no objeto de intuición sensible*, es la expresión de ambas restricciones y puede entenderse, en consecuencia, en esta doble forma: o como la realidad en sí, *no fenoménica*, a la que se *refiere* el conocimiento fenoménico o como alguna *posible* realidad *suprasensible*, que no puede convertirse en ningún caso en objeto de conocimiento

---
84. Ibid., B 307-309 (R. p. 270s).

sensible. De ahí que, en esta segunda acepción, el concepto de noúmeno sólo pueda ser usado en sentido *problemático*, nunca en sentido *asertórico*. Como escribe nuestro filósofo: «El concepto de un noúmeno, es decir, de una cosa que no debe ser pensada como objeto de los sentidos, sino como cosa en sí misma (sólo por un entendimiento puro) no es contradictorio; pues no se puede afirmar de la sensibilidad que sea la única especie posible de intuición. Además, este concepto es necesario para no extender la intuición sensible a las cosas en sí mismas, y, por tanto, para limitar la validez objetiva del conocimiento sensible, ya que lo demás a que aquélla no alcanza llámase precisamente noúmeno, para hacer ver así que estos conocimientos no pueden extender su esfera sobre todo lo que el entendimiento piensa. Pero, en último término, no es posible comprender la posibilidad de estos noúmenos y lo que se extiende fuera de la esfera de los fenómenos es para nosotros vacío, es decir: tenemos un entendimiento que *problemáticamente* se extiende a más que los fenómenos, pero no tenemos ninguna intuición, ni siquiera el concepto de una intuición posible, por medio de la cual, fuera del campo de la sensibilidad, pudieran dársenos objetos y pudiera el entendimiento ser usado *asertóricamente* más allá de aquél. El concepto de noúmeno es, pues, sólo un *concepto-límite*, para poner coto a la pretensión de la sensibilidad; tiene sólo, por tanto, un uso negativo. Pero, sin embargo, no es fingido caprichosamente, sino que está en conexión con la limitación de la sensibilidad, sin poder, empero, asentar nada positivo fuera de la extensión de la misma... El concepto de noúmeno tomado meramente como problemático, sigue siendo sin embargo no sólo admisible sino hasta inevitable, como concepto que pone límites a la sensibilidad. Pero entonces no es un objeto particular inteligible para nuestro entendimiento, sino que un entendimiento al cual perteneciese este objeto, sería él mismo un problema, el problema de cómo conoce su objeto, no discursivamente por categorías sino, intuitivamente en una intuición no sensible. De la posibilidad de tal entendimiento no podemos hacernos la menor representación. Nuestro entendimiento recibe, pues, de esta manera una ampliación negativa, es decir, no es limitado por la sensibilidad, sino que al contrario la limita, dando el nombre de noúmenos a las cosas en sí mismas (no consideradas como fenómenos). Pero enseguida él mismo se pone también límites, los de no conocer estos noúmenos por medio de las categorías, y, por tanto, de pensarlos sólo bajo el nombre de un algo desconocido.»[85]

---

85. Ibid., B 310-311 (R, p. 272).

V. Analítica trascendental

En resumen: según Kant, pensamos legítima y necesariamente el noúmeno en sentido *negativo*. Pero entonces el concepto que tenemos de él se reduce al *concepto-límite* (por ende, sin valor de conocimiento), ya sea de la realidad en sí no fenoménica y, por tanto, desconocida, a la que se refiere el conocimiento fenoménico, ya sea de posibles realidades suprasensibles, siempre abiertas *problemáticamente* a nuestro entendimiento, pero sin que podamos afirmar *asertóricamente* nada de ellas. Lo que en cualquier caso se prohíbe es el uso del concepto de noúmeno en sentido *positivo*, ya que ello supondría dar por bueno un conocimiento que nosotros no tenemos, la intuición intelectual.

La inevitable afirmación del noúmeno, a la que nos referíamos antes tiene, pues, un significado bastante modesto, pero sería una torpeza desdeñarla. Como observa Maréchal, esta inevitable afirmación del noúmeno «significa la esencial limitación del conocimiento fenoménico: ella nos prohíbe a la vez erigir el fenómeno en absoluto, en cosa en sí, y negar la posibilidad de objetos transfenoménicos. El noúmeno que afirmamos es, pues, este noúmeno negativo que se define únicamente por la exclusión de las condiciones propias de los fenómenos. Afirmarlo, es afirmar que el objeto del conocimiento no ha sido necesariamente agotado por el fenómeno; es afirmar que la intuición sensible no es necesariamente el único modo posible de intuición; es afirmar que la consideración del fenómeno es precisiva y no exclusiva; es afirmar el derecho de los problemas metaempíricos a ser puestos, si no a ser resueltos especulativamente»[86]. Consecuencia importante, no sólo por las perspectivas que cierra, sino sobre todo por las que mantiene abiertas. En efecto, la determinación que le falta al noúmeno en el orden de la razón teórica ¿no podría encontrarse acaso en otro orden, el de la razón práctica o de la tendencia? Se comprende entonces por qué nuestro filósofo «pudo enorgullecerse de no haber desmantelado la razón, sino de haberla llevado, por una reflexión rigurosa sobre sí misma, a reconocer más allá del dominio del saber racional el dominio inviolable de la fe metaempírica»[87].

«Sin la cosa en sí no puedo entrar en el kantismo; con la cosa en sí no puedo permanecer en él.» Este famoso dicho de Jacobi nos introduce de lleno en uno de los problemas más espinosos de la *Crítica*: el escándalo de la cosa en sí. Es un hecho que Kant no ha dudado jamás de la necesidad en que estamos de afirmar la cosa en sí. Ahora bien, ello introduce en su pensamiento una antinomia de difícil solución. Según la formulación clásica de Jacobi, la afección que está en el comienzo de la *Crítica*

---
86. J. Maréchal, o.c., p. 214s.
87. Ibid., p. 215.

debe proceder de fenómenos o de cosas en sí. Lo primero es absurdo, puesto que un fenómeno no puede ser explicado por otro fenómeno. Lo segundo (que parece ser la opinión de Kant) contradice su propia doctrina. En efecto, Kant supondría, por un lado, cosas en sí existentes que actúan sobre nuestros sentidos proporcionándoles la materia del conocimiento, mientras que, por otro, encierra todo el conocimiento dentro de los límites del mundo fenoménico, de suerte que las categorías de existencia o causalidad no pueden aplicarse al noúmeno. El comienzo y el proceso posterior de la *Crítica* se destruirían, pues, mutuamente.

La dificultad es tan clara que no parece posible escapara al propio filósofo. De ahí que los intérpretes se esfuercen en buscar una solución al dilema. Los unos admiten el sentido meramente *lógico* de la cosa en sí, los otros su significado *real*. Para los primeros la cosa en sí tendría el significado de una *idea* en sentido kantiano (Cohen) o de una *tendencia* inevitable del entendimiento a poner fuera de sí los objetos del conocimiento (Cassirer) o de una mera *ficción* necesaria, porque en nuestro conocimiento todo ocurre *como si* existieran cosas en sí (Vaihinger). Para los segundos la cosa en sí se *identificaría* con la realidad subyacente al sujeto cognoscente (Fischer) o sería *distinta* de él (Riehl).

Esta última opinión parece ser la más apropiada. La distinción entre fenómeno y cosa en sí constituye, como hemos visto, uno de los ejes de la *Crítica*. Kant no pensó jamás que las cosas pudieran reducirse a nuestras representaciones. Si pudiéramos afirmar que el sujeto humano es creador en el pleno sentido de la palabra, si nuestro conocimiento no fuera esencialmente receptivo, sino que participase de la espontaneidad que la tradición atribuye al conocimiento de Dios, la distinción entre fenómeno y cosa en sí caería por su propio peso. Sin embargo, la idea de que los hombres tengamos una intuición de ese tipo, es una de las tesis que Kant pone más empeño en refutar. Pero, si Kant no ha dudado jamás de la realidad de la cosa en sí, tampoco le atribuye ningún valor cognoscitivo. Su análisis del conocimiento pretende moverse dentro de los límites del mismo conocimiento. Y así, cuando Kant discute expresamente la distinción entre fenómeno y noúmeno, se esfuerza por apartar de este último toda pretensión de conocimiento. El concepto de noúmeno se reduce al concepto meramente negativo y limitativo de algo que *hemos de pensar* (noúmeno negativo) o que *podemos pensar* problemática, no asertóricamente (noúmeno positivo), pero que en ningún caso *podemos conocer*. El problema es sólo, si Kant se mantiene siempre dentro de estos límites que él mismo se ha trazado. Para resolverlo hemos de examinar los distintos niveles en los que Kant concibe la cosa en sí y los motivos que le llevan a su afirmación.

V. Analítica trascendental

La necesidad de admitir la cosa en sí resulta en Kant de tres argumentaciones. La primera se sitúa a nivel de la sensibilidad. Las dos restantes al nivel del entendimiento. La primera es implícita, pero inequívoca. Las otras dos son formuladas explícitamente.

Las cosas en sí son necesarias, ante todo, para *dar razón* de las *impresiones* de la sensibilidad. Tal es el sentido obvio de una serie de definiciones preliminares de la estética trascendental. «Se llama sensibilidad a la capacidad de *recibir* las impresiones gracias a la manera como somos *afectados* por los objetos.»[88] «La sensación es el *efecto* de un objeto en la facultad de representación, en la medida en que somos *afectados* por él.»[89] Sin afección no hay sensación y sin sensación no hay intuición sensible, es decir, no hay conocimiento. El pensamiento se vacía y la misma crítica del conocimiento carece de sentido. El molino del pensamiento molería sin grano. No hay que imaginar, sin embargo, que la realidad de la cosa en sí se imponga a Kant en virtud de una aplicación ilegítima del principio de causalidad. Kant no tiene por qué introducir la cosa en sí en su pensamiento, por la sencilla razón de que ya estaba desde el comienzo dentro de él. La cosa en sí a este nivel es más bien un *presupuesto* que una *deducción*. Aun en medio de su impetuosa creatividad germánica late siempre en Kant un resto de empirismo inglés. Él parte de la postura del sentido común según la cual en el conocimiento se nos da a conocer algo. Su idealismo trascendental se niega enérgicamente a convertir el conocimiento en pura creación del sujeto. Por espontáneo y creador que sea, el conocimiento humano presupone siempre que algo le es dado.

De otro modo sería un puro juego de formas en el vacío. De ahí la importancia clave que corresponde al concepto de receptividad. Ahora bien, receptividad lo mismo que fenómeno es un concepto esencialmente relativo. La receptividad dice relación a algo que es recibido por el sujeto que conoce. Sin duda, el análisis kantiano del conocimiento se fija sobre todo en el modo de recepción del sujeto. Lo decisivo del concepto de experiencia en Kant —y ahí reside su diferencia con el empirismo— se encuentra del lado del sujeto que la hace posible. La posibilidad de la experiencia está supuesta kantianamente en toda experiencia de hecho. Pero es también verdad que, si no hubiera experiencia de hecho y, por tanto, receptividad, no habría en general experiencia. Si no nos fuera dado algo, no conoceríamos nada, ya que no habría nada por conocer.

---

88. *KrV*. A 19; B 33 (R, p. 65)
89. Ibid., A 19-20; B 33-34 (R, p. 65)

Consecuencias críticas de la analítica trascendental

¿Quiere esto decir que la postura de Kant esté libre de dificultades? De ningún modo. Es precisamente a este nivel que la famosa objeción de Jacobi da precisamente en el blanco. Venga de donde venga, el hecho es que la cosa en sí se ha introducido subrepticiamente en el pensamiento de Kant y que en adelante será sólo un estorbo. Suponerla causa de las impresiones sensibles es un abuso de la categoría de causalidad. Suponerla existente es un abuso de la categoría de existencia. Mas aún, como señala Schopenhauer, ni siquiera cabe hablar con propiedad de cosa en sí, puesto que, al hacerlo, estamos aplicando la categoría de unidad o de pluralidad a algo que por hipótesis no puede someterse a ninguna categoría. Escudarse diciendo que estas categorías se usan sólo para pensar la cosa en sí, no para conocerla, y que, por lo mismo, se toman en un sentido distinto del que tienen, cuando se aplican a los fenómenos, es salirse por la tangente. Desde el momento en que Kant concibe a la cosa en sí no sólo como un no-fenómeno, sino como algo que de alguna manera afecta a nuestros sentidos, su concepto deja de ser meramente negativo. El precepto kantiano de no emplear el concepto de noúmeno sino como negativo y limitativo es, pues, incompatible con su empleo real[90].

Las cosas en sí son necesarias, en segundo lugar, porque así lo *exige* el concepto de *fenómeno*. Si antes nos encontrábamos con que el concepto de cosa en sí se introdujo en la *Crítica* a partir de un presupuesto de corte empirista, ahora sucede algo similar en fuerza de otro presupuesto, de raíz racionalista, que, como apunta Maréchal, ha logrado deslizarse en el seno de un pensamiento tan desconfiadamente crítico como el de Kant. Este presupuesto proveniente de la filosofía de Wolff, dice así: nada puede ser puesto o afirmado fuera de las exigencias de inteligibilidad de la razón. Ahora bien, el fenómeno, como algo esencialmente relativo, no es en sí mismo inteligible y, por tanto, no puede ser puesto ni afirmado, sin afirmar al mismo tiempo su complemento necesario de inteligibilidad: un absoluto o cosa en sí[91]. El noúmeno es el correlato inevitable del concepto de fenómeno. Como escribe el propio Kant: «Del concepto de fenómeno se sigue naturalmente que algo debe de corresponderle, algo que en sí no es fenómeno, porque el fenómeno no puede ser nada por sí mismo e independientemente de nuestro modo de representación.»[92] La idea de una cosa que aparece lleva consigo, como concepto límite, la idea de la misma cosa, considerada en sí misma, aparte de su aparecer. «Es como si el noúmeno fuera el reverso de una

---
90. Cf. S. Körner, *Kant*, Madrid 1977, p. 86s.
91. Cf. J. Maréchal, o.c., p. 216s.
92. *KrV*, A 251 (R, p. 269).

medalla, la cara que no vemos ni podemos ver, pero cuya noción indeterminada acompaña necesariamente la cara que vemos.»[93] De otro modo, confiesa el propio Kant, «se produciría un perpetuo círculo»[94], es decir, se explicaría un fenómeno por otro fenómeno, lo que sería no explicar nada, y «se seguiría la proposición absurda, de que habría apariencia sin nada que apareciera»[95]. En resumen, el noúmeno o cosa en sí es la condición de inteligibilidad del fenómeno. Por ello, poner el fenómeno significa por el mismo título poner la cosa en sí.

Esta concepción es de por sí correcta. El concepto de cosa en sí o noúmeno tiene aquí un sentido meramente negativo. Propiamente hablando se le define únicamente como un no-fenómeno y en este sentido no encierra más compromisos filosóficos que el concepto de fenómeno. Si, por ejemplo, los fenómenos constituyen el objeto del conocimiento científico, entonces los noúmenos como no-fenómenos no son objeto de ningún conocimiento.

Finalmente, la cosa en sí es necesaria, porque así lo exige la noción crítica de límite del conocimiento. Este punto de vista adquiere especial relieve en los *Prolegómenos*. Kant distingue, en efecto, entre *limitación (Schranke)* y *límite (Grenze)*. La limitación es una noción meramente negativa y designa únicamente el término o la extremidad de algo. No se refiere, por tanto, a otra cosa que a la cosa misma de que se trata y afirma de ella que no va más allá de sus propios lindes. El límite, en cambio, es una noción a la vez positiva y negativa. Si designa el «hacia acá» de una cosa es en relación a un «más allá», al espacio abierto que le rodea. «Los límites (en los seres extensos) suponen siempre un espacio que se encuentra fuera de un lugar determinado y lo encierra; las limitaciones, en cambio, son simples negaciones que afectan una cantidad en la medida en que no es una totalidad absoluta.»[96] Si transportamos esta distinción de la geometría a la crítica del conocimiento la conclusión es obvia: limitar el conocimiento a los fenómenos significa poner un más allá de los fenómenos, una especie de espacio abierto, que está ahí, pero en el que el conocimiento no podrá jamás entrar. «Al comienzo de esta observación», escribe Kant, «me he servido de la imagen de un límite para fijar las fronteras de la razón humana. El mundo sensible no contiene sino fenómenos, que no son cosas en sí mismas; pero a éstas *(noumena)*, el entendimiento debe admitirlas precisamente porque reconoce los objetos de experiencia por simples fenómenos»[97].

---
93. J. Copleston, o.c., VI, p 259
94. *KrV*. A 252 (R, p. 269).
95. Ibid., B XXVII (R, p. 25).
96. *Proleg.*, § 57, p. 352.
97. Ibid., § 59, p. 360.

Observaciones críticas

Si se parte de la idea kantiana de los límites de la razón, la consecuencia es correcta. La limitación del conocimiento posible a los fenómenos implica la afirmación de un «más allá» del fenómeno y de la imposibilidad de conocerlo. Sólo que Kant se ha facilitado la solución de la cuestión por la misma manera de presentarla. Limitar el conocimiento a la manifestación de las cosas para nosotros, es excluir del conocimiento las mismas cosas tal como son en sí. Pero ¿qué es lo que autoriza a Kant a trazar este límite tan tajante y a establecer así la unidad de conocimiento y fenómeno? El idealismo al menos nos ha acostumbrado a una perspectiva distinta. No conocemos más que el fenómeno y más allá de él nada. Si el fenómeno no es otra cosa que el aparecer del ser, la idea de un más allá del fenómeno se vacía no solamente para nosotros, sino también en sí, ya que más allá del ser no hay nada. Si Kant limita el conocimiento a los fenómenos y pone por esto mismo un más allá del fenómeno, es porque presupone la existencia de la cosa en sí. En el fondo del razonamiento kantiano se esconde, pues, una petición de principio[98].

En resumen, el fenomenismo kantiano, a mitad de camino entre el idealismo y el realismo, es una actitud difícil y a la larga insostenible. El problema de la cosa en sí se convertirá con razón en piedra de escándalo del pensamiento de Kant. Tanto los primeros críticos del filósofo, como sus amigos hipercríticos tropezarán en esa piedra. El propio Kant no estará del todo satisfecho con la solución concreta del problema y en el *Opus postumum* iniciará nuevos caminos de solución en una dirección que prenuncia en parte a Fichte. La aporía de la cosa en sí es la gran aporía del kantismo. Si no hay que ver en ella, como apunta Hirschberger, la expresión «de los límites y aporías inherentes a todo fenomenismo»[99].

6. OBSERVACIONES CRÍTICAS

El problema que está a la base de la analítica trascendental lo hemos formulado ya repetidas veces: cómo los conceptos puros del entendimiento pueden representar objetos dados en la sensibilidad. Kant no podía evitar de plantearse este problema. Mas aún, debía darle necesariamente una solución en sentido trascendental en fuerza de dos actitudes típicas de su pensamiento: 1) la negación de la intuición intelectual; 2) el rechazo de la abstracción.

---
98. Cf. R. Verneaux, *Critique de la «Critique de la raison pure» de Kant*, París 1972, p. 177.
99. J. Hirschberger, o.c., p. 174. Véase sobre esta cuestión capital el comentario histórico-sistemático de J. Gómez Caffarena, *Notas sobre «fenómeno y noúmeno»*, en: «Pensamiento» XXIII/89 (1967) 51-76.

V. Analítica trascendental

Estas dos tesis provienen de la circunstancia histórica. Kant sólo conocía la intuición intelectual de los racionalistas y la abstracción sensible de los empiristas. Ahora bien, la intuición intelectual de los racionalistas (ideas innatas, visión en Dios, etc.) era siempre concebida de algún modo como un salto por encima de la condición humana. Cuando Kant se refiere a la intuición intelectual la concibe siempre así: como un conocimiento creador que capta las cosas desde su raíz, sin necesidad de pasar por la sensibilidad y que sólo puede convenir a Dios, para quien conocer es crear. Por otra parte, la abstracción empirista consistía en un parangonar, amontonar y generalizar imágenes particulares. Es claro que, en esta hipótesis, la abstracción no podrá jamás fundamentar la universalidad y necesidad de la ciencia. Del amontonamiento de imágenes particulares jamás podría salir un conocimiento auténtico universal.

Tal era el dilema en el que Kant se debatía, empujado por la circunstancia histórica: la intuición intelectual es contraria a la experiencia; la abstracción empirista es incapaz de explicar la universalidad y necesidad de la ciencia. Existe históricamente una solución intermedia: la abstracción intelectual o intelección abstractiva de la mejor tradición aristotélica que si, por una parte, pone en la experiencia sensible el origen del conocimiento, supera, por otra, esta experiencia gracias a la espontaneidad y apriodad del entendimiento agente. Pero esta solución estaba lejos del horizonte histórico del pensamiento kantiano. Y así la filosofía de Kant, empujada por el ineludible coeficiente histórico, tuvo que andar por un camino nuevo y original: el apriorismo constitutivo y trascendental, que constituye su grandeza y su miseria.

En efecto, es posible mostrar que de la negación kantiana de la intuición racionalista y de la abstracción empirista se siguen las dos tesis fundamentales y el problema central de la *Crítica*. Si pensar no es intuir, tendrá que ser un elaborar, un componer, un sintetizar y la primera actividad del espíritu consistirá en el juicio. Si la acumulación de la experiencia no puede darnos necesidad, habrá que ponerla[100]. Con ello tenemos perfectamente delimitado el problema central de la *Crítica*: se tratará de buscar la posibilidad de juicios sintéticos *a priori* y de buscarla únicamente del lado del sujeto que conoce.

Planteada así la problemática de la analítica, nuestro juicio acerca de ella dependerá de que admitamos o no la existencia de juicios sintéticos *a priori*. Si pensamos que no hay juicios de esta clase, el problema de Kant cae por su base. En términos kantianos diríamos que todas las pro-

---
100. Cf. S. Vanni Rovighi, o.c., p. 103s.

Observaciones críticas

posiciones son analíticas o sintéticas *a posteriori*. Con ello, por supuesto, nos hemos enrolado en las filas del empirismo clásico o de los actuales neopositivismos. Si pensamos, en cambio, que hay juicios sintéticos *a priori*, reconocemos que el problema planteado por Kant es un problema real. La sola experiencia no puede darnos jamás verdadera universalidad ni conexiones estrictamente necesarias. Pero no se sigue de ahí que estemos obligados a aceptar la solución kantiana. Todas las filosofías conscientemente no empiristas o no positivistas coinciden con Kant en admitir en el conocimiento, llámese como se llame, una actividad *a priori* del espíritu. Kant se empeña en obligarnos a elegir entre el empirismo y su apriorismo trascendental. Por eso en la deducción trascendental de las categorías, como antes en la de las formas de espacio y tiempo, parte siempre del mismo razonamiento: los juicios sintéticos *a priori* que están en la base de la ciencia de la naturaleza no pueden provenir de la experiencia y exigen como condición de posibilidad una síntesis *a priori* de la sola facultad de conocer. Al encontrar cerrado el camino del lado de la objetividad, Kant se lanza en brazos de su subjetividad trascendental. La hipótesis de la revolución copernicana se ha consumado y convertido en tesis, porque Kant no ha pensado jamás en otra hipótesis. Existe, sin embargo, una «tercera vía». Si el entendimiento es también un *intus legere*, si en dependencia de la percepción sensible es capaz de discernir la estructura inteligible, objetiva del ser, entonces cabe enunciar juicios sintéticos *a priori* que tengan validez para la realidad misma. No se trata aquí de justificar esta postura, sino demostrar que no estamos obligados a elegir entre Kant y el empirismo[101].

Al analizar la distinción kantiana entre fenómeno y cosa en sí, hemos tropezado con una noción tan inevitable como incomprensible: la de la cosa en sí o el noúmeno como algo real, pero desconocido. ¿Qué decir de esta cuestión tan enojosa? Afirmar que la cosa en sí es incognoscible es una proposición analítica en estos dos sentidos: si conocer una cosa tal como es en sí significa conocerla tal como la conoce Dios, que la ha creado, o tal como se conocería ella a sí misma, si fuera plenamente autoconsciente. El hombre no es Dios, ni es la cosa que existe al margen de su conocimiento. En este sentido, y pasando del derecho al hecho, hay que decir también que el conocimiento humano no es nunca exhaustivo. En las cosas y en el hombre mismo hay un «resto» que no se muestra, que escapa a nuestro conocimiento, tanto sensitivo como intelectual. Si se quiere llamar «en sí» a este resto, entonces afirmarlo incognoscible es también una proposición analítica. Si Kant no pasara de aquí, no

---

101. Cf. J. Copleston, o.c., VI, p. 262s.

V. Analítica trascendental

habría dificultad en seguirle, pero él da un paso más. La cosa en sí es incognoscible, porque el conocimiento se limita a los fenómenos. El idealismo trascendental se desdobla así en un agnosticismo metafísico en razón de la franja de realismo o empirismo que conserva en su flanco. Ahora bien, el agnosticismo es una postura inestable y a la larga insostenible. Si no sabemos nada de las cosas en sí, sería mejor no hablar de ellas. Kant empero habla de las cosas en sí, lo que lleva a sospechar que sabe algo de ellas. Afirma, por ejemplo, que existen o que no son espacio-temporales. Se trata sin duda de determinaciones negativas. Pero saber lo que una cosa no es, es ya saber algo de una cosa. Para salir de este atolladero no hay más que un doble camino. O bien suprimir la cosa en sí, a reserva de recuperarla luego como momento del conocimiento en función de la identificación básica entre el aparecer y el ser, con lo que estamos en el idealismo, o bien conservar la cosa en sí, pero admitiendo a la vez que se conoce de algún modo, en y a través de los fenómenos, con lo que volvemos al realismo de cuño aristotélico. En todo caso, hay que acabar con la noción de cosa en sí radicalmente desconocida[102].

Queda por tocar un último problema: la situación del pensamiento kantiano ante el progreso posterior de la ciencia. Para resolverlo, distingamos entre el problema de hecho y la cuestión de derecho. En lo que se refiere al primer punto, hay que subrayar ante todo «una cosa que nadie ignora: el kantismo ha caído de las ciencias en la historia de las ciencias. Pese a los laudables esfuerzos de E. Cassirer, hoy ya no parece posible relacionar el kantismo con la ciencia física moderna. En la medida en que los comentadores de la escuela de Marburgo tuvieron razón al interpretar a Kant dentro de la perspectiva de las ciencias, buscando justamente en la *Crítica de la razón pura* un tratado del método y no una ontología, en la misma medida se tendrá también razón al decir que el kantismo reposa sobre una ciencia y una comprensión de la ciencia no actuales»[103].

Pero Kant, en la analítica trascendental plantea también una cuestión de derecho. Él pensaba que la filosofía de Newton implicaba presupuestos que no pueden justificarse *a posteriori*. Por eso plantea la posibilidad de su justificación teórica *a priori*. Mucho de lo que Kant dice es hoy anacrónico o discutible. Pero el problema sigue en pie. Aunque la ciencia se justifique *a posteriori* por su eficiencia o fecundidad, la cuestión de si implica o no presupuestos y de cuál es su estatuto lógico es una cuestión abierta, cuya solución pertenece a la filosofía. Y constituye un mérito indiscutible de Kant haberla abordado[104].

---
102 Cf R. Verneaux, o.c., p 167ss
103. A. Philonenko, o.c., p. 333s.
104. Cf. J. Copleston, o.c., VI, p. 254s.

CAPÍTULO SEXTO

DIALÉCTICA TRASCENDENTAL

La dialéctica trascendental es aquella parte de la lógica trascendental que investiga el uso del pensamiento puro más allá de los límites de la experiencia posible. Se llama «dialéctica», porque este uso del pensamiento puro más allá de los límites de la experiencia es, a ojos de Kant, un uso ilegítimo y, por tanto, sofístico o dialéctico. Se llama, sin embargo, dialéctica «trascendental», porque esta incursión del pensamiento puro más allá de la frontera de la experiencia tiene su condición de posibilidad en la estructura *a priori* del mismo pensamiento.

En la analítica trascendental, Kant ha delimitado con una frontera bien precisa lo que él denomina el «territorio» del entendimiento puro o del conocimiento objetivo. Se parece a una isla, la tierra de la verdad, rodeada por todas partes por un mar inmenso y desconocido, albergue de la ilusión. El navegante inexperto que se adentra en ese mar cree descubrir siempre en el horizonte nuevas tierras. Se trata de un espejismo, pero de un espejismo necesario, fundado en la naturaleza de nuestro espíritu. Por eso lo denomina Kant «ilusión trascendental» *(Schein)*. Lo propio de esta ilusión es que es inevitable y que no cesa aun después de ser descubierta, como no podemos evitar que el mar nos parezca más alto en el lejano horizonte que en la playa cercana o que, al introducir un bastón en el agua, nos aparezca quebrado. La dialéctica trascendental no pretende hacer desaparecer la ilusión: se contentará con desembozarla como ilusión e impedir así que nos engañe. Pero la ilusión seguirá siendo ilusión, ya que se trata de una ilusión natural que descansa en principios subjetivos y los usa como objetivos. «Hay, pues, una dialéctica natural e inevitable de la razón pura; no una dialéctica, en que por acaso se enredan los inexpertos, por falta de conocimientos, o que un sofista entreteje para confusión de gentes razonables, sino una dialéctica que es

VI. Dialéctica trascendental

irremediablemente inherente a la razón humana y que, aun después de descubierto su espejismo, no cesa de engañar y de empujar la razón sin descanso a momentáneos errores que necesitan de continuo ser remediados.»[1]

Kant se ha referido a una «dialéctica natural» de la razón. La ilusión trascendental, en efecto, se relaciona con la misma naturaleza de la razón en el sentido específico que este término toma en la tercera parte de la *Crítica*. Kant ha heredado del racionalismo escolar dos conceptos de razón. Razón significaba allí, por una parte, la facultad de conocimientos ciertos y, por otra, la facultad de conocer por meros conceptos. Para el racionalismo ambas nociones decían lo mismo. Kant, en cambio, distingue dos usos distintos de la razón. La razón como facultad de conocimientos ciertos es lo que hasta ahora ha entendido por razón o facultad de conocer en general. La razón como facultad de conocer por meros conceptos es lo que entiende por razón en la dialéctica trascendental.

En este sentido, la razón se distingue esencialmente del entendimiento. El entendimiento es una facultad que conoce por conceptos, pero no por meros conceptos. El concepto, en efecto, es la representación de la unidad de una regla, según la cual una multiplicidad de origen intuitivo es reunida. Por ello el concepto se refiere a la intuición sensible esencialmente y se encarna en ella. La razón, en cambio, toma los conceptos del entendimiento y opera con ellos de modo meramente lógico, al margen de su relación con la intuición sensible[2]. Ahí está la raíz de la ilusión trascendental. En un conocimiento que concuerde completamente con las leyes del entendimiento no puede haber error. Pero la razón conculca estas leyes, al traspasar la frontera de la experiencia y hacer un uso *trascendente* de conceptos y juicios del entendimiento, que no permiten otro uso que el *inmanente*, es decir, el que se mueve exclusivamente dentro de los límites de la experiencia posible. Ahora bien, todo ello lo lleva a cabo la razón empujada irresistiblemente por su misma estructura *a priori*. Se impone, pues, a la filosofía crítica de Kant una última y definitiva tarea: el análisis de la facultad racional en orden a encontrar, en su mismo ejercicio, los elementos *a priori* que lo dirigen.

1. LAS IDEAS TRASCENDENTALES

«Todo nuestro conocimiento empieza por los sentidos; de aquí pasa al entendimiento y termina en la razón. Sobre ésta no hay nada más alto

---

[1]. *KrV*, A 298; B 354-355 (R, p. 300).   [2]. Cf. F. Martínez Marzoa, o.c., p. 217s.

Las ideas trascendentales

en nosotros para elaborar la materia de la intuición y ponerla bajo la suprema unidad del pensamiento.»[3] Kant ha sacado a la luz hasta ahora los elementos *a priori* de la facultad de conocer en general en el doble estadio de la sensibilidad y del entendimiento: las formas de espacio y tiempo y las categorías, esquemas y principios puros. La pregunta que se hace ahora es la siguiente: ¿qué elementos *a priori* constituyen la estructura trascendental de la razón, como facultad de conocer por meros conceptos? Y la respuesta es inequívoca: las *ideas trascendentales*.

Kant denomina, pues, «ideas» a los conceptos puros que están en la base del ejercicio de la actividad racional. El término recuerda a Platón. El propio Kant subraya que el fundador de la Academia entendió la idea como «algo que no es sacado nunca de los sentidos, sino que excede con mucho los conceptos del entendimiento, del que se ocupó Aristóteles... Las ideas son para Platón arquetipos de las cosas mismas y no sólo claves de experiencias posibles, como las categorías»[4]. Platón advirtió muy bien que nuestra facultad de conocer no se contenta con deletrear los fenómenos para poder leerlos como experiencia, sino que se encumbra naturalmente hasta conocimientos que van más lejos de lo que puede ofrecer cualquier objeto de la experiencia. Kant se contenta con subrayar este sentido trascendente de la idea platónica. Investigar más a fondo el significado exacto que Platón da a sus ideas cae fuera de su cometido. Sólo observa que «no es nada extraordinario entender a un autor sobre su objeto, mejor que él mismo se entendió»[5]. Esto es exactamente lo que Kant va a hacer.

¿Qué es, pues, la idea en Kant? La idea es un concepto puro de la razón que excede la posibilidad de la experiencia y determina, según principios, el uso del entendimiento, en el todo de la experiencia completa. Al revés de las categorías, las ideas no se refieren a ninguna intuición sensible, sino al uso del entendimiento en el conjunto total de la experiencia. No son arbitrariamente fingidas, sino propuestas por la naturaleza misma de la razón: son, pues, verdaderamente ideas trascendentales. Por último, las ideas superan los límites de toda experiencia en la que nunca puede presentarse un objeto que les corresponda: su uso no es, por tanto, inmanente, sino trascendente[6].

Si Kant ha de ser fiel a la arquitectónica de la *Crítica* le compete ahora como tarea la deducción de las ideas. El principio de esta deducción es muy sencilla: como conceptos puros de la razón, las ideas no

---
3. *KrV*, A 298-299; B 355 (R, p. 300).
4. Ibid., A 313; B 370 (R, p. 310).
5. Ibid., A 314; B 370 (R, p. 310).
6. Cf. ibid., A 326-327; B 383-384 (R, p. 317s).

VI. Dialéctica trascendental

pueden tener otra fuente que la misma razón en su ejercicio. Antes de proceder a su deducción, importa, pues, conocer bien el modo de proceder de la facultad racional. A este respecto, Kant empieza por distinguir dos usos de la razón: el *uso lógico* y el *uso real* o *puro*. En efecto, de la razón como del entendimiento, hay un uso meramente formal o lógico, cuando se hace abstracción de todo contenido del conocimiento. Pero hay también un uso real o puro que está supuesto en el lógico y remite a las ideas trascendentales, como a los elementos *a priori* que lo hacen posible. La razón como facultad lógica ha sido estudiada desde hace tiempo por los lógicos. En cambio, la razón como facultad trascendental que produce *a priori* sus propios conceptos es totalmente desconocida. Kant espera con todo que, en analogía con el procedimiento usado en la analítica trascendental para deducir las categorías del entendimiento, el uso lógico de la razón incluya la clave del uso puro o trascendental y, en consecuencia, que la tabla de las funciones del primero le proporcione la clasificación de los elementos *a priori* del segundo.

Ahora bien, si el entendimiento en su uso lógico era la facultad de juzgar, la razón es la facultad de *raciocinar*. Pero ¿qué es exactamente un raciocinio? El *raciocinio* es el proceder deductivo de la razón como facultad de concluir *mediatamente*. Su ejemplo clásico es el *silogismo*. En todo silogismo se parte de una proposición dada y, por mediación de otra intermedia, se deduce o infiere una tercera, la conclusión. Tomemos como ejemplo un silogismo que aduce el propio Kant: «Todos los hombres son mortales. Todos los sabios son hombres. Luego, todos los sabios son mortales.» En este raciocinio la razón procede, por así decirlo, de arriba a abajo. La conclusión se infiere como consecuencia de la premisa mayor por medio de la condición de la menor. Pero es claro que se puede proceder también al revés, es decir, de abajo a arriba. Se puede buscar la verdad de la premisa mayor, presentándola como conclusión de un prosilogismo. Esto se lograría, en nuestro caso, del modo siguiente: «Todos los animales son mortales. Todos los hombres son animales. Luego, todos los hombres son mortales.» La nueva premisa mayor puede ser a su vez objeto de un proceso análogo y ser presentada como conclusión de otro prosilogismo y así sucesivamente.

En este proceder de la razón dos cosas saltan a la vista: 1) Que la razón no se refiere inmediatamente a los objetos y a su intuición, sino a los conceptos y juicios del entendimiento. Si el entendimiento se ocupaba de los fenómenos de la sensibilidad y los unificaba en conceptos y juicios, la razón se ocupa de los conceptos y juicios del entendimiento y se esfuerza por unificarlos a la luz de un principio superior. La unidad de la razón no es, pues, la unidad de una experiencia posible, sino otro

Las ideas trascendentales

tipo de unidad. 2) Que la razón en su uso lógico, el raciocinio, busca la condición general de un juicio, es decir, de la conclusión. El raciocinio no es otra cosa que el procedimiento de inferir un juicio (conclusión), mediante la subsunción de su condición (menor) bajo una regla general (mayor). Pero, como esta regla está a su vez sometida a la misma operación y hay que buscar la condición de la condición hasta donde sea posible, es claro que el quicio del proceder de la razón en su uso lógico estriba en la *búsqueda de un incondicionado* para el conocimiento condicionado del entendimiento.

Ahora bien, este comportamiento de la razón en su uso lógico, esta exigencia que le empuja, sin parar, a elevarse de condición en condición, en dirección a un incondicionado, se basa, piensa Kant, a nivel trascendental en los dos *supuestos* que siguen: 1) un *principio sintético a priori* de la pura razón que puede formularse así: si se da lo condicionado, se da también la totalidad de la serie de las condiciones, totalidad que es ella misma incondicionada; 2) ciertos *conceptos puros* de la totalidad de las condiciones o, lo que es lo mismo, de lo incondicionado, como principios de la síntesis de lo condicionado, es decir, lo que Kant entiende por idea trascendental. En este sentido las ideas de la razón no son otra cosa que el concepto puro de «la totalidad de las condiciones para un condicionado dado. Ahora bien, como sólo lo incondicionado hace posible la totalidad de las condiciones y, recíprocamente, la totalidad de las condiciones es siempre incondicionada, así el concepto puro de razón, en general, puede ser definido por el concepto de lo incondicionado, por cuanto contiene un fundamento de la síntesis de lo condicionado»[7].

Sólo le falta a Kant dar a sus ideas la concreción definitiva. Para ello no necesita de otro medio que llevar hasta el fin el supuesto del que ha partido, a saber, que basta con analizar el uso lógico de la razón, el raciocinio, para encontrar en él la clave del uso puro: las ideas trascendentales que lo hacen posible. Ahora bien, hay tres tipos de silogismo: el *categórico*, el *hipotético* y el *disyuntivo*, que corresponden a las tres categorías de relación: substancia, causa y reciprocidad. En cada uno de ellos la relación de lo condicionado con la condición es o la relación del predicado con el sujeto (silogismo categórico) o la relación del efecto con la causa (silogismo hipotético) o la relación de mutua exclusión entre las partes de un todo (silogismo disyuntivo). Pues bien, en correspondencia con estos tres tipos de raciocinio hay también tres formas del concepto de lo incondicionado, postuladas por el principio sintético *a priori* de la pura razón. En la serie ascendente de los raciocinios categóricos la razón

---

7. Ibid., A 322; B 379 (R. p. 315).

VI. Dialéctica trascendental

busca un *concepto* que represente algo que sea *siempre sujeto* y nunca predicado. En la serie de los raciocinios hipotéticos la razón busca la *causa de las causas*, el concepto de una causa que no tenga a su vez otra causa, porque, por definición, toda causa está dentro de ella. Finalmente, en la serie de los silogismos disyuntivos la razón busca como última y definitiva unidad incondicionada la noción de la *totalidad de la realidad*, el concepto de algo que no sea una parte del ser, sino, por así decirlo, el ser de todos los seres.

Si tenemos en cuenta finalmente que todas nuestras representaciones incluyen tres tipos de relaciones: al *sujeto* en la *experiencia interna*, a los *objetos* como fenómenos en la *externa* y a los *objetos* del *pensamiento en general*, llegaremos a la conclusión de que las ideas trascendentales se reducen únicamente a estas tres: a la idea del *yo*, como unidad absoluta del sujeto pensante; a la idea del *mundo*, como unidad absoluta de la totalidad de los fenómenos, y finalmente a la idea de *Dios*, como unidad absoluta y suprema condición de posibilidad de todos los objetos del pensamiento en general. Ahora bien, «el sujeto pensante es el objeto de la *psicología*, el conjunto de todos los fenómenos (el mundo) es el objeto de la *cosmología*. La cosa que contiene la condición suprema de la posibilidad de todo cuanto puede ser pensado (el ser de todos los seres) es el objeto de la *teología*. Así la razón pura da la idea para una doctrina trascendental del alma *(Psychologia rationalis)*, para una ciencia trascendental del mundo *(Cosmologia rationalis)*, y finalmente también para un conocimiento trascendental de Dios *(Theologia transcendentalis)*»[8].

Ya tenemos, pues, deducidos del mismo proceder de la razón y cogidos, por así decirlo, en su misma fuente, los tres grandes objetos de la metafísica especial según la conocida división de Wolff: yo, mundo y Dios. Pero aquí aparecen no como objetos trascendentes de conocimiento, sino sólo como ideas reguladoras del proceder inmanente de la razón. Las ideas trascendentales son, pues, concretamente, conceptos *a priori* de algo absoluto que rebasa la posibilidad de la experiencia. «Si contienen lo incondicionado, se refieren a algo bajo lo cual se halla comprendida toda experiencia, pero que no puede ser nunca objeto de experiencia.»[9]

Kant no cede un ápice de lo establecido en la analítica trascendental. Conocimiento equivale a intuición más pensamiento. Carente de intuición sensible a regular, sólo le queda a la razón regular el uso del entendimiento, pero sin poseer propiamente objetos de conocimiento. En una palabra, en el plano de la razón, hay pensamiento, pero no conocimiento. Es sintomática a este respecto la célebre imagen kantiana de la

---

8 Ibid., A 334; B 391-392 (R. p. 323)   9 Ibid., A 311; B 367 (R. p. 308s).

paloma. La razón bate sus alas inútilmente llevada de sus ideas, como una paloma ligera que, al no encontrar resistencia, se imaginara que en el vacío vuela más fácilmente, siendo así que en el vacío es imposible el vuelo[10]. Por ello, al revés de lo que sucedía con las categorías, las ideas trascendentales no son principios constitutivos, sino sólo regulativos de la experiencia. Son focos de luz hacia una unidad superior, hacia la que apunta toda experiencia, pero que ninguna experiencia efectiva alcanza jamás plenamente. Sería difícil expresar más drásticamente la impotencia de la razón en el plano del conocimiento teórico: «Con las ideas trascendentales, propiamente hablando, tan sólo sabemos que no sabemos nada.»[11]

Sin embargo, por ineficaces que sean como instrumentos de conocimiento, la utilidad de las ideas está fuera de toda duda. «Aun cuando de los conceptos trascendentales de la razón debemos decir: *son sólo ideas*, no por eso hemos de considerarlos como superfluos y vanos.»[12] Las ideas constituyen la clave de bóveda que corona el edificio de nuestro conocimiento y sirven de enlace entre el orbe natural y el orbe moral. Por ello, «aun cuando por medio de ellas ningún objeto puede ser determinado, sin embargo pueden servir, en el fondo y sin notarse, al entendimiento, como canon de su uso ampliado y uniforme; el entendimiento no conoce por medio de ellas ningún objeto más que los que conocería por sus propios conceptos, pero va mejor dirigido y más lejos en este conocimiento. Y no añadimos que acaso hagan posible un tránsito de los conceptos de la naturaleza a los prácticos y puedan proporcionar así a las ideas morales la solidez y la conexión con los conocimientos teóricos de la razón»[13].

2. CRÍTICA DE LA METAFÍSICA ESPECIAL

La primera parte de la dialéctica trascendental trata, como acabamos de ver, de las ideas de la razón. Dado que estas tres ideas contienen los tres objetos de la metafísica tradicional, la actitud de Kant ante ellas prejuzga ya de antemano su actitud para con la metafísica especial. La metafísica tiene por objeto una mera idea, a la que no sabremos nunca si corresponde o no una realidad. La metafísica, como obra de la razón, es la puesta en obra de la ilusión trascendental: se toma por objetivo lo que

---
10. Cf. ibid., A 5; B 8-9 (R, p. 46).
11. Ibid., A 470; B 498 (R, p. 425).
12. Ibid., A 329; B 385 (R, p. 319).
13. Ibid., A 329; B 385-386 (R, p. 319).

VI. Dialéctica trascendental

no es más que un espejismo subjetivo, aunque inevitable, del pensamiento humano. Sin embargo, como si no tuviera bastante con este rechazo de la misma posibilidad de la metafísica, Kant dedica todavía una segunda parte de la dialéctica trascendental, la más larga de la *Crítica*, al análisis de los raciocinios dialécticos o sofísticos que, en su opinión, se encuentran en la base de los desarrollos metafísicos. Cuando la razón se atreve a aventurarse más allá de sus propios límites, se enreda miserablemente consigo misma y cae en toda suerte de falacias y sofismas. De ahí la importancia de sacar definitivamente a la luz esta dialéctica natural de la razón, a la que hasta ahora ni siquiera los más sabios de los hombres han sabido substraerse. Kant lo hace en tres capítulos, que se refieren sucesivamente a las tres partes de la metafísica especial, psicología racional, cosmología y teología natural, y llevan el título de «paralogismos», «antinomias» e «ideal» de la razón pura.

a) *Psicología racional*

La psicología racional es la ciencia que pretende conocer la naturaleza del alma como una substancia simple, espiritual e inmortal, basándose únicamente en esta única proposición: «yo pienso.» Kant cree que este intento se basa en un paralogismo, es decir, en la falsedad de un raciocinio según la forma, sea cual sea su contenido. En efecto, el quicio de la psicología racional se encuentra en la afirmación básica de la substancialidad del yo. Ahora bien, el razonamiento con el que se demuestra esta substancialidad constituye un silogismo de cuatro términos. La prueba, en su forma usual, puede expresarse así:

Aquello que no puede ser pensado más que como sujeto absoluto de los juicios no existe tampoco más que como sujeto, y es, por tanto, substancia.

Pero yo, en cuanto ser pensante, no puedo ser pensado más que como sujeto absoluto de todos mis juicios[14].

Luego, yo, en cuanto ser pensante, soy substancia.

En esta prueba las dos premisas son materialmente verdaderas. En lo que se refiere a la premisa mayor, es verdad que la categoría de substancia se aplica siempre a un objeto dado que no puede ser pensado más que como sujeto y nunca como predicado. Y en lo que toca a la premisa menor, es también verdad que yo soy siempre el sujeto absoluto de todos mis juicios. El fallo del raciocinio, según Kant, está sólo en su forma,

---

14. Cf. ibid., B 410-411 (R. p. 369).

en el hecho de que el término medio: «aquello que no puede ser pensado más que como sujeto» se toma en dos sentidos. En la premisa mayor como un objeto del pensamiento en general, por tanto como algo que ha de poder ser dado en la intuición sensible. Y en la premisa menor, como sujeto trascendental, el yo puro de la autoconciencia. En otras palabras, el yo, sujeto absoluto de todos nuestros juicios, no es para Kant otra cosa que una magnitud lógico-trascendental. En cambio, en el raciocinio se toma inmediatamente como una realidad dada y ahí está el paralogismo.

La crítica kantiana es válida, pero sólo desde sus propios supuestos. Sucede aquí lo contrario de lo que ocurría en la deducción trascendental de las categorías. Allí el paralogismo no se daba para Kant, sino sólo para el no kantiano que no identificaba la síntesis objetiva con la síntesis trascendental. Aquí, en cambio, el paralogismo se da sólo para Kant, pero no para el no kantiano que identifica el yo de la autoconciencia con el yo substancial u ontológico.

b) *Cosmología*

La cosmología es la ciencia que tiene por objeto el mundo como totalidad absoluta de los fenómenos. Pues bien, en opinión de Kant, la idea de mundo muestra su ilegitimidad, al dar pie, ineluctablemente, a una serie de afirmaciones antitéticas o contradictorias. Kant pretende esbozar aquí una refutación *ad absurdum* del intento mismo de esta rama de la metafísica. Si se pretende hacer metafísica del mundo, dando a nuestros conceptos un valor trascendente, la razón se enreda en una doble serie de contradicciones. Cada una de estas dos series es susceptible de demostración racional. Sin embargo, la una anula a la otra. He aquí la doble serie de antinomias o proposiciones contradictorias, expuestas en forma de tesis y antítesis, que Kant relaciona respectivamente con el dogmatismo y el empirismo.

1) *Antinomias de la cantidad*, tomadas de la composición del mundo. *Tesis:* «El mundo tiene un comienzo en el tiempo y se halla también limitado en el espacio.» En caso contrario, el momento presente habría sido precedido por una serie infinita de fenómenos, lo que es imposible. La misma razón vale también del espacio. *Antítesis:* «El mundo no tiene ni comienzo en el tiempo ni límite en el espacio, sino que es ilimitado tanto espacial como temporalmente.» En caso contrario, hubo un tiempo en que no hubo mundo, es decir, un tiempo vacío. Pero nada puede producirse en un tiempo vacío. Una razón similar vale del espacio: un

mundo finito y limitado se encontraría por hipótesis en el espacio vacío. Dado que el mundo es la totalidad de los objetos, esta relación del mundo con el espacio vacío sería una relación con ningún objeto y, por tanto, una relación que al no ser nada, no podría limitar nada[15].

2) *Antinomias de la cualidad*, tomadas de la división de las cosas. *Tesis:* «Toda substancia compuesta en el mundo se compone de partes simples y no existe nada más que lo simple o lo compuesto de lo simple.» En efecto, en la hipótesis de que las substancias compuestas no se compongan de partes simples, suprimida por el pensamiento toda composición, no quedaría nada. *Antítesis:* «Ninguna cosa compuesta en el mundo es formada de partes simples y no existe en el mundo nada simple.» En efecto, en la hipótesis de que una cosa compuesta lo fuese de partes simples, debería componerse de tantas partes como las hay en el espacio que ocupa. Así, pues, lo simple ocuparía un espacio, lo que es absurdo[16].

3) *Antinomias de la relación*, concernientes al origen de los fenómenos en el mundo. *Tesis:* «Además de la causalidad necesaria según las leyes de la naturaleza, existe también en el mundo una causalidad libre.» Efectivamente, en el caso de que no haya otra causalidad que la necesaria, todo lo que ocurre está determinado por algo anterior, sin que pueda darse jamás un primer comienzo, sino sólo comienzos subalternos, lo que es absurdo. *Antítesis:* «No hay libertad alguna, sino que todo ocurre en el mundo según las leyes necesarias de la naturaleza.» Efectivamente, la libertad, no sólo como comienzo espontáneo de una serie de acciones, sino como determinación de esta misma espontaneidad, es contraria a la ley de la causalidad, que exige que en la experiencia todo esté condicionado por el enlace de causa efecto[17].

4) *Antinomias de la modalidad*, concernientes al origen del mismo mundo. *Tesis:* «El mundo supone como parte o causa del mismo un ser absolutamente necesario.» Efectivamente, la existencia en el mundo de una serie de fenómenos condicionados exige como condición de posibilidad no sólo la totalidad absoluta de las condiciones, sino también, en cabeza, un incondicionado, es decir, un ser absolutamente necesario. *Antítesis:* «No existe en parte alguna un ser absolutamente necesario ni en el mundo ni fuera del mundo como su causa.» Efectivamente, el ser absolutamente necesario no puede darse en el mundo, porque entonces habría en el mundo un comienzo absoluto y, por tanto, sin causa; ni fuera del mundo, porque en el mismo momento en que empezara su re-

---

15. Cf. ibid., A 426; B 454 (R, p. 394).
16. Cf. ibid., A 434; B 462 (R, p. 400)
17. Ibid., A 445; B 473 (R, p. 407).

lación con el mundo, entraría a formar parte de la serie de las causas intramundanas y ya no estaría fuera del mundo[18].

De estas cuatro antinomias, las dos primeras, que Kant denomina «matemáticas», conducen a una problemática tan antigua como la misma filosofía; las dos segundas, que él denomina «dinámicas», a la vez que recogen posiciones filosóficas del pasado, dependen en su formulación de la noción kantiana del enlace causal como necesario y unívoco. Por ello, más interesante que la discusión de las antinomias es la solución que Kant les da. En efecto, la postura normal sería decir que de las dos series solamente una puede ser verdadera. Kant, en cambio, dice de las dos primeras antinomias que ambas series pueden ser falsas y de las dos segundas que ambas series pueden ser verdaderas, aunque en sentido diverso. La razón de esta postura está en la distinción kantiana entre fenómenos y cosa en sí. Las antinomias nacían, piensa Kant, del desconocimiento de esta distinción: su supuesto era tomar los fenómenos como cosas en sí. En cambio, si los fenómenos se toman como lo que son, como intuiciones sensibles dependientes de las formas *a priori* de espacio y tiempo, las antinomias desaparecen. Veámoslo brevemente.

La primera antinomia trataba de la limitación o ilimitación del mundo en el espacio y en el tiempo. Ahora bien, el mundo no nos es dado jamás en su totalidad por ninguna intuición sensible. Por tanto no podemos decir nada de su limitación o ilimitación. Lo único que conocemos es la serie de sus fenómenos, serie que nos lleva siempre más allá en una regresión indefinida. La segunda antinomia se refería a la simplicidad o no simplicidad de los elementos del mundo. También aquí ambas afirmaciones son infundadas. Lo que nos parece divisible de los cuerpos se funda en la divisibilidad del espacio, que constituye la posibilidad del cuerpo a título de todo extendido. Es el espacio, pues, el que es divisible al infinito, sin que por ello se componga de un número infinito de partes, ya que estas partes son a su vez espacio.

Como acabamos de ver, la solución kantiana a las dos primeras antinomias consiste en declarar falsas sus dos series. A partir de la tercera antinomia, Kant cambia de actitud y declara ambas series verdaderas, aunque en sentido distinto. La razón de este cambio es que en adelante en la antinomia está en juego el interés práctico de la razón: la realidad de la libertad y de Dios. La tercera antinomia trata, en efecto, de la contraposición entre libertad y necesidad de la naturaleza. La solución kantiana esboza ya la futura *Crítica de la razón práctica*. No hay duda que en el mundo todo fenómeno está necesariamente enlazado por la relación de

---
18. Ibid., A 453; B 481 (R. p. 413).

causa y efecto. Parece, pues, que no queda sitio para la libertad de la voluntad, que consiste precisamente en la facultad de empezar por sí misma, independientemente de las presiones de la sensibilidad. «Si los fenómenos fueran cosas en sí y, en consecuencia, el espacio y el tiempo fueran formas de la existencia de las cosas en sí mismas, las condiciones y el condicionado pertenecerían siempre como miembros a una sola y misma serie, y de aquí resultaría también en caso presente la antinomia que es común a todas las ideas trascendentales, a saber, que esta serie debería ser inevitablemente demasiado grande o demasiado pequeña para el entendimiento... Pero si, al contrario, los fenómenos no son para nosotros sino lo que son de hecho, a saber: no cosas en sí, sino simples representaciones que se encadenan siguiendo leyes empíricas, entonces es preciso que tengan causas que no sean fenómenos. Pero una tal causa inteligible no está determinada en su causalidad por fenómenos, aunque sus efectos se manifiesten y puedan ser también determinados por otros fenómenos. La causa, así como su causalidad, están fuera de la serie: sus efectos, en cambio, se encuentran en la serie de condiciones empíricas. El efecto puede, pues, ser considerado en relación a la causa inteligible como libre y, al mismo tiempo, en relación a los fenómenos como una consecuencia de estos mismos fenómenos según la necesidad de la naturaleza.»[19] Kant no pretende probar aquí la realidad de una causalidad libre, sino solamente su posibilidad. La realidad de la libertad será dada en la segunda *Crítica* por medio de la realidad de la obligación moral. Lo que Kant ha querido mostrar es sólo que «la naturaleza no contradice la causalidad por la libertad: es lo único que podemos probar y también lo único que nos importa»[20].

Finalmente, la cuarta antinomia trata de la existencia o no existencia del ser absolutamente necesario. También aquí Kant tiene ambas afirmaciones por verdaderas, aunque en un orden distinto. Nada nos impide, en efecto, afirmar por un lado «que todas las cosas del mundo sensible son absolutamente contingentes y no tienen por ende más que una existencia empíricamente condicionada» y admitir por otro «para toda la serie una condición no empírica, es decir, un ser incondicionado y necesario»[21]. En este caso, los fenómenos del mundo nos remiten siempre a otro fenómeno sin que sea posible salir nunca de la serie, ni encontrar por más lejos que vayamos el primer anillo de la cadena, pero, al mismo tiempo, toda la serie de fenómenos se funda en un ser inteligible que, por lo mismo, no forma parte de ella, sino que, libre de todo condicionamiento empírico, encierra el principio de posibilidad de todos los

---
19. Ibid., A 435-437; B 463-465 (R. p. 465s).
20. Ibid., A 558; B 586 (R. p. 479)   21. Ibid., A 560; B 588 (R. p. 480).

fenómenos. Como escribe Kant: «La razón sigue su camino en el uso empírico y su camino particular en el trascendental.»[22] Kant no pretende tampoco aquí probar la realidad del ser absolutamente necesario; le basta con mostrar que no hay que tenerlo necesariamente por imposible. Su realidad vendrá dada de nuevo en la segunda *Crítica* como condición de posibilidad de la realización del imperativo moral.

c) *Teología racional*

Kant llama a la tercera idea de la razón el «ideal trascendental». El ideal se distingue de las otras dos ideas por su mayor alejamiento de la experiencia, pero también por su mayor contenido de perfección. Las ideas del yo y del mundo eran pensadas como condiciones incondicionadas de un aspecto de la experiencia, la interna o la externa. Dios, como ideal de la razón pura, es pensado como condición incondicionada de toda la experiencia y, por ello, como «totalidad» de todas las perfecciones posibles y, a la vez, como «prototipo» de estas mismas perfecciones, como aquello de que toda perfección deriva como copia y a lo que se aproxima como a su ejemplar. El ideal de la razón pura se concreta así en la idea del ser más perfecto, el *ens perfectissimum*, que por lo mismo es también el *ens realissimum*, el ser más real. Esta idea constituye el tema de la teología natural.

El proceso por el que la razón llega a la formulación de su «ideal trascendental» es objeto del análisis de Kant en una de las páginas metafísicamente más profundas y, a la vez, más decepcionantes de la *Crítica*. Kant parte del supuesto de que la posibilidad de cualquier cosa descansa en el *principio de determinación* completa, según el cual de todos los predicados posibles sólo uno puede convenirle. Este principio concierne al contenido material y no a la forma lógica del conocimiento. Es, pues, un principio sintético, no analítico y puede expresarse como la suposición trascendental de la materia de toda posibilidad, la cual debe contener *a priori* los datos necesarios de la posibilidad particular de cada cosa. Esta proposición: «Toda cosa existente es completamente determinada» significa, pues, no sólo que de cada par de predicados contradictorios sólo puede convenirle uno (cosa que descansa en el principio de no contradicción), sino que de todos los predicados posibles sólo hay uno que le conviene (lo que sólo puede tener su fundamento en el principio de determinación completa).

---

22. Ibid., A 563; B 591 (R, p. 482).

VI. Dialéctica trascendental

¿Qué significa todo esto? Significa nada más y nada menos que «para conocer íntegramente una cosa es preciso conocer todo lo posible y determinarla por ello, ya sea afirmativa o negativamente»[23]. Si consideramos todos los predicados posibles, no sólo desde el punto de vista lógico, sino desde el punto de vista trascendental, es decir, en cuanto al contenido que se puede concebir en ellos *a priori,* nos encontramos con que los unos, los afirmativos, representan un ser, y los otros, los negativos, un simple no ser. La negación trascendental es, pues, lo inverso de la afirmación: si ésta expresa una realidad, aquélla expresa su falta o su supresión. Lo que viene a decir: la negación trascendental, como negación de algo, presupone la afirmación de lo mismo que es negado. La negación no es pensable sino sobre el substrato básico de la afirmación. Como escribe Kant: «Nadie puede concebir una negación de manera determinada, sin haberle puesto por fundamento la afirmación opuesta. El ciego de nacimiento no puede tener representación alguna de la obscuridad, puesto que no la tiene de la luz; el salvaje no conoce la pobreza puesto que desconoce el bienestar; el ignorante no tiene ninguna idea de su ignorancia, puesto que no la tiene de la ciencia.»[24] La negación, como expresión de una carencia o de un límite, vive de la plenitud de lo que le falta. Toda negación verdadera tiene, pues, por fundamento lo ilimitado.

De ahí deduce Kant que la negación es un concepto derivado y, por tanto, la determinación completa de algo sólo es posible sobre el substrato trascendental de un todo de realidad, del que puedan extraerse todos los predicados posibles, a saber, la idea de la totalidad de lo real *(omnitudo realitatis),* cuya expresión concreta es la idea del ser soberanamente real y perfecto, el *ens realissimum.* Sólo sobre el fondo de este mar infinito de realidad es posible delimitar cada gota de agua. Las negaciones, los únicos predicados por los que todo lo demás se distingue del ser real por excelencia, no son en definitiva otra cosa que meras limitaciones de esta realidad mayor y más alta: la suponen por todas partes y de ella derivan en cuanto a su contenido. En conclusión, de igual manera como las diferentes figuras geométricas no son posibles más que a título de modos diversos de delimitar el espacio infinito, «lo que hace la diversidad de las cosas no es más que la manera diversa de delimitar el concepto de la suprema realidad»[25]. Lo que viene a decir: no conocemos nada determinado sino sobre el fondo de la idea de Dios.

Podría parecer que Kant ha preludiado aquella experiencia que será

---

23. Ibid., A 573; B 601 (R, p. 489).
24. Ibid., A 575; B 603 (R, p. 489s).
25. Ibid., A 578; B 607 (R, p. 492).

luego central en Hegel: a saber, que la conciencia de un límite presupone que ya se está más allá de él. De donde se sigue que es una inconsecuencia no caer en la cuenta de que la denominación de algo como finito o limitado contiene en sí la prueba de la presencia de lo infinito, de que sólo es posible el conocimiento del límite en cuanto que lo ilimitado está ya, de un modo u otro, del lado de acá de la conciencia. Aquí nos sale al paso, sin embargo, el peculiar giro subjetivista del pensamiento kantiano. Para él Dios o lo ilimitado está presente sin duda en la conciencia, pero sólo como idea. En Kant la razón no puede dispensarse de pensar a Dios. Él es para ella el ideal que le «proporciona una medida que le es indispensable, ya que la razón necesita del concepto de lo que es absolutamente perfecto en su especie para poder apreciar y medir el grado y la carencia de lo imperfecto»[26]. La razón kantiana no puede dispensarse de pensar en Dios para poder conocer cualquier cosa, pero le basta con pensarlo. Ha de suponer a Dios como condición de posibilidad de todo lo real, pero «esta suposición es un ideal ficticio..., simple creación de su pensamiento»[27]. La razón de esta postura tan desconcertante se encuentra en el desarrollo anterior de la *Crítica*. Kant necesita de la hipótesis «Dios», pero no puede convertirla en tesis, porque al hacerlo extendería el uso de las categorías más allá del campo de su aplicación empírica. Kant no parece darse cuenta del contrasentido que supone establecer como condición de posibilidad de un conocimiento a una mera ficción. Para él las cartas han sido ya echadas. El orden en que se mueve su pensamiento no es el ontológico, sino el fenomenológico y desde él no puede ahora reganar el ontológico. En la idea de Dios no se trata, pues, de una necesidad de la realidad, sino del pensamiento. Dios es sólo una hipótesis necesaria para aquietar la razón. Su realidad es meramente ideal: no designa ninguna relación objetiva de un objeto real con las cosas, sino la relación de nuestro pensamiento con sus propios objetos. No responde a una condición real del conocimiento, sino a una condición subjetiva que el pensamiento tiende a objetivar. Kant se dispone ahora a criticar las pruebas tradicionales de Dios, pero en realidad su crítica es superflua: ya han sido previamente invalidadas.

Según Kant sólo hay tres modos posibles de inferir a Dios en la metafísica especial. La razón puede partir del *cómo* del mundo sensible, en cuanto en él se manifiesta un orden intrínseco de fines, y postular a Dios como la inteligencia que lo ha pensado. Tal es el argumento *teológico*. O puede partir del *hecho* de la existencia del mundo para llegar a Dios como a su causa. Tal es el argumento *cosmológico*. O puede arran-

---

26. Ibid., A 569-570; B 597-598 (R, p. 486).   27. Ibid., A 583-584; B 611-612 (R, p. 495).

car de la *idea* de Dios para encontrar en ella su existencia. En este caso tenemos el argumento *ontológico*. Tales son para Kant las tres únicas pruebas posibles y tal es el orden utilizado por la razón en su despliegue. Sin embargo, Kant invierte este orden y empieza por la tercera. El motivo que alega para ello es que el movimiento del espíritu hacia Dios está guiado y sostenido desde el principio por el ideal trascendental de la razón. Es, pues, muy adecuado comenzar por el argumento ontológico, que parte principalmente de la misma idea de Dios. Pero, en el fondo, hay otro motivo. Kant está convencido de que las otras dos líneas de argumentación se basan en definitiva en el argumento ontológico. Él es el argumento fundamental y por él hay que empezar para lograr lo que Kant pretende: demostrar que la razón no avanza un solo paso por ninguno de estos tres caminos y que «es inútil que despliegue sus alas para elevarse por la especulación más allá del mundo sensible»[28].

El *argumento ontológico* parte del concepto de Dios como de la esencia más perfecta *(ens perfectissimum, ens realissimum)* y deduce de ahí por vía analítica su existencia. Si Dios es el ser más perfecto y el más real de todos los seres, no puede no existir. Su no existencia es contradictoria. De acuerdo con las indicaciones kantianas la prueba podría formularse así. La idea del *ens realissimum* es la de un ser absolutamente necesario. En efecto, en ella se comprende toda realidad. Ahora bien, la existencia misma está comprendida en la realidad toda. Luego, la existencia misma está comprendida en la idea del *ens realissimum*. En consecuencia, la no existencia del *ens realissimum* es contradictoria. Luego, la idea del *ens realissimum* es la de un ser absolutamente necesario.

Kant empieza por dejar bien sentado que «el concepto de un ser absolutamente necesario es un concepto puro de la razón, es decir una simple idea, cuya realidad objetiva está bien lejos de ser probada, por el solo hecho de que la razón necesite de ella»[29]. Lo primero que hay que poner en claro es si por ese concepto pensamos alguna cosa o simplemente no pensamos nada. La objeción responde, como se ve, al punto de vista kantiano. Desde él el pretendido argumento ontológico está ya de antemano refutado.

Pero Kant pretende dar un paso más. Quiere ponerse al mismo nivel de sus interlocutores y mostrarles desde allí la inanidad de sus esfuerzos. Y así observa que no es lo mismo la necesidad de un juicio y la necesidad de una cosa. Si yo suprimo el predicado de un juicio analítico y conservo el sujeto, cometo una contradicción. Pero si prescindo del sujeto juntamente con el predicado, ya no hay tal contradicción, porque no

---
28. Ibid., A 591; B 619 (R, p. 499).   29. Ibid., A 592; B 620 (R, p. 500).

queda nada de aquello a lo que la contradicción pueda afectar. «Poner un triángulo y suprimir los tres ángulos es contradictorio; pero hacer abstracción a la vez del triángulo y de los tres ángulos, no lo es. Lo mismo sucede con el ser absolutamente necesario. Si se hace abstracción de su existencia se hace abstracción de la cosa con todos sus predicados. ¿Cómo entonces puede haber lugar para una contradicción?»[30] El que dice que Dios no existe, no está suprimiendo la existencia y dejando los otros predicados, sino que suprime todos los predicados y el sujeto con ellos. Por tanto, la negación de Dios no es autocontradictoria.

Los partidarios del argumento ontológico objetarán que el caso de Dios es único. Yo puedo negar la existencia de cualquier cosa sin caer en contradicción, ya que la existencia no pertenece al concepto de ninguna cosa. Pero negar la existencia de Dios es contradictorio, porque la existencia está incluida en su mismo concepto. Por tanto, basta que el concepto de Dios sea posible, para que sea contradictorio negarle la existencia. La respuesta de Kant es doble. En primer lugar, es absurdo pretender pasar inmediatamente de la posibilidad lógica de los conceptos a la posibilidad real de las cosas. La mera ausencia de contradicción en el concepto del *ens realissimum* no constituye todavía prueba alguna de que la realidad de Dios sea positivamente posible. En segundo lugar, aun concedida por el momento esta posibilidad, el argumento que procede de la idea del *ens realissimum* a su existencia carece de valor, ya que se reduce a una pobre tautología. Es claro que si introduzco previamente la existencia en el concepto de una cosa puedo deducir luego que esta cosa existe, pero en realidad no he probado nada. Lo único que he hecho es decir que una cosa existente existe. Y esto es verdadero, pero tautológico.

Los defensores del argumento ontológico contestarán que la argumentación de Kant se aparta del centro de la cuestión. Su objeción supone que todos los juicios de existencia son sintéticos y ninguno analítico. Pues bien, esto es precisamente lo que está en cuestión. Los juicios de existencia son sintéticos, menos en un solo caso: el del concepto de Dios o del ser absolutamente necesario. Pues en este caso y sólo en él la existencia está contenida en el concepto del sujeto. Y, en consecuencia, se puede obtener por mero análisis, sin que se cometa ninguna tautología. La existencia no le ha sido introducida subrepticiamente, como sucede en concepto de cualquier otra cosa. Estaba ya necesariamente allí[31].

Lo que está en juego en la prueba ontológica es, pues, la noción misma de existencia. Ahora bien, en opinión de Kant, la existencia no aña-

---

30. Ibid., A 594-595; B 622-623 (R, p. 501s).   31. Cf. J. Copleston, o.c., VI, p. 281.

VI. Dialéctica trascendental

de ninguna determinación nueva al concepto de una cosa. Lo único que hace es poner en la realidad la cosa con todas sus determinaciones. Como escribe Kant: «*Ser* no es evidentemente un predicado real, es decir, el concepto de algo que pueda añadirse al concepto de alguna cosa. Es simplemente la posición de una cosa o de ciertas determinaciones en sí. En el uso lógico no es más que la cópula de un juicio. Esta proposición: "Dios es todopoderoso", contiene dos conceptos que tienen sus objetos: Dios y todopoderoso; la palabra *es* no significa aún un predicado, sino solamente aquello que pone el predicado en relación con el sujeto. Ahora bien, si yo tomo el sujeto y digo: "Dios es" o "hay un Dios", no añado ningún predicado al concepto de Dios, pues no hago más que poner el sujeto en sí mismo con todos sus predicados y a la vez el objeto que corresponde a mi concepto. Ambos deben tener el mismo contenido y, en consecuencia, nada puede añadirse al concepto que expresa simplemente la posibilidad por el solo hecho de que yo (por la expresión *es*) concibo el objeto de este concepto como dado absolutamente. Y así lo real no contiene más que lo meramente posible. Cien táleros reales no contienen más que cien táleros posibles. Porque como los táleros posibles expresan el concepto y los táleros reales el objeto y su posición, en el caso de que aquéllos contuvieran más que éstos, mi concepto no expresaría el objeto completo y por consiguiente no sería el concepto adecuado de aquél. Pero yo soy más rico con cien táleros reales que con su simple concepto (es decir, que con su posibilidad). En la realidad, efectivamente, el objeto no está simplemente contenido analíticamente en mi concepto, sino que se añade sintéticamente a él (que es una determinación de mi estado), sin que por esta existencia fuera de mi concepto los cien táleros concebidos sean aumentados en lo más mínimo. Por tanto, cuando yo concibo una cosa, por numerosos que sean los predicados por lo que la pienso (incluso en el caso de su determinación completa), por mucho que añada que esta cosa *existe,* nada añado absolutamente a la cosa. Porque de otra manera lo que existiría no sería exactamente lo mismo que yo había pensado en mi concepto, sino algo más. Y no podría decir que el objeto de mi concepto existe.»[32]

La consecuencia es clara. Por mucho que al concepto de una cosa no le falte nada en la determinación de su contenido, le falta todavía algo en relación con nosotros y nuestro pensamiento: a saber, que su conocimiento sea posible *a posteriori.* Yo puedo pensar muy bien a Dios como al ser absolutamente necesario, pero con ello no he adelantado nada. Me falta todavía averiguar si este ser existe o no existe.

---

32. *KrV*. 598-600; B 626-628 (R. p. 504s).

La postura de Kant frente al argumento ontológico tiene analogías con la de santo Tomás, pero va también mucho más allá que aquél. En Tomás de Aquino la composición de esencia y de existencia vale sólo para las criaturas, pero no para Dios, cuya esencia es existir. En consecuencia, la proposición: «Dios existe» es en sí misma analítica *(nota per se)*, aunque para nosotros que no conocemos *a priori* la posibilidad de Dios sea sintética *(nota per aliud)*[33]. Tomás de Aquino continúa pensando que el caso de Dios es único. Él hubiera aceptado de buen grado la precisión de san Anselmo en su respuesta al monje Gaunilón: *si vel cogitare potest esse, necesse est illud esse*[34]. Dios, si puede ser pensado como posible, existe necesariamente. Lo único que le falta al Aquinatense para aceptar el argumento ontológico es saber *a priori* que la esencia de Dios es posible. En otras palabras, la crítica tomista al argumento ontológico es de inspiración ontológico-realista. Kant, en cambio, ha reducido el ente al fenómeno. Formulado sobre esta nueva base, el argumento ontológico se convierte en fenomenológico, es decir, relativo no al λόγος del ὄν, sino al λόγος del λόγος, al logos del pensamiento que piensa los fenómenos. Ahora bien, para este último *logos* no se precisa en ningún caso del ser absolutamente necesario, sino sólo de la necesidad de pensarlo.

El *argumento cosmológico* parte de cualquier existencia dada y deduce de allí que debe también darse la existencia necesaria. La formulación kantiana, procedente en este caso de Leibniz, reza así: «Si existe algo, debe de existir también un ser absolutamente necesario. Pero existo por lo menos yo. Luego, el ser absolutamente necesario, existe. La premisa menor contiene una experiencia; la premisa mayor infiere de una experiencia en general la existencia de ser absolutamente necesario.»[35] Kant encuentra en este razonamiento un nido de pretensiones dialécticas, que la crítica puede con facilidad descubrir. En el proceso de la prueba se dan por lo menos dos pasos indebidos. En primer lugar, el principio de causalidad se usa en sentido trascendente, siendo así que carece de significación fuera del campo de la experiencia posible. En segundo lugar, la argumentación concluye a un primer incondicionado, sin haber recorrido la serie total de las condiciones. Su supuesto es la imposibilidad de una serie infinita de causas, supuesto que nada nos autoriza a utilizarlo en la experiencia y que, con mayor razón todavía, no podemos extenderlo más allá de la experiencia, allí donde la cadena no puede ser prolongada.

Pero la crítica central de Kant al argumento cosmológico se basa en su pretendida referencia al ontológico. La prueba cosmológica parece

---
33. Cf. *S.th.*, I, q. 2, a. 1.
34. *Quid ad haec respondeat auctor ipsius libelli*, § 1.
35. *KrV*, A 604-605; B 632-633 (R, p. 507).

apoyarse sobre el cimiento sólido de la experiencia. Pero, en realidad, sólo se sirve de la experiencia para dar un primer paso: para elevarse de una existencia dada al ser absolutamente necesario en general. Ahora bien, el concepto de ser necesario es todavía indeterminado. Para determinarlo en concreto hay que dar un segundo paso: hay que pasar del ser necesario al ser soberanamente real y perfecto *(ens realissimum)*, y este segundo paso no puede darse, si no es a través de un rodeo por el argumento ontológico. El ser necesario, se dice, es un *ens realissimum*. Ahora bien, identificar ambos conceptos es hacer al revés el argumento ontológico. En aquél se concluía del *ens realissimum* al ser absolutamente necesario. En éste, del ser absolutamente necesario al *ens realissimum*.

De nuevo, la crítica de Kant sólo es legítima desde la base de su fenomenismo. Si se parte de una interpretación meramente fenomenológica de la contingencia, no es posible deducir de su exigencia de necesidad la existencia del ser necesario. En cambio, en la postura clásica la deducción era válida. El pensamiento se movía allí en el orden del ser y, en consecuencia, desde cualquier realidad contingente dada podía hacerse el salto al ser necesario, sin necesidad de ningún regreso *in infinitum* en la serie total de condiciones, ya que toda la serie es también contingente y exige el mismo salto. Y el ser necesario al que así se llegaba, como existente por sí mismo, poseía el ser en plenitud, es decir, era de derecho el *ens realissimum*. La acusación kantiana de que el argumento cosmológico se basa en el ontológico no es, pues, convincente. Al menos en la postura clásica, no hay tal rodeo al argumento ontológico. Una cosa es partir del concepto de un ser posible y deducir de él su existencia y otra, muy distinta, partir de una existencia dada, pero contingente, y deducir de ahí la realidad de una existencia por sí misma (ser necesario) y por ello plenamente determinada *(ens realissimum)*. Si en Kant ambos procesos se identifican, es porque en su interpretación el argumento cosmológico no lleva a la afirmación de la existencia del ser necesario, sino sólo a su concepto indeterminado y en general. Lo que era un proceso dialéctico real se ha convertido en un juego entre conceptos.

Kant concluye su refutación del argumento cosmológico con una reflexión que merece la atención. «La necesidad incondicionada que es indispensable como último baluarte de todas las cosas es el verdadero abismo de la razón humana. La misma eternidad, por estremecedoramente elevada que nos la describa Haller, no produce ni de lejos en el espíritu la misma impresión de vértigo, ya que ella mide sólo la duración de las cosas, no la aguanta. Y así uno no puede evitar este pensamiento, pero tampoco puede soportarlo: que un ser, que nos representamos como el supremo entre todos los posibles, se diga a sí mismo: "yo soy desde toda la eternidad, fuera de mí nada existe, salvo aquello que existe por mi voluntad; pero *¿de dónde* vengo yo?" Aquí se hunde todo bajo nuestros pies y la máxima perfección como la más pequeña flota en el aire, sin ningún asidero, ante la razón especulativa, a la que no le cuesta nada dejar desaparecer sin dificultad a una y otra.»[36]

Kant da aquí muestras de tener un sentido del misterio de Dios que no siempre tuvieron sus predecesores racionalistas. Pensemos por ejemplo en el Dios «claro y distinto», como una verdad matemática, de Descartes y Spinoza. Dios es misterioso. Y toda filosofía auténtica debería tener conciencia de este misterio. La razón se ve obligada a afirmar a Dios para huir del absurdo de una existencia sin fundamento, pero, al hacerlo, se encuentra de bruces con el misterio. La claridad de Dios es cegadora. El fundamento parece convertirse en abismo. Y así la misma razón que acaba de afirmar: «Dios es» se da cuenta de que, para que su afirmación sea verdadera, debe hacerla seguir de la negación: «Dios no es como son las cosas de este mundo.» La primera afirmación no queda destruida por esta negación, pero sí limitada. La consecuencia es que no podemos alcanzar un dominio sobre Dios como sobre un objeto conocido. Su realidad infinita nos desborda. Kant, en cambio, si por un lado parece tener conciencia del misterio de Dios, por el otro se empeña en someterlo al rasero de la razón humana finita. La pregunta: ¿de dónde vengo yo? es una pregunta típicamente humana. Como diría Tomás de Aquino, sólo puede y debe preguntarse por su existencia aquello que no es el existir mismo. Dios no necesita preguntárselo. Dios no necesita de ninguna razón para justificar su existencia, por la sencilla razón de que existe por sí mismo, de que es el mismo existir.

El *argumento teológico* o, como dice Kant, físico-teológico, pasa de la finalidad en la naturaleza a una causa trascendente de esta finalidad. Sus pasos principales son los siguientes. En la naturaleza observamos signos claros de un orden teleológico, de una adaptación de medios a fines. Este orden conforme a fines, de que dan prueba los seres de la naturaleza, es contingente en el sentido de que su justificación no puede encontrarse en la misma naturaleza de estos seres sin inteligencia. Tiene que existir como causa de este orden un ser inteligente y libre.

Kant no esconde sus simpatías por este razonamiento. «Este argumento es digno de ser citado con respeto. Es el más antiguo, el más claro y el más acomodado a la común razón de los hombres.»[37] Sin negar, pues, lo que hay en él de útil y razonable en orden a engendrar un convencimiento modesto, le niega el valor de certeza apodíctica que sus par-

---

36. Ibid., A 613; B 641 (R, p. 512s).   37. Ibid., A 623; B 651 (R, p. 519).

VI. Dialéctica trascendental

tidarios contemporáneos le concedían. La razón es clara. La prueba teleológica «podría a lo sumo asentar la existencia de un *arquitecto* del mundo, cuya actividad estaría limitada por las posibilidades del material que trabaja, pero no la existencia de un *creador* del mundo»[38]. Hay que reconocer que Kant tiene una buena parte de razón. La idea de orden sólo puede llevarnos a un ordenador de la materia de las cosas, pero no directamente a su creador, a un ser absolutamente necesario del que dependiera no sólo el orden, sino la misma realidad del universo. De hecho, los autores clásicos tuvieron en cuenta esta limitación. Si en ellos el argumento teleológico concluía no meramente en un demiurgo, sino en Dios creador, era porque consideraban el orden de la naturaleza como contingente, pero a la vez tan intrínseco y esencial a las cosas que sólo podía provenir del creador de las mismas. Pero, para dar este nuevo paso, el argumento teleológico ha de apoyarse en el cosmológico, el cual a su vez, como ya sabemos, descansa, según Kant, en el ontológico. Este último constituye, pues, en definitiva, la prueba decisiva, la única prueba posible, dice ahora Kant, si es que alguna vez se encuentra alguna que la razón humana no pueda excusar.

En resumen, no existe para Kant ninguna prueba teórica válida de la existencia de Dios. El ser supremo no es para la razón especulativa una realidad comprobada sino sólo «un simple ideal», pero «un ideal sin defectos que termina y corona todo el conocimiento humano. La realidad objetiva de este concepto no puede ser probada, pero tampoco refutada»[39], puesto que las mismas razones que prueban la impotencia de la razón en relación con la afirmación de Dios, prueban *a fortiori* la petulancia de toda afirmación contraria. A unos y a otros, a los que piensan poder demostrar apodícticamente la existencia de Dios, como a los que pretenden hacer lo mismo con su no existencia, opone Kant tajantemente su *non liquet*.

Con ello Kant ha declarado imposible la teología natural. Pero ha hecho posible, por lo mismo, lo que él denomina a veces «teología moral». En Kant se da un corrimiento significativo en lo que podríamos denominar el «lugar» propio de la experiencia de Dios: éste pasa del mundo a la conciencia. «Más adelante», escribe, «mostraremos que las leyes de la moralidad, no sólo presuponen la existencia de un ser supremo, sino que la postulan justificadamente, aunque sólo desde el punto de vista práctico, ya que estas leyes son absolutamente necesarias en otra relación.»[40] Y una vez alcanzada la realidad de Dios por la fe moral, la razón

---
38. Ibid., A 627; B 655 (R, p. 521).
39. Ibid., A 641; B 670 (R, p. 530).
40. Ibid., A 634; B 662 (R, p. 525s).

no tendrá ninguna dificultad en utilizar sus conceptos para pensarlo de modo coherente.

3. CONSECUENCIAS CRÍTICAS DE LA DIALÉCTICA TRASCENDENTAL

La dialéctica trascendental lleva también consigo sus consecuencias críticas. Las dos principales se refieren al uso de las ideas y a la imposibilidad de la metafísica especial.

a) *Uso regulativo de las ideas*

«El resultado de todas las tentativas dialécticas de la razón pura», escribe Kant en el apéndice dedicado al uso regulativo de las ideas, «no sólo confirma lo que ya hemos probado en la analítica trascendental, a saber: que todos los razonamientos que quieren conducirnos más allá del campo de la experiencia posible son equivocados y carecen de fundamento, sino que nos ofrece al mismo tiempo esta particularidad, que la razón humana tiene una natural inclinación a salir de estos límites de la experiencia, que las ideas trascendentales le son tan necesarias como las categorías al entendimiento, aunque con esta diferencia, que en tanto que estas últimas conducen a la verdad, es decir, a la educación de nuestro concepto con el objeto, las primeras no producen más que una simple pero inevitable apariencia, de la que apenas se puede descartar la ilusión, sino por medio de la más aguda crítica»[41].

A diferencia de las categorías, las ideas no nos dan a conocer ningún objeto. Las categorías, al encarnarse en los datos de la intuición sensible, constituían los objetos y nos permitían conocerlos. Las ideas no se aplican a ningún dato sensible, sino que sólo sirven para dar una unidad superior, para integrar en un sistema de conjunto los principios y juicios del entendimiento. Por ello no tienen ni pueden tener ningún uso *constitutivo*. Menos todavía pueden tener un uso *trascendente*, puesto que más allá de la experiencia ya no hay conocimiento, sino sólo pensamiento. Si las utilizamos, pues, para sobrepasar la frontera de la experiencia, caemos en las falacias que la dialéctica trascendental acaba de desenmascarar.

Sin embargo, la razón humana tiene una tendencia irresistible a sobrepasar esta sobria frontera. Las ideas le son tan necesarias como las categorías al entendimiento. Si las ideas son, pues, naturales a la razón,

---

41. Ibid., A 642; B 670 (R, p. 530).

VI. Dialéctica trascendental

¿cuál podrá ser su uso legítimo y adecuado? Este uso no puede ser ni constitutivo de la experiencia, ni trascendente a ella. «Así, pues, las ideas trascendentales tendrán con toda probabilidad su uso propio y consecuentemente *inmanente*.»[42] Lo que quiere decir: las ideas tendrán un uso en relación con la experiencia, pero sin que nos den a conocer nuevos objetos de experiencia. ¿En qué consiste concretamente este uso? En lo que Kant denomina el uso *regulador* de la experiencia. «Sostengo, pues, que las ideas trascendentales no tienen nunca un uso constitutivo que suministre conceptos de ciertos objetos y que, en el caso que así se entienda, son simplemente conceptos sofísticos. Pero, en desquite, tienen un uso regulador excelente, indispensable y necesario: el de dirigir el entendimiento hacia un cierto fin que hace converger las líneas directivas que siguen todas sus reglas a un punto que, pese a no ser más que una idea *(focus imaginarius)*, es decir, un punto de donde los conceptos del entendimiento no parten realmente, puesto que se halla colocado fuera de los límites de la experiencia posible, sirve, sin embargo, para procurarles la mayor unidad con la mayor extensión.»[43]

En una palabra, las ideas constituyen una especie de «reglas heurísticas» que orientan la investigación intelectual hacia aquella unidad sistemática que ellas mismas representan. Por ello puede decirse que el entendimiento es un objeto de la razón, igual que la sensibilidad lo es del entendimiento. Tarea de la razón es producir una unidad sistemática en todas las operaciones posibles empíricas del entendimiento, igual que el entendimiento produce la unidad de los fenómenos por medio de los conceptos y los pone bajo leyes empíricas.

El propio Kant ha desarrollado del modo siguiente este uso regulador de las ideas trascendentales. En psicología, por ejemplo, la idea del «yo» nos invita a buscar los lazos que unen entre sí todos los fenómenos psíquicos, como las representaciones, deseos, emociones, etc., y a encontrar entre ellos una mayor unidad, precisamente *como si* fueran manifestaciones de una única substancia simple y permanente.

En cosmología la idea del «mundo» nos estimula a seguir siempre adelante a lo largo de la cadena causal y a buscar entre los fenómenos naturales una unificación siempre mayor, *como si* la totalidad siempre inacabada de los fenómenos constituyera un mundo único.

Finalmente, en la teología natural, la idea de «Dios» nos ayuda a pensar el conjunto de la experiencia, *como si* constituyera una unidad sistemática, ordenada conforme a fines. Kant piensa en el fondo del modo siguiente: la noción de la naturaleza como obra de un creador inteli-

---

42. Ibid., A 643; B 671 (R. p. 531).   43. Ibid., A 644; B 672 (R. p. 531s).

gente implica la noción de la naturaleza como sistema inteligible. No se trata de deducir de la unidad y el orden del mundo la idea de una causa inteligente, sino, al revés, de derivar de la idea de esta causa inteligente la regla según la cual la razón debe proceder racionalmente en el enlace de las causas y efectos dentro del mundo[44].

Esta interpretación de las ideas trascendentales constituye, como nota Copleston, una auténtica «filosofía del como si», por recoger el título de la conocida obra de Vaihinger. Kant no reduce la verdad a la utilidad. Del hecho de que las ideas sean útiles no se sigue que sean verdaderas. Se contenta con subrayar el valor heurístico de las ideas trascendentales en la investigación de la naturaleza[45].

En conclusión, «la razón pura no se ocupa de otra cosa más que de sí misma ni puede tener otra ocupación, puesto que lo que se le da no son los objetos para ser unificados en el concepto empírico, sino, al contrario, los conocimientos del entendimiento para ser unificados en el concepto de razón, es decir, para ser encadenados bajo un principio. La unidad de la razón es la unidad de un sistema»[46].

b) *Imposibilidad de la metafísica como ciencia*

La dialéctica trascendental responde a la pregunta inicial de la *Crítica* sobre la posibilidad de la metafísica. Esta pregunta tenía un doble sentido, según se refería a la metafísica como disposición natural y a la metafísica como ciencia. La metafísica como inclinación inevitable del hombre es un hecho de experiencia. Sobre él basta preguntarse cómo es posible. En cambio, la metafísica no ha podido presentarse hasta hoy como verdadera ciencia. Sobre ella hay que preguntarse, pues, si es o no posible.

La respuesta a ambas preguntas cae por su propio peso. La metafísica como disposición natural tiene el fundamento de su posibilidad en la naturaleza misma de la razón. Ésta tiende a unificar toda la experiencia en un gran sistema de conjunto, en función de tres grandes totalidades: yo, mundo y Dios. Pero la metafísica como ciencia no es posible. No hay objetos de experiencia que correspondan a las tres ideas de la razón. Por consiguiente, no puede haber ciencia de ellas.

Sin embargo, la metafísica no es, como dirían hoy los neopositivistas un *non-sense*. Si no hay objetos de la experiencia que correspondan a las

---

44. Cf. ibid., A 682-689; B 710-717 (R, p. 554s).
45. Cf. J. Copleston, o.c., VI, p. 287.
46. *KrV*, A 680; B 708 (R, p. 553).

VI. Dialéctica trascendental

tres ideas trascendentales, al menos podemos pensar realidades a las que se refieran las ideas de alma y Dios (la idea del mundo, por razón de las antinomias que produce, constituye para Kant un caso aparte). No podemos conocer por la razón especulativa, si hay un alma o si hay Dios. Pero tales ideas no son contradictorias. Mas aún, la realidad que les corresponde se sitúa inevitablemente para la razón en el plano ideal del noúmeno, no en sentido asertórico, como si pudiese afirmar algo de ella, pero sí en sentido problemático, como un problema que le presenta la misma experiencia por razón de su limitación esencial. Cada experiencia, en efecto, es sólo una parte de la esfera total de su dominio, pero nunca el todo absoluto de toda experiencia posible. Como escribe Kant en los *Prolegómenos*, al tratar de la determinación del límite de la razón pura, «sería absurdo que esperásemos conocer de objeto alguno más de lo que pertenece a la experiencia posible», pero sería todavía un absurdo mayor «que quisiéramos estimar nuestra experiencia como el único modo de conocimiento posible de las cosas... y, por consiguiente, que quisiéramos ver considerados los principios de la posibilidad de la experiencia como condiciones generales de las cosas en sí mismas»[47].

Por eso «no somos enteramente libres de abstenernos por completo de la pregunta relativa a la cosa en sí. Pues la experiencia no satisface nunca del todo a la razón. Nos aleja cada vez más de la contestación de la pregunta y nos deja insatisfechos respecto a la plena solución de la misma»[48]. La dialéctica de la razón encuentra aquí una buena base subjetiva. No podemos salir legítimamente de la experiencia, pero tampoco podemos permanecer tranquilamente en ella. La experiencia, por sí sola, no responde a todas nuestras preguntas. Deja siempre un último interrogante por responder. Las explicaciones que se aducen para la experiencia interna o externa, ya sean materialistas o meramente científicas, se revelan insuficientes. La experiencia como conjunto de fenómenos carece de base en sí misma y se refiere necesariamente a aquello que contiene el fundamento de estos fenómenos, a seres meramente inteligibles, que los mismos fenómenos enuncian, puedan o no ser conocidos después. La misma idea de un «límite» del conocimiento dice también referencia a algo que puede estar más allá. Como explica Kant, la matemática y la física conocen limitaciones *(Schranken)*, pero no límites *(Grenzen)*. Por ello, en el conocimiento de los objetos de estas dos ciencias, el progreso es de por sí indefinido. La metafísica, en cambio, tropieza con los límites del conocimiento. Ahora bien, el concepto de límite dice relación no sólo a un determinado territorio y a lo que se contiene dentro de él, sino

---

47. *Proleg.*, § 57, p. 350s.   48. Ibid., p. 351.

también al espacio que rodea ese territorio y lo encierra. Los límites del conocimiento nos impiden, sin duda, pasar más allá, pero impiden también afirmar que más allá no hay nada. Al contrario, en fuerza de sus propios límites la razón ve, por así decirlo, en torno suyo un espacio para posibles realidades inteligibles que no puede conocer, pero tampoco negar, y debe por tanto *pensar* en el plano del noúmeno problemático.

4. OBSERVACIONES CRÍTICAS

La actitud de Kant ante la metafísica es ambivalente. Kant continúa siendo en el fondo un metafísico. Su pensamiento no está fuera de la tradición metafísica, sino dentro de ella. Como ha subrayado Paulsen, el *trans physicam* imprime su dirección al pensamiento kantiano: el *mundus intelligibilis* es su meta. Kant es pues un metafísico, pero un metafísico impedido: quiere volar y no puede, porque él mismo se ha cortado las alas. Y así la metafísica no es a sus ojos otra cosa que el uso indebido de las tres ideas trascendentales. Sus objetos flotan en el aire sin el fundamento de la experiencia[49].

En la raíz de esta actitud se encuentra de nuevo el coeficiente histórico. El horizonte real del pensamiento kantiano no supera la alternativa racionalismo-empirismo. Si el empirismo veía en la metafísica una incursión infundada del pensamiento más allá de la experiencia, el racionalismo escolar venía a darle desgraciadamente la razón, al separar con Wolff la ontología de la metafísica especial y al concebir la filosofía como una ciencia de las cosas posibles en cuanto posibles, que deducía el contenido de nuestro conocimiento conforme a su inteligibilidad no contradictoria, partiendo de primeros conceptos y axiomas.

Esta estrechez del horizonte histórico se refleja en la doble noción de metafísica que está en juego en el pensamiento de Kant. La metafísica se define por sus fuentes y por sus objetos. En el primer sentido, es un pretendido conocimiento al margen de la experiencia. Como apunta Kant en los *Prolegómenos*, el conocimiento metafísico por su mismo concepto no puede sacar sus fuentes de la experiencia. De otro modo sería conocimiento físico y no meta-físico, es decir, de más allá de la experiencia[50]. En el segundo sentido, la metafísica coincide con lo que Wolff denominó la metafísica especial. Sus objetos son el mundo, el alma y Dios, y las disciplinas que les corresponden la cosmología, la psicología y la teología racional.

---

49. Cf. J. Hirschberger, o.c., p. 176.   50. *Proleg.*, § 1, p. 265.

VI. Dialéctica trascendental

Ahora bien, la primera noción de metafísica es equívoca. Evidentemente si se limita con Kant la experiencia a la experiencia científica, entonces la metafísica se sitúa fuera de la experiencia. La metafísica se convierte, como pensaba Kant, en un puro juego y, lo que es peor, en un juego entre conceptos. Pero el problema reside entonces en la legitimidad de esta limitación. ¿No habrá mutilado Kant el ámbito de la experiencia humana? ¿No habrá también experiencias auténticamente metafísicas, o al menos, no habrá en toda experiencia una dimensión metafísica, a la que es posible acceder por el análisis o la reflexión? La segunda noción de metafísica es demasiado estrecha. Sin duda, la cosmología, la psicología y la teología racional son disciplinas metafísicas, pero «ninguna de ellas ni su suma constituye la metafísica. La metafísica las sostiene hasta cierto punto, pues ella consiste, por usar del lenguaje wolffiano, en la ontología. De suerte que la noción kantiana de metafísica se ha vaciado de lo esencial: de la metafísica»[51]. Kant, pues, ha cortado las ramas de la metafísica de su tronco natural con lo que se convierten inevitablemente en ramas muertas. Por ellas no circula ya la savia vital, que sólo podía venirles del contacto con la realidad. La metafísica clásica, en cambio, era una filosofía de la realidad y, por ello, tenía su tronco en la ontología. Si desde ella iniciaba después el movimiento del trascender no era para apartarse de la experiencia, sino, al contrario, para ahondar en su raíz.

Las consecuencias de la crítica kantiana son, pues, mucho más limitadas de lo que su autor pensó. Como nota R. Verneaux: «Kant ha demostrado de manera definitiva la imposibilidad de alcanzar las verdades metafísicas por medio de los métodos y conceptos de la ciencia físicomatemática. Él ha establecido, pues, la imposibilidad de una metafísica a la vez racionalista y realista, de una metafísica que, no sólo echa a andar sin haber hecho la crítica de su instrumento, la razón, sino, sobre todo, ya que éste es el fondo de la cuestión, que alcanza a conocer por la pura razón, independientemente de toda experiencia, realidades metafísicas. Nosotros admitimos, pues, su victoria en aquella causa que él llevaba más en el corazón: la destrucción del racionalismo wolffiano. Es el honor de la *Crítica* haber desacreditado este monstruo para siempre jamás. Sin embargo, la empresa de Kant nos parece comprometida por un doble defecto. Ante todo, porque se encerró en un universo de pensamiento estrechamente limitado. La historia de las ideas le fue siempre extraña. Él no conocía prácticamente otra cosa que la historia más reciente: de una parte, la corriente racionalista, es decir Wolff y su escuela,

---

51. R. Verneaux, o.c., p. 34.

sobre todo Baumgarten, y, de otra, el empirismo inglés, es decir Hume. Su problema consiste en abrirse camino a través de esta precisa antinomia. Nada más. Lo que puede parecer demasiado estrecho a todo historiador, cuyas perspectivas no son tan limitadas. Esta estrechez no le impide, evidentemente, sacar a la luz ciertas verdades; podría decirse incluso que le obliga a ello. Pero es de temer que las llaves forjadas para esta cerradura no puedan adaptarse a ninguna otra. Esto es especialmente claro para el problema de la metafísica, que es el problema central de la crítica. Kant no tiene la menor idea de una metafísica que no sea de tipo wolffiano, es decir, racionalista o *a priori*. De suerte que toda doctrina metafísica que se funda sobre la experiencia, sea a la manera de Aristóteles o de Bergson, no ha sido tocada por la crítica, porque cae fuera de sus perspectivas.»[52]

---

52. Ibid., p. 8s.

CAPÍTULO SÉPTIMO

TEORÍA TRASCENDENTAL DEL MÉTODO

La dialéctica trascendental no constituye todavía el colofón de la *Crítica*. Kant añade a su obra una segunda parte, mucho más breve, denominada teoría trascendental del método. Según la imagen del filósofo, si la primera parte de la *Crítica* ofrecía los materiales con los que hay que construir el edificio del conocimiento humano (de ahí su título general de teoría trascendental de los elementos), la segunda parte pretende ofrecer los planos que nos permitan levantarlo.

Kant entiende por metodología trascendental «la determinación de las condiciones formales de un sistema completo de la razón pura»[1]. Su desarrollo abarca lo que denomina respectivamente una *disciplina*, un *canon*, una *arquitectónica* y una *historia* de la razón pura. Aunque la exposición kantiana no aporta nada nuevo al problema de la *Crítica*, contiene reflexiones y puntos de vista iluminadores y, sobre todo, prepara el tránsito a la problemática práctica que ha de ser objeto de la segunda *Crítica*.

1. DISCIPLINA DE LA RAZÓN PURA

La *disciplina* de la razón pura se refiere no a los contenidos del conocimiento, sino únicamente «al método del conocimiento nacido de la pura razón»[2]. Kant hace especial hincapié en la diferencia entre la filosofía y las matemáticas y estudia el uso legítimo que en filosofía hay que hacer de definiciones, axiomas y demostraciones. Kant se confirma sobre todo en la importancia decisiva de su método crítico para evitar la

---

1. *KrV*, A 707; B 735 (R, p. 571).   2. Ibid., A 712; B 740 (R, p. 574).

VII. Teoría trascendental del método

doble tentación que amenaza continuamente a la filosofía: el dogmatismo y el escepticismo. Hobbes definió el estado de naturaleza anterior a la vida en sociedad como un *bellum omnium contra omnes*. Algo similar ocurre en el campo de la filosofía. Abandonada a sí misma, en estado de naturaleza, la filosofía se convierte en un campo de batalla. Dentro de la corriente dogmática las opiniones se enfrentan mutuamente como el sí y el no. Teístas y ateos, espiritualistas y materialistas entrechocan sus espadas en torno a la existencia de Dios y de la inmortalidad del alma.

Para Kant todas estas lides dialécticas son sólo juegos de niños. «En el campo de la razón pura no hay propiamente hablando ninguna polémica. Ambas partes contendientes golpean en el aire y pelean con sus sombras, puesto que van más allá de la naturaleza, donde sus garras dogmáticas no pueden apresar ni retener nada. Pero su lucha es inútil. Las sombras que cortan con la espada vuelven a juntarse inmediatamente, como los héroes en Walhalla, para que puedan divertirse de nuevo en luchas incruentas.»[3] La ciega seguridad de los dogmáticos engendra por reacción la duda sistemática de los escépticos. Kant reconoce en el escepticismo una función positiva: el escéptico es como el vigilante que conduce al dogmático a una zona crítica del conocimiento. Pero empecinarse en la duda y recomendar la ignorancia no es el camino más adecuado para remediar los males del dogmatismo. La razón no hallará jamás en el escepticismo la paz anhelada. «El primer paso en las cosas de la razón pura y el que señala su infancia es dogmático. El segundo es escéptico y atestigua la prudencia del juicio escarmentado por la experiencia. Pero hay todavía un tercer paso necesario que es propio del juicio maduro y viril: consiste en someter a examen no sólo los hechos de la razón, sino la razón misma en lo que se refiere a la aptitud y capacidad que posee de llegar a conocimientos puros *a priori*... Así el escepticismo es para la razón humana una pausa en la que puede reflexionar sobre el camino dogmático que acaba de hacer y bosquejar el plan del lugar en que se encuentra, a fin de escoger en adelante su ruta con mayor seguridad, pero no un sitio de residencia permanente.»[4]

2. CANON DE LA RAZÓN PURA

Kant entiende por *canon* de la razón pura «el conjunto de principios *a priori* que regulan el uso correcto de las facultades cognoscitivas»[5]. Ya

---
3. Ibid., A 756; B 784 (R, p. 600).
4. Ibid., A 761; B 789 (R, p. 603).
5. Ibid., A 796; B 824 (R, p. 625).

hemos visto que la razón, empujada por una tendencia natural, se lanza en busca de una última unidad incondicionada que sobrepasa la frontera de la experiencia. Esta tendencia ¿está fundada en el interés teórico o más bien en el práctico? Kant se inclina por la segunda alternativa. «El blanco final al que se refiere, en definitiva, la especulación de la razón... comprende tres objetos: la libertad de la voluntad, la inmortalidad del alma y la existencia de Dios. Con relación a estos tres objetos el interés teórico de la razón es mínimo.»[6] Por tanto, si estos objetos no nos son completamente necesarios desde el punto de vista del saber, lo serán desde el punto de vista práctico, es decir, de aquello que es posible por la libertad. Ahora bien, para Kant es claro que el contenido de la razón en la tarea que puede llamarse «filosofía pura» no tiene otro fin que estos tres problemas enunciados, y éstos, a su vez, tienen un fin todavía más alejado, a saber, «qué es lo que hay que hacer si la voluntad es libre y si existe Dios y si hay un mundo futuro»[7].

En este sentido, Kant enuncia la problemática entera de la filosofía en aquellos tres famosos interrogantes que encierran, en su opinión, todo el interés de la razón tanto en el plano teórico, como en el práctico:

1. ¿Qué puedo yo saber?
2. ¿Qué debo yo hacer?
3. ¿Qué me está permitido esperar?[8]

La primera pregunta es simplemente teórica. Su respuesta se contiene en la primera *Crítica*, en cuanto metafísica de las ciencias fisicomatemáticas. Con esta respuesta la razón tiene motivos de estar satisfecha, siempre que no se ocupe del interés práctico.

La segunda pregunta es simplemente práctica. No pertenece al plano del saber, sino del obrar moral. La respuesta a esta pregunta constituirá el objeto de la segunda *Crítica*.

La tercera pregunta es a la vez teórica y práctica, pero de suerte que el aspecto práctico sirve de hilo conductor a la solución de la cuestión teórica. En efecto, la pregunta se formula exactamente así: ¿Qué me está permitido esperar, si hago lo que debo hacer? Ahora bien, la esperanza tiende a la felicidad y es en el orden práctico lo que el saber y la ley de la naturaleza son en el conocimiento de las cosas. En último término la esperanza termina en esta conclusión: que alguna cosa *es*, puesto que alguna cosa *debe hacerse*. Lo que debe hacerse es el bien y su determina-

---
6. Ibid., A 798; B 826 (R, p. 626).
7. Ibid., A 800; B 828 (R, p. 627).
8. Ibid., A 805; B 833 (R, p. 630).

ción se encuentra en la ley moral que establece absolutamente *a priori*, sin tener en cuenta motivos y situaciones concretas, el uso de la libertad de un ser razonable en general. La ley moral excluye, por tanto, como motivo de una acción la búsqueda de la felicidad, pero, al imperar el bien de manera absoluta, hace al que lo practica digno de felicidad.

En este sentido, la respuesta a la segunda pregunta: ¿qué debo yo hacer?, reza concretamente: haz aquello que puede hacerte digno de felicidad. Para poder obtener la respuesta que buscamos a la tercera pregunta: ¿qué me está permitido esperar?, se trata ahora sólo de saber si, conduciéndome de tal forma que no me haga indigno de felicidad, puedo razonablemente esperar participar un día de ella. En otras palabras, se trata de saber si los principios de la razón pura que prescriben *a priori* la ley moral dan también necesariamente más firmeza a esta esperanza. Kant no duda un momento en responder afirmativamente a esta cuestión: algo es, puesto que algo debe hacerse. Por tanto, si los principios morales «son necesarios según la razón en su uso práctico, es también necesario según la razón en su uso teórico, que cada uno tiene motivos para esperar la felicidad en la misma medida en que se haya hecho digno de ella y, por consiguiente, que el sistema de la moralidad está inseparablemente unido al de la felicidad, pero solamente en la idea de la razón pura»[9].

Esta idea de la razón pura, a la que alude Kant, es la idea de un «mundo inteligible» o de un «mundo moral», es decir, de un mundo hecho a la medida del hombre moral, tal como *puede* ser según la libertad de los seres racionales y tal como *debe* ser según las leyes necesarias de la moralidad. Como seres morales formamos parte de este mundo, de un mundo en el que se da una conexión necesaria entre la esperanza de la felicidad y el esfuerzo incesante por hacerse digno de ella, y esto por mucho que como seres sensibles vivamos en un mundo de fenómenos, en el que esta conexión necesaria entre moralidad y felicidad no aparece en parte alguna. Precisamente por ello la suposición del mundo moral implica necesariamente la suposición de sus condiciones de posibilidad: la idea del soberano bien, es decir, de una inteligencia suprema que, como causa de los seres naturales, los ha ordenado como medios afines a la realización de la ley moral y de una vida futura o suprasensible, en la que la unión de moralidad y felicidad se establezca como consecuencia de nuestra conducta en el mundo sensible. Dios y la vida futura son, pues, dos supuestos inseparables de la obligación moral. La razón se ve obligada a admitirlos a ambos o a mirar las leyes morales como meras

---

9. Ibid., A 809; B 837 (R, p. 632).

quimeras. «Leibniz llamaba al mundo, en la medida en que no consideraba de él más que los seres racionales y su armonía, según las leyes morales, bajo el gobierno del soberano bien, *el reino de la gracia,* distinguiéndolo así del *reino de la naturaleza,* en el que dichos seres están sometidos a leyes morales; pero no esperan ninguna otra consecuencia de su conducta que la que resulte del curso de la naturaleza en nuestro mundo sensible. Es, pues, una idea prácticamente necesaria de la razón la de mirarse como formando parte del reino de la gracia, donde toda felicidad nos espera, a menos que no limitemos nosotros mismos nuestra participación en ella haciéndonos indignos de ser felices.»[10]

Esta convicción acerca de la existencia de Dios y de la vida futura, como unidos inseparablemente al valor de la obligación moral tiene su propio estatuto epistemológico. Kant lo sitúa dentro de lo que él denomina en general el «tener por verdadero» *(das Fürwahrhalten)* y entiende por tal un hecho de nuestro entendimiento que es susceptible de descansar sobre principios objetivos, pero que exige también causas subjetivas en el espíritu del que juzga. Según que los principios en que se funda sean o no suficientes, el tener por verdadero se escalona en tres grados de convicción que van desde la *opinión* hasta el *saber,* pasando por el grado intermedio de la *fe.* La opinión y el saber se distinguen entre sí por la insuficiencia o la suficiencia de sus fundamentos objetivos y subjetivos. La fe, en cambio, es un tener por verdadero, subjetivamente suficiente, aunque objetivamente insuficiente. Esta insuficiencia teórica viene compensada en la fe por el interés práctico. Éste se refiere o al saber hacer o a la moralidad. Lo primero tiene que ver con fines arbitrarios y contingentes y no conduce más que a una fe pragmática. La moralidad, en cambio, tiene que ver con fines absolutamente necesarios y conduce a la *fe moral.*

Ahora bien, desde el momento en que un fin es propuesto como absolutamente necesario, también lo son las condiciones requeridas para obtenerlo. Éste es el caso de la fe moral en Dios y en la vida futura. Es absolutamente necesario en este caso que algo tenga lugar, es decir, que yo obedezca a la ley moral. El fin está absolutamente fijado y no hay más que una condición posible que permite a este fin ponerse de acuerdo con todos los demás fines y alcanzar un valor práctico, a saber, la existencia de Dios y de un mundo futuro. Otras condiciones no existen. Por ello en la medida en que yo me someto absolutamente a la ley moral, creo también infaliblemente en Dios y en la vida futura y estoy seguro de que «nada puede hacer vacilar esta fe, porque ello haría tambalear

---

10. Ibid., A 812; B 840 (R, p. 634).

mis propios principios morales, a los que no puedo renunciar sin hacerme digno de desprecio ante mis propios ojos»[11].

Kant piensa que con ello tenemos sobrados motivos de estar satisfechos, aunque sólo desde el punto de vista práctico. Nuestro conocimiento teórico acerca de Dios y la inmortalidad no ha aumentado en nada. La certeza que hemos alcanzado de ambas realidades no es una certeza intelectual, sino sólo una certeza moral. Pero, por ello mismo, está fuera del alcance de los vaivenes del conocimiento. «La fe en Dios y en otro mundo está de tal forma unida a mi sentido moral que, si no corro el riesgo de perder este último, tampoco necesito temer que la primera pueda serme arrebatada.»[12] Por eso Kant no duda en dar ese consejo a todos los que se interesan por la educación religiosa del género humano: «Si no os tomáis desde el principio, o por lo menos, desde la mitad del camino, el cuidado de hacer a los hombres buenos, no haréis de ningún modo hombres sinceramente creyentes.»[13]

3. ARQUITECTÓNICA E HISTORIA DE LA RAZÓN PURA

Kant define la *arquitectónica* de la razón pura como el «arte de los sistemas». Su cometido es la sistematización de los conocimientos procedentes de la razón pura. Ahora bien, el conocimiento racional o es un conocimiento por conceptos o por construcción de conceptos. Al primero se denomina filosofía y al segundo matemática. Las matemáticas pueden ser aprendidas, porque en ellas el uso de la razón se hace *in concreto*, bien que *a priori*. La filosofía, en cambio, no puede ser aprendida, a no ser como historia. En lo que a ella concierne, lo único que puede hacerse es *aprender a filosofar*[14]. El concepto de filosofía que Kant tiene aquí presente no es el concepto escolástico, es decir, el concepto de un sistema de conocimiento, buscado por sí mismo como ciencia, sin tener por fin otra cosa que la unidad sistemática de la misma, sino el concepto cósmico que ha servido siempre de fundamento al anterior y se ha personificado en el ideal del filósofo. Desde este punto de vista, «la filosofía es la ciencia de la relación que tiene todo conocimiento con los fines esenciales de la razón humana *(teleologia rationis humanae)* y el filósofo no es un artista de la razón sino el legislador de la misma. En este sentido, hace falta mucha arrogancia para llamarse a sí mismo filósofo y pretender igualar un prototipo que no existe más que en la idea»[15].

---

11. Ibid., A 828; B 856 (R, p. 644).
12. Ibid., A 829; B 857 (R, p. 645).
13. Ibid., A 830; B 858 nota (R, p. 645).
14. Cf. ibid., A 837; B 865 (R, p. 650).
15. Ibid., A 839; B 867 (R, p. 651).

Arquitectónica e historia de la razón pura

Ahora bien, la legislación de la razón humana tiene dos objetos: la naturaleza y la libertad, y comprende a la vez la ley física y la ley moral. De ahí la división de la filosofía en filosofía de la naturaleza, que se dirige a lo que es, y filosofía de las costumbres, que se orienta hacia lo que debe ser. Ambas constituyen en su conjunto la metafísica. «La metafísica, lo mismo la de la naturaleza que la de las costumbres, sobre todo la crítica de la razón que se aventura a volar con sus propias alas —crítica que antecede, a título de ejercicio preliminar y propedéutico— constituye, por tanto, por sí sola lo que podemos llamar filosofía en el verdadero sentido de la palabra.»[16]

Kant se refiere finalmente a la *historia* de la razón pura como a «una laguna que queda en el sistema y que deberá llenarse más tarde»[17]. Se contenta, pues, con dar una ojeada rápida al conjunto de los trabajos realizados hasta ahora por la razón, trabajos que se le presentan «como construcciones admirables de edificios en ruinas»[18]. Una cosa es, sin embargo, digna de atención: que «en la infancia de la filosofía los hombres hayan empezado por donde nosotros juzgaríamos preferible terminar»[19], es decir, por el conocimiento de Dios y la esperanza de una vida futura. El interés práctico de la razón abrió, pues, el camino al teórico. De hecho, fueron la teología y la moral las que indujeron a la razón especulativa a tomar a su cargo una tarea que después se haría célebre bajo el nombre de metafísica. Ya sabemos lo que Kant piensa de esta tarea. Por ello, en este último capítulo de su obra, se limita a esbozar una clasificación de las principales posiciones filosóficas del pasado, distinguiéndolas, según el objeto, en sensualistas, como la de Epicuro, e intelectualistas, como la de Platón; respecto al origen del conocimiento, en empiristas, como las de Aristóteles y Locke, y noologistas, como las de Platón y Leibniz; y finalmente en dogmáticas, como la de Wolff, y escépticas, como la de Hume. La historia de la razón pura culmina, pues, en el mismo *impasse* que ha dado origen a la tarea crítica. Ahí reside precisamente su lección. Mostrándose recíprocamente sus deficiencias, las doctrinas filosóficas del pasado señalan hacia la única salida que queda todavía en pie. Kant puede, pues, concluir su obra con estas solemnes palabras: «Sólo el camino crítico sigue abierto. Si el lector ha tenido la amabilidad y la paciencia de recorrerlo conmigo, podrá juzgar ahora (en caso de que quiera aportar lo suyo propio para que este sendero se convierta en camino real), si acaso no podrá alcanzarse incluso antes de que transcurra el pre-

---

16. Ibid., A 850; B 878 (R, p. 658).
17. Ibid., A 852; B 880 (R, p. 659).
18. Ibid.
19. Ibid.

VII. Teoría trascendental del método

sente, lo que muchos siglos no habían podido conseguir: esto es, dar plena satisfacción a la razón humana en lo que siempre ha ocupado su afán de saber, si bien hasta ahora en vano.»[20]

4. INTERPRETACIONES DE CONJUNTO Y VALORACIÓN DE LA PRIMERA CRÍTICA

La *Crítica de la razón pura* establece una relación general entre estos tres términos: el sujeto, el objeto y la cosa en sí. Esta relación ha de resolver estos dos problemas: 1) bajo qué condiciones el sujeto produce el objeto; 2) en qué relación se encuentra el objeto con la cosa en sí[21].

Esta problemática es susceptible de diversas soluciones que coinciden, en buena parte, con la historia de las principales escuelas neokantianas. Si excluimos la solución idealista, las interpretaciones básicas se reducen a las tres siguientes: psicologista, logicista y fenomenista.

Según la interpretación *psicologista*, la crítica kantiana tendría por fin descubrir la estructura interna del sujeto o, lo que es lo mismo, explicar el conocimiento como producto de las facultades del sujeto. Por sujeto se entiende aquí el sujeto psicológico que construye el objeto de acuerdo con su propia organización interna. Al objeto pensado y, por tanto, inmanente puede corresponder en la realidad una cosa en sí, pero sólo como objeto de fe o de una percepción primitiva, que no puede ser ulteriormente justificada. Los principales representantes de esta interpretación son F.E. Beneke (1798-1854), J.F. Fries (1773-1843) y parcialmente F.A. Lange (1828-1875).

En la interpretación *logicista* la filosofía crítica de Kant se convierte en puro método de pensamiento. El conocimiento se concibe como un progreso indefinido hacia un término ideal, de por sí inalcanzable. El sujeto es aquí el sujeto trascendental, pura función lógica objetivante, el cual, en unión con el dato fenoménico, exigido también lógicamente para poder constituir un objeto, produce los objetos del pensamiento. Éstos, siempre inacabados desde el punto de vista de la inteligibilidad absoluta, tienden hacia la cosa en sí, exigida lógicamente como correlato del dato fenoménico, pero concebida no como algo real, sino como el término ideal, plenamente inteligible de la serie objetiva: en este límite, inaccesible por sí mismo, el objeto se habría convertido en la realización nouménica de la función objetivamente del sujeto. Los principales repre-

---

20. Ibid., A 856; B 884 (R, p. 661).
21. Seguimos en este punto a J. Maréchal, *Le point de départ de la Métaphysique*, IV: *Le système idéaliste chez Kant et les postkantiens*, Bruselas-París 1947, p. 329ss.

sentantes de esta interpretación son los neokantianos de la escuela de Marburgo: H. Cohen (1842-1917), P. Natorp (1854-1925) y E. Cassirer (1874-1945).

Tanto la interpretación psicológica como la logicista desfiguran el pensamiento histórico de Kant. Pese a ciertas expresiones ambiguas, es un hecho que Kant no pretendió hacer jamás una psicología o, como dice él mismo a propósito de Locke, una «fisiología del espíritu». El sujeto es para Kant un sujeto crítico-trascendental, es decir la determinación *a priori* del objeto. Por otra parte, ya conocemos el énfasis puesto por Kant en el mantenimiento de la cosa en sí. Históricamente, pues, la única interpretación que responde al pensamiento del filósofo es la *fenomenista*. Por sujeto no se entiende, pues, el sujeto psicológico, del que tenemos experiencia en la sensibilidad interna, sino el sujeto trascendental, pura determinación *a priori* del objeto. Como función *a priori*, sin contenido propio, el sujeto trascendental, para constituir al objeto, ha de recibir un contenido de origen extraño, es decir, no reductible al *a priori* del sujeto, un dato fenoménico. A su vez, este dato fenoménico, como contingente y relativo que es, exige, como complemento de inteligibilidad, un absoluto o cosa en sí. Poner el objeto como fenómeno, como manifestación de la cosa para el sujeto significa, idénticamente, poner esta misma cosa tal como es en sí misma, independientemente de la manera de conocerla propia del sujeto. Pero esta misteriosa cosa en sí, por mucho que se afirme como real, permanece en sí misma una X desconocida. Todas sus posibles determinaciones en nuestro pensamiento son exclusivamente fenoménicas. La cosa en sí abraza, por otra parte, tanto al sujeto ontológico, como al objeto ontológico que se le opone. Su afirmación se hace por necesidad lógica, en fuerza de la misma afirmación del objeto fenoménico.

De ahí se deducen las principales características que los autores suelen asignar al pensamiento kantiano. Tales son, entre otras el *subjetivismo:* el sujeto no es sólo punto de partida, sino centro. La revolución copernicana ha sido consumada. El principio de la trascendencia del conocimiento ha sido substituido por el de la inmanencia. El *trascendentalismo:* el sujeto kantiano es el sujeto trascendental como síntesis de las estructuras *a priori* que hacen posible el objeto. Como función *a priori* sin contenidos propios, el sujeto trascendental determina *a priori* el objeto según la forma. El kantismo se convierte en una filosofía de las leyes del conocer y, por tanto, en un idealismo formal o trascendental, a medio camino del realismo y del idealismo absoluto. El *fenomenismo:* es la consecuencia inevitable del subjetivismo trascendental kantiano. El conocimiento se limita al campo de los fenómenos, de la manifestación de las cosas para nosotros. Kant se cierra al conocimiento teórico del *mundus intelligibilis:* mundo, yo y Dios, hacia el que tiende, sin embargo, inevitablemente. Pero se cierra también al conocimiento de la realidad en sí de las cosas. Sin negarla, como Berkeley, para el conocimiento científico es como si no existiera.

Kant no es un idealista, porque mantiene la relación del fenómeno a una realidad en sí, existente pero desconocida. Kant no resuelve lo real en puro pensamiento. La experiencia remite en último término a algo que nos ha sido dado. Sin embargo, como nota agudamente E. Gilson, el pensamiento de Kant constituye el ensayo más audaz y más perseverante, llevado jamás a cabo por un filósofo, por saltar el obstáculo que la realidad dada opone al pensamiento. «El idealismo crítico establece algo dado, para poder estar seguro de no pensar en el vacío, pero toma en seguida las medidas necesarias para que esto dado no reserve jamás ninguna sorpresa al pensamiento que lo acoge. Desde el momento en que lo reviste de las formas *a priori* de la sensibilidad hasta el momento en que lo organiza como ciencia gracias a las categorías del entendimiento, el espíritu goza sin reservas del privilegio de explotar un dato real, pero que no contiene absolutamente nada más que lo que él mismo le ha introducido.»[22] El ser de las cosas en Kant no es, como en Berkeley, «ser percibido». El mundo kantiano de la ciencia tiene un trasfondo existencial que no tenía en el pensamiento del extravagante obispo inglés. Pero, si Kant admite la realidad dada, se esfuerza por neutralizarla, sin conseguirlo jamás del todo. «El objeto de la ciencia kantiana existe, pero nada cambiaría para la ciencia, si, por el capricho de algún genio maligno, dejara de existir.»[23] Es otra manera de decir que la cosa en sí no interviene para nada en la estructura de nuestro conocimiento científico. «Así, pues, hay existencia pero todo sucede felizmente para el conocimiento como si no la hubiera... Sería seguramente imposible obtener más de la existencia y concederle menos.»[24]

El fenomenismo kantiano es el resultado de la conciliación entre los elementos absolutos, provenientes del racionalismo, y los relativos, provenientes del empirismo. De ahí surge como problema insoluble un dualismo que apunta por todas partes: dualismo o bipolaridad entre el objeto como manifestación y como cosa en sí y entre el sujeto fenoménico y el sujeto nouménico. La superación de este dualismo llevará al idealismo. La posición kantiana es, en cualquier caso, inestable. Es dudoso que el propio Kant haya conseguido mantenerla hasta el fin. Parece que,

---

22. E. Gilson, *L'être et l'éssence*, París 1948, p 199.
23. Ibid., p. 202.
24. Ibid., p. 202s.

Interpretaciones y valoración de conjunto

al menos en un caso, Kant desborda su propio planteamiento fenoménico: La existencia del yo trascendental es dada en la autoconciencia como algo real, como algo que existe de hecho, y no como mero fenómeno. Es cierto que Kant se niega a considerar esta existencia como una realidad en sí misma o nouménica, puesto que carece de la posibilidad de ulteriores determinaciones en el plano intelectual, pero no es menos cierto que se trata en ella de una existencia muy distinta de la que él mismo atribuye a los objetos de experiencia. Kant parece aquí un cazador cazado en su propio cepo. Su lenguaje vacilante le traiciona. Por un lado, no puede conceder al yo trascendental el valor de una realidad en sí, sin negar su propio planteamiento fenoménico; pero, por otro, tampoco puede denegarle todo estatuto de realidad y reducirlo a la condición de mero fenómeno, sin vaciar su crítica de todo fundamento. En último término, es sobre este sujeto «trascendental», pero bien «real», presente y actuante en cada hombre, en cada sujeto empírico, que versa y se aguanta su obra entera. Reconocerle, como hace Kant, un estatuto especial de existencia, ¿no equivale a un cierto desbordamiento de su posición fenoménica? «Las mismas afirmaciones que constituyen la *Crítica* y que reposan últimamente sobre el sujeto trascendental así "existente", ¿no desbordan en su pretensión la misma ley de fenomenicidad que establecen?»[25]

El fenomenismo es una postura filosófica últimamente inviable. El pensamiento humano, pese a su inevitable finitud, tan justamente subrayada por Kant, lleva consigo una exigencia de absolutez, de vigencia transfenoménica, que se afirma en su misma negación y acaba siempre por imponerse. Ésta parece ser la lección histórica que se desprende, muy a pesar de su autor, de la misma crítica kantiana.

---

25. J. Gómez Caffarena, *Metafísica fundamental*, p. 406.

CAPÍTULO OCTAVO

CRÍTICA DE LA RAZÓN PRÁCTICA: ANALÍTICA

Si la *Crítica de la razón pura* respondía a la pregunta: ¿qué puedo yo saber?, la *Crítica de la razón práctica* responde a la pregunta: ¿qué debo yo hacer? Ambas preguntas son, en opinión de Kant, esencialmente distintas y sitúan de entrada el pensamiento en dos dimensiones opuestas e intransferibles, aunque estrechamente relacionadas: la teoría y la praxis.

A primera vista el planteamiento kantiano no constituye ninguna novedad. La ética o filosofía moral se ha ocupado siempre de la praxis humana. Se trataba generalmente de una ética de los bienes y de los fines que situaba la norma de la moralidad, inmediatamente en la misma naturaleza humana, y mediatamente en Dios, autor de la naturaleza y fundamento último de todo cuanto existe. Al relacionar de este modo la norma de la moralidad con Dios, la ética metafísica se convertía inevitablemente en una ética heterónoma, lo que no quiere decir que hiciera depender los valores morales del querer arbitrario de Dios. Éste no podía contradecirse a sí mismo y negar el orden establecido por él mismo en la creación, pero, en definitiva, las cosas no eran buenas o malas porque Dios las mandaba o las prohibía, sino que, al contrario, Dios las mandaba o las prohibía porque eran en sí mismas buenas o malas. En este supuesto, una cosa es clara: lo ético tiene que ver con el conocimiento. La moral supone el conocimiento de Dios y del hombre y, en dependencia de ambos, el conocimiento de lo que es bueno y es malo. Este conocimiento se halla inscrito en la conciencia de todo hombre, pero es objeto de un saber particular que constituye una rama de la filosofía y se ocupa de lo que se debe o no se debe hacer: la ética.

Kant se opone tajantemente a esta concepción teórica de la ética. En su opinión, la praxis ética es algo mucho más primario que la ciencia. Pertenece como tal a todo hombre, tanto al sabio moralista como al

VIII. Crítica de la razón práctica: Analítica

labrador que hinca su arado en el surco. Hacerla depender del conocimiento es privilegiar al docto que sabe lo que se debe hacer frente al ignorante que no lo sabe. Por otra parte, Kant no puede hacer depender la praxis ética del conocimiento de la existencia de Dios, puesto que todavía no «sabe» si Dios existe o no existe. La certeza de la existencia de Dios está en él inseparablemente unida a la misma praxis ética y brota inmediatamente de ella. La ética de Kant será, pues, una ética autónoma, una ética que no pasa por el rodeo del conocimiento y que tiene lugar únicamente por el hecho de que el hombre es hombre, es decir, un ser racional para quien tiene sentido la determinación de la propia conducta. El concepto de hombre que Kant maneja, es, pues, el de un ser racional finito que necesita de principios *a priori* para determinar su conducta, como antes los necesitaba para determinar su conocimiento.

1. PRELIMINARES: SUPUESTO, ALCANCE Y PLANTEAMIENTO DE LA SEGUNDA CRÍTICA

El supuesto de Kant en la *Crítica de la razón práctica* es, pues, la idea del hombre como un ser racional finito, es decir, un ser que no es sólo razón, sino también sensibilidad. Sólo para un ser así es posible el deber. La conciencia del deber es, por ende, expresión de la grandeza sobrehumana del hombre, pero también sello de su finitud esencial. Para un ser que fuera sólo razón y no también sensibilidad, el deber carecería totalmente de sentido, ya que no habría posibilidad de desacuerdo entre la razón y la voluntad. Tal es, para Kant, el caso de Dios. «Así, pues», escribe Kant en la *Fundamentación de una metafísica de las costumbres*, «para la voluntad divina y en general para una voluntad santa, no hay imperativos: el deber ser no encuentra aquí lugar adecuado porque el querer coincide de suyo necesariamente con la ley.»[1]

En el hombre, en cambio, entre el querer y el deber se interponen las inclinaciones de la sensibilidad, que le mueven a acciones contrarias al imperativo de la razón. La voluntad del hombre no es santa, sino que ha de hacerse santa respetando en su conducta la ley santa e inviolable. Pero para ello es necesario que se sobreponga a sus inclinaciones. Un ser racional finito no puede, sin dejar de ser lo que es, cumplir gustosamente, sin lucha interior, todas las leyes morales. «A este grado de disposición moral de ánimo no puede llegar nunca una criatura.»[2] Porque el

---

1. *Grundlegung zur Metaphysik der Sitten* (Ac. B., vol. IV), p. 414; trad. de M.G. Morente (= GM), Madrid 1932, p. 55.
2. *Kritik der praktischen Vernunft* (*KpV*; Ac. B., vol. V), I/1, c. 3, p. 84; trad. de F. Miñana y M.G. Morente (= MGM), Madrid 1913, p. 162.

Preliminares

hombre es criatura y no Dios, no puede estar nunca libre de deseos e inclinaciones, que descansan en causas físicas y, por lo mismo, no concuerdan por sí mismas con la ley moral, cuya fuente es totalmente distinta. En una palabra, la moralidad no es la racionalidad necesaria de un ser infinito, sino la racionalidad posible de un ser finito, que puede dejarse guiar por la razón o seguir sus inclinaciones egoístas. «La moralidad está tan alejada de la pura sensibilidad, como de la racionalidad absoluta. Si el hombre fuera sólo sensibilidad, sus acciones estarían determinadas por los impulsos sensibles. Si fuera únicamente racionalidad, serían necesariamente determinadas por la razón. Pero el hombre es al mismo tiempo sensibilidad y razón y puede seguir el impulso de sus deseos o puede seguir la razón; en esta posibilidad de elección consiste la libertad que hace de él un ser moral.»[3]

¿Qué tiene que ver el tema de la conducta humana con el planteamiento crítico de Kant? ¿Por qué ha desarrollado Kant su doctrina moral como *Crítica de la razón práctica*? En principio, Kant entiende por «crítica» el examen de las posibilidades y pretensiones de una facultad con el fin de poner al descubierto los límites, dentro de los cuales su uso es legítimo. Es posible, en efecto, que una facultad se empeñe en salir de su propio ámbito y en abrir caminos que, en principio, le están vedados. La *Crítica de la razón pura* ha llevado a cabo este cometido en lo que se refiere a la razón como facultad de conocimiento en general. Los resultados de este examen nos son ya conocidos.

La razón sólo puede moverse legítimamente dentro de los límites de la experiencia. Si intenta superar estos límites se extravía por caminos imposibles que, precisamente porque le están vedados, no conducen a ninguna parte[4].

Ahora bien, la razón pura no tiene solamente un posible uso teórico, tiene también un uso práctico. Kant ha pensado siempre que razón teórica y razón práctica son dos funciones de una misma facultad, la cual procede siempre por principios *a priori* y es, por tanto, en uno y otro caso razón pura, es decir, independiente de toda experiencia sensible. El objeto de la razón teórica era lo conocido. El objeto de la razón práctica es lo querido o decidido. En otras palabras, la razón práctica no pretende conocer, sino ponerse al servicio de la acción, dirigiendo la voluntad. En el fondo se trata de algo tan obvio y tan antiguo como la filosofía: la distinción entre el saber y el saber hacer. Por eso los actos propios de la ra-

---
3. T. Urdánoz, o.c., IV, p. 79.
4. Cf. O. Markett, *Introducción* a: *Crítica de la razón práctica*, trad. de E. Miñana y M.G. Morente, reed., Madrid 1963, p. XVIIs.

zón práctica son imperativos. Por ellos la razón dicta sus normas a la voluntad y le señala el camino del buen hacer moral.

Esta diversidad de usos en una misma razón lleva consigo, para la segunda *Crítica* un cambio radical de perspectivas. La crítica de la razón teórica estaba justificada, la de la práctica no lo está. La razón pura práctica no necesita de crítica como la razón pura teórica. Ésta exigía una crítica no en tanto que ofrecía la realidad de sus funciones trascendentales como hechos puros de la razón, sino en tanto que pretendía aplicarlas a objetivos distintos de ella. En otras palabras, en su función teórica la razón cabalgaba sobre la experiencia. Precisamente por ello engendraba desconfianza, siempre que pretendía referirse a la realidad en sí más allá de las fronteras de la experiencia. La razón pura práctica, en cambio, ni tiene ni puede tener tal pretensión: su misión es únicamente dirigir la voluntad desde sí misma, sin contar para nada con la experiencia. La razón pura práctica no aguanta el peso de ninguna relación extrínseca, no cabalga sobre ninguna experiencia y por ello no necesita ser criticada. La razón pura práctica está libre de toda crítica, pues tiene perfecto derecho a conducirse como se conduce. «Pues si, como razón pura, es ella realmente práctica, demuestra su propia realidad y la de sus conceptos por este mismo hecho y es en vano toda disputa sobre la posibilidad de serlo.»[5]

Hay pues entre ambas obras una curiosa inversión de actitudes. En la primera *Crítica* se sometía a juicio el uso puro-teórico de la razón; aquí, en cambio, se somete a juicio el uso empírico-práctico. En la primera *Crítica* se declaraba ilegítimo el primer uso por ser trascendente; aquí, en cambio, el uso trascendente y, por ende, ilegítimo es el segundo. Por ello la tarea que Kant lleva a cabo en la segunda *Crítica* no es exactamente una «crítica de la razón pura práctica», sino una «crítica de la razón práctica». La razón pura práctica, si se demuestra que la hay, no necesita de crítica alguna. En cuanto razón pura, ella misma contiene la regla para todo su uso. Como escribe Kant, la crítica de la razón práctica en general «tiene sólo la obligación de quitar a la razón empíricamente condicionada la pretensión de querer proporcionar ella sola, de un modo exclusivo, el fundamento de determinación de la voluntad. Sólo el uso de la razón pura, cuando esté decidido que hay razón pura, es inmanente; el empíricamente condicionado, que se arroga el dominio exclusivo, es, en cambio, trascendente, y se manifiesta en exigencias y mandatos que exceden totalmente de su esfera, lo cual es precisamente la relación inversa de lo que podía decirse de la razón pura en el uso especulativo»[6].

---

5. *KpV*, prólog., p. 3 (MGM, p. 1s).   6. Ibid., introd., p. 16 (MGM, p. 35).

Preliminares

De ahí se sigue también para la razón pura práctica la posibilidad de adentrarse, sin salirse de su esfera propia de realidad, en el mundo noumenal e inteligible que antes era inaccesible a la razón pura teórica. En efecto, lo que faltaba a las ideas trascendentales para poder realizarse legítimamente era la posibilidad de echar mano de una intuición. Esta posibilidad quedaba fuera del alcance de la razón teórica, por la sencilla razón de que, por un lado, carecía de intuición intelectual y, por otro, la realidad nouménica de Dios, la inmortalidad y la libertad, si es que existe, no puede aparecer en ninguna intuición sensible. Desde el punto de vista de la razón teórica, era, pues, imposible sacar a las ideas trascendentales de su indeterminación objetiva. Pero lo que estaba vedado a la teoría, puede estar abierto a la praxis. Ante la realidad trascendente de Dios, inmortalidad y libertad, objetos hipotéticos de la razón teórica, la primera *Crítica* dejaba sólo una doble opción: o abstenerse de toda posición teórica o afirmarla por un motivo extraño al conocimiento. Desde el punto de vista teórico el problema es insoluble. Desde el punto de vista práctico encuentra su solución en el plano de las exigencias de la acción moral. Sin duda, la acción no suple el defecto de una intuición: las ideas trascendentales no reciben ninguna determinación teórica nueva. Pero uncidas al carro de la acción, son investidas de la realidad inmediata de la misma acción y pueden ser puestas no hipotética, sino asertóricamente, en el plano inteligible del noúmeno. La praxis les permite dar el paso que separa la simple posibilidad lógica de la realidad objetiva[7].

Naturalmente todo esto es válido sólo en el supuesto de que la acción no sea determinada por condiciones empíricas. En este caso sería una acción puramente subjetiva y condicionada y su valor se limitaría a las conveniencias del sujeto que actúa. Para conferir objetividad a las ideas trascendentales la acción ha de ser *a priori* y absoluta en las condiciones que la determinan. Pero éste es precisamente el supuesto de la segunda *Crítica*. La razón pura determina aquí *a priori* y absolutamente la acción de la voluntad, al margen de toda motivación empírica de agrado o desagrado. Una acción así, determinada totalmente *a priori*, no necesita de ninguna justificación. La acción se justifica a sí misma haciéndose real. Por este hecho mismo la acción pone en la realidad su objeto y sus condiciones de posibilidad. En la medida, pues, en que las ideas trascendentales se manifiesten como condiciones de posibilidad de la acción moral, participan del mismo valor de realidad que corresponde a aquélla y encuentran en el uso práctico de la razón la determinación objetiva que no podían encontrar en el teórico.

---

7. Cf. J. Maréchal, o.c., III, p. 274s.

VIII. Crítica de la razón práctica: Analítica

Como prolegómenos a la *Crítica de la razón práctica* publicó Kant en 1785 la *Fundamentación de una metafísica de las costumbres*. La segunda *Crítica* publicada en 1788 es, pues, una metafísica de las costumbres, así como la primera *Crítica* constituía una metafísica de la naturaleza. Distínguense ambas metafísicas por el hecho de que la metafísica de la naturaleza trata de las leyes de lo que es, mientras que la metafísica de las costumbres trata de las leyes de lo que debe ser conforme al deber moral.

La *Crítica de la razón práctica* consta de un prólogo y una introducción, en los que se plantea el problema propio de la nueva obra, y de dos partes: una *analítica*, en la que se analizan los principios *a priori* prácticos y una *dialéctica*, en la que se plantea y resuelve la antinomia de la razón práctica. Falta la estética, ya que la razón pura práctica procede al margen de la experiencia.

En el planteamiento de ambas *críticas* existe un paralelismo perfecto. Supuesto el hecho de la realidad de las ciencias físico-matemáticas, se preguntaba la primera *Crítica* por sus condiciones de posibilidad y el problema se concretaba en la pregunta: ¿cómo son posibles los juicios sintéticos *a priori* teóricos? La segunda *Crítica* parte también de la existencia de un hecho de la razón pura: la obligación moral que intima a todo hombre un imperativo de la razón. Se pregunta, pues: ¿cómo es posible la obligación moral? Y dado que el imperativo moral tiene todas las características de un principio sintético *a priori* práctico, el problema se concreta en la pregunta: ¿cómo son posibles los juicios sintéticos *a priori* prácticos? La única diferencia estriba en que, en la primera *Crítica*, Kant partía de un hecho que nos da a *conocer* algo que *ya es:* la certeza de las ciencias. En la segunda, en cambio, Kant parte de un hecho que nos *impera* algo que *debe ser* o que *debe hacerse:* la obligación moral. Allí decía Kant: *es,* luego *puede ser.* Aquí dirá: *debo,* luego *puedo.*

En una y otra obra el problema se resuelve por el mismo método trascendental: se parte de un hecho dado y se buscan sus condiciones de posibilidad. El alcance del método trascendental es, sin embargo, distinto en una y otra obra, en razón de la diferencia del punto de partida: teoría y praxis. En la primera *Crítica* Kant se situaba de entrada en el plano fenoménico; aquí, en cambio, se sitúa inmediatamente en el plano nouménico. Una acción fenoménica o relativa carece de sentido. La acción no puede ser sino absoluta. La praxis es siempre real y sólo se ejercita sobre realidades.

2. EL HECHO DE LO MORAL

Si la analítica de la razón pura teórica investigaba los principios *a priori* del conocimiento, la analítica de la razón práctica estudia los principios *a priori* de la praxis ética, que Kant llama el imperativo moral. La moral kantiana no se apoya en ningún principio teórico. Su punto de partida es un *Faktum:* un hecho de la pura razón, el hecho moral. Como escribe Kant, esta analítica manifiesta «que la razón pura puede ser práctica, es decir, puede determinar por sí misma la voluntad independientemente de todo dato empírico, y esto lo manifiesta por un hecho, en el cual la razón pura se muestra en nosotros realmente práctica»[8], es a saber, el imperativo moral por el que la razón determina la voluntad al acto. También la razón pura en su uso teórico nos remitía a un hecho de la razón: la función trascendental del sujeto. Pero entre el hecho de la razón pura teórica y el de la razón pura práctica hay una diferencia importante. El primero contenía las condiciones de posibilidad del conocimiento, pero sólo en tanto en cuanto podía echar mano de una intuición sensible y, por ende, sólo para objetos de la experiencia. La ley moral, en cambio, aun cuando no proporciona ninguna visión de realidades que se encuentren más allá de la experiencia, «proporciona, sin embargo, un hecho, que los datos todos del mundo sensible y nuestro uso teórico de la razón, en toda su extensión, no alcanzan a explicar, un hecho que anuncia un mundo puro del entendimiento, hasta lo determina positivamente y nos da a conocer algo de él, a saber: una ley»[9]. Como hecho puro de la razón, la ley moral no necesita ser deducida teóricamente, ni ser comprobada por ninguna experiencia: se impone por sí misma. «La ley moral es dada, por así decirlo, como un hecho de la razón pura, del cual nosotros tenemos conciencia *a priori* y que es cierto apodícticamente, aun suponiendo que no se pueda encontrar en la experiencia ejemplo alguno de que se haya seguido exactamente. Así, pues, la realidad objetiva de la ley moral no puede ser demostrada por ninguna deducción, por ningún esfuerzo de la razón teórica, ni puede tampoco ser confirmada por la experiencia y demostrada así *a posteriori;* sin embargo, se mantiene firme sobre sí misma.»[10]

Con ella concuerda, sin embargo, la sentencia de aquella maravillosa facultad que llamamos *conciencia (Gewissen)*. «Un hombre puede sutilizar todo cuanto quiera para representarse una conducta de que ahora se acuerda, contraria a la ley, con los colores de un descuido sin intención,

---
8. *KpV*, I/1, c. 1, p. 42 (MGM, p. 84).
9. Ibid., p. 43 (MGM, p. 86).
10. Ibid., p. 47 (MGM, p. 94).

como mera imprevisión que nunca se puede evitar completamente, como algo hacia donde ha sido arrastrado por la corriente de la necesidad natural, y tratar así de disculparse. Encuentra, sin embargo, que el abogado que habla en su favor no puede de ningún modo callar al acusador en él, si tiene tan sólo conciencia de que en el tiempo en que hizo la injusticia se encontraba en su sentido, es decir, en el uso de su libertad; y aunque explique su falta por cierta mala costumbre, adquirida por lento abandono de la atención sobre sí mismo, hasta el punto de que pueda considerarla como una consecuencia natural de aquélla, sin embargo, esto no puede librarlo de la propia crítica y del reproche que se hace a sí mismo.»[11]

El elemento fundamental de la ley moral viene dado por la conciencia del *deber*. El deber consiste en «la necesidad de realizar una acción por respeto a la ley»[12]. El deber no es un nuevo hecho moral, sino la expresión del hecho moral originario que se manifiesta aquí como un imperativo, es decir, como una regla que impone a la voluntad la obligación de llevar a cabo una acción, al margen de las inclinaciones de la sensibilidad, del sentimiento de placer o desagrado, de los deseos egoístas del amor propio, por el único motivo del respeto debido a la ley. «Deber y obligación son las únicas denominaciones que nosotros debemos dar a nuestra relación con la ley moral.»[13]

La idea del deber jamás podría sacarse de la consideración de la naturaleza. Hablar de un deber ser en la naturaleza carece totalmente de sentido. Allí las cosas son lo que son y nada más. Allí sucede siempre lo que tiene que suceder. En un mundo dominado por la ley férrea de la causalidad, la conciencia del deber constituye un auténtico milagro. El deber, con su sola presencia redime al hombre del mundo sensible, lo eleva por encima de sí mismo y lo hace ciudadano del mundo inteligible. «¡Deber! Nombre sublime y grande, tú que no encierras nada amable que lleve consigo insinuante lisonja, sino que pides sumisión, pero sin amenazar con nada que despierte aversión natural en el ánimo y lo asuste para mover la voluntad; tú que sólo exiges una ley que halla por sí misma acceso en el ánimo y que por sí misma, aun contra nuestra voluntad, se conquista veneración, aunque no siempre observancia; tú, ante quien las inclinaciones enmudecen, aun cuando en secreto obran contra ti, ¿cuál es el origen digno de ti? ¿Dónde se halla la raíz de tu noble ascendencia que rechaza orgullosamente todo parentesco con las inclinaciones, esa raíz de la que procede como condición necesaria aquel valor que sólo los

---
11. Ibid., I/1, c. 3, p. 98 (MGM, p. 187s).
12. *Grundlegung*, c. 1, p. 400 (GM, p 33).
13. *KpV*, I/1, c. 3, p. 82 (MGM, p. 160).

hombres pueden darse a sí mismos? No puede ser nada menos que lo que eleva al hombre por encima de sí mismo (como parte del mundo de los sentidos), lo que le enlaza con un orden de cosas que sólo el entendimiento puede pensar... No es ninguna otra cosa que la personalidad, es decir, la libertad e independencia del mecanismo de toda naturaleza, libertad que hay que considerar al mismo tiempo como facultad de un ser que está sometido a leyes puras prácticas peculiares, es decir, dadas por su propia razón, la persona, pues, como perteneciente al mundo de los sentidos, sometida a su propia personalidad, en cuanto pertenece al mismo tiempo al mundo inteligible; y entonces no es de admirar que el hombre, como perteneciente a ambos mundos, tenga que considerar su propio ser, en relación con su segunda y más elevada determinación, no de otro modo que con veneración y las leyes de la misma con el sumo respeto.»[14]

3. LOS PRINCIPIOS DEL ORDEN MORAL

La ética kantiana se basa en el supuesto de que la razón puede determinar según principios a la voluntad. Tales principios o juicios prácticos ocupan en la segunda *Crítica* el lugar que en la primera correspondía a los juicios sintéticos *a priori*. Al análisis de estos principios dedica Kant el primer capítulo de la analítica de la razón práctica.

Kant empieza por sentar esta definición: «Principios prácticos son proposiciones que encierran una determinación universal de la voluntad, a la que se subordinan diversas reglas prácticas.»[15] Estos principios pueden ser subjetivos u objetivos. Son subjetivos o *máximas*, cuando implican una condición que es considerada por el sujeto como valedera sólo para su voluntad. Son objetivos o *leyes*, cuando implican una condición que es conocida como objetiva, es decir, valedera para la voluntad de todo ser racional. La máxima es, pues, una norma de conducta que un sujeto, en determinadas circunstancias, se impone a sí mismo, pero a sabiendas de que vale sólo para él y, por tanto, que en ningún caso puede alcanzar el valor de una ley. Sea por ejemplo este juicio práctico: «Siempre que se dé *A*, haré *B*.» La condición puede valer para una multitud indefinida de casos, sin embargo, el juicio como tal carece de verdadera universalidad y necesidad, ya que no se presenta como valedero para todo el mundo, sino sólo para mí. Dada la misma condición, otro sujeto, por razones diversas, puede hacer otra cosa. Así uno puede adop-

---

14. Ibid., 86s (MGM, p. 167).   15. Ibid, I/1, c. 1, p. 19 (MGM, p. 39).

tar como norma de conducta no aguantar ninguna ofensa sin vengarse, pero comprende al mismo tiempo que se trata de una regla meramente personal, ya que otro puede adoptar la norma contraria y ofrecer, como enseña Cristo, al que le ofende la otra mejilla. Muy distinto es el caso de los principios objetivos o leyes. Aquí la regla o norma de conducta se considera objetiva y, por tanto, valedera para todo el mundo. La regla impone en ese caso «un deber ser *(Sollen)* que expresa la necesidad objetiva de la acción y significa que, si la razón determinase totalmente a la voluntad, la acción ocurriría indefectiblemente»[16]. A esta ley necesaria y universal denomina Kant un *imperativo*.

Las máximas eran principios prácticos, pero no imperativos. Pero los imperativos, cuando son condicionados, es decir, cuando no determinan a la voluntad exclusivamente como voluntad, sino sólo en vistas a un determinado efecto, son preceptos prácticos, pero no leyes. Tenemos en este caso un imperativo *hipotético*, es decir, una determinación de la voluntad que manda una acción que es buena como medio para otra cosa, pero no en sí misma. En el fondo se trata aquí de una proposición analítica: «Si quieres *A*, haz *B*.» Ahora bien, es claro que en este caso *B* está contenida en *A* en la medida en que es su condición necesaria. El imperativo es necesario, pero sólo como medio para un fin, según el conocido adagio: «Quien quiere el fin, quiere también los medios.» Supongamos que decimos a alguien que debe trabajar y ahorrar en la juventud, para no sufrir de miseria en la vejez. Se trata de un precepto práctico de la voluntad, exacto, y al mismo tiempo importante. Pero se advierte en seguida que este precepto no encierra la necesidad absoluta de una ley. La acción de la voluntad se refiere a otra cosa que se desea y depende, por tanto, de este deseo. Y así puede muy bien suceder que la persona en cuestión responda que prevé aumentar su fortuna por otros medios o que no espera llegar a viejo o que, en cualquier caso, piensa satisfacerse con poco. Supongamos, en cambio, que decimos a alguien que nunca debe hacer falsas promesas. He aquí una regla que se refiere únicamente a su voluntad y no a otra cosa distinta de ella. La regla determina *a priori* y sin poner ninguna condición el mismo querer de la voluntad. Tenemos un *imperativo categórico* o como dice también Kant, una ley práctica que impone una acción a la voluntad, no como medio para otra cosa, sino absoluta e incondicionadamente, como objetivamente necesaria en sí misma. Tales han de ser, según Kant, los principios prácticos del orden moral: imperativos categóricos, es decir, reglas de acción con validez absoluta para todo el mundo y en cualquier circunstancia.

---
16. Ibid., p. 20 (MGM, p. 41).

Los principios del orden moral

Las máximas no eran sino consejos de sagacidad, válidos sólo para un determinado sujeto; los imperativos hipotéticos, reglas de habilidad o prudencia, cuyo valor depende de la necesidad de una acción como medio para conseguir un fin. Sólo el imperativo categórico tiene el carácter de absolutez incondicionada, propio de la ley moral.

Kant ha establecido hasta ahora que sólo los imperativos categóricos cumplen con las condiciones propias de la ley moral. Ahora bien, ¿cómo hay que determinar ulteriormente el imperativo categórico, para que sea de verdad una regla de acción con validez universal y necesaria? La respuesta kantiana es a primera vista paradójica. La determinación (universal y necesaria) del imperativo categórico consiste precisamente en su indeterminación (objetiva). Para que pueda mandarlo todo el imperativo categórico no ha de mandar propiamente nada. Para comprender el punto de vista kantiano, examinemos con él la materia y la forma de la ley moral. Kant empieza por sentar dos teoremas de los que se sigue una consecuencia. El primer teorema dice así: «Todos los principios prácticos que suponen un objeto o materia de la facultad de desear como fundamento de la determinación de la voluntad son empíricos y no pueden proporcionar ley práctica alguna.»[17] Se entiende por materia de la facultad de desear un objeto cuya realidad es apetecida. Es claro en este supuesto que, en la medida en que el deseo de un objeto precede a una norma de conducta y es la condición para adoptarla, este principio será siempre empírico. El segundo teorema dice así: «Todos los principios prácticos materiales son sin excepción de una misma clase y pertenecen al principio universal del amor propio o de la propia felicidad.»[18] Siempre que me muevo a obrar por el deseo de algún objeto, lo que busco en definitiva es el placer que este objeto me produce. Ahora bien, la conciencia de agrado que acompaña toda una vida se llama felicidad y la raíz de su búsqueda se halla en el amor propio. Así, pues, los principios prácticos materiales son sin excepción manifestación del amor propio o de la búsqueda de la felicidad.

Kant reconoce que «ser feliz es necesariamente el anhelo de todo ser racional, pero finito y, por tanto, un fundamento inevitable de determinación de su facultad de desear»[19]. Pero el deseo de felicidad es incompatible con la universalidad de la ley. A lo más puede proporcionar una ley subjetivamente necesaria, pero objetivamente contingente y distinta en los diversos sujetos, ya que su fundamento consiste en el grado de placer que produce un objeto. Pero, aun suponiendo que todos los

---

17. Ibid., p. 21 (MGM, p. 43).
18. Ibid., p. 22 (MGM, p. 45).
19. Ibid., p. 25 (MGM, p. 51).

VIII. Crítica de la razón práctica: Analítica

hombres pensasen del mismo modo acerca de lo que les produce felicidad, esa unanimidad sería meramente física, pero carente de significado moral: sería una unanimidad comparable a nuestra inclinación a bostezar, cuando vemos que otros bostezan. Es claro por otro lado que es absolutamente imposible convertir el anhelo de felicidad en ley moral con valor universal. Lejos de conducir a la armonía entre los hombres, tal ley sólo podría conducir a su mutuo enfrentamiento. De producir una armonía de deseos, sería del tipo de la que encierra el conocido dicho de Francisco I de Francia en sus forcejeos con el emperador Carlos V por la posesión del Milanesado: «Lo que mi hermano Carlos quiere tener, también lo quiero yo.»[20]

De los anteriores teoremas se deduce una importante consecuencia: «Todas las reglas prácticas materiales ponen el fundamento de la determinación de la voluntad en la facultad inferior de desear y, si no hubiere ley alguna meramente formal de la voluntad que la determinase subjetivamente, no podría admitirse tampoco facultad alguna superior de desear.»[21] Kant distingue entre la facultad inferior y superior de desear, según que el querer de la voluntad sea determinado *a posteriori* por el sentimiento de placer y desplacer o *a priori* por un principio de la pura razón. Es indiferente en el primer caso que las representaciones que están enlazadas con el sentimiento de placer tengan su origen en los sentidos o en el entendimiento. En la medida en que el querer está en función de un sentimiento de agrado o desagrado, la determinación de la voluntad carece de fundamento objetivo y depende en último término de la cantidad de placer que un objeto proporciona. «Un mismo individuo puede devolver, sin leerlo, un libro instructivo a sus ojos y que sólo por una vez llega a sus manos, para no perder la caza; puede marcharse a la mitad de un hermoso discurso, para no llegar tarde a la comida; abandonar una amena y razonada conversación que él, por otra parte, estima mucho, para sentarse a la mesa de juego; hasta puede rechazar a un pobre, a quien socorrer en otra ocasión sería para él agradable, por no tener más dinero en el bolsillo que el necesario para pagar su entrada en la comedia. Si la determinación de la voluntad descansa en el sentimiento de agrado o desagrado que uno espera de una causa cualquiera, entonces le es completamente indiferente por qué clase de representación es afectado. Sólo cuán fuerte, cuán largo, cuán fácilmente adquirido y frecuentemente repetido sea ese agrado, es lo que le importa para decidirse en la elección.»[22]

---

20. Ibid., p. 28 (MGM, p. 58).
21. Ibid., p. 22 (MGM, p. 45).
22. Ibid., p. 23 (MGM, p. 47s).

La consecuencia es obvia: «El principio de la propia felicidad, por mucho que se use en él del entendimiento y de la razón, no contendría para la voluntad ningunos otros fundamentos de determinación que los que son conformes con la facultad inferior de desear, y entonces o no hay facultad superior alguna de desear o la razón pura tiene que ser por sí sola práctica, es decir, tiene que poder determinar la voluntad mediante la mera fórmula de la regla práctica, sin la suposición de ningún sentimiento, por tanto, sin representaciones de lo agradable o desagradable como materia de la facultad de desear, materia que siempre es una condición empírica de los principios.»[23]

Esta consecuencia conduce finalmente al siguiente teorema: «Si un ser racional debe pensar sus máximas como leyes prácticas universales, puede sólo pensarlas como principios tales que contengan el fundamento de determinación de la voluntad no según la materia, sino según la forma.»[24] Ya hemos visto que de la materia de los objetos del deseo sólo sacamos principios subjetivos que determinan el querer de la voluntad por el sentimiento de placer o desagrado. Ahora bien, descartada la materia, no queda sino la *mera forma* de la ley. La ley moral no puede, pues, tener otro contenido que su mera forma o carácter de ley. Cualquier determinación material del contenido de la ley sometería la voluntad a condiciones empíricas y, por consiguiente, destruiría la necesidad y universalidad de la ley. «Así, pues, un ser racional o bien no puede pensar sus principios subjetivos prácticos, es decir, sus máximas como leyes universales, o bien tiene que admitir que la mera forma de los mismos, según la cual se capacitan para una legislación universal, hace de ellos por sí sola leyes prácticas.»[25]

4. FORMULACIONES DEL IMPERATIVO MORAL

Kant acaba de hallar la «ley fundamental» de la razón práctica. Se trata de un imperativo categórico que determina a la voluntad, al margen de todo contenido material, por la mera forma de la ley, es decir, por la mera norma de obrar según una norma que pueda ser siempre y en todo caso universal y necesaria. Esta suprema ley práctica puede formularse así: «Obra de tal modo que la máxima de tu voluntad pueda valer siempre, a la vez, como principio de una legislación universal.»[26] Esta ley

---
23. Ibid., p. 24 (MGM, p. 50).
24. Ibid., p. 27 (MGM, p. 55).
25. Ibid.
26. Ibid., p. 30 (MGM, p. 63).

no contiene otra determinación que su mismo carácter indeterminado de ley universal y necesaria. No impone acciones particulares, pero impone por ello mismo toda acción conforme a la ley moral.

En la *Fundamentación a una metafísica de las costumbres* Kant esboza una sencilla justificación del imperativo categórico a partir de la idea de *buena voluntad*. Abre la exposición una famosa sentencia: «Nada se puede pensar, universalmente hablando, en el mundo ni aun fuera de él que sin limitaciones sea tenido por bueno, exceptuando una buena voluntad.»[27] Las cualidades del espíritu o del carácter, como la inteligencia, el juicio, el valor, la resolución o la perseverancia son sin duda cosas buenas y deseables desde muchos puntos de vista, pero pueden también convertirse en malas y perniciosas, cuando la voluntad que usa de ellas no es buena. Sucede lo mismo con los dones de la fortuna. El poder, la riqueza, el honor, la salud y hasta la misma felicidad ejercen muchas veces una influencia perniciosa en la conducta, si no se acompañan de una buena voluntad. Hay incluso cualidades favorables a la buena voluntad, como la moderación en los afectos y pasiones, el autodominio, la sangre fría que parecen formar parte del valor intrínseco de una persona; sin embargo, sin una buena voluntad pueden convertirse en malas. La sangre fría de un malvado no sólo lo hace más peligroso, sino también más despreciable.

Ahora bien, ¿en qué consiste una buena voluntad? ¿Qué es lo que hace a la voluntad buena sin más? La buena voluntad no toma la bondad de sus resultados, ni de su aptitud para alcanzar un fin propuesto, sino solamente del querer, es decir de sí misma. La buena voluntad toma de sí misma todo su valor. La utilidad o la inutilidad no pueden añadirle ni quitarle nada. En este sentido, aunque la buena voluntad no sea el único bien, ha de ser mirada como el bien supremo al que ha de subordinarse todo otro bien y todo deseo, incluso el de la propia felicidad. Ahora bien, si la razón nos ha sido dada como una facultad práctica, es decir, como una facultad que debe dirigir la voluntad, es necesario que su verdadero destino sea el de producir una buena voluntad, no como medio para otro fin extraño, sino en sí misma. La razón lleva a cabo este cometido mediante el concepto del deber. El cumplimiento del deber es lo que hace a una voluntad buena. Pero para ello es necesario no sólo obrar conforme al deber, sino *por mor del deber*[28]. Es claro que las acciones que se juzgan contrarias al deber son incompatibles con una buena voluntad. Pero no basta con obrar conforme al deber para que la acción pueda llamarse buena. Supongamos a un comerciante que no en-

---

27. *Grundlegung*, c. 1, p. 393 (GM, p. 21).   28. Cf. ibid., p. 397s (GM, p. 27s).

Formulaciones del imperativo moral

gaña a compradores inexpertos, sino que ofrece a todos su mercancía al precio justo, sin añadir un céntimo. Todos sus clientes quedan servidos lealmente. El comerciante ha obrado conforme al deber, pero de ahí no se sigue que haya obrado por mor del deber. Acaso le mueve el interés personal, pues piensa, no sin razón, que su modo recto de proceder contribuye a aumentar la clientela.

El valor moral de una acción no depende, por tanto, de su objeto, ni del fin apetecido, ni de las ventajas que pueda reportar, sino sólo de que se haga por deber. Ahora bien, el deber es la exigencia de obrar únicamente por respeto a la ley. Sólo una voluntad que obra por deber, por el respeto que debe a la ley, puede llamarse buena absolutamente y sin restricciones. ¿Cómo formular entonces esa ley que debe determinar a la voluntad por sí misma, independientemente de todo otro motivo extraño? Dado que hemos descartado de la voluntad todo otro principio de acción que no sea el mero respeto a la ley, no queda que pueda servirle de norma más que la legalidad de las acciones en general, es decir, que «debo obrar siempre de tal modo que pueda querer que mi máxima se convierta en ley universal»[29]. El único principio que aquí dirige y debe dirigir la voluntad, si el deber no es una quimera, ni una palabra sin sentido, es, pues, la simple conformidad de la acción con una ley universal.

Kant piensa haber puesto la moral al alcance de todo hombre juicioso. «No necesito, pues, gran penetración para saber lo que he de hacer para que mi voluntad sea moralmente buena. Basta con hacerme esta pregunta: ¿Puedes querer que tu máxima sea ley universal? Si no lo puedo, es que la máxima no es admisible.»[30] La exigencia de universalidad es el único principio de determinación de una acción. Pero este principio es suficiente. En efecto, para que algo sea principio de determinación basta con que incluya unas cosas y excluya otras. Pues bien, el imperativo categórico, con su exigencia de universalidad, excluye como inmoral toda norma de conducta que no pueda convertirse en ley universal. Las normas restantes serán, pues, morales. Veámoslo en un caso concreto. Supongamos que me pregunto, si me es lícito, para salir de apuros, hacer una promesa sin intención de cumplirla. Para responder a mi cuestión basta con que me pregunte ulteriormente, si puedo admitir este principio: Cualquiera puede hacer promesas falsas cuando se halla en tal apuro, que no puede salir de él de otro modo. Al punto reconozco que yo puedo muy bien querer la mentira, pero no puedo querer hacerla ley universal. Si la mentira se convirtiera en ley universal, carecería

---

29. Ibid., p. 402 (GM, p. 35).   30. Ibid., p. 403 (GM, p. 37s).

de sentido hacer una promesa. Nadie creería en mi palabra y cualquiera podría pagarme con la misma moneda. La máxima no puede convertirse en ley universal sin autodestruirse.

En la *Crítica de la razón práctica* Kant aduce un ejemplo similar, pero que es oportuno recordar, porque será objeto de la crítica de Hegel. Supongamos que «yo me he hecho la máxima de aumentar mi fortuna por todos los medios seguros. Ahora está en mis manos un depósito, cuyo propietario ha muerto sin dejar nada escrito acerca de él. Éste es el caso de poner en práctica mi máxima. Ahora quiero saber tan sólo si aquella máxima puede valer también como ley universal práctica. La aplico, pues, al caso presente y me pregunto si puede adoptar la forma de ley y, por consiguiente, si yo podría establecer por medio de ella una ley como la siguiente: Cualquiera puede apropiarse un depósito en el caso de que nadie pueda probar que le ha sido confiado. En seguida me doy cuenta de que semejante principio se destruiría a sí mismo como ley, porque tendría como resultado suprimir todo depósito»[31].

¿Qué quiere decir Kant al establecer como norma de la moralidad de una acción que la máxima que la rige pueda o no convertirse en ley universal? La interpretación obvia es suponer que son inmorales aquellas máximas que, de pensarse como universales, resultan contradictorias. La piedra de toque sería entonces la ausencia o no ausencia de contradicción en la máxima, al intentar universalizarla. La cosa, con todo, es más compleja. Kant habla en realidad de dos tipos de contradicción, una intrínseca a la misma máxima y otra que afectaría más bien a la voluntad que la toma como norma. Hay acciones, cuyo carácter es tal que la máxima que las preside «no puede ser pensada sin contradicción como ley universal de la naturaleza»[32]. En este caso la contradicción lógica afecta a la misma máxima, en cuanto es formulada como ley universal. Pero hay otras acciones en las que falta esta imposibilidad intrínseca y, sin embargo, continúa siendo «imposible querer dar a su máxima la universalidad de una ley de la naturaleza, porque la voluntad que así hiciere estaría en contradicción consigo misma»[33]. En este caso la contradicción no está en la máxima, sino en la voluntad que pretende darle el carácter de ley universal.

Kant esclarece su pensamiento con algunos ejemplos. Supongamos a un hombre, al que una serie de desgracias han llevado al borde de la desesperación, pero que todavía es dueño de su razón para preguntarse si es o no contrario al deber atentar contra la propia vida. Su punto de vis-

---
31. *KpV*, I/1, c. 1, p. 27 (MGM, p. 56).
32. *Grundlegung*, c. 2, p. 424 (GM, p. 71).
33. Ibid.

ta es el siguiente: admito en principio que por amor propio puedo acortar mi vida, dado que prolongándola he de esperar mayor número de males que de bienes. Veamos si esta máxima puede convertirse en ley universal. Pronto descubriremos que una naturaleza que tuviera por ley destruir la vida por razón de la misma inclinación que tiene por objeto conservarla, estaría en contradicción consigo misma y no podría subsistir como naturaleza. La contradicción parece afectar aquí a la misma máxima, que se autodestruye al convertirse en ley universal. Supongamos, en cambio, a otro hombre que no conoce sino la felicidad y que ante la desgracia ajena se encoge de hombros, musitando: ¿qué me importa?, que cada cual sea todo lo feliz que pueda: no se lo impediré ni se lo envidiaré. Pero no moveré un dedo para sacarle de la desgracia. Esta manera de pensar podría convertirse en ley universal de la naturaleza sin comprometer la existencia del género humano. Sin embargo, es imposible querer que tal principio sea admitido por todos como ley. Una voluntad que quisiera esto sería contradictoria, ya que puede encontrarse muy bien en situaciones en las que necesite de la asistencia de los demás y, al erigir su máxima en ley universal, se cierra voluntariamente a la esperanza de obtener el socorro deseado. En este caso la máxima puede universalizarse sin contradicción lógica, pero la voluntad ciertamente no puede quererla como ley sin incurrir en contradicción consigo misma.

Kant, decíamos anteriormente, pensaba haber puesto la moral al alcance de todo hombre juicioso. Las anteriores consideraciones muestran que la aplicación concreta de su norma es más complicada de lo que él supone. Los mismos ejemplos que él aduce no hacen sino comprobarlo. Tal vez por ello insiste en el hecho de que el testimonio de la conciencia viene en favor de su tesis. Basta observar lo que ocurre en nosotros siempre que faltamos al deber. En realidad, no queremos de ningún modo convertir en ley universal la norma que dirige nuestra acción. Habría que decir más bien que queremos exactamente lo contrario. Sólo nos tomamos la libertad de hacer una pequeña excepción a nuestro favor. Pero con ello hemos reconocido tácitamente el valor universal de la ley. La excepción confirma la regla.

El formalismo de la moral kantiana ha dado lugar a críticas innumerables. Toda ética que busque dar un contenido a sus principios, ya sea en la forma aristotélica de una moral de los bienes y los fines, ya sea en la forma scheleriana de un intuicionismo de los valores, no puede menos de rechazar el punto de vista de Kant. Pero la crítica más incisiva procede de Hegel. En su *Fenomenología del espíritu* acusa al formalismo kantiano de mera pirueta lógica. La pretendida razón «legisladora» de Kant es únicamente razón «examinadora» y su examen, precisamente porque es meramente formal, es también tautológico. El que tiene un depósito como ajeno no puede apropiárselo. Pero, ¿y si cambia de opinión y no lo considera ajeno? ¿Dónde está entonces la contradicción? «Retener algo que no se considera ya propiedad de otro es perfectamente consecuente. Cambiar de punto de vista no es una contradicción.»[34]

Hegel se limita a poner de relieve, cosa que Kant no hubiera negado, que la reflexión kantiana presupone ciertas determinaciones dadas, por ejemplo, en nuestro caso, el derecho de propiedad. Pero el punto de vista kantiano se mantiene firme. Si se admite la propiedad, es contradictorio establecer como norma universal que es lícito apropiarse un depósito ajeno. Cambiar de punto de vista y considerar que el depósito ya no es ajeno no es una contradicción. Pero el que obra así demuestra por lo mismo que carece de actitud moral. El formalismo sólo compromete al que está dispuesto a comprometerse. Pero en este caso está muy lejos de ser una mera pirueta lógica. La exigencia de no contradicción se hace entonces vehículo de otra exigencia más alta: la de someterse incondicionalmente a la ley moral.

Kant se ha referido hasta ahora a una única formulación del imperativo categórico. En la *Fundamentación de la metafísica de las costumbres* añade todavía otras dos. Para ello introduce en el orden moral la noción de *fin en sí*. En efecto, en la primera formulación se concibe la voluntad como una facultad de determinarse a obrar conforme a la representación de ciertas leyes. Tal facultad sólo puede encontrarse en los seres racionales. Ahora bien, se llama *fin* a lo que sirve de objetivo a la voluntad que se determina por sí misma; en cambio, aquello que sólo contiene el principio de posibilidad de la acción pretendida se llama *medio*. Los fines que un ser racional se propone como efectos de su acción (fines materiales) no son sino relativos y, por tanto, no pueden suministrar principios universales y necesarios para todo querer, es decir, leyes prácticas. Los fines relativos no conducen más que a imperativos hipotéticos, no categóricos. Pero si existe algo que tenga valor absoluto en sí mismo y pueda tomarse como fin, habrá que buscar en ello el fundamento de un posible imperativo categórico. Ahora bien, los seres cuya existencia no depende de la voluntad, sino de la naturaleza, si no son racionales, tampoco tienen más que el valor relativo de medios y por eso se les llama *cosas;* en tanto que se da el nombre de *personas* a los seres racionales, porque su naturaleza misma crea en sí sus fines, esto es, algo que no puede emplearse como medio, y restringe así la libertad de cada uno y es para ella objeto de respeto. Los seres racionales, en efecto, no son sólo fi-

---

34. *Fenomenología del espíritu*, trad. de W. Roces, México 1973, p. 254s.

Formulaciones del imperativo moral

nes subjetivos, cuya existencia tiene valor para nosotros, sino fines objetivos, seres cuya existencia es por sí misma un fin, un fin que no puede subordinarse a otro alguno y convertirse en medio. En conclusión, el hombre, y en general todo ser racional, existe como fin en sí y no simplemente como medio para el uso arbitrario de tal o cual voluntad, y en toda acción ha de ser considerado siempre como tal. De ahí la máxima: «Obra de tal modo que trates siempre a la humanidad ya en tu persona, ya en la de los demás, no sólo únicamente como medio, sino también al mismo tiempo como fin.»[35] Kant no dice que no podamos servirnos de otra persona como medio para un determinado fin. Ello haría imposible la vida social. Cuando yo voy al sastre o al zapatero le utilizo inevitablemente como medio para procurarme un traje bien cortado o unos buenos zapatos. Lo que Kant dice es que no podemos tratar nunca a un hombre sólo como medio, como si fuera una cosa, sin respetarle al mismo tiempo como persona. De ahí deduce Kant la inmoralidad del suicidio. El suicida en efecto, se toma a sí mismo como medio y no como fin. En *La paz perpetua*, Kant suscita incluso el problema de la moralidad o inmoralidad de los ejércitos permanentes. Utilizar unos hombres para que maten o se dejen matar, parece contrario a la máxima que nos impide rebajar al hombre a la condición de medio.

De estos dos ejemplos el más interesante es el del suicidio. Kant lo aborda con profundidad y originalidad en dos textos poco conocidos: *Una lección sobre ética* y *La doctrina de la virtud*. Nuestro filósofo empieza por subrayar que el suicidio como arte es propio en exclusiva del hombre. Ni los animales ni Dios pueden suicidarse. Para hacerlo se requiere no ser tan contingente como los animales, ni tan necesario como Dios. Entre estos dos extremos se sitúa el hombre. Él no es ni absolutamente contingente como el animal, puesto que piensa y proyecta su porvenir, ni tan absolutamente necesario como Dios, ya que por la sensibilidad participa de la animalidad. Esto significa, a ojos de Kant, que el hombre es el único ser que da valor a su vida. El animal se encuentra más acá del valor, Dios, en cambio se encuentra o debería encontrarse más allá del valor, entendido en sentido humano. El hombre es también por ello (nuevo privilegio humano) el único ser llamado a dar sentido a su vida. El hombre puede, pues, suicidarse. De otro modo, el suicidio no sería real. Pero no debe hacerlo: por ello el suicidio es inmoral. «El hombre no puede enajenar su personalidad, mientras existen para él deberes y, en consecuencia, mientras vive. Es una contradicción reconocerle el derecho de desligarse de toda obligación, es decir, de obrar tan libre-

---

35. *Grundlegung*, c. 2, p. 429 (GM, p. 79).

mente, como si no tuviese necesidad para ello de ninguna especie de derecho. Reducir a la nada en su propia persona el sujeto de la moralidad es expulsar del mundo, en tanto que de él depende, la moralidad, siendo así que ella es un fin en sí; es también disponer de sí mismo, como de simple medio en orden a un cierto fin; es, en fin, degradar la humanidad en su persona *(homo noumenon)*, a la que, sin embargo, estaba confiada la conservación del hombre *(homo phaenomenon)*.»[36]

La tercera formulación del imperativo categórico es una prolongación de las dos anteriores. El principio de toda legislación práctica reside objetivamente, según la primera fórmula, en la forma universal que le da el carácter de ley y subjetivamente en el fin. Ahora bien, el sujeto de todos los fines es, según la segunda fórmula, el ser racional o la persona como fin en sí. De ahí resulta la tercera fórmula, a saber, «la idea de la voluntad de todo ser racional como una voluntad universalmente legisladora»[37]. La voluntad no ha de ser considerada como sometida a una ley, sino como dándosela a sí misma y sometiéndose a ella sólo por este título de poder considerarse su autora: «Obra de tal suerte que la voluntad, por su máxima, pueda considerarse a sí misma como legisladora universal.»[38] Según esta fórmula deben rechazarse todas las normas de conducta que no concuerden con la autolegislación universal de la voluntad.

5. LA AUTONOMÍA DE LA VOLUNTAD

En las tres formulaciones del imperativo categórico la voluntad es pensada como independiente de condiciones empíricas, es decir, de fines particulares como móviles de las acciones. Ha de ser determinada solamente por la mera forma de la ley y este motivo de determinación es considerado como suprema condición de todo imperativo. La razón pura se revela así originariamente legisladora y *sibi lex*, es decir, autónoma. *Sic volo, sic iubeo*[39].

La autonomía consiste, pues, en darse la ley a sí mismo, αὐτός y νόμος deben converger. Una voluntad libre y una voluntad sumisa a la ley moral son una sola y misma cosa. En esto y no en otra cosa reside la verdadera moralidad. «La autonomía es esta propiedad que tiene la voluntad de ser ella misma su propia ley (independientemente de toda propiedad de los objetos del querer). El principio de la autonomía con-

---

36. *Tugendlehre* (Ac. B., vol. VI), p. 422. Cf. A. Philonenko, *L'oeuvre de Kant. La philosophie critique*. II: *Morale et politique*, París 1972, p. 123ss.
37. *Grundlegung*, c. 2, p. 431 (GM, p. 83).
38. Ibid., p. 434 (GM, p. 87).
39. Cf. *KpV*. I/I, c. 1, p. 31 (MGM, p. 65).

La libertad, condición de posibilidad de la moralidad

siste, pues, en elegir siempre de tal modo que las máximas de nuestra elección sean comprendidas como leyes universales en este mismo acto de querer. Que esta regla práctica sea un imperativo, es decir, que la voluntad de todo ser racional esté ligada a ella necesariamente como a una condición, no puede ser demostrado por el simple análisis de los conceptos implicados en la voluntad, ya que se trata de una proposición sintética... Pero que el principio de la autonomía sea el único principio de la moralidad, se explica por el simple análisis de los conceptos de la moralidad. Pues se muestra por ello que el principio de la moralidad ha de ser un imperativo categórico y que éste no manda ni más ni menos que la misma autonomía.»[40]

Lo contrario de la autonomía es la heteronomía. En ella la voluntad no se impone a sí misma la ley, sino deja que se la impongan desde fuera. Por ello la autonomía es objetiva y la heteronomía subjetiva. La diferencia estriba en que la autonomía se funda en la universalidad de la razón y la heteronomía en la particularidad de la sensibilidad. Como decía el poeta latino: *trahit sua quemque voluptas.* El principio de la heteronomía se reduce en el fondo a esto: a cada uno lo que le gusta. Éste prefiere el dinero, aquél las mujeres, el otro el poder o el alcohol. La elección heterónoma depende de la atracción que un objeto ejerce sobre la subjetividad y por ello es diversa para los diversos sujetos. En cambio la elección autónoma libera al sujeto de la particularidad, precisamente porque lo somete a una legislación universal[41].

De ahí se sigue, concluye Kant, que «la autonomía de la voluntad es el único principio de todas las leyes morales y de los deberes conformes a ellas: toda heteronomía del albedrío, en cambio, no sólo no funda obligación alguna, sino que más bien es contraria al principio de la misma y de la moralidad de la voluntad. En la independencia de toda materia de la ley (a saber, de un objeto deseado), y al mismo tiempo en la determinación del albedrío por medio de la mera forma legisladora universal, de la que una máxima tiene que ser capaz, consiste el principio único de la moralidad»[42].

6. LA LIBERTAD, CONDICIÓN DE POSIBILIDAD DE LA MORALIDAD

La autonomía de la razón práctica dice autolegislación o autodeterminación o sea independencia de la ley empírica de la causalidad, en

---

40. *Grundlegung*, c. 2, p. 440 (GM, p. 97).
41. Cf. A. Philonenko, o.c., II, p. 131s.
42. *KpV*, L/1, c. 1, p. 33 (MGM, p. 68).

VIII. Crítica de la razón práctica: Analítica

una palabra, *libertad*. La libertad es, pues, la primera condición de posibilidad del imperativo categórico.

Ahora bien, entre la libertad y la obligación moral hay una mutua circulación. La libertad se conoce por la obligación moral y es, al mismo tiempo, el fundamento de la moralidad. «La libertad es la *ratio essendi* de la ley moral y la ley moral es la *ratio cognoscendi* de la libertad. Si la ley moral no estuviese en nuestra razón, pensada anteriormente con claridad, nunca podríamos considerarnos autorizados para admitir algo así como la libertad... Pero si no hubiera libertad no podría de ningún modo encontrarse la ley moral en nosotros.»[43] «Así, pues, libertad y ley práctica incondicionada se implican mutuamente una a otra.»[44] Sin libertad no sería posible la moralidad, pero es la moralidad la que nos descubre la idea de libertad. Como escribe Kant en un texto célebre: «Nunca se hubiera atrevido nadie a introducir la libertad en la ciencia, si no hubiera intervenido la ley moral, y con ella la razón práctica, y no nos hubiera impuesto este concepto. Pero la experiencia confirma también este orden de los conceptos en nosotros. Suponed que alguien pretende excusar su inclinación al placer, diciendo que ésta es para él totalmente irresistible, cuando se le presentan el objeto amado y la ocasión; pues bien, si una horca está levantada delante de la casa donde se le presenta aquella ocasión, para colgarle enseguida después de gozado el placer, ¿no resistirá entonces a su inclinación? No hay que buscar mucho lo que contestaría. Pero preguntadle si, habiéndole exigido un príncipe, bajo amenaza de la misma pena de muerte inminente, levantar un falso testimonio contra un hombre honrado a quien el príncipe, con plausibles pretextos, quiere perder, preguntadle si entonces cree posible vencer su amor a la vida, por grande que éste sea. No se atreverá quizás a asegurar si lo haría o no; pero que ello es posible, ha de admitirlo sin vacilar. Él juzga, pues, que *puede* hacer algo, porque tiene conciencia de que *debe* hacerlo y reconoce en sí mismo la libertad, que, sin la ley moral, hubiera permanecido para él desconocida.»[45] El pasaje kantiano ilustra la célebre máxima de Schiller: *Du kannst, denn du sollst!* El imperativo moral carece de sentido, si el hombre no es libre para realizarlo. Por ello, el reconocimiento del deber implica la convicción del poder.

---

43. Ibid., prólog., p. 4 nota (MGM, p. 3s).
44. Ibid., I/1, c. 1, p. 29 (MGM, p. 60).
45. Ibid., I/1, c. 1, p. 30 (MGM, p. 62).

7. MECANISMO Y LIBERTAD

Kant ha deducido la libertad como condición de posibilidad de la obligación moral. Pero sigue desconociendo la posibilidad interna de la libertad. «La libertad, en efecto, es una pura idea, cuya realidad objetiva no puede nunca probarse por las leyes de la naturaleza, ni dársenos en experiencia posible alguna, una idea que, escapando a toda analogía y a todo ejemplo, no puede comprenderse ni penetrarse. Sólo tiene el valor de una suposición necesaria de la razón... Cuando se pregunta, pues, cuando es posible un imperativo categórico, todo lo que podemos responder es que podemos indicar la única suposición que lo hace posible, a saber, la idea de libertad, y mostrar al mismo tiempo la necesidad de esta suposición..., pero en cuanto a saber cómo esta suposición misma es posible, esto es superior a la razón humana.»[46]

Más aún, a primera vista parece que hay que dar un paso más. No basta con decir que no conocemos la posibilidad de la libertad. Parece que hay que añadir que conocemos su imposibilidad. En efecto, la libertad no se realiza en las nubes, sino en un mundo dominado por la ley de la causalidad. Substraer una acción a esta ley sería abandonarla al ciego azar.

Ahora bien, libertad y necesidad natural son dos conceptos que se excluyen mutuamente. Si hay necesidad no puede haber libertad y viceversa. ¿Qué dice en efecto, el concepto de necesidad natural? Dice que «todo acontecimiento y, por consiguiente, también toda acción que sucede en un punto del tiempo es necesaria bajo la condición de lo que sucedió en el tiempo precedente. Ahora bien, como el tiempo pasado ya no está en mi poder, tiene que ser necesaria toda acción que yo ejercito por fundamentos determinantes que no están en mi poder, es decir, que en el momento en que obro nunca soy libre»[47]. Parece, pues, contradictorio unir en una misma acción necesidad y libertad. Sin embargo, esto es lo que exige la ley moral. «Si yo digo que un hombre que lleva a cabo un robo que este acto es una consecuencia necesaria, según la ley natural de la causalidad, de los fundamentos de determinación del tiempo precedente, he de decir también que era imposible que dejara de realizarse. ¿Cómo puede entonces la ley moral hacer una modificación y presuponer que este acto pudo ser omitido, porque la ley dice que hubiera debido serlo? ¿Cómo puede en el mismo momento, teniendo la intención dirigida sobre la misma acción, ser llamado completamente libre, quien

---

46. *Grundlegung*, c. 3, p. 461 (GM, p. 129).
47. *KpV*, I/1, c. 3, p. 94 (MGM, p. 181).

VIII. Crítica de la razón práctica: Analítica

en ese tiempo y con esa misma intención está sometido a una inevitable necesidad natural?»[48]

Para resolver esta contradicción entre necesidad natural y libertad, Kant no encuentra otra salida que recurrir a la distinción entre fenómeno y noúmeno. La ley de la causalidad se refiere a las cosas, en cuanto su existencia está determinada en el tiempo. Si no hubiera, pues, otro modo de representarse la existencia de las cosas, habría que rechazar la libertad como un concepto vano e imposible. «Por consiguiente, si se la quiere aún salvar, no queda otro camino que atribuir sólo al fenómeno la existencia de una cosa en cuanto es determinable en el tiempo y, por tanto, también la causalidad según la ley de la necesidad natural, y atribuir, en cambio, la libertad a este mismo ser como cosa en sí misma.»[49]

Vale la pena profundizar un poco en esta distinción, para darnos cuenta de las consecuencias que entraña. Kant piensa que si no dispusiéramos de una doble perspectiva donde situar al hombre y a sus acciones, el mundo fenoménico y el nouménico, en otras palabras, si el hombre no existiera más que como cosa en sí misma, no habría sitio para la libertad. Puesto por el creador en un mundo dominado por el enlace causal, convertido en miembro de una cadena de causas, de la que el propio creador sería el primer anillo, no sería más libre de lo que pueden serlo una marioneta o un autómata pensantes. «Si las acciones del hombre como pertenecientes a su determinación en el tiempo no fueran determinaciones de él mismo como fenómenos, sino como cosa en sí misma, no podría salvarse la libertad. El hombre sería una marioneta o un autómata de Vaucanson, construido y puesto en marcha por el supremo maestro de todas las obras de arte, y la autoconciencia haría sólo de él un autómata pensante, sin que la conciencia de su espontaneidad pudiera considerarse como libertad, sino como mero engaño.»[50] Kant en este punto es tajante. Él confiesa a rajatabla no ver «cómo los que se empeñan en considerar el tiempo y el espacio como determinaciones pertenecientes a las cosas en sí mismas, quieren evitar la fatalidad de las acciones». «Si no se admite la idealidad del tiempo y del espacio no queda sino el spinozismo.»[51]

Por ello Kant no entiende nunca por libertad la empírica o psicológica, cuya explicación dependería únicamente de una investigación más exacta de la naturaleza del alma y de los motores de la voluntad, sino la libertad inteligible o trascendental, la cual es pensada como la capacidad

---

48. Ibid., p 93s (MGM, p. 183).
49. Ibid., p. 93 (MGM, p. 182).
50. Ibid., p. 101 (MGM, p 193).
51. Ibid., p. 101s (MGM, p. 194).

de comenzar por sí misma, independiente de toda determinación empírica. Sin esa libertad trascendental que es sólo práctica y *a priori*, no hay ley moral posible. El hombre permanece atado al mecanismo de la naturaleza, al enlace de los sucesos en el tiempo según la ley natural de la causalidad, y es indiferente que este enlace sea exterior al sujeto o se conciba de un modo material o espiritual. Lo que importa es sólo la necesidad del enlace en la serie temporal, «denomínese el sujeto, en el que ocurre este transcurso, *automaton materiale*, si la maquinaria es movida por la materia o, con Leibniz, *automaton spirituale*, si lo es por sus propias representaciones»[32]. Leibniz a este respecto no es, pues, mejor que Spinoza. «Si la libertad de la voluntad no fuera sino la psicológica y comparativa y no la trascendental y absoluta, no sería mejor en el fondo que la libertad de un asador que, una vez que se le ha dado cuerda, lleva a cabo su movimiento por sí mismo.»[33]

Como en otras ocasiones, Kant no tiene más que dos cartas en la mano. Y todo el secreto de su juego consiste en obligarnos a escoger la suya. No importa que en la raíz de su alternativa se encuentre una concepción univocista de la causalidad como física y determinante, de la que él es el único responsable. Desde ella juzga ahora toda metafísica realista como abocada irremediablemente al fatalismo de Spinoza y presenta como única salida su filosofía crítica. Para cortar el nudo gordiano basta una sola cosa: acogerse a su distinción entre el mundo fenoménico y el nouménico. Mecanismo, necesidad, causalidad, son conceptos que pertenecen únicamente al plano fenoménico. Por lo mismo no conciernen para nada al plano más profundo de la realidad, al nouménico. El orden del mecanismo es un orden relativo. Si en él hay que hablar de creación, su creador es únicamente el entendimiento humano. El verdadero concepto de creación, en cambio, no pertenece al modo de existencia fenoménica, sino que sólo puede ser referido a noúmenos. «Sería contradictorio decir que Dios es un creador de fenómenos, lo mismo que decir de él, como creador, que es causa de las acciones como fenómenos.»[34] Para Dios no existe el fenómeno, sino sólo el noúmeno. En una palabra, Dios no es el autor del mecanismo. Y en consecuencia, el hecho de que el hombre moral, el hombre nouménico, sea criatura suya no atenta para nada a su libertad.

Ahí reside para Kant la importancia decisiva de la distinción entre la existencia de las cosas como determinadas en el tiempo —el tiempo de la necesidad y del mecanismo— y su existencia como cosas en sí. En este

---
32. Ibid., p. 97 (MGM, p. 186).
33. Ibid.
34. Ibid., p. 102 (MGM, p. 195).

último caso, la necesidad natural se refiere sólo a las condiciones del sujeto como fenómeno, pero este mismo sujeto como cosa en sí, es decir, en cuanto no se halla bajo las condiciones de tiempo, puede considerarse muy bien a sí mismo como determinable sólo por leyes que él mismo se da por la razón y, en consecuencia, como absolutamente libre. La solución kantiana es tan grandiosa como paradójica. Con un extraordinario golpe de fuerza Kant ha invertido exactamente los términos del problema. Si antes la necesidad arrastraba consigo la libertad, ahora sucede lo contrario. Desde su nueva existencia inteligible el sujeto considera ahora que «no hay nada para él que preceda la determinación de la voluntad, sino que toda acción e, incluso, toda la sucesión de su existencia como ser sensible, no es sino *consecuencia*, nunca *fundamento* de determinación de su causalidad como noúmeno»⁵⁵. El enlace causal no es suprimido, sino puesto al servicio de la libertad. El hombre nouménico es, en definitiva, el responsable del hombre fenoménico.

La solución kantiana a la antinomia de la libertad está muy lejos de ser satisfactoria. El mismo filósofo confiesa que es difícil y obscura, pero no conoce otra mejor. Habría que añadir también que tiene algo o mucho de violenta. Los problemas se acumulan. ¿Cómo comprender, por ejemplo, que el mundo espacio-temporal, con todo lo que ocurre en él, dependa sólo del hombre, mientras que el mundo nouménico y, por tanto, el mismo hombre como ser racional y moral, tenga por creador a Dios? ¿Cómo comprender que el hombre moral sea el último responsable de una acción que, como fenómeno, está determinada en sus causas y, en lo que a esto respecta, es absolutamente necesaria? Y sobre todo, si el tiempo con todo lo que ocurre en él es el ámbito del mecanismo, ¿dónde y cuándo ocurre la libertad? ¿La elección libre será, pues, intemporal o habrá también un tiempo práctico, el tiempo de la libertad? Subrayemos finalmente que Kant no ha probado ni pretendido probar la posibilidad de la libertad, se ha contentado con mostrar que no es imposible. Sobre este punto su postura no ofrece lugar a dudas. «Si se comprendiera la posibilidad de la libertad de una causa eficiente, se comprendería también no sólo la posibilidad, sino hasta la necesidad de la ley moral, como ley suprema práctica de seres racionales, a los cuales se atribuye libertad en la causalidad de su voluntad; porque ambos conceptos están unidos tan inseparablemente que se podría definir también la libertad práctica como la independencia de la voluntad de todo lo que no sea únicamente la ley moral. Pero la libertad de una causa eficiente, sobre todo en el mundo de los sentidos, no puede ser comprendida de

---

55. Ibid., p. 97s (MGM. p. 187).

ningún modo según su posibilidad; felices nosotros si podemos estar suficientemente seguros de que no puede haber prueba alguna de su imposibilidad y, ahora, mediante la ley moral que postula esta libertad, podemos sentirnos obligados y por ello también autorizados a aceptarla.»[56]

La libertad pertenece al ámbito superior de la razón práctica. Es natural entonces que no pueda ser conocida ni comprendida por la razón teórica. Desde el plano del mecanismo es imposible conocer o comprender la libertad. Sería reducirla al concepto y, por lo mismo, como dirá Fichte, negarla. Pero hay más, en Kant corresponde a la razón práctica el primado sobre la razón teórica. Ahora bien, explicar cómo es posible la libertad es lo mismo que explicar cómo la razón pura puede ser práctica. Y esto es para Kant lo que ninguna razón humana puede explicar[57]. La razón que pretendiera hacerlo, «traspasaría sus límites»[58]. La razón no puede explicar la razón. La necesidad más alta es la del pensamiento[59].

8. CARACTERÍSTICAS DE LA MORAL KANTIANA

De la concepción kantiana del imperativo categórico derivan las características de su ética. Tales son, ante todo, el *formalismo* ético. La moral kantiana es puramente formal. Su único principio de determinación es la pura forma de la ley. En virtud de este principio Kant rechaza como empíricos y materiales todos los sistemas morales de la historia de la filosofía.

El *apriorismo* moral. La moral kantiana es apriórica. El bien y el mal moral no dependen de los objetos de las acciones, sino que son determinados *a priori* por la pura forma de la ley.

La *autonomía* de lo moral. La moral kantiana es autónoma. Su principio supremo es la autonomía de la voluntad. El imperativo categórico no manda ni más ni menos que esta autonomía.

El *rigorismo* ético. La moral kantiana es una ética del deber por el deber. La acción moral ha de ser conforme al deber y realizada por mor del deber, sin otro motivo que el puro respeto a la ley. De otro modo encerraría legalidad, pero no moralidad.

El *personalismo* ético. La moral kantiana es eminentemente personalista. Respetando una ley que se impone a sí mismo, el hombre se respe-

---
56. Ibid., p. 93s (MGM, p. 179s).
57. Cf. *Grundlegung*, c. 3, p. 461 (GM, p. 130).
58. Ibid., p. 458 (GM, p. 126s).
59. Cf. A. Philonenko, o.c., II, p. 137.

ta a sí mismo, se hace digno de respeto, conserva su dignidad y honra a la humanidad en su persona. El respeto se dirige siempre a las personas. Obrar por respeto a la ley es, pues, exaltar por encima de todo la dignidad de la persona humana.

Esta última idea ha inspirado a Kant una de las páginas más nobles de su obra: «El hombre está bastante lejos de la santidad; pero la humanidad en su persona tiene que serle santa. En toda la creación, todo lo que se quiera y sobre lo que se tenga algún poder, puede ser empleado como medio; únicamente el hombre, y con él toda criatura racional, es fin en sí mismo. Él es efectivamente el sujeto de la ley moral, que es santa, gracias a la autonomía de su libertad. Precisamente por ella toda voluntad, incluso la propia voluntad de la persona dirigida sobre sí misma, está limitada por la condición del acuerdo con la autonomía del ser racional, a saber, no someterlo a ninguna intención que no proceda de una ley que pueda originarse en la voluntad del mismo sujeto; no emplear, pues, a éste sólo como medio, sino siempre al mismo tiempo como fin...

»Esta idea de la personalidad que despierta el respeto y que nos pone delante de los ojos la sublimidad de nuestra naturaleza (según su determinación), dejándonos notar al mismo tiempo la falta de conformidad de nuestra conducta con ella y destruyendo así la presunción, es natural y fácil de observar, aun para la razón humana más ordinaria. Todo hombre, incluso el medianamente honrado, ¿no ha notado a veces que si se ha abstenido de una mentira, por lo demás inofensiva, y que le hubiera sacado de un desagradable asunto o hubiera podido ser útil a un amigo querido y merecedor, ha sido sólo para tener derecho a mirarse a sí mismo en la intimidad sin despreciarse? A un hombre honrado en la mayor de las desgracias de la vida, desgracia que hubiera podido evitar sólo con haber saltado por encima del deber, ¿no le mantiene firme la conciencia de haber conservado su dignidad y honrado a la humanidad en su persona, de no tener motivo para avergonzarse de sí mismo y evitar el espectáculo interior de su propio juicio? Este consuelo no es la felicidad, ni siquiera la más pequeña parte de ella. Pues nadie deseará la ocasión para ello, ni siquiera una vida en semejantes circunstancias. Pero él vive y no puede tolerar ser a sus propios ojos indigno de la vida. Este interior apaciguamiento es, pues, sólo negativo en consideración de todo lo que puede hacer agradable a la vida... Es el efecto de un respeto hacia algo totalmente otro que la vida, en comparación y oposición con lo cual la vida, con todo su agrado, no tiene más bien valor alguno.»[60]

---

60. *KpV*, I/1, c. 3, p. 87 (MGM, p. 168s).

CAPÍTULO NOVENO

CRÍTICA DE LA RAZÓN PRÁCTICA: DIALÉCTICA

La razón pura práctica tiene también su dialéctica, ya que, como tal, busca también la totalidad incondicionada de su objeto, bajo el nombre del *supremo bien*. El fomento del supremo bien es, en efecto, un objeto *a priori* necesario de la voluntad y está en conexión con la ley moral que ordena fomentarlo.

1. LA ANTINOMIA DEL SUPREMO BIEN

La dialéctica de la razón práctica surge al intentar determinar la estructura del supremo bien. A ella pertenece sin duda la *virtud*, pero también la *felicidad*. El hombre virtuoso, el hombre que obra moralmente, no busca la felicidad pero, obrando moralmente, se hace digno de ella. Ahora bien, ser digno de felicidad y no participar de ella es cosa que no puede coexistir con el perfecto querer de un ser racional que, en hipótesis, tuviese todo poder. Virtud y felicidad constituyen, pues, conjuntamente el supremo bien, es decir, el bien completo y acabado, no sólo de cada persona, sino incluso de un posible mundo moral o inteligible. Como condiciones del supremo bien la una exige la otra. La virtud, aunque, como condición que no tiene sobre sí ninguna otra condición, es siempre el bien más elevado, no constituye, sin embargo, el bien supremo, si no va acompañada de la felicidad. Y la felicidad, aunque es siempre algo agradable al que la posee, no es por sí misma absolutamente buena, si no va acompañada de la virtud. Sólo la unión de virtud y felicidad constituyen la posesión del supremo bien.

Ahora bien, ¿cómo *unir* en el supremo bien la virtud y la felicidad, siendo así que sus máximas de realización son heterogéneas y casi siempre incompatibles? He aquí la antinomia de la razón práctica.

IX. Crítica de la razón práctica: Dialéctica

La antinomia tiene sólo dos soluciones posibles: el enlace de virtud y felicidad puede ser *analítico* o *sintético*. O el esfuezo por ser virtuoso y la búsqueda racional de la felicidad son dos acciones idénticas o son dos acciones distintas, pero de suerte que la una produzca la otra. La primera solución es la de estoicos y epicúreos. La segunda la de Kant.

Estoicos y epicúreos hacen coincidir en el filósofo la búsqueda de la virtud y de la felicidad, aunque por caminos opuestos. Los primeros pensaron que la búsqueda de la virtud llevaba consigo el sentimiento de la felicidad; los segundos pensaron que la búsqueda de la felicidad incluía la virtud. «El epicúreo decía: ser consciente de mi máxima conducente a la felicidad, esto es virtud; y el estoico, ser consciente de mi virtud, esto es la felicidad.»[1] «El concepto de la virtud se hallaba ya, según el epicúreo, en la máxima de fomentar su propia felicidad; el sentimiento de la felicidad estaba ya contenido, según el estoico, en la conciencia de su virtud... El estoico sostenía que la virtud era el completo bien supremo y la felicidad sólo la conciencia de la posesión del mismo, como perteneciente al estado del sujeto. El epicúreo sostenía que la felicidad era el completo bien supremo y la virtud sólo la forma de la máxima para adquirirla, esto es, en el uso racional de los medios para la misma.»[2]

Ambas posturas son para Kant falsas: virtud y felicidad son dos realidades heterogéneas y brotan de principios distintos. El enlace de virtud y felicidad no puede expresarse analíticamente, sino que constituye una síntesis *a priori*, pero, al determinar esta síntesis, surge la antinomia de dos proposiciones contradictorias: «o el deseo de la felicidad es la causa motriz de las máximas de la virtud o la máxima de la virtud es la causa eficiente de la felicidad.»[3] Lo primero es absolutamente imposible. Lo segundo contrario a la experiencia. En efecto, por un lado, las máximas que ponen en el deseo de felicidad el fundamento de la determinación de la voluntad no son morales y no pueden fundamentar virtud alguna. Por el otro, es un hecho que el enlace concreto de las causas y los efectos no se rige por las intenciones morales de la voluntad, sino por sus propias leyes naturales y es ocioso, por tanto, esperar de la más puntual observancia de las leyes morales aquel enlace necesario de virtud y felicidad que constituye el supremo bien. En este mundo la virtud no es «rentable». Exige muchas veces, sin compensación, los mayores sacrificios.

Kant ha puesto el dedo en la llaga a una moral, por así decirlo, de tejas abajo, una moral meramente inmanente o cismundana. De la solución de esta antinomia depende, sin embargo, la realidad misma de la

---
1. *KpV*, I/2, c. 2, p. 111 (MGM, p. 213).
2. Ibid., p. 112 (MGM, p. 214).
3. Ibid., p. 113 (MGM, p. 216).

moralidad. Si el bien supremo es imposible, entonces «la ley moral es ilusoria, enderezada a un fin vacío e imaginario y, por ende, falso»[4]. Un análisis más profundo de la antinomia conduce, sin embargo, a una posible solución. La primera proposición: la felicidad es la causa motriz de la virtud, es *absolutamente* falsa. En cambio, la segunda proposición: la virtud es causa eficiente de la felicidad no es falsa absolutamente, sino sólo de un modo *condicionado*, es decir, si se admite la existencia en el mundo sensible como el único modo de existencia del ser racional. Ahora bien, la vida moral no pertenece al mundo sensible, sino al inteligible. Es posible, pues, buscar la conexión necesaria de virtud y felicidad, una conexión no inmediata, sino *mediata*, por medio de un autor inteligente de la naturaleza. Porque es un hecho de realidad objetiva la existencia de la ley moral, con su mandato de producir el bien supremo. En la medida en que un hombre se esfuerza por obedecer absolutamente a la ley moral, está también autorizado para pensar su existencia como noúmeno en un mundo inteligible, en el que la felicidad está unida a la virtud, como consecuencia moralmente condicionada, pero necesaria, del esfuerzo por realizarla.

2. LOS POSTULADOS DE LA RAZÓN PRÁCTICA

Con la solución de la antinomia de la moralidad Kant ha puesto las bases de su doctrina sobre los postulados de la razón práctica. «Los postulados no son dogmas teóricos, sino presuposiciones necesarias en sentido práctico. Por ello, si no amplían el conocimiento teórico, dan con todo realidad objetiva a las tres ideas de la razón especulativa por medio de su relación con la práctica y la autorizan para formular conceptos que, de otro modo, no podría pretender afirmar, ni siquiera en su posibilidad.»[5] Los postulados tienen su fundamento en el principio de la moralidad, el cual, como ya sabemos, no es ningún postulado, sino un hecho puro e indudable de la razón. La razón pura práctica, al imponer absolutamente su ley a la voluntad, exige también las condiciones indispensables para su cumplimiento. Estos postulados son la inmortalidad, la libertad y la existencia de Dios. «El primero se deriva de la condición prácticamente necesaria de la adecuación de la duración a la integridad del cumplimiento de la ley moral; el segundo, de la necesaria presuposición de la independencia del mundo sensible y de la facultad de determinación de su voluntad, según la ley de un mundo inteligible, es decir, de

---

4. Ibid., p. 114 (MGM, p. 217).   5. Ibid., p. 132 (MGM, p. 248).

IX. Crítica de la razón práctica: Dialéctica

la libertad; el tercero, de la necesidad de la condición que exige este mundo inteligible para ser el supremo bien, mediante la presuposición del supremo bien independiente y soberano, esto es la existencia de Dios.»[6] Por ellos el ámbito de la razón teórica es ampliado en sentido práctico: las ideas trascendentales de la razón que para la razón teórica eran trascendentes y meramente regulativas se convierten en inmanentes y constitutivas para la razón práctica en cuanto condiciones de posibilidad de la realización de su objeto necesario: el supremo bien.

Pero esta ampliación del ámbito de la razón en sentido práctico no importa ningún aumento del conocimiento en el plano teórico. Por ello a la pregunta: «¿Es nuestro conocimiento de este modo realmente ampliado por la razón pura práctica, y lo que para la especulativa era trascendente es en la práctica inmanente?», Kant responde: «Sin duda, pero sólo en sentido práctico, pues nosotros, en verdad, no conocemos por ello ni la naturaleza de nuestra alma, ni el mundo inteligible, ni el supremo ser, según lo que ellos son en sí mismos, sino que sólo hemos reunido sus conceptos en el concepto práctico del supremo bien, como objeto de nuestra voluntad, completamente *a priori* por la razón pura, pero únicamente por medio de la ley moral y también sólo en relación con la misma y el objeto que ella ordena. Pero cómo sea posible la libertad y cómo teórica y positivamente ha de representarse este modo de causalidad es cosa que por esto no se puede comprender... Lo mismo ocurre con las demás ideas; ningún entendimiento humano las penetra jamás según su posibilidad; pero que no sean conceptos verdaderos no lo persuadirá tampoco ningún sofisma al convencimiento del hombre más vulgar.»[7]

La *libertad*, como causalidad de un ser perteneciente al mundo inteligible, es, como ya sabemos, condición indispensable de la ley moral. Kant no se detiene ahora en probar su existencia. Ésta viene dada por la misma existencia de la ley moral. Pero subraya su condición de postulado, ya que la razón teórica es incapaz de comprender el fundamento de su posibilidad. Y Kant subraya también el lugar privilegiado que le corresponde como piedra angular de todo el edificio de un sistema de la razón. «La libertad es la única entre todas las ideas de la razón teórica, cuya posibilidad *a priori* sabemos *(wissen)*, sin comprenderla *(einsehen)*, porque es la condición misma de la posibilidad de la ley moral, ley que nosotros sabemos.»[8] Las ideas de Dios y de la inmortalidad no son condiciones de la misma ley moral, sino sólo de su realización.

---

6. Ibid., p. 132 (MGM, p. 249).
7. Ibid., p. 133s (MGM, p. 251).
8. Ibid., prólog., p. 4 (MGM, p. 3s).

Los postulados de la razón práctica

La *inmortalidad* deriva de la exigencia de realización del bien supremo, en lo que se refiere a su parte más noble y principal, la moralidad o la virtud. Esta exigencia implica la completa adecuación de la voluntad a la ley moral, es decir, la *santidad,* «una perfección de la cual no es capaz ningún ser racional en el mundo sensible, en ningún momento de su existencia»[9]. Pero como esta adecuación es exigida prácticamente como necesaria y no puede ser realizada más que en un progreso al infinito, es también necesario admitir este progreso como objeto real de nuestra voluntad. Ahora bien, «este progreso al infinito es sólo posible bajo el supuesto de una existencia y personalidad duradera en lo infinito del mismo ser racional (lo que se llama la inmortalidad del alma). Así, pues, el bien supremo es sólo posible prácticamente bajo el supuesto de la inmortalidad del alma»[10].

El razonamiento kantiano ha sido blanco obligado de la crítica. ¿Qué significa exactamente este progreso al infinito, garantizado por la inmortalidad? En pura lógica progreso e infinitud se excluyen. Donde hay progreso, no hay infinitud. Donde hay infinitud, el progreso carece de sentido. Kant, empero, parece haber buscado adrede esta oposición. En la santidad hay siempre un nuevo paso a dar. El deber ser está siempre ahí presente, con su exigencia infinita. Precisamente por ello su ámbito de realización ha de ser también infinito. Kant ha formulado con rigor esta idea al hilo de unas reflexiones sobre la doctrina moral del cristianismo. La superioridad de la moral cristiana sobre toda la moral antigua reside precisamente en que con su pureza inflexible exige del hombre nada menos que la santidad. La ley del Evangelio es santa y pide santidad, aun cuando toda la perfección moral a la que puede llegar el hombre es siempre únicamente virtud, es decir, una disposición de ánimo conforme a la ley, pero mezclada con el polvillo de las impurezas humanas. Por ello, «con respecto a la santidad que exige la ley cristiana, no le deja la ley moral a la criatura más que un progreso al infinito, pero precisamente por ello justifica también en la criatura la esperanza de una duración que se extiende al infinito»[11].

Pero esta solución implica a su vez un nuevo problema. Decir que la santidad sólo se alcanza en un progreso al infinito es lo mismo que decir que no se alcanza nunca. El todo de la adecuación entre la ley moral y la santidad es inasequible para la pura criatura. Kant, pues, con su argumentación haría imposible lo mismo que pretende poner a salvo. El problema es tan obvio que no pasó desapercibido a nuestro filósofo.

---
9. Ibid., I/2, c. 2. p. 122 (MGM, p. 231).
10. Ibid.
11. Ibid., p. 128 (MGM, p. 241s).

IX. Crítica de la razón práctica: Dialéctica

Kant apunta como solución hacia la visión omniabarcadora de Dios. «Para un ser racional, pero finito, es sólo posible el progreso al infinito desde los grados inferiores a los superiores de la perfección moral. El infinito mismo, para quien la condición de tiempo no es nada, ve en esta serie, para nosotros infinita, el todo de la adecuación con la ley moral y la santidad, exigida incesantemente por su mandato.»[12] Y así lo que la criatura, en ningún momento de su existencia, no puede alcanzar ni abarcar, «vale, sin embargo, como posesión para Dios»[13].

La *existencia de Dios* se deduce del enlace necesario entre virtud y felicidad. Si el hombre virtuoso renuncia a la felicidad, la virtud le hace con todo digno de ella. Ahora bien, en este mundo sensible, moralidad y felicidad constituyen dos órdenes heterogéneos. La moralidad es cosa de la voluntad, mientras que la felicidad depende del curso natural de las cosas. Por ello la unión de virtud y felicidad sólo es posible, si existe, como fundamento de esta unión, un autor sabio y bueno de la naturaleza, es decir, Dios.

Como escribe Kant, «la felicidad es el estado de un ser racional en el mundo, al cual, en el conjunto de su existencia, le va todo según su deseo y voluntad; descansa, pues, en la concordancia de la naturaleza con el fin total que él persigue y también con el fundamento esencial de determinación de su voluntad»[14]. Ahora bien, «en la ley moral no hay el menor fundamento para una conexión necesaria entre la moralidad y la felicidad, a ella proporcionada, de un ser perteneciente, como parte, al mundo y dependiente, por tanto, de él; este ser, precisamente por eso, no puede por su voluntad ser causa de la naturaleza y tampoco puede, en lo que concierne a su felicidad, hacerla coincidir completamente por sus propias fuerzas con sus propios principios prácticos. Sin embargo, en el problema práctico de la razón pura, es decir, en el trabajo necesario enderezado hacia el supremo bien, se postula esta conexión como necesaria: debemos tratar de fomentar el supremo bien (el cual, por tanto, tiene que ser posible). Por consiguiente, se postula también la existencia de una causa de la entera naturaleza, distinta de la misma naturaleza y que encierre el fundamento de esta conexión, esto es de la exacta concordancia entre la felicidad y la moralidad»[15]. Esta causa trascendente de la naturaleza que obra conforme a nuestra disposición moral sólo puede concebirse, concluye Kant, como un ser dotado de inteligencia y voluntad que ha ordenado la naturaleza, como autor suyo que es, al fin supre-

---

12. Ibid., p. 123 (MGM, p. 232s).
13. Ibid., p. 123 nota (MGM, p. 234).
14. Ibid., p. 124 (MGM, p. 235).
15. Ibid., p. 124s (MGM, p. 235s).

mo de la moralidad, es decir, lo que llamamos Dios. «En consecuencia, el postulado de la posibilidad del *bien supremo derivado* (el mejor mundo) es al mismo tiempo el postulado de la realidad de un *bien supremo originario*, esto es, de la existencia de Dios.»[16]

Dios vuelve así a encontrar un lugar en la filosofía de Kant, pero sólo como postulado de la razón práctica. Para la razón práctica es moralmente necesario admitir la existencia de Dios, no como fundamento de la moralidad (ésta descansa exclusivamente en la autonomía de la razón), sino como condición de posibilidad de la realización del bien supremo.

Con la deducción de la existencia de Dios se cierra la dialéctica de la razón práctica. Al revés de lo que sucedía en el ámbito de la razón teórica, en el que las antinomias no encontraban solución racional, aquí la antinomia de la razón práctica encuentra su solución en los tres postulados: libertad, inmortalidad, existencia de Dios. Si reducimos los razonamientos kantianos a su estructura lógica, rezan así: 1) el hombre puede cumplir la ley moral sólo si es libre; 2) el hombre puede alcanzar la santidad sólo si es inmortal; 3) el hombre puede promover el sumo bien sólo si Dios existe[17]. Libertad, inmortalidad y existencia de Dios se desembozan respectivamente como condiciones de posibilidad de la ley moral y de la consecución del supremo bien, en su doble aspecto de virtud y felicidad. Entre estas tres condiciones hay una relación muy estrecha. La libertad es la condición más radical. Sin ella no serían posibles ni la ley moral ni el fomento del supremo bien. Pero la libertad no entraña la posibilidad de alcanzar el bien supremo. Por ello es preciso añadirle la inmortalidad y, sobre todo, la existencia de Dios. Sin un autor bueno y sabio de la naturaleza, que conectara necesariamente la virtud con la felicidad, el sumo bien no sería posible. En consecuencia, el esfuerzo hacia la santidad se vaciaría de sentido y la misma ley moral y, por ende, su condición de posibilidad, la libertad, se harían sospechosas de ilusión. Por más que sea la condición más remota, la existencia de Dios es la que da trabazón a todo el conjunto. Es como la clave de bóveda que aguanta desde arriba el edificio levantado como piedra sillar sobre la ley moral y la libertad.

3. EL PRIMADO DE LA RAZÓN PRÁCTICA

Por primado entre dos o más cosas enlazadas por la razón se entiende «la ventaja que una tiene de ser el fundamento de determinación de su

---

16. Ibid., p. 125 (MGM, p. 237).   17. Cf. S. Körner, *Kant*, p. 152.

IX. Crítica de la razón práctica: Dialéctica

unión con todas las otras»[18]. Ahora bien, la razón pura tiene dos usos, el teórico y el práctico. En cada uno de ellos está en juego el interés más profundo de esta facultad. El interés del uso teórico consiste en el conocimiento del objeto hasta los principios *a priori* más elevados; el del uso práctico en la determinación de la voluntad con respecto al último y más completo fin. En este doble juego de intereses, ¿a cuál de ambos corresponde el primado? Si la razón práctica no pudiera admitir ni pensar como dado nada más que lo que la razón teórica le proporciona por sí misma y por su conocimiento, la cuestión estaría ya zanjada. El primado correspondería sin más a la razón teórica. Pero las cosas son muy distintas. La razón práctica está en posesión de principios originarios *a priori*, con los que están unidos inseparablemente ciertas posiciones teóricas: Dios, inmortalidad y libertad, que, sin embargo, se substraen al poder de comprensión de la razón especulativa. En este caso, la cuestión de cuál sea el más alto interés de la razón se torna candente. ¿Qué ha de hacer la razón teórica? ¿Subordinar su interés al de la razón práctica y admitir, por tanto, estas proposiciones, aunque sean para ella trascendentes, o seguir tenazmente su propio interés y rechazar como un sueño vano todo aquello que ella no puede encontrar en la experiencia?

La elección, para Kant no ofrece lugar a dudas. Si la razón práctica estuviese empíricamente condicionada, entonces carecería de sentido cualquier pretensión suya ante la razón teórica. «Pero si la razón pura es por sí misma práctica, como lo manifiesta la conciencia de la ley moral, entonces es siempre una y la misma razón la que en el aspecto teórico o en el práctico juzga según principios *a priori*.»[19] Y entonces es también claro que la razón teórica no puede menos de admitir las proposiciones que le presenta la razón práctica (proposiciones que ella no puede demostrar, pero tampoco contradecir), ya que pertenecen indisolublemente al interés práctico de la única razón pura. De otro modo la razón pura estaría en contradicción consigo misma. Tales proposiciones no significan, con todo, para la razón teórica nuevos conocimientos, sino sólo una ampliación de su uso en sentido práctico.

En conclusión: en el enlace de la razón teórica con la práctica el primado corresponde a la segunda. La razón teórica no está coordinada, sino subordinada a la razón práctica. El interés más profundo de la razón pura «es en último término práctico y el mismo interés teórico es sólo condicionado y sólo en el uso práctico está completo»[20]. Como dirá más tarde Fichte, la razón no es teórica, sino porque es práctica.

---

18. *KpV*, 1/2, c. 2, p. 119 (MGM, p. 227).
19. Ibid., p. 121 (MGM, p. 229).
20. Ibid., p. 121 (MGM, p. 230).

4. LA FE MORAL

¿Cuál es la naturaleza del asentimiento prestado a los postulados? Un postulado es, como ya sabemos, un presupuesto teórico implicado en una acción. El postulado nace exactamente de la coincidencia de una exigencia hipotética de la razón teórica y de una exigencia absoluta de la razón práctica. La primera exigencia confiere al postulado valor teórico, la segunda realidad objetiva.

En efecto, la exigencia de la razón teórica conducía sólo a hipótesis: las tres ideas trascendentales como noúmenos problemáticos. La exigencia de la razón práctica, en cambio, conduce a postulados. Esta exigencia se funda, en efecto, en el deber de hacer algo con todas mis fuerzas: el bien supremo; pero para ello ha de presuponer su posibilidad, y por tanto, las condiciones de esta posibilidad: Dios, la inmortalidad y la libertad. «Una exigencia de la razón pura práctica está fundada en un deber, el de hacer de algo (el bien supremo) el objeto de mi voluntad, para fomentarlo con todas mis fuerzas; pero para ello tengo que presuponer la posibilidad del mismo y, por consiguiente, también las condiciones de esta posibilidad, a saber: Dios, la libertad y la inmortalidad, ya que no puedo demostrarlas por mi razón especulativa, pero tampoco refutarlas. Este deber se funda en una ley, del todo independientemente de estas últimas presuposiciones, cierta por sí misma apodícticamente, a saber, en la ley moral, y no necesita, por tanto, de ningún otro apoyo en una opinión teórica sobre la naturaleza íntima de las cosas, sobre el fin secreto del orden del mundo, o sobre el gobernante que lo presida, para obligarnos perfectamente a acciones incondicionadamente conformes a la ley. Pero el efecto subjetivo de esta ley, esto es, la disposición de ánimo adecuada y necesaria por ella misma para fomentar el supremo bien prácticamente posible, presupone, por lo menos, que este último es posible; pues de lo contrario, sería prácticamente imposible esforzarse hacia el objeto de un concepto que fuera en el fondo vano y sin objeto. Ahora bien, los postulados anteriores conciernen precisamente a las condiciones físicas o metafísicas, en una palabra, sitas en la naturaleza de las cosas, de la posibilidad del supremo bien.»[21]

Lo que introduce realidad objetiva en el uso de la razón práctica es, pues, una acción imperada *a priori*. El objeto de la razón práctica no es un objeto dado que ha de poder ser conocido, sino un objeto impuesto que debe hacerse o realizarse. En otros términos, no se trata aquí de conocer, sino de hacer. Ahora bien, el hacer es siempre algo real. La acción

---

21. Ibid., p. 142s (MGM, p. 267).

IX. Crítica de la razón práctica: Dialéctica

se pone a sí misma en la existencia, y exige, por lo mismo, las condiciones de posibilidad de su objeto, es decir, la existencia de realidades inteligibles, Dios, inmortalidad, libertad, sin las cuales la ley moral y el fomento del supremo bien serían una quimera. Hay en Kant una insistencia en la realidad de lo ético que recuerda al Segismundo calderoniano de *La vida es sueño*, objeto de un sabroso comentario de Unamuno en la *Vida de Don Quijote y Sancho*. Fuera de lo ético no hay sino sombras, bosquejos e ilusiones que el tiempo se encarga de deshacer.

> Y la experiencia me enseña
> que el hombre que vive sueña.

Sólo lo ético es la substancia de la vida. Por ello, mejor que perderse en el sueño, mejor que indagar los sueños, lo que importa es:

> Obrar bien, pues no se pierde
> el hacer bien, aun en sueños.

El asentimiento a las realidades suprasensibles, objeto de los tres postulados de la razón práctica, constituye la *fe* kantiana. Creer es tener algo por verdadero, no porque lo conocemos teóricamente, sino porque lo necesitamos para nuestra acción moral. Esta necesidad no nace de una inclinación subjetiva, sino que constituye una exigencia absolutamente necesaria de la razón. En su fondo se encuentra el siguiente razonamiento: es un deber realizar el supremo bien; por tanto, el supremo bien ha de ser en general posible; por consiguiente, es también inevitable para todo ser racional en el mundo presuponer aquello que es necesario para su posibilidad objetiva. Con todo, Kant introduce aquí una importante distinción. Las dos conclusiones de este razonamiento no tienen el mismo valor. El mandato de fomentar el bien supremo y la posibilidad del mismo en general son necesarios *objetivamente* en sentido práctico. Pero el modo como nosotros hemos de representarnos esta posibilidad es sólo una condición *subjetiva* de nuestra razón. El supremo bien no es «pensable» ni «concebible» para la razón, sino bajo el supuesto de Dios y del futuro mundo inteligible. La necesidad moral de los postulados es, pues, subjetiva, no objetiva. Fomentar el bien supremo es una ley objetiva del deber. Creer en los presupuestos teóricos de la posibilidad del bien supremo es una necesidad subjetiva de la razón. Para la razón no existe otra actitud posible, pero esta imposibilidad es subjetiva. La suposición de Dios y del mundo futuro son para ella «la única manera teóricamente posible y, al mismo tiempo, la única conveniente a la ley objetiva de la

La fe moral

moralidad, de pensar exactamente la armonía entre el reino de la naturaleza y el reino de las costumbres»[22].

Este doble carácter, a la vez objetivo y subjetivo, del asentimiento a los postulados de la razón práctica, permite la intervención de un tercer elemento, destinado a dar a la fe kantiana su configuración definitiva: una *decisión* libre y consciente, que corta la indecisión de la razón teórica y formula un juicio asertórico, subjetivamente cierto, por el que se afirman en la realidad los presupuestos teóricos de realización del bien supremo y, sobre todo, el principal de ellos, la aceptación de un creador sabio del mundo. El «golpe» decisivo pertenece, pues, al interés práctico. En este sentido en la fe kantiana está en obra un «yo quiero», que no hay que interpretar voluntarísticamente, como sucede en Unamuno, como un querer que crea su objeto, sino más bien como un *querer admitir* la existencia de determinados objetos. El asentimiento a los postulados constituye así una *fe racional pura práctica*. Una fe originada en la disposición moral de ánimo, pero fundada legítimamente en la necesidad objetiva de la ley moral y en la necesidad subjetiva de la razón. Esta fe «puede tambalearse a menudo, aun en los bien dispuestos moralmente, pero nunca hacerlos caer en la falta de fe»[23].

La fe en la existencia de un mundo inteligible, cuyos dos pilares básicos son Dios y la inmortalidad, está tan enlazada con la disposición moral de ánimo que coincide en el fondo con ella. En este punto, Kant está a cien leguas del escepticismo o del materialismo elegante de ciertos representantes de la Ilustración francesa. A Kant no le cabe en la cabeza la idea de un ateo que fuera, como se decía entonces, un *honnête homme*. Como tampoco le cabe en la cabeza la idea de un hombre honrado que no crea en Dios ni en la inmortalidad. No es extraño, pues, que el capítulo que dedica al análisis de la estructura de su *Vernunftsglaube* culmine, en una especie de apoteosis del hombre honrado, en esta apasionada profesión de fe: «Una vez reconocido que la ley moral pura obliga a cada cual irremisiblemente como mandato, puede muy bien decir el hombre honrado: yo *quiero* que exista un Dios; quiero que mi existencia en este mundo sea también, fuera del enlace natural, una existencia en un mundo racional puro; quiero finalmente que mi duración sea infinita. Persisto en ello y no me dejo arrebatar esa fe.»[24]

Hegel ha subrayado en su *Enciclopedia* la relación existente entre la idea de Dios y la idea del hombre. Un Dios malvado, un Dios natural, tiene como correlato unos hombres malvados, naturales, sin libertad. El

---
22. Ibid., p. 145 (MGM, p. 272s).
23. Ibid., p. 146 (MGM, p. 273).
24. Ibid., p. 143 (MGM, p. 269).

IX. Crítica de la razón práctica: Dialéctica

concepto puro de Dios, el Dios espiritual, tiene como correlato el espíritu libre. La representación que el hombre tiene de sí mismo y de su libertad corresponde a la que tiene de Dios. El pensamiento de Kant constituye una confirmación de este punto de vista hegeliano. El hombre moral kantiano tiene por correlato un Dios moral y viceversa. Tal es el profundo sentido de los dos grandes textos con los que nuestro filósofo cierra sus reflexiones sobre moral y religión. El primero de ellos se refiere a Dios. El fin último de Dios en la creación del mundo no es otro que el supremo bien, es decir, la moralidad de los seres racionales como única medida de su felicidad. En esto y no en otra cosa consiste el honor de Dios. El Dios de Kant es exclusivamente un Dios moral. «Cuando se pregunta por el último fin de Dios en la creación del mundo no ha de decirse la felicidad de los seres racionales en él, sino el supremo bien, el cual añade a aquel deseo de los seres racionales una condición, a saber, la de ser dignos de felicidad, es decir, la moralidad de esos mismos seres racionales que contiene la única medida según la cual pueden esperar llegar a ser partícipes de la felicidad de manos de un creador sabio...Por eso, aquellos que ponen el fin de la creación en el honor de Dios (suponiendo que no se piense éste antropomórficamente como la inclinación a ser ensalzado), han logrado la mejor expresión. Pues nada honra más a Dios que lo más apreciable en el mundo, el respeto por su mandato, la observación del santo deber que nos impone su ley, sobre todo cuando viene a añadirse su magnánima disposición de coronar tan hermoso orden con la adecuada felicidad.»[25]

El segundo texto se refiere al hombre. El valor y la grandeza del hombre reside en su condición de sujeto de la ley moral. Por ello y no por otra cosa es el hombre, incluso para Dios, un fin en sí mismo y su persona sagrada. El hombre kantiano es también exclusivamente un hombre moral. «Que en el orden de los fines el hombre (y con él todo ser racional) es fin en sí mismo, es decir, no puede nunca ser utilizado sólo como medio por alguien (ni aun por Dios), sino al mismo tiempo como fin; que por tanto, la humanidad en nuestra persona tiene que sernos sagrada, es cosa que sigue ahora de suyo, porque el hombre es el sujeto de la ley moral, por consiguiente, también de lo que es en sí santo, de lo que permite llamar santo a todo lo que esté de acuerdo con ello.»[26]

A la luz de estos dos grandes textos se ilumina el famoso pasaje con el que Kant remata la última sección de la dialéctica de la razón práctica. Supongamos, dice allí Kant, que la naturaleza que, en lo que se refiere

---

25. Ibid., p. 130s (MGM, p. 246s). 26. Ibid., p. 131s (MGM, p. 248).

al conocimiento de nuestro último fin parece habernos tratado como una madrastra, nos hubiera concedido, al contrario, la capacidad o las luces necesarias para conocer a Dios. ¿Qué hubiera sucedido? «En lugar de la lucha que la disposición moral de ánimo tiene que sostener ahora con las inclinaciones y en la cual, tras algunas derrotas, se adquiere poco a poco la fortaleza moral del alma, se hallarían sin cesar ante nuestros ojos *Dios* y la *eternidad* con su *terrible majestad,* pues lo que nosotros podemos demostrar completamente vale para nosotros con respecto a la certeza tanto como lo que nos aseguran nuestros propios ojos. La transgresión de la ley sería, desde luego, evitada; lo mandado sería hecho; pero... la mayor parte de las acciones conformes a la ley acaecerían por temor, pocas por esperanza y ninguna por deber, y no existiría el valor moral de las acciones, del cual depende el valor de la persona y hasta el del mundo a los ojos de la suprema sabiduría. La conducta del hombre, mientras durase su naturaleza tal y como es hoy, se tornaría un mero mecanismo, en donde, como en el teatro de marionetas, todos gesticularían muy bien, pero no se encontraría vida en las figuras.»[27]

La intención de Kant es diáfana. Se trata de poner la clave de bóveda al edificio de las dos críticas, mostrando, como reza el título de la sección, que la disposición de nuestras facultades «está sabiamente acomodada a la determinación práctica del hombre»[28]. Kant viene a decirnos: es mejor que sea así. Es mejor que Dios no esté siempre presente a nuestros ojos. Es mejor que la naturaleza nos haya sólo permitido creer en «su existencia y en su majestad, pero no verla ni demostrarla claramente»[29]. La «ley moral en nosotros» nos basta[30]. Ella permite al hombre «participar en el bien supremo en la medida adecuada al valor moral de su persona». Kant es, pues, lógico, al concluir: «La sabiduría impenetrable por la que existimos, no es menos digna de veneración por lo que nos ha negado que por lo que nos ha concedido.»[31]

En esta página clara y violenta Kant está presente de cuerpo entero y se nos muestra tal como fue. El pequeño racionalista empedernido que identifica el valor de convicción de una demostración con el de la presencia ocular. El moralista a ultranza para quien, sin el valor moral de las acciones, la persona e incluso el mundo entero carecería de valor a ojos de Dios. El metafísico, injertado de crítico, que se empeña en suprimir el saber para hacer posible la fe. Sólo hay una cosa chocante en nuestro texto: la idea de Dios que en él subyace. Ya no es solamente la impre-

---

27. Ibid., p. 147 (MGM, p. 275s).
28. Ibid., p. 146 (MGM, p. 274).
29. Ibid., p. 147 (MGM, p. 276).
30. Ibid.   31. Ibid., p. 148 (MGM, p. 277).

IX. Crítica de la razón práctica: Dialéctica

sionante eternidad de Haller, que nos salía al encuentro en una de sus primeras obras precríticas. «Es el Dios terrible de Jacob Boehme que aparece en toda su terrible majestad y que convierte de golpe a los hombres en simples marionetas de Vaucanson.»[32] ¿Es éste el Dios de Kant a nivel de la *Crítica de la razón práctica?*

No, no es éste el Dios de la segunda *Crítica*. El Dios de Kant es, como hemos visto, un Dios moral. Él mismo lo ha definido unas páginas antes, utilizando una expresión paulina, como el «único santo, único bienaventurado y único sabio»[33] y ha desarrollado estas tres proposiciones que, por ser exclusivamente morales, llevan consigo la ilimitación en el sentido de que Dios es también «el santo legislador y creador, el bondadoso gobernante y conservador y el justo juez»[34]. Este texto que Philonenko califica de «suposición inexplicable»[35] pone de relieve, sin embargo, la inevitable limitación del punto de vista kantiano. La limitación de un Dios exclusivamente moral y de una religión filosófica, reducida unilateralmente a la moralidad del ser humano. En términos cristianos diríamos que al Dios moral de Kant le falta algo: le falta ser, además, amor que se da, o sea gracia. Entonces la religión es también algo más que la mera moralidad, es amor correspondido, gracia aceptada. Y «el amor echa fuera el temor» (1Jn 4,18).

5. ESPERANZA Y RELIGIÓN

Uno de los aspectos más actuales de Kant es su filosofía de la esperanza. La *Crítica de la razón práctica* responde a la doble pregunta: ¿qué debo yo hacer? ¿Qué me está permitido esperar? La primera conduce a la moral; la segunda, por medio de la esperanza, a la religión: una religión filosófica que consiste en la moralidad del ser humano (el conocimiento de todos los deberes como mandatos divinos), pero que le añade la esperanza de un reino de Dios trascendente, de una comunidad inmortal de santos felices. «De esta manera conduce la ley moral por el concepto del supremo bien, como objeto y fin de la razón pura práctica, a la religión, esto es, al conocimiento de todos los deberes como mandatos divinos, no como sanciones, es decir, órdenes arbitrarias y, por ende, contingentes de una voluntad extraña, sino como leyes esenciales de toda voluntad libre por sí misma, leyes que, sin embargo, tienen que ser consideradas

---
32. A. Philonenko, o.c., II, p. 176.
33. *KpV*, I/2, c. 2, p. 131 nota (MGM, p. 247)
34. Ibid.
35. O.c., II, p. 177.

como mandatos del ser supremo, porque nosotros no podemos esperar el supremo bien, que la ley moral nos hace un deber de ponernos como objeto de nuestro esfuerzo, más que de una voluntad moralmente perfecta (sana y buena) y, al mismo tiempo, todopoderosa y, por consiguiente, mediante una concordancia con esa voluntad.»[36]

En este sentido, «la moral no es propiamente la doctrina de cómo nos hacemos felices, sino de cómo debemos llegar a ser dignos de felicidad. Sólo después, cuando sobreviene la religión, se presenta también la esperanza de ser un día partícipes de la felicidad en la medida en que hemos tratado de no ser indignos de ella»[37]. De ahí se sigue, continúa Kant, que «no se ha de tratar nunca a la moral como doctrina de la felicidad, es decir, como una enseñanza para enseñar a ser partícipe de la felicidad»[38]. A la moral le basta con imponer sus deberes, con despertar el deseo moral —deseo que no puede nacer en ninguna alma egoísta— de fomentar el supremo bien, de traer el reino de Dios a nosotros. La felicidad, a través de la esperanza que la religión despierta, le viene dada después por añadidura.

6. OBSERVACIONES CRÍTICAS

No puede negarse la grandeza de la ética de Kant. Su apelación a la ley: «Nada hay que esperar de la inclinación del hombre, sino todo de la suprema fuerza de la ley y del respeto debido a ella»[39]; el énfasis puesto en el deber que confiere al hombre «aquel valor que sólo él puede darse a sí mismo»[40]; la exaltación de la dignidad de la persona que hace a todo hombre «digno de respeto»[41]; la afirmación de la necesidad y universalidad de la ley moral y el rechazo de una moral estadística, fundada en el comportamiento real de los hombres: «Nada se hallará más indigno de un filósofo que la plebeya apelación a una supuesta experiencia en contra»[42], todo ello encuentra eco en toda conciencia recta.

Son dignas de atención las reflexiones kantianas sobre la relación entre moral y felicidad. A través de ellas se lleva a cabo aquel significativo corrimiento, al que antes nos hemos referido, del lugar originario de la experiencia humana de Dios: éste no es ya el mundo, sino la concien-

---

36. *KpV*, I/2, c. 2, p. 129 (MGM, p. 243s).
37. Ibid., p. 130 (MGM, p. 245).
38. Ibid.
39. *Grundlegung*, c. 2, p. 426 (GM, p. 74).
40. *KpV*, I/2, I/1, c. 3, p. 86 (MGM, p. 167).
41. Cf. ibid., p. 87s (MGM, p. 169s).
42. *KrV*, B 373 (R, p. 312).

IX. Crítica de la razón práctica: Dialéctica

cia. Es cierto que Kant pone un énfasis inaudito en la autonomía de la conciencia. Goethe no se engañaba, al compendiar el legado moral de Kant en estos versos de *Dios y mundo:*

> Vuélvete pronto hacia dentro:
> allí encontrarás el centro,
> del que ningún alma noble duda.
> No echarás en falta reglas:
> la conciencia soberana
> será el sol de tu día moral.

En Kant la conciencia es sin duda el centro, pero es también una especie de centro excéntrico, que sólo es lo más alto y lo más profundo del hombre, lo primero y lo último, porque es su límite. Por ello la fidelidad a la conciencia se relaciona en Kant tan estrechamente con la convicción acerca de la existencia de Dios. En la moralidad hay un *plus* que sólo la fe en Dios y la vida futura puede justificar. De otro modo, se le pediría demasiado al hombre moral. No se trata de una exigencia egoísta, sino de una exigencia de sentido. Según la expresión feliz de A. Valensin: sería «inmoral» que Dios no existiera. Sería tanto como dar la razón *in aeternum* a la actitud contraria a la ley moral. Naturalmente, sólo el hombre moral es capaz de percibir esta exigencia. Es en la medida en que yo me elevo, en la medida en que me ennoblezco a mis propios ojos poniendo la conciencia por encima de todo; depende de la idea más o menos alta que yo me haga de la soberanía del bien moral, de mi disposición a sacrificarle este y mil mundos, que yo percibo esta exigencia. La visión es aquí solidaria de la vida[43].

Pueden aducirse como defectos de la moral kantiana el *rigorismo* y el *formalismo* excesivos. El primero inspiró a Schiller estos dísticos satíricos:

> Con gusto ayudo a los amigos, sólo que lo hago por simpatía:
> por ello me recome el escrúpulo, de que no soy virtuoso.
> Aquí no hay sino este consejo: esfuérzate por despreciarlos,
> y haz entonces con asco lo que manda el deber.

En lo que se refiere al formalismo, Scheler echará en cara a Kant que exige sólo del hombre una actitud conforme a la ley, indiferentemente de si con ello sirve los propósitos de Dios o del diablo. Es claro que no es ésta la intención de Kant. Pero, si su formalismo no puede torcerse en este

---

[43]. Cf. A. Valensin, *Textes et documents inédits*, París 1961, p. 217.

sentido, es tal vez porque se orienta en el fondo hacia los grandes valores de la humanidad, propios de la época de la Ilustración:

> El que no se alegra con estas enseñanzas,
> no merece ser un hombre.

Estas palabras que Mozart en *La flauta mágica* hace decir a Sarastro, envueltas en una música de la que ha dicho Bernard Shaw que es la única que puede ser puesta sin blasfemia en boca de Dios, expresan a la perfección la actitud profunda de Kant. En realidad de verdad, detrás del imperativo categórico, se esconde una ética humanista, la idea del hombre con todo su contenido valoral. Una pura lógica del deber es tan insuficiente en el dominio ético como la pura lógica del conocer en el noético. No existe obligación moral sin contenido. Por ello el interrogante básico que presenta la ética kantiana reside en su *apriorismo* moral: ¿el bien y el mal son determinados antes de la ley o sólo después de ella y mediante ella? En este sentido, el problema clave de una ética filosófica se centra en este doble planteamiento: o ética del deber (Kant) o ética de los bienes y de los fines (Aristóteles). De este doble planteamiento deriva la autonomía o la heteronomía de la ética.

Se alega a veces contra la doctrina kantiana de la autonomía de la moral que la obligación supone alteridad. Como escribe Tomás de Aquino: «Propiamente hablando, nadie impone la ley a sus propios actos.»[44] Kant lo sabía y por ello en el *Opus postumum* relaciona la conciencia del mandamiento con la idea de «un mandatario *(imperantis)* que lo puede todo y manda sobre todo»[45]. Kant se opone sin duda al punto de vista de Ockham y de Descartes, según el cual la bondad o la maldad de las acciones depende de la voluntad soberana de Dios, pero es dudoso que tuviera algo que objetar al punto de vista del Aquinatense, según el cual las cosas no son buenas o malas porque Dios las manda o las prohíbe, sino que, al contrario, Dios las manda o las prohíbe porque son en sí mismas buenas o malas. Kant ha visto bien que la ley moral no puede imponerse a la razón como algo extraño, sino como expresión de la misma naturaleza racional. La autonomía de la moral kantiana se refiere sólo al conocimiento de la ley moral, pero no a su ejecución. Como escribe nuestro filósofo en *Una lección sobre ética*: «No discutimos si la teología es un motor de la moral —lo es sin duda—, sino si el principio de determinación de la moral es un principio teológico, y esto no es posible... Es cierto, las leyes morales son una orden y pueden ser man-

---

44. *S.th.*, I/II, q. 93, a. 5.   45. *Op. post.* (Ac. B., vol. XXII), p. 121.

IX. Crítica de la razón práctica: Dialéctica

datos de la voluntad divina, pero no fluyen de este mandato. Dios lo ha mandado porque se trata de una ley moral y porque su voluntad coincide con ella... En la ejecución debe estar presente ciertamente un tercero que obliga a hacer lo que es moralmente bueno. Pero para enjuiciar lo que es moral no necesitamos de ningún tercero... En suma, el conocimiento de Dios es necesario para la ejecución de las leyes morales.»[46] Hay que tener en cuenta, por otro lado, que la autonomía kantiana es lo contrario de la arbitrariedad. El hombre encuentra la ley moral en su conciencia, pero esta ley no es «su» ley, sino la ley universal de todo ser racional.

La *Crítica de la razón práctica* confirma y consolida la escisión planteada por la *Crítica de la razón pura*. El hombre tiene ahora el pie en dos mundos: el de la necesidad y el de la libertad, el fenoménico y el nouménico. Kant no se arredra ante esta consecuencia, al contrario la expone con claridad meridiana. Si nos fuera posible tener una visión tan profunda del modo de pensar de un hombre y de las circunstancias externas que actúan sobre él, de suerte que toda motivación, aun la más insignificante nos fuera conocida, «se podría calcular con seguridad la conducta de este hombre en lo porvenir, como los eclipses de sol y de luna y, sin embargo, sostener que es libre»[47]. En efecto, si fuéramos capaces de otra mirada que, por desgracia, no nos ha sido concedida, esto es, si fuéramos capaces de una intuición intelectual del mismo sujeto, «nos apercibiríamos de que toda esta cadena de fenómenos en aquello que puede interesar a la ley moral, depende únicamente de su espontaneidad como cosa en sí misma, de cuya determinación no puede darse ninguna explicación física»[48]. En ausencia de esta mirada, la ley moral nos certifica de que es así, de que el hombre en el fondo es libertad y, por ello, una persona llamada a un destino trascendente.

Kant ha pretendido con ello salvar al hombre, redimirle del mundo sensible y hacerle ciudadano del mundo inteligible. Es la actitud de espíritu que alienta en la célebre página con la que cierra su obra. «Dos cosas llenan el ánimo de admiración y respeto, siempre nuevos y crecientes, cuanto con más frecuencia y aplicación se ocupa de ellas la reflexión: el *cielo estrellado sobre mí y la ley moral en mí*. Ambas cosas no he de buscarlas y como conjeturarlas, cual si estuvieran envueltas en obscuridades, en lo trascendente fuera de mi horizonte; ante mí las veo y las enlazo inmediatamente con la conciencia de mi existencia. La primera em-

---

46. *Eine Vorlesung über Ethik*, ed. P. Menzer, Berlin 1924. Cf. H. Meyer, *Abendländische Weltanschauung*. IV: *Von der Renaissance bis zum deutschen Idealismus*, Wurzburgo 1950, p. 308
47. *KpV*, I/1, c. 3, p. 99 (MGM, p. 189s).
48. Ibid., p. 99 (MGM, p. 190).

pieza en el lugar que yo ocupo en el mundo exterior sensible y ensancha la conexión en que me encuentro con una magnitud incalculable de mundos sobre mundos y sistemas de sistemas, en los ilimitados tiempos de su periódico movimiento, de su comienzo y de su duración. La segunda empieza en mi yo invisible, en mi personalidad, y me introduce en un mundo que tiene verdadera infinitud, aunque sólo penetrable por el entendimiento y con el cual me reconozco (y, por ende, también con todos aquellos mundos visibles) en una conexión universal y necesaria y no sólo contingente como en aquel otro. El primer espectáculo de una innumerable multitud de mundos anonada, por así decirlo, mi importancia como criatura animal, que tiene que devolver al planeta (un mero punto en el universo) la materia de que fue hecho, después de haber sido provisto (no se sabe cómo) por un corto tiempo de fuerza vital. El segundo, en cambio, eleva infinitamente mi valor como inteligencia por medio de mi personalidad, en la cual la ley moral me descubre una vida independiente de la animalidad y aun de todo el mundo sensible, al menos en cuanto se puede inferir de la determinación conforme a un fin que mi existencia recibe por esa ley, que no está limitada a condiciones y límites de esta vida, sino que va a lo infinito.»[49]

«El cielo estrellado sobre mí y la ley moral dentro de mí» son las dos grandes experiencias del hombre kantiano, pero la primera se inclina ante la segunda. Para Kant, Rousseau era el Newton del mundo moral y es este mundo puesto en pie por el pensador ginebrino, el que Kant vive más apasionadamente, el mundo que quiere comprender más a fondo y que será el último responsable de su obra. La voluntad universalmente autolegisladora es a lo moral, como descubrimiento, lo que la atracción universal es a lo físico. Y si en el ámbito del conocimiento Kant llevó a cabo una revolución copernicana, en el de la moral cumple también una auténtica revolución rousseauniana. Gracias a esta segunda revolución, de la que es instrumento la primera, Kant rescata para el hombre el centro de la creación que Copérnico le había arrebatado. «El hombre, ser moral, es el fin último de la creación: el rey de la creación, y como tal soberano autor —y autoritario— por ejercicio soberano de su mente, de la naturaleza o experiencia.»[50]

Kant se convierte así en fundador de una nueva metafísica, basada en el hombre moral, una metafísica práctica y, en expresión de J. Lacroix, «practicante»[51]. El quicio de su pensamiento consiste en el esclarecimiento del sentido del esfuerzo moral del hombre, un sentido que

---
49. Ibid., concl., p. 161s (MGM, p. 301s).
50. E. Imaz, *Prólogo* a: Kant, *Filosofía de la historia*, México 1941, p. 3.
51. J. Lacroix, o.c., p. 122.

IX. Crítica de la razón práctica: Dialéctica

brota de la llamada de la libertad y encuentra su cumplimiento en una esperanza sensata, a la que bien podemos aplicar la imagen bíblica de «áncora del alma segura y firme» que atraviesa los cielos y penetra hasta lo íntimo del santuario de Dios (Heb 6,19). En definitiva, gracias a la experiencia ética también para Kant el hombre (nouménico) «supera» al hombre (fenoménico).

Kant parece reconstruir con una mano lo que ha destruido con la otra. Nietzsche ironiza a este respecto acerca del «castigo reservado al viejo Kant, el cual, por haber espiado y atrapado la cosa en sí —cosa muy digna de risa— fue a su vez espiado y sorprendido por el imperativo categórico y en su corazón se extravió de nuevo del lado de Dios, del alma, de la libertad y de la inmortalidad, parecido a un zorro que se pierde de nuevo en su jaula: ahora bien, fueron su fuerza y su inteligencia las que habían roto esa jaula»[52]. No, Kant no se extravió o, si acaso, lo hizo a ciencia y conciencia. El resultado de la segunda *Crítica* estaba ya presente en su mente, al ponerse a escribir la primera. El nudo de la cuestión es muy otro de lo que piensa Nietzsche. Lo verdaderamente problemático de su procedimiento no reside tanto en el hecho de que volviese a la metafísica que antes había abandonado, cuanto en la legitimidad de esa vuelta, en la posibilidad de mantener a la vez las dos tesis, aparentemente incompatibles, que subyacen como supuestos a ambas críticas: la afirmación conjunta de la *finitud* de la razón y de la *absolutez* de la libertad. Una de dos: o se admite que el hombre es capaz de medir su razón como finita, porque participa de algún modo en la razón y la verdad infinitas, y entonces nada impide que pueda tener también en su libertad un momento de absolutez, o se declara radicalmente finita su razón y entonces no hay más remedio que conceder también la finitud o no absolutez de su libertad. Si hay, pues, un error en Kant «es el error de un hombre que desesperó demasiado pronto, de un hombre que, después de haber encontrado su segunda filosofía, no supo negar a su favor la primera, para refundirlas y dejarlas luego subsistir la una al lado de la otra»[53].

---

52. *Gaya ciencia*, § 335.
53. A. Valensin, o.c., p. 208. La cita procede de una carta de Ch. de Bos al P. Valensin a propósito del ensayo: *Pour une théorie de la croyance*.

CAPÍTULO DÉCIMO

CRÍTICA DEL JUICIO

En las dos primeras críticas el pensamiento de Kant ha penetrado en dos grandes dominios de la razón pura: el teórico y el práctico.

El dominio teórico, el de la ciencia, se refería exclusivamente a los objetos sensibles que, ordenados bajo síntesis categoriales, constituyen la naturaleza. Es el dominio de la causalidad necesaria.

El dominio práctico, el de la ética, se refería exclusivamente a nuestra acción moral que postula la existencia de realidades metasensibles: libertad, inmortalidad, Dios. Es el dominio de la causalidad libre.

La voluntad, considerada como tendencia, se relaciona a su vez con ambos dominios. Ella posee la propiedad de obrar conforme a conceptos. Estos conceptos que la determinan pueden ser de dos clases: conceptos de objetos empíricos y conceptos morales. En el primer caso, la voluntad persigue un fin de orden *técnico-práctico* dentro del mundo sensible; en el segundo un fin de orden *ético-práctico* que supera el mundo sensible y penetra en el mundo inteligible. Entre estos dos fines que se propone nuestra tendencia, entre el dominio teórico y práctico de la razón pura, corre una clara línea de demarcación: fenómeno y noúmeno, objeto empírico y objeto trascendente, determinismo causal y libertad, necesidad física y deber moral, son conceptos que se oponen contradictoriamente. Como reconoce Kant en la introducción que antecede a la tercera *Crítica:* «Se ha abierto un abismo infranqueable entre la esfera del concepto de la naturaleza como lo sensible y la esfera del concepto de libertad como lo suprasensible, de tal modo que del primero al segundo (por medio del uso teórico de la razón) ningún tránsito es posible.»[1]

¿No habrá nada que pueda unir de nuevo ambos dominios? Kant

---

1. *Kritik der Urteilskraft* (*KU*; Ac. B., vol. V), introd. § 2, p. 175; trad. de M.G. Morente (= GM), Madrid 1914, p. 17. Cf. J. Maréchal, o.c., III, p. 287s.

X. Crítica del juicio

cree que es preciso en cualquier caso esforzarse por echar un puente sobre el abismo que los separa. Puesto que en el uso teórico y práctico de la razón se trata siempre de la misma y única razón. Una misma razón es a la vez teórica y práctica. Y ambos usos, el teórico y el práctico, se dan en una misma conciencia. Un mismo sujeto es el que conoce empíricamente la naturaleza y el que se obliga a realizar la ley moral. Más aún, esta unidad subjetiva de la naturaleza y de la moralidad se despliega en una unidad final de subordinación, puesto que los medios de realización del fin moral son precisamente los fines técnicos que nuestra voluntad persigue en la naturaleza. La naturaleza, como dirá Fichte, es la «cantera» de la libertad. Por ello, el hombre que realiza su libertad en la naturaleza no puede menos de suponer que la misma naturaleza será en definitiva conforme a la libertad y la hará posible con la unidad final de sus leyes. Como enseña Kant: el hombre empírico está sometido a la legislación del hombre racional[2].

En resumen: entre el uso teórico y práctico de la razón ha de existir un lazo de unión que armonice aquel doble uso en la unidad del sujeto humano. Esta mediación la realiza según Kant la facultad de juzgar *(Urteilskraft)*. Y su análisis es el objeto de la *Crítica del juicio*.

Pero no es sólo en razón de la problemática recién esbozada que Kant se vio empujado hacia la nueva tarea: se la imponía terminantemente, con sus huecos y desajustes, toda la anterior filosofía crítica. Si tenemos presente el objetivo de reformar y reestructurar críticamente la herencia del racionalismo en lo que atañe a la metafísica general y especial, que Kant persigue desde la *Disertación* de 1770, es claro que los resultados de la analítica trascendental del conocimiento no podían limitarse exclusivamente a su lado negativo o meramente propedéutico, sino que, partiendo de los fundamentos alcanzados, debía esbozarse positivamente la doctrina filosófica conseguida. Ahora bien, si en general el conocimiento científico se distingue del vulgar por la articulación sistemática de sus partes, en el caso particular de la exposición filosófica que se desprende de la crítica de la razón esta sistematicidad está llamada a alcanzar la máxima expresión, ya que no en vano la filosofía constituye la unidad y compleción de todo saber. De ahí que Kant termine organizando los resultados positivos de su tarea crítica en un sistema doctrinal de la razón. «Regidos por la razón nuestros conocimientos no pueden constituir una rapsodia, sino que deben formar un sistema. Únicamente desde éste puede apoyar e impulsar los fines más esenciales de la razón. Por sistema entiendo la unidad de los diversos conocimientos bajo una idea. Ésta es el concepto racional de la

---
2. Cf. J. Maréchal, ibid., p. 288s

forma de un todo, en cuanto que mediante tal concepto se determina *a priori* tanto la amplitud de lo diverso como el lugar respectivo de las partes en el todo»³.

Según esto, el árbol de la filosofía kantiana se estructura del modo siguiente:

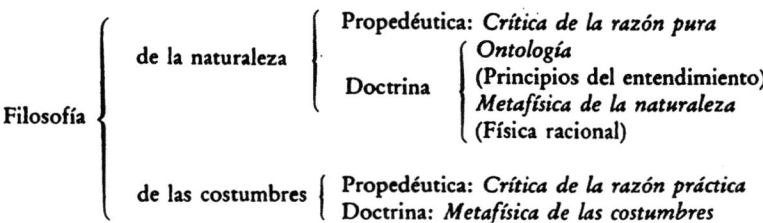

Este primer sistema de la filosofía, al margen de que no es completo, queda definido doctrinalmente por una tesis central que, a modo de pared medianera, mantiene la cohesión del edificio, pero lo parte a la vez en dos mitades contrapuestas: la causalidad por la libertad no es contradictoria con la causalidad natural —solución a la cuarta antinomia—, pero tampoco es constatable su presencia en el mundo sensible, de suerte que la red de ideas racionales (Dios, progreso moral, comunidad de sujetos éticos, etc.), que se fundamentan en la existencia del sujeto libre, es totalmente independiente y está absolutamente separada de lo fenoménico, constituyendo así un mundo pensable y exigible por nuestra actividad práctica, pero indeterminable en cuanto a su realidad efectiva en el mundo sensible. En el seno del abismo metafísico entre lo sensible y lo inteligible, confirmándolo y agudizándolo, surge, pues, una nueva grieta: la escisión entre el reino de la naturaleza y el reino de la libertad. Como constata sobriamente Kant en la introducción a la tercera *Crítica*: «El entendimiento es legislador *a priori* de la naturaleza, como objeto de los sentidos, para un conocimiento teórico de la misma en una experiencia posible. La razón es legisladora *a priori* de la libertad y su propia causalidad, como lo suprasensible en el sujeto, para un conocimiento incondicional-práctico. La esfera del concepto de la naturaleza, bajo una legislación, y la del concepto de la libertad, bajo la otra, están apartadas completamente de cualquier influjo recíproco, que (cada cual según sus leyes fundamentales) pudieran tener una sobre otra, por el gran abismo que separa lo suprasensible de las apariencias. El concepto de la libertad no determina nada referente al conocimiento teórico de la naturaleza; de modo similar, el

---
3. *KrV*, A 832; B 860 (R. p. 647).

X. Crítica del juicio

concepto de la naturaleza no determina nada referente a las leyes prácticas de la libertad; y en tal sentido no es posible lanzar un puente de una a otra ribera»[4]. La insalvabilidad del gran abismo entre lo suprasensible y lo sensible y de la consiguiente grieta entre naturaleza y libertad «escinde la realidad en dos subsistemas autónomos y paralelos que, al modo de las mónadas leibnizianas, pueden ser lógicamente compatibles, pero sin mostrar por ello influjo mutuo ni relación recíproca»[5].

Ahora bien, esta tesis fundamental que articula la dualidad del sistema kantiano en la etapa que corre entre las dos primeras críticas choca inevitablemente con tres temas esenciales de la filosofía crítica, dando lugar así a una tensión interna en el sistema, que acabará obligando a Kant a buscar su terminación en una tercera crítica, que supere de algún modo la grieta abierta entre el mundo fenoménico y el nouménico.

En el ámbito teórico la rígida escisión entre la apriacidad de la serie espacio-temporal y la aposteriodad de los contenidos de la sensación deja totalmente al aire el sentido de la serie empírica, lo que quiere decir que el conocimiento de las leyes particulares de la naturaleza no es derivable ni deducible del marco meramente formal de su legalidad *a priori*. A pesar de ello, es claro que lo empírico debe tener un principio material ordenador, ya que de lo contrario serían imposibles las tareas de conceptualización, ordenación y clasificación que lleva a cabo la ciencia. Pues bien, si este criterio no lo ofrece la síntesis formal-apriórica del entendimiento, sólo puede provenir de la razón que, en su búsqueda de lo incondicionado, establece un principio de unidad sistemática para el uso empírico del entendimiento. La función reguladora de las ideas trascendentales significa, pues, tomar el concepto inteligible de lo incondicionado como medio para pensar sistemáticamente lo sensible, con lo cual la dialéctica de la razón teórica va más allá, aunque sólo sea regulativamente, de la división metafísica de los dos mundos[6].

En el ámbito práctico la ley moral determina como objeto a conseguir el bien supremo en cuanto síntesis de la virtud y la felicidad: de ahí los tres postulados de la razón práctica, que coinciden por igual en señalar la necesidad de garantizar —a través de Dios y de un progreso moral indefinido— la realidad efectiva de la moralidad. De ahí la idea kantiana de un mundo inteligible, hecho a la medida del hombre moral. «Doy al mundo, en la medida en que sea conforme a todas las leyes éticas (tal como *puede* serlo gracias a la libertad de los seres racionales y como *debe*

---

4. *KU*, introd. § p. 9, p. 195 (GM, p. 52).
5. S. Turró Tomás, *Antecedentes kantianos de la filosofía del espíritu*. Resumen de la tesis, Ed. Universidad de Barcelona, Barcelona 1986. En esta exposición seguimos en sus líneas fundamentales las acertadas indicaciones del autor.
6. Cf. ibid., p. 6s.

serlo en virtud de las leyes necesarias de la moralidad), el nombre de *mundo moral*. En tal sentido, éste es concebido como un mundo meramente inteligible, ya que se prescinde de todas las condiciones (fines) e incluso de todos los obstáculos que en él encuentra la moralidad (debilidad o corrupción de la naturaleza humana). No es, por tanto, más que una idea, pero una idea práctica, que puede y debe tener su influencia real sobre el mundo de los sentidos para hacerlo lo más conforme posible a esta idea»[7]. En consecuencia, el objeto de la razón práctica trasciende también el límite de los dos mundos y exige así una prolongación del sistema filosófico que salva el abismo metafísico que los separa.

Junto al sentido escolar de filosofía, en tanto que sistema de conocimiento buscado por sí mismo como ciencia, Kant se refiere también a su sentido cósmico, como la ciencia que establece la relación de todos los saberes a los fines esenciales de la razón. Ahora bien, de las tres preguntas que determinan los intereses de la razón, la primera: ¿qué puedo yo saber? es teórica y corresponde a la metafísica de la naturaleza; la segunda: ¿qué debo yo hacer? es práctica y corresponde a la metafísica de las costumbres; sin embargo, la tercera: ¿qué me está permitido esperar? es a la vez teórica y práctica, ya que su desarrollo plantea la posibilidad de construir un conocimiento del mundo a partir de lo que el hombre debe hacer. Resulta así que el tercer interés de la razón que reúne y da sentido final a los dos anteriores, haciendo de la filosofía verdadera sabiduría cósmica (*Weltweissheit*), sólo admite respuesta, si presuponemos que la moralidad se realiza en la naturaleza. En efecto, por mucho que el mundo sensible y el suprasensible se comporten como si fueran ajenos el uno al otro, sin que el primero pueda tener influjo alguno sobre el segundo, «este último, sin embargo, debe tener un influjo sobre aquél. A saber, el concepto de libertad debe realizar en el mundo sensible el fin propuesto por sus leyes y, en consecuencia, la naturaleza debe poder pensarse de tal modo que al menos la conformidad a leyes, que posee su forma, concuerde con la posibilidad de los fines, según leyes de libertad, que han de llevarse a cabo en ella»[8]. En definitiva, «sólo si pensamos el mundo a partir de lo que debe ser según las ideas racionales, podemos responder adecuadamente a la pregunta por el fin teleológico global de la razón y completar el sistema filosófico en sentido cósmico»[9].

En conclusión, tanto la dialéctica de la razón teórica y de la razón práctica como el concepto cósmico de filosofía apuntan a una meta común: lograr una conceptualización de lo real que supere la dualidad esta-

---

7. *KrV*, A 808; B 836 (R, p. 632).
8. *KU*, introd. § 2, p. 175s (GM, p. 17s).
9. S. Turró, o.c., p. 9.

X. Crítica del juicio

blecida en la parte doctrinal-metafísica del primer sistema kantiano. «Tiene, pues, que haber un fundamento para la *unidad* de lo suprasensible, que yace en la base de la naturaleza, con lo que el concepto de libertad encierra desde el punto de vista práctico; el concepto de este fundamento, aunque no conduzca a ningún conocimiento teórico o práctico, ni tenga, por tanto, ninguna esfera propia, hace posible, sin embargo, el tránsito del modo de pensar según los principios de uno al modo de pensar según los principios del otro»[10]. Dar con ese fundamento de lo suprasensible común a los dos reinos de la naturaleza y de la libertad, esbozar el tránsito del modo de pensar según los principios teóricos al modo de pensar según los principios prácticos, alcanzar la unidad del sistema filosófico por encima de las anteriores dualidades: mundo sensible y mundo inteligible, fenómeno y noúmeno, mecanismo y deber moral, ciencia y esperanza, dando así respuesta a la totalidad de intereses de la razón, es la tarea que Kant se impone en la *Crítica del juicio*. Aunque a ese respecto el intento se quede en definitiva en mero intento, no deja de constituir para su autor la ocasión de completar el sistema y de esbozar objetos nuevos en los que la finalidad se sobrepone a la causalidad, con lo que, al alejarse Kant del rígido dualismo de la primera *Crítica*, se acerca sin saberlo a las perspectivas más unitarias del idealismo.

1. Origen y planteamiento de la tercera Crítica

¿Cómo nació en Kant el proyecto de escribir una nueva crítica? En el origen de la tercera *Crítica* está el interés contemporáneo por la estética. Esta nueva rama de la filosofía, cuyo estatuto fundacional se encuentra en la famosa *Estética* de A. Baumgarten, había sido desarrollada en una línea afín al empirismo por el inglés E. Burke en la obra *Investigación filosófica acerca del origen de nuestras ideas de lo sublime y de lo bello*

---

10. *KU*, introd. § 2, p. 176 (GM, p. 18). Después de hacer durante un largo período el papel de cenicienta o hermana menor de las dos primeras *Críticas*, la *Crítica del juicio* está recuperando el protagonismo que merece y que tuvo en un principio como culminación del sistema kantiano y como lazo de unión entre la filosofía crítica y el Idealismo. Prueba de ello son los importantes estudios que últimamente se le han dedicado. Mencionemos entre otros los de W. Bartuschaft, *Zum systematischen Ort von Kants Kritik der Urteilskraft*, Francfort del Meno 1972; P. Heintel, *Die Bedeutung der Kritik der ästhetischen Urteilskraft für die transzendentale Systematik*, Bonn 1970; K. Kuypers, *Kants Kunsttheorie und die Einheit der Kritik der Urteilskraft*, Amsterdam-Londres 1972; G. Lebrun, *Kant et la fin de la métaphysique. Essai sur la «Critique de la faculté de juger»*, París 1970, etc. Entre nosotros se han ocupado recientemente de la tercera Crítica, A. Ma López Molina, *La facultad de juzgar reflexionante en el sistema de la razón pura*, Madrid 1982 y F. Martínez Marzoa, *Desconocida raíz común (Estudio sobre la teoría kantiana de lo bello)*, Madrid 1987. El estudio de F. Martínez Marzoa, breve, pero denso, aborda la teoría kantiana de la belleza como elemento esencial de la filosofía de Kant y destaca, en consecuencia, el papel central que corresponde al análisis de lo bello en el conjunto de la obra kantiana. El lector encontrará una buena introducción a las diversas problemáticas planteadas por Kant en la tercera *Crítica* en *En la cumbre del criticismo. Simposio sobre la «Crítica del juicio» de Kant*, ed. R. Rodríguez Aramayo y G. Vilar, Barcelona 1992.

Origen y planteamiento de la tercera Crítica

(1756). La primera intención de Kant al redactar su nueva obra parece haber sido la de escribir un tratado de estética. En el objeto de la estética, lo bello, creyó encontrar Kant un nuevo dominio del conocimiento teórico, relacionado de un modo u otro con una nueva facultad del espíritu, el sentimiento. En carta a su amigo Reinhold del 28 de diciembre de 1787, Kant alude a su nueva obra como a una «crítica del gusto»: «Me ocupo ahora de la crítica del gusto, con cuya ocasión se descubre otra clase de principios *a priori* que los descubiertos hasta ahora, pues las facultades del espíritu son tres: facultades de conocer, sentimiento de placer y de dolor, y facultad de desear. Para la primera he encontrado principios *a priori* en la *Crítica de la razón pura*; para la tercera en la *Crítica de la razón práctica*. Los estoy buscando también para el segundo...; así es que reconozco tres partes de la filosofía; son estas partes: la filosofía teórica, la teleología y la filosofía práctica.»[11] Kant establece aquí como objeto propio de su proyectada «crítica del gusto» el análisis trascendental de la tercera facultad del espíritu: el *sentimiento* de placer y de dolor. Pero relaciona curiosamente el ejercicio de esta nueva facultad con lo que él llama la *teleología*. Kant parece, pues, atisbar en el fondo de este ejercicio, como principio *a priori* que lo hace posible, el principio de finalidad. Luego, relacionando la finalidad en la estética con la finalidad en la naturaleza, caerá en la cuenta de que es posible y conveniente unirlas. El enlace no se hará ya tanto por medio del sentimiento, intermediario entre el conocimiento y la volición, cuanto por medio de una facultad especial, intermediaria entre el entendimiento y la razón, la *facultad de juzgar*. La primitiva crítica del gusto se ha convertido así, definitivamente, en *Crítica del juicio*.

En la larga introducción que abre la nueva obra, Kant se esfuerza por justificar el enlace de dos cosas, al parecer tan dispares, como la estética y la finalidad en la naturaleza. Kant se reafirma en la división tripartita de las facultades del espíritu *(Gemüt):* la facultad de conocer, el sentimiento de placer y dolor y la facultad de desear o voluntad. Pero observa que «en la familia de las facultades de conocimiento hay un término medio entre el entendimiento y la razón»[12]. Éste es la facultad de juzgar, cuya función consiste precisamente en utilizar, para la elaboración de los juicios, los conceptos del entendimiento. La nueva facultad se sitúa, por tanto, entre el entendimiento (facultad de los conceptos) y la razón (facultad de las ideas).

Por otro lado, si comparamos en general las facultades cognoscitivas

---

11. *Briefwechsel* (Ac. B., vol. X), p. 488.
12. *KU*, introd. § 3, p. 177 (GM, p. 19).

X. Crítica del juicio

con las apetitivas, encontramos también que, a medio camino «entre la facultad de conocer y la de desear, está el sentimiento de placer (*Gefühl*), así como entre el entendimiento y la razón está el juicio»[13].

Facultades del espíritu	*Facultades cognoscitivas*	*Principios a priori*
Facultad de conocer (razón en general)	Entendimiento (facultad de los conceptos)	Legalidad natural
Sentimiento	Juicio	Teleología natural
Facultad de desear (voluntad)	Razón (facultad de las ideas)	Ley moral

Dado este paralelismo de facultades, ¿no habrá más de un motivo para preguntarse, si la facultad de juzgar, intermedia entre entendimiento y razón, no contiene acaso como aquéllas principios *a priori*, los cuales no dejarán de tener alguna conexión con el sentimiento, a su vez intermediario entre el conocimiento y la tendencia?

Se impone pues una crítica de la facultad de juzgar en orden a descubrir sus reglas *a priori* y su relación con el sentimiento. Tal es el cometido de la tercera *Crítica*.

2. LA FACULTAD DE JUZGAR Y SU PRINCIPIO A PRIORI

La facultad de juzgar es la propiedad de pensar lo particular como contenido en lo universal. Kant distingue dos tipos de juicio. Si lo dado es lo universal, el juicio que subsume en él lo particular se llama *determinante*. Si lo dado es lo particular, acerca de lo cual debe encontrarse lo universal, el juicio se llama *reflexionante*. El uso del juicio determinante coincide con la función sintética del entendimiento, estudiada en la primera *Crítica*. Nos toca ahora investigar el uso del juicio reflexionante.

Ahora bien, este juicio ocupa en nuestra concepción de la naturaleza un lugar privilegiado. Si nos ceñimos a la doctrina expuesta por Kant en la *Crítica de la razón pura*, en virtud del solo entendimiento poseemos, de una parte, las determinaciones *a priori* que nos dan las leyes generales a que ha de obedecer toda experiencia y, de otra parte, una masa varia de determinaciones empíricas más o menos constantes, cuyas formas concretas de agrupamiento permanecen radicalmente contingentes. ¿Podemos contentarnos con ese hiato entre las determinaciones categoriales y la multiplicidad contingente de los datos empíricos? De hecho, entre

---

13. Ibid., p. 178 (GM, p. 22).

La facultad de juzgar y su principio a priori

ambas riberas lanzamos, a modo de puente, las leyes inductivas particulares que sintetizan y jerarquizan la multiplicidad de la experiencia según los géneros y las especies[14].

Las leyes inductivas, fruto de la función reflexionante del juicio no podrían poseer universalidad y necesidad, si no es en virtud de un principio *a priori*. ¿Cuál puede ser este principio? No queda sino el principio director de la acción: el *principio de finalidad*. ¿Con qué derecho y en qué sentido lo invoca Kant?

La apelación al principio de finalidad está justificada, tanto desde el punto de vista práctico como del teórico. En efecto, la razón práctica ha descubierto en nosotros un fin último (el bien supremo) que hemos de realizar por la conformidad de nuestra acción empírica a la ley de la libertad. Pero la libertad no trabaja en el vacío, sino sobre los materiales que, como medios para realizar su fin, le ofrece la naturaleza. El hombre que realiza su libertad en la naturaleza ha de suponer, por tanto, que la misma naturaleza es conforme a la libertad y la hace posible con la unidad final de sus leyes. Esto quiere decir: el hombre moral ha de concebir necesariamente la naturaleza *como* obra de una inteligencia suprema ordenadora, que habría adaptado la constitución de las cosas a las exigencias activas de la razón práctica. A la mirada de esta inteligencia suprema, los seres de la naturaleza responderían en su ser a fines parciales, subordinados a la realización de nuestro último fin[15].

La problemática teórica conduce, por su parte, a una conclusión similar. Las leyes inductivas, a las que nos referíamos antes, son meramente empíricas y, por tanto, contingentes. Sin embargo, la ciencia las utiliza para edificar un sistema de la naturaleza. El científico intenta continuamente subsumir leyes empíricas particulares bajo otras más generales. No se contenta con amontonar sus leyes, sino que busca entre ellas relaciones y establece poco a poco una jerarquía de leyes interrelacionadas. ¿Qué quiere decir todo esto? Quiere decir que «las leyes empíricas especiales han de considerarse *como si* un entendimiento que no es el nuestro las hubiera predispuesto para nuestras facultades cognoscitivas con objeto de posibilitar un sistema de experiencia según leyes especiales de la naturaleza»[16]. Kant explica inmediatamente que esto no significa que el científico haya de presuponer la existencia de Dios. Pero sí que el científico presupone una unidad de la naturaleza, como la que tendría si fuera obra de una inteligencia divina.

---

14. Cf. J. Maréchal, o.c., III, p. 291s.
15. Ibid., p. 292s.
16. *KU*, introd., § 4, p. 180 (GM, p. 25).

X. Crítica del juicio

La idea de Dios se utiliza aquí en su función meramente reguladora, permitida por la dialéctica trascendental. Kant no pretende hacer ninguna afirmación teórica sobre la existencia de Dios. Lo único que le interesa es dejar bien sentado que la investigación científica se basa en el supuesto, explícito o tácito, de que la naturaleza constituye una unidad inteligible, supuesto que, a su vez, no es concebible sino bajo este otro supuesto, de que una inteligencia suprema la ha dispuesto convenientemente de acuerdo con la disposición de nuestras facultades cognoscitivas. Ahora bien esta idea de una naturaleza ordenada sistemáticamente de acuerdo con nuestra actividad cognoscitiva no es otra cosa que la idea de la finalidad en la naturaleza. «Mediante este concepto, la naturaleza se representa como si una inteligencia contuviera el fundamento de la unidad de la multiplicidad de sus leyes empíricas. La finalidad de la naturaleza es, pues, un especial concepto *a priori*, cuyo origen está en el juicio reflexionante.»[17]

Por ambos caminos hemos llegado a la misma consecuencia. El principio de finalidad es la regla *a priori* que rige el uso de la facultad de juzgar. La aplicación consciente del principio de finalidad a los objetos se hace en el juicio reflexionante. La facultad de juzgar no actúa determinantemente (no constituye nuevos objetos), sino sólo reflexionantemente (proyecta sobre los objetos ya constituidos por el entendimiento el principio *a priori* de finalidad). Con ello ya está dicho que la validez de este principio no es objetiva, sino subjetiva. El principio de finalidad no es constitutivo de la experiencia, como el de causalidad, sino *regulativo y heurístico:* no es condición necesaria de los objetos de experiencia, sino sólo condición necesaria de nuestro modo de concebir la unidad de estos objetos. Por tanto no es posible deducir de él que haya realmente causas finales que actúen en la naturaleza. El principio de finalidad no es la regla *a priori* del juicio determinante, sino sólo del reflexionante, y le invita a considerar la naturaleza como si fuera un sistema de fines, es decir a ordenar los objetos ya dados por el juicio determinante bajo un sistema de leyes empíricas unificadas.

Queda todavía un problema a resolver: ¿qué relación hay entre la facultad de juzgar y el sentimiento? La obtención de un fin se acompaña siempre de un sentimiento de placer. Y si la condición determinante de esta obtención es una representación *a priori*, el sentimiento de placer se encuentra fundado *a priori* y vale universalmente. Ahora bien, el uso del juicio determinante no despierta ningún eco afectivo. Sí, en cambio, el del juicio reflexionante, ya que por dirigirse a un fin explícito, a la vez

---
17. Ibid., p. 180s (GM, p. 26).

El juicio estético

teórico (la unidad racional) y práctico (el bien moral), cumple las condiciones para el nacimiento de un sentimiento de placer. Y dado que la actividad reflexionante del juicio se realiza según un principio *a priori*, el sentimiento de placer que la acompaña dejará de ser algo meramente subjetivo y alcanzará un valor universal[18].

La actividad de la facultad de juzgar se desarrolla de dos modos: 1) como aprehensión de la belleza (juicio estético); 2) como aprehensión de la finalidad en la naturaleza (juicio teleológico). De ahí las dos partes en que se divide la *Crítica del juicio*.

3. EL JUICIO ESTÉTICO

Kant se propone investigar la facultad del gusto y su objeto, la *belleza*, «no para la formación y el cultivo del gusto, sino con una intención trascendental»[19]. Su problema es, pues, el propio de la filosofía trascendental: ¿cómo es posible la belleza? O más concretamente: ¿cómo son posibles los juicios estéticos con valor universal? Kant busca una mediación entre racionalismo y empirismo. Para la estética racionalista de Baumgarten la universalidad de los juicios estéticos tenía su fundamento objetivo en la perfección del objeto percibida confusamente. Para los empiristas, en cambio, el juicio estético carecía de universalidad, ya que se fundaba exclusivamente en la impresión subjetiva producida por las cosas bellas.

Kant rechaza naturalmente la tesis empirista. Decir: «esto es bello» no es lo mismo que decir: «esto me gusta.» El juicio estético tiene una pretensión de universalidad y objetividad que los empiristas no pueden explicar.

Lo bello no es lo mismo que lo agradable, lo que place a los sentidos en la sensación. Un helado de fresas suele ser muy agradable, pero no es necesariamente bello. Llamamos más bien bello a lo que sólo place, independientemente de la sensación de agrado o desagrado. De esta oposición al empirismo nace la primera tesis de la estética kantiana: «Lo bello es el objeto de un placer desinteresado.»[20] Al definir Kant el placer como desinteresado, quiere decir que se trata de un placer meramente contemplativo, sin referencia al deseo o a la apetencia. Precisamente por ello el placer estético puede ser compartido por otros, es decir, por varios sujetos que se encuentran en situaciones diversas. Pero

---
18. Cf. J. Maréchal, o.c., III, p. 293s.
19. *KU*, prólog., p. 170 (GM, p. 6). Cf. S. Vanni Rovighi, o.c., p. 202ss.
20. *KU*, I/1, § 5, p. 211 (GM, p. 70).

X. Crítica del juicio

Kant no se contenta con rechazar la tesis empirista. Rechaza también la tesis opuesta del racionalismo.

La experiencia estética nos enseña que la aprehensión de la belleza no es algo así como una especie de ciencia inferior. De ahí la segunda tesis de la estética kantiana: «Lo bello es lo conocido sin conceptos como el objeto de un placer universal.»[21] De las dos notas de esta definición, la universalidad se relaciona con el desinterés. Ante un objeto bello, yo soy «libre», no estoy movido por ningún deseo subjetivo y por ello coincido en su apreciación con cualquier otro sujeto. La otra nota, el conocimiento sin conceptos, expresa aquel «no sé qué» inconfundible e indefinible que tiene la belleza. No se puede demostrar que una cosa es bella, ni falta que hace. Según rezan unos conocidos versos de Juan Ramón Jiménez:

> No la toques ya más
> que así es la rosa...

El conocimiento en que se funda el placer estético no es un conocimiento determinado por un concepto, sino el conocimiento en general.

Tocamos con ello el centro mismo de la estética kantiana. El sentimiento de placer que acompaña la aprehensión de la belleza es la conciencia de que la imagen de la cosa bella armoniza con el entendimiento y éste, a su vez, con la imaginación. En una palabra, el placer estético procede del libre juego de las facultades del alma. De ahí la extraña expresión de «finalidad sin fin», con la que Kant designa a la belleza en la tercera tesis de su estética: «La belleza es la forma de la finalidad de un objeto, en cuanto ésta es percibida sin la representación de un fin.»[22] El objeto bello, por ejemplo, un ramillete de flores recién cortadas, tiene algo de inútil, de superfluo y, sin embargo, lleno de sentido. Percibir una finalidad sin fin determinado significa percibir que algo es inteligible, sin saber a qué idea responde; significa percibir un acuerdo entre la cosa bella y el entendimiento en general. Kant añade todavía una cuarta tesis: lo bello es lo que place necesariamente, «lo que es conocido sin concepto como objeto de una satisfacción necesaria»[23]. El juicio estético tiene un valor de necesidad, no teórica ni objetiva, sino subjetiva y ejemplar, en cuanto los demás sujetos deben coincidir con nuestro juicio.

En resumen: el juicio estético es singular por su objeto, que no

---
21. Ibid., § 6, p. 211 (GM, p. 71).
22. Ibid., § 17, p. 236 (GM, p. 114).
23. Ibid., § 22, p. 240 (GM, p. 121).

puede ser sino una cosa concreta y particular, pero es universal por el valor de belleza de este objeto en relación con todo sujeto que lo contempla. La universalidad es la propia de una relación dinámica del objeto a una disposición común de los sujetos. En consecuencia, el juicio estético no puede proceder de las solas notas conceptuales del objeto; su momento decisivo reside en la manera como el sujeto es afectado por el objeto. El juicio estético se funda, pues, *a priori* en la disposición de las facultades del sujeto. Es lo que Kant denomina finalidad subjetiva: la armonía del objeto con el libre juego de nuestras facultades. La estética como ciencia es posible.

La belleza no lo es todo: existe también lo *sublime* en la naturaleza y en el arte. Kant define lo sublime como «lo que es absolutamente grande»[24] o también «aquello en comparación con lo cual toda otra cosa es pequeña»[25]. Lo sublime se distingue, pues, de lo bello, por la representación añadida de lo infinito o ilimitado. La belleza se relacionaba con la forma de un objeto y la forma implica siempre limitación. Lo sublime, en cambio, se relaciona con la ausencia de forma en el sentido de ilimitación. Frente a la mesura de lo bello lo sublime aparece más bien como des-mesura, como e-normidad. Por eso Kant vincula la belleza al entendimiento y lo sublime a la razón, la facultad de lo ilimitado. El sentimiento de lo bello remitía al libre juego de entendimiento e imaginación. Lo sublime hace violencia a la imaginación: la rebasa. Más que de juego habría que hablar aquí de conflicto, un conflicto de razón e imaginación que es, sin embargo, armonioso por su mismo contraste.

Kant distingue entre lo sublime matemático y lo sublime dinámico, según que suscite un sentimiento de grandeza desmesurada o de desmesurada potencia. La bóveda estrellada del cielo es un ejemplo de sublime matemático. Los saltos de agua de un río caudaloso, el estallido de una tormenta, o un volcán en erupción lo son de sublime dinámico. Kant nota, sin embargo, que la sublimidad es más propia del espíritu que la siente que de los objetos de la naturaleza que la producen. Los fenómenos grandiosos y majestuosos de la naturaleza producen una impresión de pequeñez, insuficiencia o temor que se transforma en la conciencia del poder ilimitado del sujeto humano, de la independencia de su destino, de la superioridad de su valor moral. El sentimiento de lo sublime es así ocasión para que el hombre sienta la grandeza de su propio espíritu. «Así, pues, la sublimidad no está encerrada en cosa alguna de la naturaleza, sino en nuestro propio espíritu, en cuanto podemos adquirir la

---

24. Ibid., § 25, p. 248 (GM, p. 134).
25. Ibid., p. 250 (GM, p. 138).

X. Crítica del juicio

conciencia de que somos superiores a la naturaleza dentro de nosotros y por ello también a la naturaleza fuera de nosotros.»[26] El sentimiento de lo sublime enlaza así no sólo con la moral, sino incluso con la religiosidad. A través de él, «somos capaces de llegar a la idea de la sublimidad del ser, que no sólo por la fuerza que muestra en la naturaleza produce en nosotros respeto interior, sino aún más por la facultad puesta en nosotros de juzgar aquélla sin temor y de pensar nuestra determinación como sublime por encima de ella»[27].

Kant aborda también el tema de lo bello en el arte. El arte se distingue de la naturaleza como el hacer *(facere)* del obrar o producir en general *(agere)*. Asimismo el producto del arte se distingue de los productos de la naturaleza, como la obra *(opus)* del efecto *(effectus)*. En este sentido, debe llamarse arte sólo «a la producción por medio de la libertad, es decir, mediante una voluntad que pone razón en la base de su actividad»[28]. Sin embargo, Kant tiende a hacer coincidir la belleza natural y la belleza artística. «En un producto del arte bello hay que tomar conciencia de que es arte y no naturaleza; sin embargo, la finalidad en la forma del mismo debe parecer tan libre de toda violencia de reglas caprichosas como si fuera un producto de la mera naturaleza... La naturaleza era bella cuando al mismo tiempo parecía ser arte y el arte no puede llamarse bello más que cuando, teniendo nosotros conciencia de que es arte, parece naturaleza.»[29]

El mediador entre lo bello natural y lo bello artístico es el genio. Kant lo define como «el talento (dote natural) que da la regla al arte»[30]. «Para el juicio de objetos bellos como tales se exige gusto; pero para el arte bello, es decir, para la creación de aquellos objetos se exige genio.»[31] El genio nace de la unión proporcionada de entendimiento e imaginación, unión por la cual el entendimiento pone orden y disciplina en la libertad sin freno de la imaginación. Según esto, el genio «es la originalidad ejemplar del don natural de un sujeto en el uso libre de sus facultades de conocer»[32]. Como puede verse, Kant considera el arte como la libre actividad del individuo genial que colma el abismo entre necesidad y libertad, entre la función natural y la misión moral del hombre[33].

---

26. Ibid., § 28, p. 264 (GM, p. 163).
27. Ibid., p. 264 (GM, p. 164).
28. Ibid., § 43, p. 303 (GM, p. 230).
29. Ibid., § 45, p. 306 (GM, p. 235s).
30. Ibid., § 46, p. 307 (GM, p. 237).
31. Ibid., § 48, p. 311 (GM, p. 244).
32. Ibid., § 49, p. 318 (GM, p. 256).
33. Cf. T Urdánoz, o.c., IV, p. 118.

4. EL JUICIO TELEOLÓGICO

La finalidad que se revela en el juicio estético es indeterminada y subjetiva: consiste en el acuerdo entre una imagen y nuestro conocimiento en general, acuerdo que se manifiesta en un hecho subjetivo, el sentimiento. ¿No habrá también una finalidad objetiva y determinada en la naturaleza, de suerte que las cosas naturales se enlacen unas con otras como medios a fines? La idea de una finalidad en la naturaleza surge «cuando se ha de juzgar una relación de causa a efecto, la cual somos capaces de ver sometida a una ley sólo a condición de suponer como fundamento de la eficacia causal, que la idea del efecto es a su vez la condición de posibilidad del mismo efecto»[34]. Se trata aquí obviamente de la finalidad intrínseca a todo ser natural. ¿Cómo se puede hablar en ella de una relación de causa a efecto? ¿No supone esto decir que una cosa es causa y efecto de sí misma, lo que parece ser contradictorio? Cabalmente, responde Kant: una cosa existe como fin de la naturaleza, cuando es causa y efecto de sí misma. En un árbol que produce a otro la misma realidad *específica* es causa y efecto; en un árbol que se desarrolla de semilla a planta la misma realidad *individual* es causa y efecto. En el primer caso, hay una relación del árbol generante al engendrado y de éste al generante. En el segundo, una relación de las partes al todo y del todo a las partes. Pero estas relaciones causales son distintas, de lo contrario habría contradicción al decir que una cosa es causa y efecto de sí misma. La causalidad de las partes respecto del todo y del generante respecto del engendrado es *eficiente;* la causalidad del todo respecto de las partes y del engendrado respecto del generante es *final*. En este segundo modo de causalidad la causa obra antes de existir, lo que no puede explicarse, sino admitiendo que existe ya la idea de la causa. El todo está presente como idea que las partes deben realizar; lo engendrado está también presente como idea a la que tiende el generante[35].

Pero ¿cómo puede estar presente una idea? La respuesta a esta pregunta exigiría una metafísica y, por lo mismo, no es posible para Kant. Se contenta, pues, con referirse a dos teorías metafísicas sobre la finalidad que denomina respectivamente idealismo y realismo. El *idealismo* en la teoría de la finalidad consiste en afirmar que la idea del efecto que se ha de producir existe sólo en nuestra mente, la cual la proyecta sobre las cosas. Los efectos naturales que normalmente se atribuyen a la finalidad se deben, pues, al acaso (Demócrito y Epicuro) o a una especie de fatalidad ínsita en lo absoluto (Spinoza). En la realidad, por tanto, se da

---
34. *KU*, II/1, § 63, p. 366s (GM, p. 335).
35. Cf. S. Vanni Rovighi, o.c. p. 211s.

sólo causalidad mecánica: la finalidad es únicamente una ilusión. El *realismo*, en cambio, afirma que la idea de la cosa por realizar y, por lo mismo, el fin, existen en la realidad, ya sea como una fuerza inmanente a la materia (hilozoísmo), ya sea como el resultado de la idea de una inteligencia creadora (teísmo). Kant, por su parte, no acepta ninguna de las dos teorías, por lo que tienen de hipótesis metafísicas. Su posición a este respecto es muy cauta. Hay en la naturaleza efectos que no podemos explicar, sino admitiendo que estaban de algún modo preconcebidos, pero de ahí no se sigue que debamos afirmar taxativamente que lo estaban. No sabemos si la finalidad pertenece o no al mundo de las cosas en sí mismas; sólo sabemos que pertenece inevitablemente a nuestro modo de juzgar las cosas. La concepción kantiana difiere, pues, de la llamada por él idealismo de la finalidad en lo siguiente: mientras que el idealismo afirma que la naturaleza no está finalizada, pero que el hombre se hace la ilusión de que lo está, Kant dice: yo no sé cómo es la naturaleza en sí misma, pero sé que debo juzgarla *como si* estuviera ordenada finalísticamente. El principio de finalidad natural, aunque subjetivamente universal y necesario, es puramente regulador y heurístico, pero no constitutivo de la experiencia. Para tener valor objetivo debería incorporarse a una intuición, y esto no es para nosotros posible[36].

Si entendemos la finalidad como principio meramente regulador estamos en condiciones de resolver la antinomia que presenta la dialéctica del juicio teleológico. La tesis dice así: «Toda producción de las cosas materiales es posible según leyes puramente mecánicas»; la antítesis dice a su vez: «Algunos productos de la naturaleza no son posibles según leyes puramente mecánicas.»[37] Si la naturaleza, tal como nosotros la conocemos, fuera un conjunto de cosas en sí, las dos proposiciones serían contradictorias. Pero la contradicción se desvanece tan pronto como consideramos el mundo material como simple fenómeno, y, dentro de él, la causalidad como constitutiva y la finalidad como meramente reguladora.

¿Qué relación hay entre mecanicismo y teleología? ¿Cómo se concilian causalidad y finalidad? La causalidad pertenece al juicio determinante; la finalidad al reflexionante. Los principios matemático-mecánicos son constitutivos de la naturaleza; los principios estético-teleológicos son regulativos. La causalidad pertenece a la ciencia de la naturaleza; la finalidad es una norma heurística que forma parte del método de investigación de la naturaleza. A la finalidad no le compete inmiscuirse en los dominios de la causalidad, pero es también cierto que la ciencia no

---
36. Ibid., p. 211s.
37. *KU*, II/2, § 70, p. 387 (GM, p. 369). Cf. S. Vanni Rovighi, o.c., p. 213s.

podrá jamás explicar suficientemente los misterios de la vida organizada. Jamás se levantará un nuevo Newton que haga concebible con puras leyes mecánicas la producción de la más humilde brizna de hierba[38].

Así se reconcilian últimamente mecanicismo y teleología: en un ser organizado podemos y aun debemos «buscar todas las leyes conocidas de su producción mecánica e incluso las que están todavía por descubrir, y esperar por este camino lograr plenamente nuestro intento, pero no podemos nunca dispensarnos, para explicar la posibilidad de un producto tal, de invocar un principio de producción absolutamente distinto»[39], esto es, una idea que presida finalísticamente todo el desarrollo de las leyes mecánicas.

Por eso la consideración de la naturaleza como un sistema de fines inteligibles nos lleva a la admisión de una causa inteligente. Kant no rechaza esta hipótesis, pero insiste en que no pertenece al dominio de la ciencia. La prueba teleológica de la existencia de Dios no puede tener valor teorético, porque su punto de partida, la finalidad, no es necesariamente una realidad, sino sólo un modo necesario de ver las cosas. Si nuestro juicio reflexionante valiera objetivamente, «se diría: "hay un Dios."» Pero para nosotros hombres sólo puede adoptar esta fórmula limitada: "no podemos pensar la finalidad que debe establecerse en la base de nuestro conocimiento de la posibilidad de muchas cosas naturales más que representándonoslas a ellas y al mundo entero en general como obra de una causa inteligente (de un Dios)"»[40].

5. OBSERVACIONES CRÍTICAS

El dominio del entendimiento, la naturaleza como objeto de ciencia, está sujeto a la ley rígida de la causalidad. Es el imperio del determinismo causal, la sujeción del todo a la parte.

Por otro lado, gracias a la libertad moral, el dominio de la razón se esclarece con el principio de finalidad absoluta, cuya influencia se extiende indirectamente a las cosas de la naturaleza y se reviste en el juicio reflexionante de esta finalidad formal, concreta, que hemos examinado. Es el predominio del todo sobre la parte.

En relación a los mismos objetos de la experiencia nos encontramos, pues, con dos principios opuestos: causalidad y finalidad, mecanicismo y

---

38. *KU*, II/2, § 77, p. 409 (GM, p. 410).
39. Ibid., § 77 p. 409 (GM, p. 409s). Cf. S. Vanni Rovighi, o.c. p. 214.
40. *KU*, II/2, § 75, p. 399s (GM, p. 392).

teleología. Ambos principios se limitan mutuamente y ninguno de ellos puede aspirar en su generalidad a un valor absoluto. Su oposición depende del dualismo irreductible de nuestras facultades cognoscitivas: un entendimiento, encadenado a la intuición sensible, y una razón trascendente, sin contenido intuitivo, pero apoyada en el absoluto moral. Esta antinomia se desvanecería para una inteligencia intuitiva, creadora de la materia y la forma del objeto. Así para la suprema intuición divina, causalidad y finalidad coinciden. Dios determina necesariamente las cosas hasta en sus más pequeños detalles y así las relaciona entre sí y las subordina a sí mismo. Él ve, por así decirlo, finalidad en la causalidad y causalidad en la finalidad. Nuestra facultad de juzgar, en su uso estético y teleológico, imita de alguna manera esta actividad soberanamente artística de la inteligencia creadora: por encima de los objetos que le impone el entendimiento, la facultad del juicio proyecta, con su mismo uso, objetos nuevos, en los que la finalidad se sobrepone a la causalidad, y edifica con ellos un sistema, cuya unidad se hace cada vez más tensa a medida que aumenta en amplitud. De este modo la facultad de juzgar tiende, por así decirlo, a construir desde fuera esta intuición intelectual que le ha sido negada desde dentro. Esfuerzos impotentes, en el sentido de que el término final se nos escapará siempre; pero esfuerzos fecundos, porque la experiencia los aprueba o los corrige y de este modo nos confirma en la edificación indefinida de un sistema de la naturaleza[41].

Con la *Crítica del juicio* Kant ha logrado completar su pensamiento crítico, pero no ha conseguido culminar su intento mediador: el puente que tenía que enlazar las dos primeras críticas se ha quedado en un «como si».

Con todo, no conviene minimizar sus aportaciones positivas. La tercera *Crítica* confirma, en cierto sentido las adquisiciones de la segunda. «Pese a las reservas de una crítica quisquillosa, no hay que olvidar que, incluso a ojos de Kant, las ideas trascendentales, simples exigencias subjetivas para la razón teórica, reciben de la voluntad moral y del sentimiento una preciosa consagración. Por una auténtica convergencia de sus facultades cognoscitivas y apetitivas, el hombre es arrastrado por todos lados a la afirmación de los mismos objetos problemáticos: ante todo *Dios*, ya sea como ser absoluto, ya sea al menos como supremo "arquitecto del universo"; después el *yo*, como sujeto moral, libre y subsistente y como finalidad activa que actúa sobre los objetos; finalmente, la *naturaleza*, como unidad mundial o como sistema de fines objetivos.»[42]

---
41. Cf. J. Maréchal, o.c., III, p. 300ss.
42. Ibid., p. 305.

Observaciones críticas

En conjunto, la tarea llevada a cabo por Kant en sus tres críticas impone por su grandeza ciclópea. Para percatarnos de ello, tomemos como hilo conductor aquellas tres preguntas, en las que, según él, se cifra todo el interés de la razón y, por ende, la tarea de la filosofía. En el manual que contiene sus cursos de *Lógica* Kant añade significativamente una cuarta y última pregunta, en la que van a parar, en definitiva, las tres restantes. La filosofía, observa nuestro filósofo, es la ciencia de los últimos fines de la razón humana. Pues bien, el campo abierto por estos fines puede delimitarse mediante estas cuatro preguntas: «1. ¿Qué puedo yo saber? 2. ¿Qué debo yo hacer? 3. ¿Qué me está permitido esperar? 4. ¿Qué es el hombre? A la primera pregunta responde la metafísica, a la segunda la moral, a la tercera la religión, y a la cuarta la antropología. En el fondo, todas estas disciplinas se podrían refundir en la antropología, porque las tres primeras cuestiones revierten en la última.»[43] El pensamiento de Kant no sólo ha planteado sistemáticamente estas cuatro preguntas sino que les ha dado una respuesta. Veámoslo.

¿Qué puedo yo saber? Teóricamente puedo saber todo lo que concierne al conocimiento científico de la naturaleza. Tal es el resultado positivo de la *Crítica de la razón pura* en cuanto metafísica de la naturaleza. El ámbito abierto por ella es el reino de la causalidad objetiva. Extrateóricamente puedo concebir además la naturaleza como un sistema de fines. Ahí encuentra su lugar la *Crítica del juicio* como método de investigación de la naturaleza. Su ámbito peculiar es el reino de la finalidad formal, heurística o regulativa.

¿Qué debo yo hacer? La respuesta no ofrece lugar a dudas: debo hacer siempre y en todo caso el bien moral que se me intima absolutamente en la conciencia del deber. En ella se incluye la libertad para hacerlo, ya que el deber presupone el poder. Tal es la enseñanza de la *Crítica de la razón práctica* en cuanto metafísica de las costumbres. Gracias a ella se yergue radiante, por encima del reino de la causalidad, el reino nouménico de la libertad.

¿Qué me está permitido esperar? Si hago lo que debo hacer, me está permitido esperar la felicidad de la mano de Dios, en una comunidad inmortal de santos felices. Así me lo certifica la fe racional práctica que constituye el centro de la *Crítica de la razón práctica,* en cuanto religión natural y filosófica. Esta fe es la llave que nos abre a un ámbito que, de otro modo, nos estaría cerrado: el reino de Dios o de la gracia.

Kant observa que estas tres preguntas revierten en la cuarta y última: ¿qué es el hombre? Sin embargo, por sorprendente que sea, él no des-

---

43. *Logik* (Ac. B., vol. IX), p. 25.

X. Crítica del juicio

arrolla expresamente en parte alguna esa pregunta fundamental que encierra a sus ojos las otras tres. Su *Antropología en sentido pragmático* contiene observaciones muy agudas e interesantes sobre el hombre, su psicología, su comportamiento, pero no constituye una antropología filosófica. Heidegger se ha ocupado de esa extraña inconsecuencia y la ha explicado por el *carácter problemático* de la pregunta por el hombre. Según Heidegger, lo que en las tres primeras preguntas de Kant aflora es la *finitud radical* del sujeto que pregunta. En estas tres preguntas se hace cuestión de un «poder» *(können)*, un «deber» *(sollen)* y un «ser lícito» o «estar permitido» *(dürfen)* que definen manifiestamente a la razón humana como finita. Un ser infinito no tiene por qué preguntarse por lo que puede, debe o le es lícito. El que así pregunta, demuestra en ello mismo su finitud. ¿Qué *puedo* saber? implica, en efecto, un no poder y, por ende, una limitación. ¿Qué *debo* hacer? supone algo que todavía no se ha hecho y, por tanto, también una limitación. Finalmente, ¿qué me *está permitido* esperar? significa que al que así pregunta le ha sido concedida una expectativa y otra le ha sido denegada, con lo que tenemos de nuevo una limitación. Ahora bien, la finitud que aquí se hace patente es radical. El hombre no es finito porque pone las tres preguntas dichas, sino, al revés, pone estas tres preguntas porque es finito y, por cierto, hasta tal punto que su ser racional da vueltas en torno a esa finitud. Y «porque estas tres preguntas preguntan por lo mismo, por la finitud, por eso se dejan referir a la cuarta: ¿qué es el hombre?»[44]

No hay duda de que en estos tres grandes interrogantes se manifiesta la finitud del hombre, pero no sólo su finitud. Como advierte M. Buber, Heidegger ha desplazado el acento de las tres preguntas kantianas. Kant no pregunta: ¿qué *puedo* saber?, sino ¿qué *puedo saber*? Lo esencial en el caso no es que yo sólo puedo saber esto y lo otro no puedo saberlo, sino que en general *puedo saber algo* y es por eso por lo que tiene sentido preguntarme por lo que puedo saber. De modo similar, ¿qué *debo hacer*? significa que hay un hacer que yo debo cumplir, que no estoy separado del hacer justo, sino que por eso mismo que puedo *experimentar mi deber* encuentro abierto el acceso al hacer. Por último ¿qué me *está permitido esperar*? no quiere decir, como piensa Heidegger, que en el esperar se hace patente la renuncia a lo que no es lícito esperar, sino, al contrario, me da a entender que *hay algo* que *cabe esperar* (ya que Kant no piensa que la respuesta a la pregunta sea: ¡nada!) y que por lo mismo que me está permitido esperarlo, vale la pena preguntar por ello[45].

---

44. M. Heidegger, *Kant und das Problem der Metaphysik*, p. 196.
45. Cf. M. Buber, *¿Qué es el hombre?*, México 1949, p. 14s.

Observaciones críticas

El sentido de la cuarta pregunta es, pues, en Kant el siguiente: ¿qué clase de criatura es esta que se pregunta inevitablemente por lo que puede saber, lo que debe hacer y lo que le está permitido esperar? Y que las tres primeras cuestiones revierten en la última quiere decir que el conocimiento esencial de ese ser que es el hombre se abre en el análisis de lo que como tal ser puede saber, debe hacer y le es lícito esperar. Ahora bien, con ello ya se ha dicho que es en el marco de las tres grandes críticas donde Kant ha desarrollado la pregunta por el hombre y ha llevado a cabo decisivamente aquella «vuelta antropológica» que constituye el quicio de su pensamiento. Pero con ello se ha dicho también —ya que tal es el resultado de la triple andadura crítica— que «con el conocimiento de la finitud del hombre se nos da también el conocimiento de su participación en lo infinito, y no como dos propiedades yuxtapuestas, sino como la duplicidad del proyecto mismo en el que se hace cognoscible verdaderamente el ser del hombre»[46].

El hombre se manifiesta, en efecto, en la trilogía crítica de Kant como el ser racional finito que se sitúa exactamente en la frontera de dos mundos, el fenoménico y el nouménico, el finito y el infinito. Encerrado como sujeto de conocimiento dentro de los límites del primero, como sujeto de la acción moral pone el pie en el segundo. Santo Tomás de Aquino definió al hombre como un ser «existente casi en el horizonte del tiempo y de la eternidad»[47]. Algo similar sucede en Kant, aunque por el rodeo de la acción moral. Con el conocimiento de su finitud esencial, una finitud que está ligada indisolublemente a la limitación de su conocimiento, al hecho de que sólo puede conocer lo sensible y fenoménico, se le da también al hombre la certeza práctica de su infinitud, de su participación en lo suprasensible y nouménico, participación que va ligada indisolublemente a las exigencias de su acción moral, al hecho de que debe hacer algo que le desborda y que muestra así tener sus raíces en la eternidad. Es cierto que Kant no logró soldar la grieta que él mismo había abierto entre estas dos grandes vertientes del ser humano. Pero no por ello dejó de mantenerlas enhiestas, la una frente a la otra, y de señalar enérgicamente hacia ellas como hacia las dos dimensiones esenciales de esa extraña criatura que es el hombre.

---

46. Ibid., p. 15s.
47. S.c.G., II, q. 81.

CAPÍTULO UNDÉCIMO

FILOSOFÍA DE LA RELIGIÓN, DEL DERECHO Y DE LA HISTORIA

Al hilo de su reflexión crítica Kant ha ido abordando los grandes temas de su filosofía: la metafísica de la ciencia, la moral, la estética, la teleología de la naturaleza. Para completar el panorama de su pensamiento le faltaba todavía decir una palabra sobre algunos aspectos de lo que hoy denominamos la filosofía de la cultura: religión, derecho e historia. Kant lleva a cabo esta tarea en un grupo de ensayos que pertenecen a los últimos años de su producción literaria. Y lo hace en perfecta correspondencia con los puntos de vista consagrados por su pensamiento crítico, pero, a la vez, en estrecha sintonía con aquel movimiento espiritual que entonces dominaba la cultura europea: la Ilustración.

1. KANT Y LA ILUSTRACIÓN

Kant no sólo viene de la Ilustración, sino que permanece en buena medida dentro de ella. Sería difícil encontrar una definición más exacta de lo que significó el movimiento ilustrado que el famoso artículo que el gran filósofo le dedicó en 1784: *¿Qué es la Ilustración?* «Ilustración es la salida del hombre de su culpable minoría de edad. Minoría de edad es la incapacidad de servirse del propio entendimiento sin la dirección de otro. Esa minoría de edad es culpable cuando la causa de ella no está en la incapacidad del propio entendimiento, sino en la falta de decisión y de ánimo para servirse de él sin la dirección de otro. *Sapere aude!* ¡Ten el valor de servirte de tu propio entendimiento! Ésta es la consigna de la Ilustración.»[1] Nueve años más tarde en el artículo *¿Qué significa orien-*

---

1. *Beantwortung zur Frage: Was ist Aufklärung?* (Ac. B., vol. 8), p. 35; trad. de E. Imaz (= I) en: Kant, *Filosofía de la historia*, México 1941, p. 25.

XI. Religión, derecho, historia

tarse en el pensar?, Kant vuelve sobre la misma definición. «Pensar por sí mismo significa buscar el último criterio de la verdad en uno mismo (es decir, en su propia razón); y la máxima de pensar por sí mismo es la Ilustración.»[2]

Estos dos grandes textos constituyen algo más que una definición exacta de lo que fue la Ilustración. Es claro que su autor comparte los supuestos y el propósito del movimiento que pretende definir: la fe en la razón y la esperanza de que la humanidad se deje guiar finalmente por ella. No es que Kant piense que esta esperanza sea ya una realidad, pero cree que se dan por vez primera las condiciones requeridas para que llegue a serlo. «Si se nos preguntase: ¿vivimos ya en una época ilustrada?, la respuesta sería: no, pero sí en una época de la ilustración..., puesto que se les abre a los hombres la posibilidad de trabajar libremente en este empeño y hay claros indicios de que van disminuyendo paulatinamente los impedimentos para la general ilustración y para la salida de su culpable minoría de edad.»[3] Kant concebirá su filosofía del derecho y de la religión como una contribución a la tarea de barrer estos impedimentos y de empujar a los hombres por el camino de su emancipación intelectual y humana.

Ahora bien, el principal impedimento para este camino es la ausencia de libertad. «Para impulsar la ilustración no se precisa más que una sola cosa: libertad; y el tipo de libertad más inocuo entre todo aquello que puede calificarse como libertad: hacer siempre y en todo lugar *uso público* de la propia razón. Pero yo no oigo sino gritar por todas partes ¡no razonéis! El oficial dice: ¡no razonéis, sino ejecutad las órdenes! El funcionario de hacienda: ¡no razonéis, sino pagad! El clérigo: ¡no razonéis, sino creed! (Sólo un único señor en el mundo dice: ¡razonad cuanto queráis y sobre todo lo que queráis, pero obedeced!) Por todas partes encontramos, pues, una limitación de libertad. Pero ¿qué tipo de limitación es la que obstaculiza la ilustración? Y ¿qué tipo de limitación no la obstaculiza, sino que incluso la impulsa? Yo respondo: el *uso público* ha de ser libre en todo tiempo y lugar y sólo él puede traer ilustración a los hombres: pero el *uso privado* de la razón puede ser limitado muy estrechamente con frecuencia, sin que por ello se obstaculice sensiblemente el desarrollo de la ilustración. Por uso público de la razón entiendo el que hace alguien en cuanto *docto (Gelehrter)* ante el gran público de los lectores. Y llamo uso privado de la razón el que hace alguien en

---

2. *Was heisst: sich im Denken orientieren?* (Ac. B., vol. 8), p. 146 nota.
3. *Was ist Aufklärung?*, p. 40 (I, p. 34). Cf. sobre el tema E. Menéndez Ureña, *La crítica kantiana de la sociedad y de la religión Kant predecesor de Marx y Freud*, Madrid 1979, p. 56s.

cuanto está ejerciendo un *cargo* o *empleo civil (bügerlicher Posten oder Amt).*»⁴

Hay que entender este pasaje desde el trasfondo de la situación histórica y política que el filósofo vive en su propio país, el Reino de Prusia. El ejército, la hacienda pública, la Iglesia luterana y la Corona son las cuatro grandes instituciones de la sociedad prusiana, en las que Kant plantea el problema de la relación entre las exigencias ilustradas y el poder coercitivo del Estado. La solución que Kant propicia es la de un razonable *compromiso*. El militar ha de obedecer sin rechistar a sus superiores cuando está en servicio, pero puede y debe discutir públicamente como entendido los defectos que observa en la organización del ejército. El ciudadano ha de pagar puntualmente sus impuestos, pero puede y debe discutir públicamente en calidad de experto los fallos que crea descubrir en la administración de hacienda. El clérigo ha de atenerse en sus sermones al credo oficial de la Iglesia, pero puede y debe discutir públicamente como teólogo los defectos que en él encuentra. Este compromiso se trasvasa finalmente a la máxima autoridad política, el soberano, en su relación con los ciudadanos: «¡razonad cuanto queráis y sobre todo lo que queráis, pero obedeced!»⁵

Este mismo compromiso será el que guiará a Kant en sus reflexiones religiosas y políticas. Él sabe muy bien que el hombre forma siempre parte de un cuerpo social organizado. El Estado y la Iglesia son en este sentido dos magnitudes inseparables de la existencia humana. Pues bien, el esfuerzo de Kant en su filosofía de la religión y del derecho consistirá en la búsqueda de un camino intermedio, de una conciliación razonable entre la exigencia ilustrada de usar de la propia cabeza y la pertenencia humana a un cuerpo social y espiritual.

2. FILOSOFÍA DE LA RELIGIÓN

Kant dedicó a la filosofía de la religión un ensayo que, como ya sabemos, debía causarle serios quebraderos de cabeza: *La religión dentro de los límites de la mera razón*. El título avanza ya el contenido. Kant no pretende construir una nueva religión, sino sólo mostrar que la religión histórica no contradice en lo esencial a la religión natural de la razón. Pero tampoco se hace demasiados remilgos con la religión histórica y no

---

4. *Was ist Aufklärung?*, p. 36s. (I, p. 28). Los términos «público» y «privado» se entienden en este texto de manera distinta a la usual. El «único señor en el mundo» al que se refiere Kant es su propio soberano, el rey Federico II de Prusia. Más adelante (p. 40; I, p. 35) denomina Kant a la época de la Ilustración «el siglo de Federico».
5. Cf. E. Menéndez Ureña, o.c., p. 61ss.

XI. Religión, derecho, historia

teme usar a rajatabla del arma de la crítica para reducir sus límites a los de la razón pura, teórica y práctica.

La religión es a ojos de Kant un hecho exclusivamente moral. «La religión es (considerada subjetivamente) el conocimiento de todos nuestros deberes como mandamientos divinos.»[6] La religión nace, pues, de la exigencia moral. Los hombres tienden a unirse, a asociarse. Se unen en el Estado para proteger exteriormente su libertad. Y se unen en una sociedad interior, puramente moral, para ayudarse y confortarse mutuamente en la lucha contra el mal y el fomento y la observancia del bien. Esta sociedad de espíritus, a diferencia de los estados debe ser una para todos los hombres, como es una la ley moral, y consiste en la Iglesia en su sentido más genuino, la Iglesia invisible, como sociedad de todos los hombres de buena voluntad. Pero el hombre es también un ser sensible y siente la necesidad de realizar de un modo tangible, exterior, esa sociedad de los hombres que observan la ley moral y surge así la Iglesia visible. «La verdadera Iglesia (visible) es la que representa el reino (moral) de Dios sobre la tierra, en cuanto es posible al hombre realizar ese reino.»[7]

De aquí se deduce ya aquel famoso principio, que Kant establece como piedra sillar de su filosofía de la religión: «Todo lo que los hombres creen poder hacer para agradar a Dios fuera de una buena conducta, es mero engaño religioso (*Religionswahn*) y culto espúreo de Dios (*Afterdienst Gottes*).»[8]

Éste es, sin embargo, el caso de todas las religiones históricas. Ocurre, en efecto, que los hombres se elevan difícilmente a conceptos suprasensibles, puramente morales. Entonces, para persuadirles de que es su deber obrar moralmente, es necesario presentarles la moralidad como un servicio que hay que prestar a Dios y ponerles delante la voluntad de Dios en una manifestación tangible, histórica, en una Escritura. Así se pasa de la religión racional o natural a la religión revelada o estatutaria. «La religión, en la cual tengo primero que saber que una cosa es mandada por Dios, para reconocerla como mi deber, es la religión revelada; por el contrario, aquella en la cual primero debo saber que una cosa es mi deber para reconocerla después como mandamiento de Dios, es la religión natural.»[9]

Kant no niega la posibilidad de una revelación, pero no la cree necesaria para la religión. Por ello, en el fondo, tiende a relativizar las dife-

---

6. *Die Religion innerhalb der Grenzen der blossen Vernunft* (Ac. B., vol. 6), IV/1, p. 153; trad. de F. Martínez Marzoa (= MM), Madrid 1981, p. 50.
7. Ibid., III/1, § 4, p. 101 (MM, p. 102). Cf. S. Vanni Rovighi, o.c., p. 224.
8. Ibid., IV/2, § 2, p. 170 (MM, p. 166).   9. Ibid., IV/1, p. 153s (MM, p. 150).

rencias entre los distintos credos religiosos en favor de la única religión racional. «No hay más que una (verdadera) religión; pero puede haber diversas especies de creencias y, por tanto, pluralidad de iglesias, distintas unas de otras a causa de la diversidad de sus creencias particulares, en las cuales puede encontrarse una sola y misma religión verdadera. En consecuencia, es más apropiado decir: este hombre es de esta o aquella creencia (judía, musulmana, cristiana, católica, luterana) que decir: él es de esta o aquella religión.»[10]

Kant se muestra aquí tributario de una actitud típica de la Ilustración, a la que Lessing dio forma literaria en su poema dramático *Natán el sabio* (1779). Las tres grandes religiones históricas mencionadas por Kant, las tres religiones del Libro, son comparadas a tres anillos que un anciano padre deja al morir a sus tres hijos. Los tres anillos son exactamente iguales entre sí, pero sólo uno de ellos es auténtico; los otros dos son meras imitaciones, pero tan perfectas, que nadie sería capaz de distinguirlas del anillo verdadero. Lo que Lessing quiere dar a entender con su parábola es la a sus ojos esencial cuestionabilidad de toda verdad religiosa histórica. Para él, como en general para el racionalismo ilustrado, no hay en el fondo otra verdad que la verdad de razón, necesaria y universal. Un hecho histórico concreto, como el que está en la base de las religiones reveladas, no tiene las garantías necesarias para llegar a ser reconocido como verdad. Y esto es también en el fondo lo que piensa Kant. Las religiones históricas son útiles como medios y vehículos para llevar a los hombres a la verdadera fe religiosa universal, que es la propia de la religión racional, a saber, la fe en Dios creador y legislador santo, conservador del género humano y guardián de sus leyes como justo juez.

Kant se opone, pues, a la pretensión de las iglesias y credos religiosos que se tienen por la única religión verdadera, pero admite la superioridad religiosa del cristianismo sobre los otros credos. El cristianismo tiene en su favor la moral más pura que jamás ha existido y el hecho de que es la única religión histórica que puede ser convertida en religión racional. Con todo, en su estado actual, el cristianismo es también una religión positiva. También en él han prevalecido los elementos estatutarios y se ha convertido en superstición y clericalismo *(Pfaffentum)*.

Desde estos supuestos no sorprende que Kant se desinterese de los elementos históricos del cristianismo e interprete sus contenidos doctrinales en una línea estrictamente moralizante, como expresiones simbólicas de una verdad de orden moral. Tal es el caso de las doctrinas acerca del pecado original, la encarnación y la redención, la Iglesia y el culto.

---

10. Ibid., III/1, § 5, p. 108 (MM, p. 109).

XI. Religión, derecho, historia

El tema del pecado original está en la base de las reflexiones de Kant sobre el *mal radical (das radikale Böse)*. El hombre no es ni bestia ni demonio, pero hay en él algo que con razón podemos denominar un mal radical. ¿Qué es exactamente el mal radical? Es la trágica incapacidad del hombre, mil veces demostrada por la experiencia, de erigir sus máximas de conducta en ley universal de la naturaleza[11]. En vez de dejarse guiar por la conciencia del deber, el hombre subordina al amor propio el respeto debido a la ley, convierte subjetivamente su libertad en fundamento de tener máximas contrarias a la ley moral. Kant cita a este respecto el dicho de un miembro del parlamento británico: «Todo hombre tiene su precio por el que es capaz de venderse.»[12] «Podemos pues llamar a esta propensión una tendencia natural al mal y puesto que esta tendencia es culpable, bien podemos llamarla un mal radical e innato a la naturaleza humana, del que sin embargo el hombre es el autor.»[13] Ahora bien, el hecho de que el hombre pueda hacerse malo, eligiendo arbitrariamente una máxima contraria a la ley moral, es algo ulteriormente inexplicable. «No existe para nosotros razón comprensible para saber de dónde ha podido venirnos el mal moral.»[14] La Escritura lo explica sensiblemente mediante la representación del pecado de Adán. Pero hemos de guardarnos de representarnos el mal como una tendencia que nos viene de nuestros primeros padres. Cuando se dice que todos pecamos en Adán, se ha de entender que todos pecamos como Adán. Kant aplica aquí el dicho del poeta: «Cambiado el nombre, la fábula se narra de ti.»[15]

Si la caída en el mal es incomprensible, mucho más lo es la conversión. «La posibilidad para un hombre malo por naturaleza de hacerse bueno por sí mismo, he aquí algo que supera todos nuestros conceptos. ¿Cómo podría un árbol malo dar frutos buenos?»[16] Sin embargo, la conversión ha de ser posible, ya que la ley moral conserva todo su valor, aun después de la caída. Debemos, luego podemos. La vida del hombre se convierte así en una lucha por hacerse bueno, por superar el mal radical y elevarse a la perfección moral. Esta lucha constituye una especie de regeneración y hasta de nueva creación, de que habla el Nuevo Testamento. El abismo entre las dos riberas, entre la caída y la conversión, es realmente inconmensurable. Para colmarlo, Kant ha de hacer lugar, pero sin atreverse nunca a nombrarlo por su nombre, a la figura inconmensurable de Cristo. Kant lo presenta como «ideal de la humanidad agradable a

---

11. Cf. A. Philonenko, o.c., II, p. 224.
12. *Die Religion*, I, § 3, p. 38 (MM, p. 48s).
13. Ibid., I, § 3, p. 32 (MM, p. 42).
14. Ibid., I, § 4, p. 43 (MM, p. 53).
15. Ibid., p. 42 (MM, p. 52).
16. Ibid., I, observación general, p. 44s (MM, p. 54).

Dios», de «la humanidad en su perfección moral», la cual «no podríamos concebir sino por la idea de un hombre presto no solamente a cumplir todos los deberes humanos, a difundir copiosamente en torno suyo el bien con la doctrina y el ejemplo, sino también dispuesto, pese a ser tentado con los mayores halagos, a soportar todos los sufrimientos, hasta la muerte más ignominiosa, por el bien del mundo, incluso el de sus mismos enemigos»[17].

Ahora bien, nosotros no somos los autores de este arquetipo de perfección moral. Por eso es mejor decir que ha descendido del cielo hasta nosotros y se ha revestido de nuestra humanidad, ya que «tan imposible es representarse que el hombre, malo por naturaleza, deponga por sí mismo el mal y se *eleve* al ideal de la santidad, como representarse que aquel arquetipo asuma la humanidad —que por sí no es mala— y *condescienda* en ella»[18]. Tenemos, pues, ya explicada la doctrina cristiana de la encarnación y de la redención. En efecto, «esta unión con nosotros puede ser considerada como un *rebajamiento* del Hijo de Dios, si nos representamos a aquel hombre de intenciones divinas como *arquetipo* para nosotros»[19]. Y entonces «en la *fe práctica* en este Hijo de Dios (en cuanto es representado como habiendo adoptado la naturaleza humana) puede el hombre esperar hacerse agradable a Dios (y mediante ello también bienaventurado); esto es, el que es consciente de una intención moral tal que puede *creer* y poner en sí mismo una fundada confianza en que, en medio de pruebas y sufrimientos similares, permanecería invariablemente pendiente de aquel arquetipo de humanidad y semejante, en fiel seguimiento, a su ejemplo, un hombre tal y sólo él está autorizado a considerarse objeto no indigno del divino agrado»[20].

Pero no nos llevemos a engaño. Encarnación y redención no son sino figuras de algo ideal. La fe en el Hijo de Dios no consiste sino en poder creer que podemos realizar en nosotros el ideal de perfección que él encarna. En efecto, «si en un determinado tiempo un hombre de inspiración moral verdaderamente divina hubiera descendido como del cielo a la tierra y mediante su doctrina, conducta y sufrimientos hubiera dado en sí el *ejemplo* de un hombre agradable a Dios en la medida en que se puede pedir de la experiencia externa (en tanto que el *arquetipo* de un tal hombre no ha de buscarse en ninguna otra parte que en nuestra razón), si hubiera producido por todo eso un bien moral inmensamente grande en el mundo mediante una revolución en el género humano,

---

17. Ibid., II/1, p. 61 (MM, p. 67).
18. Ibid.
19. Ibid.
20. Ibid., p. 62 (MM, p. 67).

XI. Religión, derecho, historia

aún así no tendríamos motivo para ver en él otra cosa que un hombre engendrado de modo natural (pues el hombre naturalmente engendrado se siente obligado a dar él mismo en sí un ejemplo semejante), si bien no por ello se negaría absolutamente que pudiera ser un hombre engendrado de modo sobrenatural»[21]. Pero aunque se deje abierta la posibilidad del origen sobrenatural de ese hombre divino, lo verdaderamente importante es que su idea tenga realidad objetiva en nuestra razón moral legisladora. Más aún, para que esta idea influya realmente en nuestro comportamiento, es mejor poner sordina a la doctrina cristiana sobre el Dios hecho hombre. De otro modo «la distinción entre él y nosotros sería tan grande que este hombre divino no podría sernos propuesto como ejemplo»[22].

De todos modos, parece como si Kant no acabara de desentenderse del todo de Cristo. Su actitud, hecha a la vez de reserva y admiración, podría expresarse tal vez con el conocido dicho de Rousseau: «Si la vida y la muerte de Sócrates son propias de un sabio, la vida y la muerte de Jesús son propias de un Dios.»[23] Gracias a Cristo, de quien no quiere escribir el nombre, se hace aceptable la idea de un triunfo sobre el mal radical. Tiene sentido decir que el ser humano puede regenerarse, renacer a la vida moral, despojarse del hombre viejo. En cambio, carece de sentido creer en los milagros. Teóricamente no podemos declararlos imposibles. Pero en la religión moral la creencia en ellos es superflua. «Cuando debe fundarse una religión moral (una religión que no consiste en estatutos y observancias, sino en la intención sincera de cumplir todos los deberes del hombre como mandamientos divinos), todos los milagros que la historia enlaza con su introducción han de hacer finalmente superflua la creencia en los milagros en general.»[24] El milagro «suprime» (en sentido hegeliano) el milagro, al paso que abre el camino a la fe racional[25]. De todos modos, «es muy posible que la persona del maestro de la única religión válida para todos los mundos sea un misterio, que su aparición sobre la tierra así como su desaparición de ella, que su vida, llena de hechos, y su pasión sean puros milagros e incluso que la historia que debe dar fe de la narración de todos esos milagros sea ella misma también un milagro (revelación sobrenatural); podemos dejar descansar todos esos milagros en su valor y honrar incluso la envoltura que ha servido para abrir camino a una doctrina, cuya acreditación no estriba en

---

21. Ibid., p. 63 (MM, p. 69).
22. Ibid., p. 64 (MM, p. 70).
23. J.J. Rousseau, *Confession d'un vicaire savoyard* (*Oeuvres complètes*, vol. 4), p. 626. Cf. A. Philonenko, o.c., II, p. 238s.
24. *Die Religion*, II, observación general, p. 84 (MM, p. 86s).
25. Cf. A. Philonenko, o.c., II, p. 239.

ningún documento, que se mantiene imborrable en toda alma y no necesita de ningún milagro; con tal que no hagamos del uso de estos relatos históricos una parte de la religión, ni tomemos el saberlos, creerlos y profesarlos como algo que por sí mismo puede hacernos agradables a Dios»[26].

El hombre no existe como individuo solitario, sino integrado en un cuerpo social. Ahora bien, es en la vida social, como apunta Rousseau, donde está expuesto a los más peligrosos embates del mal. De ahí la necesidad de proteger de este peligro su libertad mediante una sociedad encaminada al fomento de la moralidad. Tal es para Kant la idea de la Iglesia como pueblo de Dios regido por leyes morales. Kant reconoce que esta idea es muy difícil de realizar. «La idea sublime, nunca plenamente alcanzable, de una comunidad ética, se achica necesariamente en manos de los hombres; se convierte entonces en una institución que, no pudiendo representar de ella más que la forma, se encuentra muy limitada en lo que toca a los medios de edificar un conjunto semejante en las condiciones de la naturaleza humana sensible. Pero ¿cómo puede esperarse que de un leño tan torcido sea labrado algo plenamente recto?»[27]

Con esta alusión al torcimiento o encorvamiento del hombre Kant expresa un pensamiento muy querido. Su núcleo central, la imagen de la encorvadura, tiene un origen cristiano. San Agustín dijo del hombre que es *curvus*, porque se vuelca sobre los bienes de este mundo. Lutero interpretó más tarde este mismo concepto como *curvus in se*. La encorvadura del hombre consiste en que se vuelca sobre sí mismo. Kant se apropia la imagen y la entiende en un sentido muy similar: lo que hace al hombre encorvado es el amor propio. Volvemos, pues, a la problemática del mal radical. ¿Cómo hacer derecho lo que es torcido? En el plano de la pura moral no hay solución. En cambio, en el plano religioso, Kant apunta hacia una solución que recuerda una conocida sentencia de san Ignacio de Loyola: «Hazlo todo, como si sólo dependiera de ti y pon la confianza en Dios, como si sólo dependiera de él.» «Instituir un pueblo moral de Dios es una obra cuya ejecución no puede esperarse de los hombres, sino de Dios mismo. Con todo, esto no es un motivo para que el hombre se desentienda de esta tarea y deje hacer a la providencia, como si fuera lícito a cada uno ocuparse únicamente de su interés moral particular, abandonando a una sabiduría superior los intereses del género humano... Cada uno debe, por el contrario, proceder como si todo dependiera de él.»[28]

---

26. *Die Religion*, II, observación general, p. 85 (MM, p. 87).
27. Ibid., III/1, § 4, p. 100 (MM, p. 101).
28. Ibid., p. 100s (MM, p. 101). Sobre el tema de la encorvadura cf. A. Philonenko, o.c., II, p. 55s; 245s.

XI. Religión, derecho, historia

Ni que decir tiene que la Iglesia visible, en su realidad concreta, está a cien leguas de este ideal. Y no tanto por las imperfecciones morales de sus miembros, cuanto por la tergiversación que anida en el mismo principio eclesiástico, la conquista del favor divino mediante ciertas acciones que todo hombre puede hacer, sin necesidad de ser un hombre bueno. La fe religiosa pura, la única que es en verdad, «fe santificante», ya que nos lleva a la reconciliación con Dios mediante el cumplimiento del deber, es substituida por la «fe eclesiástica», una fe de esclavo y mercenario que cree agradar a Dios mediante el cumplimiento de leyes y preceptos externos, impuestos por el miedo o la esperanza, y que no debe considerarse como fe santificante, porque no es moral.

Kant se queda, pues, con la religión en cuanto «religión moral». Este núcleo insobornable es lo que le permite calibrar lo que hay de religión verdadera en toda creencia eclesiástica. Como es obvio, esta religión moral no conoce otro culto que la observancia de la ley moral como mandato de Dios. Hacer, en cambio, como hacen las iglesias, de ciertas prácticas exteriores de culto la condición suprema de la complacencia de Dios hacia los hombres, no es más que puro fetichismo e idolatría.

Con un rigorismo implacable Kant cercena de las prácticas religiosas concretas todo lo que no tiene un significado moral. Así encuentra conveniente y hasta obligatorio alguna asistencia a las iglesias para estrechar la comunión de los fieles. Los ritos del bautismo y de la cena merecen respectivamente su aprobación, como ceremonia solemne de ingreso en la comunidad y como medio para propagar la idea de la comunión moral de los hombres. La oración, en cambio, le parece inútil, ya que no es otra cosa que la expresión de nuestros deseos a un ser que no necesita que se los declaremos. Lo único que vale es el espíritu de oración, el deseo de depurar y elevar nuestra intención moral, deseo que debe acompañarnos siempre. Los cantos de súplica y alabanza, aun los más elevados, como los salmos de David, le parecen un sonido vacío. Dios no tiene necesidad de estas cosas y nosotros tampoco. En este punto Kant es un típico representante del racionalismo alicorto del siglo de las luces.

En todo caso, su filosofía de la religión coincide con sus más íntimas convicciones personales. De él nos cuenta su amigo y biógrafo R.B. Jachman que, aunque era muy religioso, se abstenía en sus últimos años de toda práctica religiosa externa. Kant respetó todo credo religioso y en particular el cristianismo por la doctrina moral que contiene. El cristianismo, entre todas las religiones positivas, es la única que coincide con la religión moral. Es la única religión histórica que aparece ya en boca de su primer maestro como una religión no estatutaria, sino moral. Por ello es también la única religión llamada a ser la religión universal. La admiración de Kant por la figura de Cristo está fuera de toda duda. En su ensayo escatológico sobre *El fin de todas las cosas* ensalza la grandeza moral del cristianismo y de su fundador. «El cristianismo, además del máximo respeto que la santidad de sus leyes inspira forzosamente, tiene en sí algo *amable*. No me refiero a la amabilidad de la persona que nos lo ha adquirido con grandes sacrificios, sino de la cosa misma: a saber, la constitución moral por él establecida, pues aquélla se deriva de ésta... El propósito del cristianismo es fomentar el amor para el negocio del cumplimiento del deber y lo consigue; porque el fundador no habla en calidad de quien manda, de voluntad que exige obediencia, sino como un amigo de los hombres que lleva en el fondo de su corazón la voluntad bien entendida de éstos, es decir, aquella que dejarían actuar libremente, si se examinaran como es debido.»[29] En las *Reflexiones* anota a propósito de una afirmación de Lichtenberg, según la cual la doctrina de Cristo representa el sistema más perfecto: *Ich auch*[30]. Pero Kant pensaba a la vez que era suficiente quedarse con la doctrina de Cristo como doctrina moral. En lo que toca a los otros elementos de los Evangelios se creía demasiado alejado del tiempo en que fueron escritos para determinar nada seguro a su respecto. Como escribe en una carta a Lavater de 28 de abril de 1775: «Yo distingo la *doctrina* de Cristo del *informe* que tenemos de la doctrina de Cristo y para conseguir la primera trato, por encima de todo, de extraer la doctrina moral separada de todos los preceptos del Nuevo Testamento. La primera es con seguridad la doctrina fundamental del Evangelio; la segunda puede ser solamente una doctrina auxiliar... Yo venero los informes de los evangelistas y apóstoles y pongo mi humilde confianza en estos medios de reconciliación de los que nos han dado noticia histórica, o también en cualquier otro que Dios en sus secretos designios pueda haber escondido; pero no voy a ser de ninguna manera un hombre mejor si puedo determinar estos medios, puesto que se trata en ellos de algo que concierne sólo a lo que haga Dios, por lo que no puedo ser tan atrevido e insolente para determinarlos como los medios auténticos por los que espero mi salvación y para jugarme en ello, por así decirlo, mi vida y mi bienaventuranza, ya que son sólo informes. No estoy lo suficientemente cerca de los tiempos en que ellos (los informes de los evangelistas y apóstoles) llegaron a constituir tales decisiones peligrosas y osadas.»[31]

Como ha observado agudamente J. Lacroix: «Kant es un hombre religioso sin espíritu teológico, como Hegel es un teólogo sin espíritu

---

29. *Das Ende aller Dinge* (Ac. B., vol. 8), p. 337s (I, p. 140s).
30. Cf. J.L. Bruch, *La philosophie religieuse de Kant*, París 1968, p. 17.
31. *Briefwechsel* (Ac. B., vol. 10), p. 168s.

religioso.»³² La observación no se aleja demasiado de la verdad, sobre todo si se la confronta inmediatamente con esta observación complementaria: «Kant creyó y creyó haber demostrado que un hombre puede ser verdaderamente religioso sin compartir el credo de ninguna religión organizada. Él mismo vivió como ese hombre.»³³ Es decir, Kant fue un hombre religioso sin religión o, más exactamente, un hombre religioso cerrado a todo lo que hay de más específicamente religioso en la religión. La causa profunda de esta paradoja reside en su moralismo a ultranza. «Kant no se ha fijado jamás en lo que Dios hace o ha hecho para procurarnos la salvación, sino sólo en lo que nos hace falta hacer para hacernos dignos de ella: la vocación religiosa de los hombres se reduce a la de ciudadanos de un Estado ético o Iglesia verdadera que las diversas iglesias instituidas preparan y preforman... Si es verdad que Kant quiso reducir la religión a la moral todavía lo es más que elevó la moral a las dimensiones de la religión.»³⁴ La religiosidad se confunde con la moralidad del ser humano. En este punto, Kant es un típico representante del racionalismo miope del siglo de las luces. De él vale lo que dice Hegel del filósofo: que por mucho que le dé vueltas a la rueca no supera a su tiempo.

3. FILOSOFÍA DEL DERECHO

El pensamiento jurídico de Kant constituye un eslabón importante en la cadena que va desde Pufendorf y Thomasius a Fichte y Hegel. A su exposición dedicó nuestro filósofo los *Principios metafísicos del derecho*, un libro que, junto con los *Principios metafísicos de la moral* constituye la *Metafísica de las costumbres* (1797). Kant desarrolla en esta obra un formulismo jurídico que ejercerá notable influjo en la evolución posterior del derecho.

Lo que sobraba de moral en la filosofía de la religión falta en la filosofía del derecho. Si la ética miraba ante todo hacia la moralidad de las acciones, el derecho mira hacia su *legalidad*. El derecho se define, en efecto, como el conjunto de reglas que determinan externamente la legalidad de las acciones. A diferencia de la moral, el derecho se desinteresa del motivo que lleva a cumplir la acción (la idea del deber o la inclinación egoísta) y la considera únicamente en cuanto está fuera del sujeto que la realiza. El derecho mira en primer lugar sólo a la acción externa y precisamente práctica de una persona hacia otra y contempla únicamente

---

32. M. Lacroix, o.c., p. 16.
33. S. Körner, o.c., p. 155.
34. J. Lacroix, o.c., p. 117.

las acciones en las cuales a la obligación de una persona para con otra corresponde, por parte de ésta, la facultad de exigir que la obligación sea cumplida. Pero, así como la ley moral era puramente formal y su valor consistía en la universalidad, así también la legalidad de las acciones, que es objeto del derecho, tiene el mismo carácter formal. En el fondo consiste sólo en esto: que la libertad de cada uno sea compatible con la libertad de todos.

El principio universal del derecho reza por tanto así: «Obra exteriormente de tal suerte que el libre uso de tu albedrío *(Willkür)* pueda estar conforme con la libertad de todos según una ley universal.»[35] Por consiguiente, «es justa toda acción, según cuya máxima la libertad del albedrío de cada uno es compatible con la libertad de todos según una ley universal»[36]. Y puesto que la negación de la negación es una afirmación, el impedimento de la violación de la libertad es afirmación de la libertad, y por lo mismo el principio fundamental del derecho. Ahora bien, el impedimento de la negación de la libertad no es sino coacción. La coacción, o sea, la facultad de constreñir la libertad y obligarla por la fuerza a respetar el derecho está unida, pues, indisolublemente al mismo concepto del derecho[37].

Kant divide el derecho en *natural* y *adquirido*. El primero «es el que independientemente de todo acto jurídico compete a cada uno por la naturaleza»[38] y viene a resumirse en «la libertad, como independencia de la coacción arbitraria de otro, en cuanto puede subsistir con la libertad de todos según una ley universal»[39]. El derecho adquirido tiene su fundamento en la voluntad del legislador y se divide ulteriormente en *privado* y *público*. El derecho privado regula las relaciones entre los hombres como individuos; el público sus relaciones como ciudadanos de un Estado.

El hombre como individuo es ante todo propietario. El ámbito peculiar del derecho privado será, pues, lo mío y lo tuyo, es decir, la posesión de las cosas externas y los actos jurídicos que de ella derivan. Su principio fundamental se expresa en el postulado según el cual el uso de las cosas externas debe ser compatible con la libertad de cada uno según una ley universal.

El hombre como ciudadano es miembro de un determinado pueblo. El ámbito del derecho público será, pues, el conjunto de leyes que deter-

---

35. *Metaphysik der Sitten* (= MS), I: *Metaphysische Anfangsgründe der Rechtslehre* (Ac. B., vol. 6), introd., § C, p. 231.
36. Ibid., p. 230.
37. Cf. S. Vanni Rovighi, o.c., p. 237.
38. MS, I, división B, p. 237.
39. Ibid.

minan la vida de este pueblo y lo constituyen en un Estado de derecho. Kant cree que la facultad de constricción, intrínseca al derecho, se daría también en el Estado de naturaleza, aun cuando el hombre no formase parte de la sociedad civil, pero de hecho sólo se ejercita en el Estado. Ahora bien, la necesidad del Estado y de una ley externa acompañada de coacción no es una necesidad empírica proveniente de la experiencia de que los hombres, cuando no están sujetos a un freno exterior, obran con violencia: es una necesidad racional que se daría, aunque todos los hombres fueran justos. Es del mismo concepto del derecho que se deduce la necesidad de garantizar el derecho de cada uno contra una eventual violación y esta garantía sólo puede darse en el Estado. El postulado básico de las relaciones de derecho público se origina, pues, del mismo postulado que regula las relaciones de derecho privado. Reza así: «Tú debes salir del Estado de naturaleza pura para entrar, junto con otros y bajo relaciones de coexistencia necesaria en un *Estado de derecho*, es decir, en la justicia distributiva.»[40]

¿Cómo se lleva a cabo este paso del Estado de naturaleza al Estado de derecho? Kant echa mano para explicarlo de la teoría contractual de Rousseau. «El acto por el cual el pueblo mismo se constituye en Estado, o propiamente sólo la idea de él, según la cual únicamente se puede pensar la legitimidad del Estado es el *contrato originario*, en virtud del cual todos *(omnes et singuli)* en el pueblo renuncian a su libertad externa, para recuperarla después inmediatamente como miembros de una entidad común, o sea del pueblo considerado como Estado *(universi)*; y no se puede decir que el hombre en el Estado haya sacrificado a éste, parte de su innata libertad interior: ha abandonado, por el contrario, la libertad salvaje y sin ley para volver a encontrar su libertad en general en una dependencia regulada por leyes, esto es, en un Estado de derecho; porque tal dependencia deriva de su propia voluntad legisladora.»[41]

Si en lo que toca al origen de la sociedad Kant se inspira en Rousseau, en lo que se refiere a su estructura sigue el modelo de los clásicos tres poderes de Montesquieu: el legislativo, el ejecutivo y el judicial. «Existen tres poderes distintos *(potestas legislatoria, executoria et iudiciaria)* por los que el Estado *(civitas)* tiene su autonomía, es decir, su forma y se conserva según leyes de libertad. En su unión reside la salud del Estado *(salus reipublicae suprema lex est)*, por la que no hay que entender ni el bien del ciudadano ni su felicidad, ya que esta felicidad (como enseña Rousseau) sería acaso más deseable y más fácil de alcanzar en el Estado de naturaleza o bajo un gobierno despótico; se trata más bien de

---

40. Ibid., I/1, § 42, p. 307.   41. Ibid., I/2, § 47, p. 315s.

lograr la mayor concordia y acuerdo entre la constitución y los principios del derecho, acuerdo hacia el que la razón, por un imperativo categórico nos obliga a tender.»[42]

Estos tres poderes deben estar separados, es decir, no pueden ser ejercitados por la misma persona; de lo contrario se iría a parar al despotismo o, lo que es lo mismo, a la negación de esa libertad que es justamente el fin del Estado. Con todo, Kant no es siempre consecuente con sus principios. Así sitúa el poder legislativo y judicial bajo las leyes, pero exceptúa al soberano. Afirma que el poder legislativo no puede pertenecer sino a la voluntad colectiva del pueblo, pero niega a éste la posibilidad de reformar una constitución defectuosa. Sólo el soberano puede reformar la constitución y evitar así la revolución. En fin, afirma que el poder ejecutivo ha de actuar conforme a la ley, pero niega el derecho de los ciudadanos a rebelarse contra un gobierno que la viole y condena las revoluciones inglesa y francesa que procesaron y enviaron al patíbulo a sus soberanos. Kant se encuentra en una situación un tanto incómoda. Sus principios le habrían llevado a aprobar constituciones del tipo de la americana o la francesa, pero se lo impide su preocupación de ser un súbdito leal de la monarquía prusiana.

De hecho, en su conducta personal, Kant se atuvo siempre a una actitud de compromiso. Su entusiasmo inicial por la revolución francesa, mitigado más tarde por la ejecución de Luis XVI y los desmanes del terror, no le impidió el fiel cumplimiento de sus deberes de ciudadano. El problema de conciencia que esta actitud implicaba, la coexistencia de libertad de pensamiento y obediencia a la autoridad legítima, lo resuelve Kant, como ya hemos visto, mediante una frase de Federico el Grande: «Razonad todo cuanto queráis y sobre todo lo que queráis, pero obedeced.» Lo que quiere decir: mientras ejercéis vuestras funciones como miembros de la sociedad seguid las leyes y las ordenaciones de la autoridad legítima aun cuando os parezcan contrarias a vuestro pensamiento; pero cuando habéis cumplido con vuestro deber de ciudadanos, tenéis el derecho como hombres de expresar públicamente vuestro pensamiento. Kant olvida aquí el caso de un gobierno que prohíba incluso la expresión de opiniones no conformes a las suyas. Sabemos, sin embargo, que cuando él mismo se vio en este caso, consideró su deber de súbdito callar[43].

De todos modos, Kant se preocupa también de encerrar el poder del soberano dentro de ciertos límites. Así le niega el derecho de despedir, sin justa causa, a los servidores del Estado. La única cosa que deja en sus manos es la posibilidad de deponer al regente y de cambiar el gobierno.

---

42. Ibid., I/2, § 49, p. 318.   43. Cf. S. Vanni Rovighi, o.c., p. 219.

XI. Religión, derecho, historia

Más curiosa es la denegación hecha al soberano de ser propietario. Se trata, sin embargo, de algo perfectamente lógico: como encarnación universal del Estado, el soberano no puede estar en contradicción particular con los ciudadanos. «De un príncipe se puede decir que no *posee nada* propio fuera de sí mismo; ya que si dentro del Estado tuviera algo en propiedad al lado de otros, sería posible un conflicto sobre el que ningún juez podría decidir. Pero puede decirse también que lo *posee todo*, porque tiene el derecho de mandar sobre el pueblo (el derecho de atribuir a cada uno lo suyo), al cual todas las cosas exteriores pertenecen *(divisim)*.»[44]

Es notable por su rigorismo la concepción kantiana del derecho penal. Los hombres son siempre fines en sí mismos y nunca deben ser considerados como medios, ni siquiera para obtener otro bien. En consecuencia, al delincuente debe imponérsele la pena jurídica por la sola razón de que ha delinquido. Sólo de este modo se le trata como lo que es, como un fin en sí mismo. La justicia es vindicativa y exige que el crimen lleve consigo su castigo. Su criterio es el de la estricta igualdad, expresada en la ley del talión. La muerte, por ejemplo, ha de ser castigada también por la muerte. Kant se aparta aquí ostensiblemente de la tesis de Beccaria. Lejos de enternecerse, escribe: «La ley penal es un imperativo categórico.»[45] Y ¡ay de aquel! que se atreve a buscar algo que, por las ventajas que ofrece, le libre de la pena en la línea de la sentencia farisaica: «Es mejor que muera un solo hombre que no que todo el pueblo perezca» (Jn 11,50) porque entonces perece la justicia y «cuando la justicia perece, ya no tiene ningún valor que los hombres vivan sobre la tierra.»[46] Kant se toma la cosa tan a pecho que limita a este respecto el derecho de gracia del soberano. «El derecho de agraciar al criminal, ya sea aminorando su pena, ya remitiéndola del todo, es de todos los derechos del soberano el más delicado, ya que si es el que da más lustre a su grandeza, es también el que le ofrece ocasión de cometer la mayor injusticia. Respecto a los crímenes cometidos por los súbditos, si se refieren a otros, no pertenece al soberano ejercer este derecho, ya que la impunidad *(impunitas criminis)* se convierte aquí en la suprema injusticia hacia los súbditos. Es sólo respecto a una lesión que le atañe personalmente *(crimen lesae maiestatis)* que puede usar de aquel derecho. Pero, incluso en este caso, no podría hacerlo, si la impunidad constituyera un daño para la seguridad del pueblo. Este derecho es el único que merece el nombre de majestad.»[47]

---

44. MS, I/2, observación B, p. 324. Cf. A. Philonenko, o.c., II, p. 259.
45. MS, I/2, observación E, p. 331.
46. Ibid., p. 331s.   47. Ibid., p. 337.

Kant piensa que no existe todavía un auténtico derecho internacional, puesto que no hay una ley que pueda hacerse valer sobre todos los pueblos, los cuales están todavía entre sí en un estado de naturaleza. Sin embargo, aun en tal estado de naturaleza que es de suyo un estado de guerra, en el que impera la ley del más fuerte, Kant habla de derecho y distingue un derecho a la guerra, en la guerra y después de la guerra. Un Estado tiene sólo derecho a hacer la guerra a otro cuando es agredido o amenazado en su independencia. Pero el derecho a la guerra no puede tener nunca por mira la destrucción del Estado enemigo. No es lícita, por tanto, la guerra de exterminio o de conquista, ni siquiera entendida como castigo. ¿Cómo concebir, en efecto, que un Estado castigue a otro, si el castigo sólo puede venir de un superior y entre estados no existe ninguna relación de superioridad o inferioridad? En la guerra no son lícitos los actos que degraden a los combatientes de su dignidad de ciudadanos, como serían, por ejemplo, el espionaje o el asesinato. Finalmente, después de la guerra, el derecho prohíbe al vencedor imponer una pena al vencido, porque esto sería juzgarle y un Estado no tiene derecho a juzgar a otro. Mucho menos puede el Estado vencido perder su independencia o convertirse en colonia del vencedor.

Kant ha esbozado algo así como un derecho de guerra. Pero se trata solamente de un derecho provisorio, propio del Estado de naturaleza que vige todavía en las relaciones de unos pueblos con otros. Pero los pueblos, como los individuos, han de salir del Estado de naturaleza y entrar en un Estado de derecho que es un Estado de paz. Para realizarlo en la práctica no hay otro medio que la unión o alianza de los estados. Kant no se lleva a engaño. Él sabe muy bien que los hombres son demasiado propensos a la desunión, que la misma filosofía es una manzana de discordia. Por ello reconoce que «una paz perpetua (fin último de todo derecho de gentes) es, sin duda, una idea impracticable; pero los principios políticos que tienden a operar estas alianzas y a favorecer la *aproximación* continua a este Estado de paz no son imposibles»[48]. Y en cualquier caso y por encima de toda otra consideración, ahí está la voz de la conciencia que en nombre de la razón pura práctica nos dirige este veto irresistible: «*No debe haber* guerra alguna, ni entre tú y yo en el Estado de naturaleza, ni entre nosotros, como estados... No es así como cada cual ha de buscar su derecho. Por consiguiente no es cuestión de saber si la paz perpetua es o no algo real y si en el primer caso nos engañamos o no en nuestro juicio teórico, sino sólo de obrar como si lo que tal vez no es posible, pudiera serlo.»[49]

---

48. Ibid., I/2, § 61, p. 350.   49. Ibid., conclusión, p. 354.

XI. Religión, derecho, historia

La problemática de la guerra está también en el centro del famoso ensayo sobre *La paz perpetua* (1795). Kant es demasiado inteligente para no sazonar con un granito de ironía su propio proyecto. ¿Cómo no hacerlo, si lo único que parece perpetuo entre los hombres es la guerra? Y así él mismo relaciona el título de su obra *Zum ewigen Frieden* con la inscripción satírica que un hostelero holandés había puesto en la muestra de su casa, debajo de una pintura que representaba un cementerio. Pero Kant es también demasiado moral, para no tomarse en serio su experimento. En él está en juego no sólo el futuro material, sino el mismo progreso moral del género humano. Kant desarrolla su proyecto filosófico de paz perpetua en seis artículos preliminares y tres definitivos. Los artículos preliminares establecen los supuestos indispensables para que una paz perpetua entre los pueblos sea posible. Ningún tratado de paz debe contener reservas capaces de provocar una nueva guerra. Ningún Estado independiente debe poder ser adquirido por otro. Deben desaparecer los ejércitos permanentes. Ningún Estado debe contraer deudas para sostener su política exterior. Ningún Estado debe inmiscuirse por la fuerza en la política interior de otro Estado. Finalmente, en caso de guerra, ningún Estado debe utilizar medios deshonrosos o salvajes que echen por tierra la confianza en la futura paz.

Sobre la base de estos supuestos, los artículos definitivos establecen las condiciones necesarias para la paz. El primero se refiere a la única constitución política adecuada para entablar entre los pueblos relaciones pacíficas. Tal es para Kant el sistema «republicano» o representativo (entendido en el sentido de lo que hoy denominamos una democracia coronada o no) cuyos fundamentos son los tres siguientes: 1) el principio de la libertad de todos los miembros de la sociedad como hombres; 2) el principio de la dependencia en que todos se hallan de una legislación común como súbditos; 3) el principio de la igualdad de todos como ciudadanos. Kant cree, no sin razón, que la guerra se hace más difícil, donde hace falta el consentimiento de los ciudadanos para declararla. El segundo artículo se refiere a la necesidad de fundar el derecho de gentes en una federación de estados libres que abra poco a poco el camino a una unión de naciones. Finalmente el tercer artículo limita el derecho de ciudadanía mundial a las condiciones de una universal hospitalidad. Nadie tiene más derecho que otro a habitar en un determinado lugar del planeta. Kant piensa, en consecuencia, que nadie querrá entrar como conquistador, donde es recibido como huésped.

A esta larga serie de artículos se añaden todavía dos suplementos. El primero tiene que ver con la garantía de la paz perpetua. Ésta se encuentra en ese gran artista llamado naturaleza, que «ha cuidado de que los hombres puedan vivir en todas las partes del mundo; los ha distribuido por medio de la guerra en todas las comarcas, aun en las más inhóspitas, para que las pueblen y habiten; y por medio de la misma guerra ha obligado a los hombres a entrar en relaciones mutuas más o menos legales»[50]. La situación es curiosa: la naturaleza utiliza la guerra para la causa de la paz. Los hombres quieren la guerra, pero la naturaleza quiere otra cosa. «Quiere a toda costa que el derecho conserve al fin la supremacía. Lo que en este punto no haga el hombre lo hará ella; pero a costa de mayores dolores y molestias.»[51] El segundo suplemento se refiere a la necesidad de que los hombres de Estado tengan en cuenta y estudien las máximas de los filósofos sobre las condiciones de posibilidad de la paz. Kant no sueña como Platón en una ciudad gobernada por filósofos. Se contenta con pedir libertad para la filosofía. «No hay que esperar ni que los reyes se hagan filósofos ni que los filósofos sean reyes. Tampoco hay que desearlo; la posesión de la fuerza perjudica inevitablemente el libre ejercicio de la razón. Pero si los reyes o los pueblos soberanos (pueblos que se rigen por leyes de igualdad) no permiten que la clase de los filósofos desaparezca o enmudezca; si les dejan hablar públicamente, obtendrán en el estudio de sus asuntos unas aclaraciones y precisiones de las que no se puede prescindir. Los filósofos son por naturaleza ineptos para banderías y propagandas de club; no son, por tanto, sospechosos de proselitismo.»[52]

Kant aborda finalmente en un apéndice el problema del desacuerdo entre moral y política. La tesis central es grandiosa: «El Dios-límite de la moral no se inclina ante Júpiter, el dios-límite de la fuerza.»[53] Kant tiene conciencia de la dificultad que encierra el concepto de una «política moral». Pero él cree también que el hombre, incluso como político, ha de colocarse decididamente del lado de la moral. Y esto quiere decir también, del lado del derecho y contra la fuerza. Para ello no necesita devanarse los sesos. Le basta con atender a lo que le dicta la conciencia y acompañar su ejecución con la debida prudencia. Pero existe también una fórmula trascendental del derecho público que consiste en la «prueba» de la publicidad. Dice así: «Las acciones referentes al derecho de otros hombres son injustas, si su máxima no admite publicidad.»[54]

En definitiva, ¿qué hay de la paz perpetua? Depende de nosotros. Pero el camino que conduce a ella es patente. Se impone manifiesta-

---

50. *Zum ewigen Frieden* (Ac. B., vol. 8), suplem. 1, p. 363; trad. de F. Rivera Pastor (= RP), Madrid-Barcelona 1919, p. 45.
51. Ibid., p. 367 (RP, p. 51).
52. Ibid., suplem. 2, p. 369 (RP, p. 55).
53. Ibid., apéndice 1, p. 370 (RP, p. 57).
54. Ibid., apéndice 2, p. 381 (RP, p. 75).

mente a todo el mundo. Kant lo formula así: «Procurad ante todo acercaros al ideal de la razón práctica y a su justicia; el fin que os proponéis —la paz perpetua— se os dará por añadidura.»[55]

4. FILOSOFÍA DE LA HISTORIA

¿Hay una racionalidad en la historia, como la hay en la naturaleza? Tal es la pregunta que dirige las reflexiones de Kant en su *Idea de una historia universal en sentido cosmopolita* (1784). La tarea no es fácil. Los hombres no se mueven como los animales por puro instinto, pero tampoco como ciudadanos del mundo, con arreglo a un plan acordado. Por ello «no es posible evitar cierta desgana cuando se contempla su ajetreo sobre la gran escena del mundo; y a pesar de la esporádica aparición que hace a veces la prudencia, a la postre se nos figura que el tapiz humano se entreteje con hilos de locura, de vanidad infantil y, a menudo, de maldad y afán destructivo también infantiles; y, a fin de cuentas, no sabe uno qué concepto formarse de nuestra especie, que tan alta idea tiene de sí misma»[56]. El filósofo que contempla admirado este espectáculo no tiene otra salida, ya que no puede suponer la existencia de ningún propósito racional en los hombres y en su juego, que tratar de buscar en ese curso contradictorio de las cosas humanas alguna *intención* de la naturaleza. Entonces es posible hacer con la historia algo similar a lo que Kepler y Newton hicieron con la naturaleza y encontrar algún plan en el modo de conducirse de estas extrañas criaturas que proceden sin ningún plan, tomando como hilo conductor el plan oculto que a través de ellas lleva a cabo la naturaleza.

Desde estos supuestos, Kant establece la legalidad de la historia en las nueve proposiciones que siguen:

1. Las disposiciones naturales de una criatura están destinadas a desarrollarse alguna vez de manera completa y adecuada. De otro modo, no estaríamos ante una regularidad natural, sino ante un juego arbitrario.

2. En el hombre como criatura racional las disposiciones naturales que apuntan al uso de su razón sólo se desarrollan completamente en la especie y no en los individuos.

3. El hombre debe permitir que las últimas generaciones cosechen el trabajo de las anteriores y que, más allá del mecanismo de su existencia animal, no participe de otra felicidad o perfección que la que él mismo, libre del instinto, se procura por la propia razón. Kant subraya que en el

---

[55]. Ibid., apéndice 1, p. 378 (RP, p. 69).
[56]. *Idee zu einer allgemeinen Geschichte in weltbürgerlicher Absicht* (Ac. B., vol. 8), p. 18s (I, p. 41).

equipamiento material del hombre la naturaleza parece haberse complacido en una máxima economía y lo ha hecho con tanta ruindad, con tan ceñido ajuste a las necesidades de una existencia en germen; como si quisiera que el hombre se lo debiera todo a sí mismo y como si le hubiera importado más el logro de su propia estimación como ser racional que cualquier otro bienestar. «Parece que a la naturaleza no le interesaba que el hombre viviera bien, sino que se desenvolviera a tal grado que, por su comportamiento, fuera digno de la vida y del bienestar. Siempre sorprende que las viejas generaciones parezcan afanarse penosamente sólo en interés de las venideras, para prepararles un nivel sobre el cual levantar todavía más el edificio, cuya construcción les ha asignado la naturaleza; y que sólo las generaciones últimas gocen de la dicha de habitar en la mansión, que toda una serie de antepasados que no la disfrutarán, han preparado sin pensar en ello.»[57]

4. El medio del que se sirve la naturaleza para impulsar al hombre a alcanzar su pleno desarrollo es el antagonismo entre los hombres. «Entiendo por antagonismo, comenta Kant, la insociable sociabilidad *(ungesellige Geselligkeit)* de los hombres, es decir, su inclinación a formar sociedad, unida sin embargo a una resistencia que amenaza perpetuamente con disolverla. Esta disposición reside, a las claras, en la naturaleza del hombre. El hombre tiene una inclinación a entrar en sociedad, porque en tal estado se siente más hombre, más realizado en el desarrollo de sus disposiciones naturales. Pero tiene también una gran tendencia a aislarse, porque tropieza en sí mismo con una característica insocial que le lleva a querer disponer de todo a su antojo y espera, naturalmente, encontrar resistencia por todas partes, por lo mismo que se sabe propenso a ofrecerla a los demás. Pero esta resistencia es la que despierta todas las fuerzas del hombre y le lleva a enderezar su inclinación a la pereza y, movido por el ansia de honores, poder o bienes, trata de lograr una posición entre sus congéneres, a los que no puede aguantar, pero de los que tampoco puede apartarse.»[58] El hombre quiere concordia, pero la naturaleza sabe mejor lo que es bueno para la especie y quiere discordia; quiere vivir cómoda y plácidamente, pero la naturaleza prefiere que se entregue al trabajo y al esfuerzo. Las fuentes de la insociabilidad y de la resistencia, de donde nace tanto daño, conducen así a nuevos desarrollos de las disposiciones naturales del hombre y delatan la ordenación de un sabio creador.

5. La tarea más difícil del género humano, a cuya solución le constriñe la naturaleza estriba en llegar a constituir una sociedad civil, regulada

---
57. Ibid., p. 20 (I, p. 45).
58. Ibid., p. 20s (I, p. 46).

XI. Religión, derecho, historia

por el derecho. Lo que fuerza al hombre a entrar en este estado de coacción es la imposibilidad de continuar en el estado de libertad salvaje. «La necesidad es la que fuerza al hombre, tan aficionado por lo demás a la desembarazada libertad, a entrar en este estado de coerción; necesidad la mayor de todas, la que los hombres se infligen unos a otros, ya que no pueden convivir ni un momento más en medio de su salvaje libertad. Sólo dentro del coto cerrado que es la asociación civil, esas mismas inclinaciones producen el mejor resultado; como ocurre con los árboles del bosque que, al tratar de quitarse unos a otros aire y sol, se fuerzan a buscarlos por encima de sí mismos y de este modo crecen erguidos, mientras que aquellos otros que se dan en libertad y aislamiento extienden sus ramas caprichosamente y sus troncos enanos se encorvan y retuercen.»[59] La cultura, el arte, y el mismo orden social son así frutos de la insociabilidad, obligada a someterse a disciplina.

6. El hombre es un animal que necesita de un señor que le quebrante su propia voluntad y le obligue a obedecer a una voluntad valedera para todos, a fin de que todos y cada uno puedan ser libres. Pero este señor, como individuo de la especie humana, necesita también a su vez de un señor. El jefe supremo tiene que ser justo por sí mismo y, sin embargo, ser un hombre. He aquí un problema cuya perfecta solución parece imposible. Kant recuerda a este respecto una idea muy querida: «Con una madera tan retorcida como es el hombre no se puede esperar conseguir nada derecho.»[60] Lo que la naturaleza nos ha impuesto es sólo la aproximación a la solución.

7. El problema de la mejor forma de una sociedad civil está en conexión con el de las relaciones entre los diferentes pueblos. Mientras éstos continúen estando entre sí en un régimen de libertad salvaje es imposible que alcancen el bienestar interno. La naturaleza se sirve de la guerra para empujarles a tomar aquella decisión que también los individuos adoptan tan a desgana, a saber, a hacer dejación de su libertad incontrolada y a entrar en una unión de naciones.

8. La historia de la especie humana en su conjunto puede considerarse como la ejecución de un plan secreto de la naturaleza, ordenado al establecimiento de un Estado de ciudadanía mundial o cosmopolita, en cuyo seno puedan desarrollarse todas las disposiciones naturales de la humanidad.

9. Es posible y aun conveniente esbozar un ensayo filosófico que trate de construir la historia universal con arreglo a este plan de la naturaleza. Tal ensayo constituye una justificación de la naturaleza o mejor de la

---

59. Ibid., p. 22 (I, p. 49).   60. Ibid., p. 23 (I, p. 51).

providencia. Pero hay que ver sólo en él un hilo conductor *a priori* que la historia empírica deberá confirmar.

En el marco de la Ilustración la pregunta por la racionalidad de la historia se relacionaba normalmente con la pregunta por el progreso. ¿Hay o no un progreso en la historia? Kant apunta hacia la nueva problemática en un curioso ensayo *Sobre el presumible comienzo de la historia de la humanidad* (1786). Kant se refiere a su intento como a un «viaje de placer» para el que se sirve, como guía, de las enseñanzas de los primeros capítulos del Génesis. La historia nace de la lucha entre el instinto y la razón. El primer hombre, según el testimonio del autor sagrado, podía andar, hablar y pensar. ¿Cómo llegó desde estas cualidades al desarrollo de su capacidad moral? Mientras se limitó a obedecer al instinto, como a la voz de Dios, se encontró a sus anchas en el estado de inocencia. Pero el despertar de la razón le llevó a desentenderse del instinto y a hacer el primer ensayo de una elección libre. De pronto se le abrieron los ojos y con ellos el ámbito del bien y del mal, de lo mandado y lo prohibido. El hombre había pasado de la rudeza de una pura criatura animal a la humanidad, del instinto a la razón, de la tutela de la naturaleza al estado de libertad. Este paso decisivo, por el que el hombre transpuso el antiguo estado de ignorancia y de inocencia «fue en el aspecto moral una *caída;* en el aspecto físico, la consecuencia fue toda una serie de males no conocidos por la vida, por lo tanto, *castigo*. La historia de la naturaleza empieza, por consiguiente, con el bien, pues es la obra de Dios; la historia de la libertad, con el mal, pues es obra del hombre. Para el individuo que en este uso de su libertad no mira más que a sí mismo, tal cambio representa una pérdida, para la naturaleza, cuyo fin se orienta hacia la especie, fue una ganancia»[61].

La historia de la humanidad comienza, pues, a partir de la caída y comienza como una historia ruda y dolorosa para el individuo, pero de progreso para la especie. La contemplación de la historia produce en el hombre que piensa un cierto descontento para con la providencia que rige la marcha del mundo. Kant piensa, sin embargo, que es de suma importancia para el hombre hallarse contento con la providencia y por ello le recuerda que no tiene derecho a alejar de su vida la propia culpa y que la providencia hace bastante con sacar de los males bienes. Esta consideración se extiende incluso al mayor de los males que padecen hoy los hombres: la guerra. «Al nivel de cultura en que se halla todavía la humanidad, la guerra sigue siendo un medio ineludible para hacerla avanzar; y sólo —sabe Dios cuándo—, después de haber logrado una cultura

---

[61]. *Mutmasslicher Anfang der Menschengeschichte* (Ac. B., vol. 8), p. 115s (I, p. 78s).

completa, podría ser saludable y hasta posible una paz perpetua.»[62] Éste es pues, en conclusión, el resultado de una visión filosófica del primer origen de la historia humana: «Contento con la providencia y con el curso de las cosas humanas en su conjunto, que no transcurre de lo bueno a lo malo, sino que poco a poco se desenvuelve de lo peor a lo mejor. La misma naturaleza llama a cada uno para que, en la parte que le corresponda y en la medida de sus fuerzas, colabore en este progreso.»[63]

Esta conclusión, con su moderado optimismo, no es todavía la última palabra de Kant sobre el tema del progreso. El filósofo lo aborda de frente en el breve ensayo, incluido en *La disputa de las facultades* e intitulado *Si el género humano se halla en progreso constante hacia algo mejor* (1798). La pregunta plantea la cuestión de una historia profética, de un intento de leer la historia desde la perspectiva del porvenir. Tres respuestas son en principio posibles. El género humano «o bien se halla en continuo *retroceso* hacia algo peor, o en *progreso* continuo hacia algo mejor en lo que se refiere a su destino moral, o en un eterno *estancamiento* de su actual valor moral (lo que sería tanto como el perpetuo dar vueltas en círculo alrededor del mismo punto)»[64]. Kant denomina a la primera tesis *terrorismo* moral, a la segunda *eudemonismo*, y a la tercera *abderitismo*, porque, más que un verdadero estancamiento, imposible en el dominio moral, lo que en ella se afirma es la perpetua oscilación entre el ascenso hacia el bien y la recaída en el mal, con lo que, en el fondo, el sujeto permanece en el mismo punto de reposo.

Kant rechaza de plano estas tres concepciones. La tesis del retroceso no puede llevarse hasta el fin sin acabar con la historia. Por eso Kant la califica de terrorista. En el fondo, es la teoría del borrón y cuenta nueva. Las cosas van tan de mal en peor que no queda sino esperar el próximo día del juicio. La tesis del progreso no es mucho más inteligente. Sus defensores han de admitir en el fondo que la cantidad de bien y de mal atribuida a nuestra naturaleza es siempre la misma. Ahora bien, en este supuesto, ¿en virtud de qué la libertad del sujeto puede disponer de un fondo mayor de bien del que dispone? «El eudemonismo, con sus vigorosas esperanzas, parece, pues, insostenible y prometernos muy poco en favor de una historia profética de la humanidad, con respecto a un progreso incesante en el camino del bien.»[65] La tercera tesis parece a primera vista la más conforme a la experiencia. «El carácter de nuestra especie es agitada locura. Entra rápidamente en los carriles del bien, pero no

---

62. Ibid., p. 121 (I, p. 86).   63. Ibid., p. 123 (I, p. 84).
64. *Der Streit der Fakultäten*, II: *Der Streit der philosophischen Fakultät mit der juristischen. Erneuerte Frage: Ob das menschliche Geschlecht im beständigen Fortschreiten zum Besseren sei?* (Ac. B., vol. 7), § 3, p. 81 (I, p. 98).
65. Ibid., p. 82 (I, p. 100).

perdura, sino que, por mero amor al cambio, invierte el plan del progreso, edifica para derribar y se da a la tarea más desesperada, la de cargar la piedra de Sísifo montaña arriba para dejarla rodar en un momento hacia abajo.»[66] Uno diría que en el género humano el bien y el mal se neutralizan. Ahora bien, este punto de vista traería como consecuencia la inacción. La historia de la humanidad se convertiría en una agitación vacía y se parecería a una farsa de locos, «lo que no le haría acreedora ante los ojos de la razón de una estimación mayor de la concedida a la actividad de otras especies animales, que tienen a su favor llevar el juego con menos costo y sin derroche de razón»[67].

¿Qué queda entonces? Queda como resultado de nuestra encuesta que la cuestión del progreso moral del género humano no puede resolverse directamente. «Nos las habemos, en efecto, con seres que actúan libremente, a los que se puede *dictar* de antemano lo que *deben* hacer, pero de los que no se puede *predecir* lo que *harán* y que, en la misma sensación de disgusto que les puede venir del colmo de mal, pueden encontrar un impulso para hacer las cosas mejor.»[68] Y Kant recuerda a este respecto el dicho del abate Coyer: «¡Pobres mortales, entre vosotros nada hay constante sino la inconstancia!»[69] Acaso dependa de la mala elección del punto de vista el que las cosas humanas nos parezcan tan insensatas. Vistos desde la tierra, los planetas parecen unas veces retroceder, otras se paran, otras avanzan. Pero si trasladamos el punto de mira al sol, cosa que sólo la razón puede hacer, vemos que siguen su curso regular según la hipótesis copernicana. Ahora bien, nuestra desdicha es que, en lo que toca a la previsión de las acciones libres del hombre, no somos capaces de colocarnos en un punto de vista similar. Tal sería el punto de vista de la providencia que excede toda posibilidad humana. Para el ojo divino no hay ninguna diferencia entre el ver y el prever. Nosotros, en cambio, sólo podemos ver las acciones libres del hombre, pero no preverlas. Al nivel de la historia, no existe, pues, una revolución copernicana[70].

En la ausencia de una experiencia directa que responda a nuestra demanda por el progreso, Kant dirige su mirada hacia un hecho histórico que pueda ser considerado no como causa, sino sólo como *señal* de que, pese a todo, existe en el género humano una disposición hacia el progreso moral. Tal es a sus ojos la revolución francesa. La revolución no consiste precisamente en una radical inversión de valores, en función de la cual lo que era grande entre los hombres se hace pequeño y lo pequeño gran-

---

66. Ibid.
67. Ibid., § 3, p. 82 (I, p. 101).
68. Ibid., § 4, p. 83 (I, p. 101s).
69. Ibid., § 4, p. 83 (I, p. 102).
70. Cf. A. Philonenko, o.c., II, p. 247.

XI. Religión, derecho, historia

de. No, nada de esto. La revolución comprueba el poder del hombre de romper con el pasado y abrirse al futuro. Demuestra un carácter del género humano en su conjunto y además un carácter moral. Esta revolución de un pueblo lleno de esperanza puede triunfar o fracasar, puede acumular tal cantidad de miseria y de crueldad que un hombre honrado, si tuviera la posibilidad de llevarla a cabo con éxito una segunda vez, jamás se decidiría a repetir un experimento tan costoso, y, sin embargo, encuentra en el ánimo de los espectadores una tal simpatía, rayana en el entusiasmo, que no parece pueda tener otra causa que una disposición moral del género humano. Kant es naturalmente uno de estos espectadores entusiastas. En el momento de escribir estas palabras, la revolución ya ha derivado hacia el terror. Pero él no la mira tanto en el plano de la realidad fáctica cuanto en el plano del derecho y de la idealidad, como el movimiento de todo un pueblo por darse a sí mismo la constitución que mejor le parece. Por ello ve en ella uno de aquellos hechos que jamás se olvidan, un acontecimiento demasiado grande, y demasiado ligado al interés de la humanidad para que los pueblos no lo recuerden en el futuro y no sean incitados por él a repetir el intento.

En conclusión ¿se puede o no esperar un progreso moral del género humano hacia algo mejor? La respuesta final de Kant es muy comedida. Si cabe esperar este progreso, no es en el plano de la moralidad, sino sólo en el de la legalidad de las acciones. «Poco a poco los poderosos usarán menos de la violencia, la obediencia a las leyes será mayor. En la sociedad habrá más beneficencia, menos enredos en los pleitos, más seguridad en la palabra dada, en parte por motivos de honor, en parte por interés propio bien entendido. Y este comportamiento se extenderá finalmente a los pueblos en sus relaciones exteriores hasta la sociedad cosmopolita, sin que para ello tenga que aumentar lo más mínimo la base moral del género humano; para lo cual sería necesaria una especie de nueva creación (influencia sobrenatural).»[71] De ahí también que este progreso no pueda esperarse del curso de las cosas de abajo a arriba, sino de arriba a abajo. Esperar que mediante la educación de la juventud se llegue a formar no sólo buenos ciudadanos, sino hombres buenos, es esperar demasiado. En lo que toca a la moralidad los educadores tienen también necesidad de ser educados. Además, para que toda esta maquinaria de la educación moral condujera al fin apetecido, sería necesario que el Estado se reformara también a sí mismo y, ensayando la evolución en lugar de la revolución, progresara de continuo hacia algo mejor. Queda, pues, sólo, positivamente, la esperanza en la providencia y, ne-

---

71. *Der Streit*, II, § 9, p. 91s (I, p. 114s).

gativamente, la esperanza de que la experiencia dolorosa de sus propios fracasos haga a los hombres más sabios y les lleve poco a poco a acabar con la guerra, el mayor obstáculo de la moralidad, y a darse a sí mismos una constitución apoyada en auténticos principios de derecho, que les permita progresar constantemente hacia algo mejor.

En conjunto, la visión kantiana de la historia oscila entre el optimismo y el pesimismo. «Kant es a la vez un ilustrado que confía en el progreso de la especie humana y un luterano convencido del carácter radical y universal del mal.»[72] Por un lado, sitúa la historia bajo el postulado de la paz perpetua, porque sólo de este modo le parece poder asegurar su sentido, pero, por otro, se resiste a aceptar que este ideal, convertido en estado realizado, deba librar a los hombres del peso saludable del trabajo cotidiano. También en el plano de la historia se conjugan en Kant el idealismo trascendental y el realismo empírico.

---

72. J.L. Bruch, o.c., p. 56.

CAPÍTULO DUODÉCIMO

EL OPUS POSTUMUM

En los últimos años de su vida, de 1796 a 1803, Kant se dedicó a tomar notas para una obra destinada a exponer «el tránsito de la metafísica de la naturaleza a la física». El anciano filósofo sueña a veces en ella como en su obra maestra. Otras veces, desesperado por su impotencia, desea que a su muerte sus amigos entreguen el manuscrito a las llamas. El manuscrito fue salvado del fuego, pero no fue conocido en su integridad hasta que en 1936-38 entró a formar parte de la edición de Berlín con el título de *Opus postumum*[1].

Es muy difícil dar una visión aproximada del contenido de esta obra, a la vez genial y confusa. El filósofo, muy mermado en sus fuerzas físicas, lucha por expresar su pensamiento, sin conseguirlo del todo siempre. No hay que buscar, pues, en el *Opus postumum* un pensamiento sistemático comparable al de las tres grandes críticas. Su carácter es muy diverso. Se trata más bien de «ocurrencias», de ideas que se le presentaban a Kant y que él anotaba para desarrollarlas ulteriormente. De ahí que en su obra se encuentren puntos de vista divergentes que es muy difícil conciliar. A pesar de todo, el estudio de estos papeles es muy instructivo. En ellos Kant da los últimos pasos en su pensamiento, a la vez que anticipa algunos de los pasos que van a dar sus sucesores idealistas. Destaquemos, entre los diversos temas de la obra, tres líneas de fuerza.

---

1. Sobre la génesis redaccional y suerte ulterior del *Opus postumum* véase la *Introducción* de G. Lehman a la edición académica, *Opus postumum* (Ac. B., vols. XXI-XXII), XXII, p. 751-89. Cf. también E. Adickes, *Kants Opus postumum dargestellt und beurteilt*, Berlín 1920, p. 1-35. Existe una buena edición castellana, cronológica y sistemáticamente ordenada, aunque incompleta: I. Kant, *Transición de los principios metafísicos de la ciencia natural a la física (Opus postumum)*. Edición preparada por F. Duque (= D), Madrid 1983. Citaremos el *Opus postumum* con la indicación del volumen y página de la edición académica. Siempre que haya lugar, añadiremos entre paréntesis la indicación de la página correspondiente de la edición castellana.

XII. El *Opus postumum*

1. PROBLEMÁTICA FÍSICA

La primera idea de Kant fue preparar materiales para explicar el tránsito de la metafísica de la naturaleza a la física. ¿Cuál es en concreto el problema de este tránsito? La metafísica de la naturaleza definía la materia como lo móvil en el espacio y presentaba sus leyes en cuanto determinables *a priori*. La física, en cambio, se ocupa de las leyes de las fuerzas que mueven la materia, en cuanto dadas en la experiencia. A primera vista parece que es ocioso hablar de un tránsito de la una a la otra. Kant, empero, piensa de otro modo. Al fin y al cabo, la experiencia no es algo simplemente dado, sino construido. Y la física, al estudiar las leyes de las fuerzas motoras de la materia, presupone las leyes *a priori* de la metafísica de la naturaleza.

En cuanto ciencia, la física implica un sistema, no un simple amontonamiento de observaciones. Ahora bien, no hay sistema sin principios *a priori* que anticipan la legalidad necesaria de la experiencia y de este modo la hacen posible. «No podemos tomar de la intuición empírica más de lo que ya hemos puesto en ella para la física.» En consecuencia, el tránsito de la metafísica de la naturaleza a la física «ha de contar con algunos conceptos intermedios *(Zwischenbegriffe)* dados en la primera y aplicados en la segunda y que pertenecen al territorio de una y otra. De no ser así, este progreso no sería un tránsito regular, sino un salto, en el cual uno no sabe a dónde va y después del cual, al mirar atrás, no ve tampoco realmente el punto de partida»[2]. Kant encuentra este concepto intermedio buscado en la noción de materia como dotada de fuerzas motoras. Este concepto es en parte empírico, en cuanto dado en la experiencia, y en parte *a priori*, en cuanto las relaciones de las fuerzas motoras entre sí implican leyes *a priori*, como el principio de atracción y repulsión. Kant va todavía más allá y busca qué puede ser la materia detrás de esta red de fuerzas motoras. Es preciso que haya en ella un substrato unitario como correlato necesario de la unidad de la conciencia. Kant responde a este problema quimérico con su teoría del éter, concebido como un *no sé qué continuo* que ocupa todo el espacio y compenetra todos los cuerpos y se mueve a sí mismo en todas sus partes con un movimiento espontáneo y perpetuo. Para Kant no se trata en el éter de una hipótesis física, sino de un postulado necesario de la unidad absoluta de la experiencia[3].

Es ocioso pretender juzgar desde la ciencia actual algo que, a ojos de Kant, no pertenece a la ciencia experimental. Como nos dice él mismo,

---

2. *Op. post.*, XXI, p. 525-26.   3. Cf. E. Adickes, *Kants Opus postumum*, p. 399, n. 174.

su tránsito no procede empíricamente, *a partir de* la experiencia, sino *en vistas a* la experiencia. Lo que él busca es mostrar cómo ha de ser construida *a priori* la imagen fenoménica del mundo para que sea inteligible para nosotros[4]. En el tránsito, se trata de la construcción de la experiencia por el sujeto. El tema nos es ya conocido por la primera *Crítica*. La naturaleza era allí un producto de nuestra espontaneidad. Pero el tránsito añade un matiz nuevo e importante. Lo que el sujeto anticipaba era la legalidad formal de la experiencia. Ahora, en cambio, Kant habla incluso de anticipar el contenido material de la experiencia. En último término, toda representación de conciencia no puede tener otro autor *(Urheber)* que el sujeto. «No es en el hecho de que el sujeto es modificado empíricamente por el objeto *(per receptivitatem)*, sino en el hecho de que el sujeto se modifica a sí mismo *(per spontaneitatem)* que reside la posibilidad del tránsito.»[5] Esto nos lleva a estudiar la segunda línea de fuerza del *Opus postumum:* el viraje dado por Kant en la interpretación crítica de la relación del sujeto con la experiencia.

2. PROBLEMÁTICA GNOSEOLÓGICA

«La experiencia, nos dice Kant, no procede de sí misma, sino que debe ser hecha»[6] por nosotros. Pues bien, en el origen de esta construcción el *Opus postumum* sitúa una acción *(Handlung)* o una posición *(Setzung)*, por la que el sujeto se hace a sí mismo objeto. «El primer acto de la razón es la conciencia.»[7] Pero, la autoconciencia es un acto por el que el sujeto se hace de una manera general objeto. «Yo soy consciente de mí mismo *(Selbstbewusstsein)* porque yo, sujeto, soy para mí mismo objeto.»[8] Ahora bien, un sujeto que carece de intuición intelectual, no puede conocerse a sí mismo sino a través del conocimiento de lo otro. Ponerse el sujeto a sí mismo conlleva, pues, oponerse un objeto. Por tanto, escribe Kant, «he de tener objetos de mi pensamiento, pues de otro modo yo no soy consciente de mí mismo *(cogito-sum,* no se trata de *ergo)*. Es *autonomia rationis purae*. Pues sin ella no tendría ideas..., como un animal sin saber que soy»[9]. En consecuencia, «mi conocimiento todo entero es una participación más o menos cercana a la conciencia de mí

---
4. Cf. Maréchal, o.c., IV, p. 244. Véase sobre el tema: F. Duque, *Física y filosofía en el último Kant*, en: «Anales del Seminario de Metafísica», IX, Madrid 1974, pp. 61-74; Id., *El problema del éter en la filosofía del siglo XVIII y en el «Opus postumum» de Kant*, en: «Revista de Filosofía», 2.ª serie, 1 (1975) 29-45.
5. *Op. post.*, XXII, p. 405 (D, p. 330).
6. Ibid., XXII, p. 320.
7. Ibid., XXI, p. 105.
8. Ibid., XXII, p. 413 (D, p. 520).   9. Ibid., XXI, p. 82 (D, p. 669).

XII. El *Opus postumum*

mismo... Mediante esta autoconciencia primitiva, yo no me relaciono objetivamente sino con mis facultades de representación, es decir, no tengo necesidad para conocer objetivamente más que de dejar jugar mis facultades subjetivas de representación. Yo soy para mí mismo un objeto. La posición de algo fuera de mí viene de mí, bajo las formas de espacio y tiempo, donde soy yo de nuevo que sitúo los objetos del sentido externo e interno»[10]. Kant piensa que ahí se encuentra la plena realización de la revolución copernicana: «Que nuestras representaciones no son causadas por objetos, sino que éstos, al contrario, se regulan sobre nuestras representaciones.»[11] «Yo soy objeto ante mí mismo y ante mis representaciones. La idea de que existe algo fuera de mí es un producto de mi actividad. Yo me hago a mí mismo... nosotros mismos lo construimos todo *(Wir machen alles selbst)*.»[12] En otras palabras, en la filosofía trascendental «tenemos sólo que ver con nuestro conocimiento sintético *a priori*, con la síntesis de lo diverso de la intuición de espacio-tiempo, con un objeto que nosotros mismos hacemos, a la vez como espectadores y autores»[13].

La constitución de la experiencia coincide pues en el *Opus postumum* con un proceso de autoconstitución del sujeto. Kant no se cansa de repetirlo: el mundo sensible no es otra cosa para nosotros que el sujeto haciéndose objeto. Desde la autoconciencia hasta la afección empírica, convertida ahora en autoafección, todas las posiciones de objetos (intuiciones, de espacio y tiempo, categorías, etc.) se escalonan como otras tantas autoposiciones parciales por las cuales el sujeto trascendental se pone a sí mismo como objeto, es decir, como yo empírico determinado por sus propios objetos. Kant encuentra una imagen metafísica de esta postura en la inmanencia rigurosa del Dios de la *Ética* de Spinoza que todo lo encierra en sí mismo. «El espíritu del hombre es (como) el Dios de Spinoza (en lo que se refiere al elemento formal de todo objeto de los sentidos); hablando absolutamente, el idealismo trascendental es un realismo (un realismo inmanente).»[14] «El idealismo trascendental es aquel, cuyo objeto tiene al entendimiento por autor. Spinoza.»[15]

Todo esto huele evidentemente a idealismo. El propio Kant no lo disimula: «La filosofía trascendental es un idealismo en la medida en que el sujeto se constituye a sí mismo.»[16] El problema no consiste en el pa-

---

10. Ibid., XXII, pp. 89-97 (D, pp. 542-548).
11. Ibid., XXII, p. 421 (D, p. 526).
12. Ibid., XXII, p. 82 (D, p. 537).
13. Ibid., XXII, p. 421 (D, p. 526).
14. Ibid., XXI, p. 99 (D, p. 678).
15. Ibid., XXI, p. 15 (D, p. 622).
16. Ibid. XXI, p. 85 (D, p. 670).

Problemática gnoseológica

rentesco del *Opus postumum* con el idealismo postkantiano, sino en la delimitación exacta de este idealismo. Para dilucidarlo nada mejor que investigar qué sucede en el *Opus postumum* con aquel aspecto del Kant crítico que provocó más que ningún otro la crítica de sus amigos hipercríticos: la cosa en sí. La postura del anciano filósofo presenta a este respecto varios niveles. Así no faltan tomas de posición que parecen recordar las de la *Crítica*. La idea de cosa en sí es correlativa con la de apariencia. «La cosa en sí *(X)* no designa otro objeto que aquel mismo que, como fenómeno, se ofrece a nuestros sentidos.»[17] «La diferencia entre el concepto de una cosa en sí y el de la cosa como fenómeno no es objetiva, sino sólo subjetiva.»[18] En estos textos la cosa en sí no es sino la misma cosa que aparece, considerada aparte de su aparecer. En alguna ocasión Kant se aventura todavía más lejos en esta dirección realista: «Si entendemos el mundo como apariencia, entonces el mundo mismo prueba la existencia de algo que no sea apariencia.»[19] Pero estos textos de orientación realista son más bien excepción. Lo normal es más bien lo contrario: una orientación de pensamiento que tiende a descartar toda interpretación trascendente de la cosa en sí. Dos puntos llaman la atención. En primer lugar, el esfuerzo de Kant por reducir la cosa en sí a la noción crítica de concepto límite, confinándola mucho más que en la *Crítica* al plano ideal de la representación: lo que cuenta en ella es sólo la prohibición de tratar el objeto fenoménico como objeto en sí. «La cosa en sí, correspondiente a la cosa representada como fenómeno, es un puro ente de razón *(Gedankending)*, pero no un sinsentido *(Unding)*.»[20] Se trata en ella «de un puro pensamiento, cuya función consiste en mantener la representación del objeto dentro del cuadro del fenómeno»[21]. En segundo lugar, una tendencia clara a identificar la cosa en sí con el acto del sujeto de ponerse a sí mismo o de hacerse objeto. «El objeto en sí *(noumenon)* es un mero ente de razón, en cuya representación se pone el sujeto a sí mismo.»[22] «El *correlativo* de la cosa representada como fenómeno es la cosa en sí; quiero decir: es el sujeto mismo del que yo hago un objeto.»[23] «La cosa en sí es un *X*: simplemente la representación que el sujeto tiene de su propia actividad.»[24] En estos textos se identifica realmente la cosa en sí con la actividad del sujeto trascendental. El concepto de cosa en sí se convierte en el acto por el que el sujeto trascendental se

---

17. Ibid., XXII, p. 71 (D, p. 531).
18. Ibid., XXII, p. 26 (D, p. 498).
19. Ibid., XXI, p. 440 (D, p. 71).
20. Ibid., XXII, p. 415 (D, p. 523).
21. Ibid., XXII, p. 416.
22. Ibid., XXII, p. 36 (D, p. 509).
23. Ibid., XXII, p. 412 (D, p. 519).   24. Ibid., XXII, p. 37 (D, p. 510).

pone como objeto en la afección empírica. Puesto a buscar contenido real a este ente de razón que es la cosa en sí, Kant no encuentra otro que el conjunto mismo de funciones trascendentales, es decir, las condiciones constitutivas del sujeto trascendental.

¿Cómo hay que interpretar estos textos? Como era de suponer, hay posturas para todos los gustos. Las dos más extremas vienen representadas por la antítesis realismo-idealismo, encabezada respectivamente por E. Adickes[25] y P. Lachièze-Roy[26]. Adickes sostiene la llamada doctrina de la «doble afección»: las cosas en sí afectan al yo en sí y éste, a su vez, al yo empírico. Lachièze-Roy, en cambio, ve en el *Opus postumum* una anticipación del idealismo subjetivo de Fichte. Kant habría insertado el tiempo en el yo como poder de representación, haciendo así del «yo pienso» el principio constructor del universo. Ni tanto ni tan calvo. Seguramente lo que Kant pretende es mostrar que dentro del marco de la filosofía crítica se puede responder a las críticas de los que tienen la cosa en sí por innecesaria y absurda[27]. Por ello no aparece en el *Opus postumum* la mención de una afección trascendente causada por una cosa en sí distinta del sujeto. Al contrario, Kant se esfuerza por dar una interpretación inmanente de la cosa en sí, ya sea que la considere como un puro ente de razón, expresión de la prohibición de interpretar los fenómenos como absolutos, o como la realidad puramente funcional del sujeto trascendental. Hay aquí evidentemente un giro hacia el idealismo, pero siempre dentro del marco de un idealismo trascendental, no absoluto. Kant no duda de la existencia de objetos trascendentes. Por ello no convierte jamás al objeto en absoluto. El objeto del pensamiento kantiano en el *Opus postumum* es siempre un objeto inmanente al sujeto. El idealismo de Kant no es otra cosa que idealismo trascendental concebido como «la exposición sistemática de la autodeterminación del sujeto por los principios conceptuales de la síntesis *a priori*, por medio de los cuales el sujeto se hace objeto: la forma constituye aquí ella sola la totalidad del objeto, es decir, el objeto especial de la filosofía trascendental»[28].

---

25. Cf. E. Adickes, *Kants Lehre von der doppelten Affektion unseres Ich als Schlüssel zu seiner Erkenntnistheorie*, Tubinga 1929.
26. Cf. P. Lachièze-Roy, *L'idéalisme kantien*, París 1950, p. 468s.
27. Cf. J. Copleston, o.c., VI, p. 359. Si hemos de hacer caso a A. Llano Cifuentes, *Fenómeno y trascendencia en Kant*, Pamplona 1973, los escritos póstumos no significarían una abdicación frente al naciente idealismo, sino una tarea de autointerpretación. Kant no entendió jamás la trascendencia en sentido clásico: del fenómeno a la cosa en sí, sino en sentido noético: del fenómeno al sujeto trascendental. «El fenómeno en cuanto objeto no se fundamenta en la cosa en sí transfenoménica, sino en las estructuras formales y formalizantes del sujeto trascendental» (p. 322). Según esto el *Opus postumum* no haría sino expresar más claramente lo que Kant siempre habría pensado: el proceso de objetivación no es sino el proceso por el que el sujeto se hace objeto. Cf. en particular A. Llano Cifuentes, *El problema de la trascendencia en el «Opus postumum»*, en «Estudios de Metafísica» 2 (1972) 81-123.
28. *Op. post.*, XXII, p. 92.

3. PROBLEMÁTICA METAFÍSICA

Pero la filosofía trascendental no trata sólo del sistema de conocimientos *a priori* por los que el sujeto se objetiva en el conocimiento, es decir, se conoce a sí mismo como sujeto empírico determinado por objetos empíricos. En el *Opus postumum* ocupan un lugar destacado las tres ideas de la razón pura en cuanto sistema completo de la posibilidad del todo absoluto de la experiencia. En este sentido, «la filosofía trascendental es filosofía pura (no mezclada con elementos empíricos ni matemáticos) en un sistema de ideas de la razón teórica y moral práctica, en la medida que constituye un todo incondicionado»[29]. El *Opus postumum* incluye pues, al mismo tiempo que un tránsito de la metafísica a la física, otro tránsito más importante y decisivo en la historia del pensamiento, el tránsito o mejor «el regreso *(Rückschritt)* a la filosofía trascendental como un sistema de ideas de la razón pura en tanto que son sintéticas y derivan *a priori* de la razón. Estas ideas se reducen a la idea de Dios, del mundo y del hombre que se determina libremente en el mundo»[30].

El anciano filósofo veía en la realización de este proyecto la gran obra que culminaría su entero camino de pensamiento. La obra soñada —es trágica esta impotencia de un genio disminuido— se quedó en unos cuantos esbozos del título. El marco formal de estos títulos es muy similar: la filosofía trascendental o la filosofía pura expuesta como un todo sistemático por Immanuel Kant. El título se completa luego por la mención de las tres ideas, pero con diferencias muy significativas. Por ejemplo: «Dios, el mundo y yo.»[31] «Dios, el mundo y el hombre como persona.»[32] «Dios, el mundo y el hombre, como ser pensante en el mundo.»[33] «Dios, el mundo y el espíritu del hombre que los piensa a ambos.»[34] «Dios, el mundo y el sujeto que enlaza a ambos objetos.»[35] «Dios, el mundo y el hombre determinando *a priori* su propia existencia en el mundo.»[36] «Dios, el mundo y el hombre sujeto a la ley moral en el mundo.»[37] «Dios, el mundo y el hombre haciéndose su propio legislador en el mundo por la ley moral.»[38]

---

29. Ibid., XXII, p. 89 (D, p. 672).
30. Ibid., XXI, p. 80 (D, p. 667).
31. Ibid., XXI, p. 23 (D, p. 634).
32. Ibid., XXI, p. 29 (D, p. 640).
33. Ibid., XXI, p. 32.
34. Ibid., XXI, p. 29 (D, p. 634).
35. Ibid., XXI, p. 34 (D, p. 644).
36. Ibid., XXI, p. 39.
37. Ibid., XXI, p. 91.
38. Ibid., XXI, p. 56. Cf. J. Maréchal, o.c., IV, p. 272s.

XII. El *Opus postumum*

Estos títulos incluyen en proyecto toda una filosofía. En ellos se relaciona siempre Dios y el mundo con el hombre. En la medida en que el hombre existe en el mundo, Kant puede decir que «la totalidad de los seres es Dios y el mundo»[39]. Por eso, la filosofía trascendental puede definirse como la doctrina de Dios y del mundo. En la idea de Dios pensamos la totalidad de la realidad suprasensible, en la del mundo la totalidad de la realidad sensible. Cada una de ellas contiene un «máximo» y así podemos decir que «hay un Dios y hay un mundo». Ambas juntas constituyen el universo. «La totalidad de las cosas, *Universum*, que comprende a Dios y al mundo.»[40] Pero estas dos ideas supremas se encuentran entre sí en relación de subordinación: el mundo se piensa como subordinado a Dios, lo sensible como subordinado a lo suprasensible, lo fenoménico como subordinado a lo nouménico. Entre Dios y el mundo se trata, pues, «de *entia non coordinata, sed subordinata*»[41]. Por otro lado, la relación entre ambos pasa por el hombre. Dios y el mundo son los dos objetos de la filosofía trascendental, pero el sujeto que los une es el hombre: el hombre que piensa y el hombre sujeto al deber. Así, si la filosofía trascendental es por razón de sus dos máximos objetos una «cosmoteología», presupone por ello mismo un intermediario que colinde con ambos extremos: el hombre como «cosmoteoros», a la vez como habitante del mundo y como sujeto moral, capaz, por tanto, de encontrar en sí mismo los principios *a priori* del conocimiento del mundo y de alcanzar, sin salir de sí mismo, el grado más alto en el conocimiento del sistema de la razón pura: Dios.

Veamos cómo concibe Kant los tres momentos de esta tríada: Dios, hombre, mundo. El *mundo*, del que aquí se trata, no consiste en la suma, siempre inacabada, de percepciones particulares (el mundo como conjunto de fenómenos), sino en la experiencia total, una y perfecta, puramente ideal e inteligible, hacia la que tiende, asintóticamente, la serie sinfín de percepciones sucesivas. *Aproximatio experientae et asymptotica*. «La experiencia es el todo de la serie de la conciencia empírica en una constante aproximación.»[42] Y también: «Todos los seres están emparentados.»[43] La razón práctica permite todavía ver el mundo de otra manera: como una creación de Dios llena de intención moral, cuyo destino es ofrecer a nuestra libertad un campo de ejercicio apropiado. En este sentido, no hay duda de que para Kant, como antes para Leibniz, el

---
39. *Op. post.*, XXI, p. 9 (D, p. 617).
40. Ibid., XXI, p. 43 (D, p. 648).
41. Ibid., XXII, p. 62 (D, p. 601).
42. Ibid., XXII, p. 104 (D, p. 552).
43. Ibid., XXI, p. 107 (D, p. 680).

Problemática metafísica

mundo es el mejor de los posibles. Sólo la libertad finita introduce en él un principio de desorden.

Entre el mundo y Dios está el *hombre* como mediador. Ello es posible porque el hombre es un ser fronterizo que tiene, por así decirlo, un pie en ambas vertientes. Pertenece a la vez a la esfera sensible y a la inteligible, a la fenoménica y a la nouménica, a la necesidad y a la libertad. Que el hombre es un ser de la naturaleza y está sometido como tal a las leyes de la causalidad necesaria que rigen en el mundo, es cosa clara para Kant. Lo importante es que este hecho no agota su realidad, que por el imperativo moral el hombre forma parte también de otros mundos y está sometido a otra ley, la de la libertad. En este sentido el hombre es a la vez heterónomo y autónomo, determinado por heteronomía como ente natural y sometido como persona a una ley de autonomía. Este carácter personal es el que hace del hombre un hombre. «El ser corpóreo vivo es animado (animal). Si es una persona, es un ser humano.»[44] No es extraño, pues, que Kant oriente sus reflexiones hacia la condición personal del ser humano. Su pensamiento subraya diversos aspectos de la personalidad. «La persona es un ser que se determina a sí mismo por principios de libertad.»[45] De ahí se origina un orden de derechos y deberes. «La persona es un ser poseedor de derechos, de los que puede tener conciencia.»[46] «Si no tiene más que derechos y ningún deber, entonces es Dios.»[47] Ser libre, tener conciencia de un orden de derechos y deberes es poseer espíritu. «Hay, pues, un ser por encima del mundo, a saber, el espíritu del hombre.»[48]

¿Quiere esto decir que el hombre está escindido en dos elementos? Lo que quiere decir al menos es que podemos distinguir entre el hombre como fenómeno y como noúmeno. «El hombre en el mundo pertenece al conocimiento del mundo; pero el hombre, en cuanto consciente de su deber en el mundo, no es fenómeno, sino noúmeno, y no es cosa, sino persona.»[49] Con todo, aunque el hombre posea una naturaleza doble, hay en él unidad de conciencia. «Yo (el sujeto) soy persona, no sólo consciente de mí mismo, sino también como objeto de intuición en el espacio y el tiempo y como tal perteneciente al mundo.»[50] Esta unidad se manifiesta en la conciencia moral y, en conexión con ella, en la libertad por la que el hombre es capaz de actuar dentro del mundo. «Hay en el

---

44. Ibid., XXI, p. 18 (D, p. 629).
45. Ibid., XXI, p. 62.
46. Ibid., XXI, p. 51.
47. Ibid., XXI, p. 49.
48. Ibid., XXI, p. 42.
49. Ibid., XXI, p. 61 (D, p. 658).
50. Ibid., XXI, p. 42.

XII. El *Opus postumum*

hombre un principio activo, aunque suprasensible, el cual independientemente de la naturaleza y de la causalidad natural determina fenómenos y se llama libertad.»[51]

El hombre como persona, en cuya conciencia moral se encuentran dos mundos aparentemente irreconciliables, el de la necesidad y el de la libertad, he aquí el centro, grandioso y paradójico, del pensamiento kantiano. Ahora bien, esto supone entre estos dos mundos, por opuestos que sean, una cierta correspondencia o connaturalidad. ¿Cómo comprenderla, puesto que el hombre no es autor de su naturaleza, ni de la del mundo que le rodea? La clave de la solución está en la idea de *Dios*, en quien nuestra razón, apoyada en el deber moral, reconoce a la vez al autor de la naturaleza y al fundamento de los valores morales. «Un ser que sea en el origen el legislador universal tanto de la naturaleza como de la libertad, he aquí lo que es Dios. Él no es solamente el ser supremo, sino también la inteligencia suprema y el bien supremo (en el orden de la santidad): *ens summum, summa intelligentia, summum bonum.*»[52] Un ser tal será eminentemente una persona. «En el concepto de Dios, nos representamos una persona, es decir, un ser inteligente que primeramente posee derechos, pero que, secundariamente [en virtud de su perfección], sin estar atado a ningún deber impone, al contrario, a todos los seres dotados de razón la obligación [moral] de sus mandamientos.»[53] «Un ser para quien todos los deberes humanos son mandatos suyos es Dios.»[54] «El concepto de Dios es el concepto de un ser que es causa suprema de las cosas del mundo y es persona.»[55] Como puede verse, Kant piensa en Dios en función del interés de la razón práctica. Los atributos que valen para el hombre en la esfera nouménica: personalidad, libertad, santidad, son elevados al infinito. Si el hombre se halla a la vez en dos mundos, el fenoménico y el nouménico, Dios sólo tiene sentido en el segundo. Por eso el mundo, entendido como realidad sensible, está subordinado a su voluntad intencional y santa, que dispone ponerlo precisamente al servicio del hombre moral.

Kant se ha referido manifiestamente hasta aquí a la idea de Dios. Ahora bien ¿existe un ser que realice los atributos de esta idea? En los dos legajos cronológicamente últimos del *Opus postumum*, el séptimo y el primero, desde abril de 1800 hasta febrero de 1803, o sea un año antes de su muerte, Kant vuelve obsesivamente sobre esta cuestión y por cierto de una manera desconcertante: el «sí» se codea a cada paso con el

---

51. Ibid. XXI, p. 50.
52. Ibid., XXI, p. 14 (D, p. 621).
53. Ibid., XXI, p. 10 (D, p. 618).
54. Ibid. XXI, p. 17 (D, p. 628).
55. Ibid., XXI, p. 19 (D, p. 630).

«no», la respuesta afirmativa con la negativa. Dos líneas de pensamiento ofrecen especial dificultad. Ciertos textos dan la impresión de que Kant ha abandonado la noción de una existencia de Dios independientemente de su idea. «¿Existe realmente un ser que hemos de representarnos como Dios o, al contrario, este ser no es más que un objeto hipotético que adoptamos para explicar ciertos fenómenos (algo así como suponemos al éter presente en todo y penetrándolo todo)?»[36] A esta pregunta la mera presencia de la idea de Dios en nosotros no constituye ninguna respuesta. En efecto, «la razón se crea inevitablemente objetos para sí misma. De ahí que todo ser pensante tenga un Dios»[37]. En otras palabras, «Dios no es una cosa subsistente fuera de mí, sino un pensamiento propio mío. Es absurdo preguntar si hay un Dios»[38]. La idea de Dios es sin duda necesaria e inevitable para la razón, pero en ella no se trata del «concepto de una substancia, es decir, de algo que exista con independencia de mi pensamiento, sino de una idea (autocriatura), ser de pensamiento *(Gedankending)* —*ens rationis*—, de una razón que se constituye a sí misma como objeto de pensamiento y produce según los principios de la filosofía trascendental proposiciones y un ideal *a priori*, respecto de los cuales carece de sentido preguntar si existen, ya que este último concepto es trascendente»[39].

Otros pasajes parecen sugerir que Dios se ha convertido para Kant en la personificación de la razón práctica o en la misma realidad del hombre nouménico. «No es Dios un ser fuera de mí, sino un pensamiento en mí. Dios es la razón ético-práctica autolegisladora. De ahí un solo Dios en mí, en torno a mí y sobre mí.»[60] «En la idea de Dios como ser moral vivimos, nos movemos y somos, estimulados por el conocimiento de nuestros deberes como mandatos divinos. El concepto de Dios es la idea de un ser moral que como tal juzga y manda universalmente. Tal ser no es un objeto hipotético: es la pura razón práctica misma, en su personalidad, con sus fuerzas motrices propias, dominando los seres del universo y sus fuerzas.»[61] «El concepto de Dios y de la personalidad representada por este concepto tiene, pues, realidad. Hay un Dios presente en la razón práctica moral, es decir, en la idea de la relación del hombre al derecho y al deber. Pero su existencia no es la de un ser exterior al hombre.»[62] «La proposición: "hay un Dios" no dice más que: hay en la razón humana, que se determina moralmente a sí misma, un principio

---
36. Ibid., XXII, p. 125.
37. Ibid., XXI, p. 83 (D, p. 669).
38. Ibid., XXI, p. 153 (D, p. 694).
39. Ibid., XXI, p. 27 (D, p. 638).
60. Ibid., XXI, p. 145 (D, p. 691).
61. Ibid., XXII, p. 118 (D, p. 607).   62. Ibid., XXII, p. 60 (D, p. 599s).

XII. El *Opus postumum*

supremo que se determina a sí mismo, y el hombre se ve obligado a obrar sin desaliento en conformidad con tal principio.»[63] «Hay un ser en mí, distinto de mí, que está en relación causal de efectividad *(nexus effectivus)* sobre mí *(agit, facit, operatur)* y que, él mismo libre, sin depender de la ley natural en el espacio y el tiempo, me guía internamente (justifica o condena): y yo, el hombre, soy ese mismo ser.»[64] Esta inexplicable constitución interna se manifiesta mediante el imperativo categórico que manda apodícticamente como si fuera *(gleich als)* Dios. Por ello sus dictámenes son divinos *(dictamina sacrosancta)*. «Pero no se trata de Dios en substancia, cuya existencia sea demostrada.»[65] A partir de ahí Kant no duda en subrayar el carácter divino de la persona humana. «Divinidad de esta persona. Yo estoy en el ser supremo. Yo me veo (según Spinoza) a mí mismo en Dios, el cual está en mí por su mandamiento.»[66]

Si estos pasajes fueran los únicos, el historiador podría dar el asunto por resuelto. Pero no es así. Junto a ellos otros fragmentos se mueven en otra línea de pensamiento. Se impone, pues, contrastar ambos puntos de vista sobre el fondo de lo que ya conocemos por las dos primeras críticas. En efecto, en las formulaciones del *Opus postumum* se entrecruzan las perspectivas de ambas. En la *Crítica de la razón pura* Kant ya había puesto en claro que la idea de Dios no era más que un ideal trascendental, al que no era necesario que correspondiera una realidad trascendente. Querer deducir de la idea de Dios la existencia de su objeto carece, pues, de sentido. Tampoco tiene sentido preguntarse si existe o no un ser que responda a aquella idea, por lo menos en la medida en que se le piensa conforme a las categorías[67]. Pues bien, el *Opus postumum* confirma este punto de vista. «Que Dios exista o no como substancia no hay por qué discutirlo, ya que ello no constituye ningún objeto de litigio *(obiectum litis)*. No se trata de seres existentes fuera del sujeto que juzga y de cuyas características fuera lícito disputar, sino de una mera idea de la razón pura que examina sus propios principios.»[68] Dios no es objeto de los sentidos, sino sólo de la razón. Por ello su existencia no se puede negar, pero tampoco demostrar. No tenemos ninguna intuición de Dios. Y Kant recuerda a este respecto la sentencia paulina (1Cor 13,12): «Lo vemos como en un espejo: nunca cara a cara.»[69]

---

63. Ibid., XXI, p 146 (D, p. 692)
64. Ibid., XXI, p. 25 (D, p. 636).
65. Ibid., XXI, p. 26 (D, p. 637).
66. Ibid., XXII, p. 54 (D, p. 594).
67. Cf. J. Copleston, o.c., VI, p. 361.
68. *Op. post.*, XXII, p. 52s (D, p. 592).
69. Ibid., XXI, p. 33 (D, p. 644).

Problemática metafísica

Por otra parte, en la *Crítica de la razón práctica* Kant enlazaba la fe en Dios con las exigencias de la ley moral. El *Opus postumum* confirma también este punto de vista. «El problema de si existe un Dios debe ser derivado de principios de razón ético-práctica.»[70] «Es la razón ético-práctica, en las relaciones concernientes al derecho, la que postula la existencia de Dios y la unicidad de éste y no la naturaleza.»[71] Hay, sin embargo, en el planteamiento del *Opus postumum* un cambio decisivo. Kant busca, al parecer, un camino hacia Dios más sencillo e inmediato que el que había utilizado en la segunda *Crítica*. No se trata ya de postular la existencia de Dios como exigencia de la ley moral respecto a la síntesis de virtud y felicidad, sino de mostrar que la conciencia moral lleva por sí misma a la fe en Dios. «Un mandato al que cada uno deba absolutamente obedecer tendrá que ser considerado como procedente de un ser que impere y domine sobre todas las cosas. Pero un tal ser, en cuanto ser moral, se llama Dios. Luego hay un Dios... Se trata aquí de un argumento sobre la fe en un Dios que es suficiente desde el punto de vista práctico, pero que no lo es desde el teórico: [el argumento del] conocimiento de todos los deberes humanos como *(tanquam)* mandatos divinos.»[72] Como observa R. Daval, del hecho del imperativo categórico se sigue la existencia de «una legislación racional que yo no he instituido y que no puede venir sino de un ser racional superior a mí»[73]. El imperativo categórico se impone a la conciencia con la fuerza de un mandamiento divino: he aquí un punto que Kant no se cansa de subrayar. «La razón procede según el imperativo categór[ico], siendo Dios el legislador. Hay un Dios, pues hay un imperativo categór[ico].»[74] «Libertad bajo leyes. Deberes como mandatos divinos. Hay un solo Dios.»[75] «Que esta idea de Dios tiene realidad objetiva, quiero decir que posee en la razón de todo hombre no caído completamente al rango de las bestias una fuerza de acción proporcionada a la ley moral; que el hombre deba ineluctablemente confesarse a sí mismo que existe un Dios y sólo un Dios: todo esto no exige de ningún modo que uno haya demostrado la existencia de Dios, como se demuestra la existencia de una cosa de la naturaleza; ello se encuentra implicado en el desarrollo de la idea moral según el principio de identidad: la simple forma basta aquí para constituir el ser de la cosa.»[76]

---

70. Ibid., XXII, p. 62 (D, p. 601s).
71. Ibid., XXII, p. 110 (D, p. 557).
72. Ibid., XXII, p. 127 (D, p. 631s).
73. R. Daval, *La métaphysique de Kant*, París 1951, p. 239.
74. *Op. post.*, XXII, p. 106 (D, p. 554).
75. Ibid., XXII, p. 104 (D, p. 553).
76. Ibid., XXI, p. 92 (D, p. 674).

XII. El *Opus postumum*

Este último pasaje introduce una notable línea de pensamiento, desarrollada también en otros pasajes similares, que parece transformar el argumento moral en una nueva forma de argumento ontológico. Kant escribe por ejemplo refiriéndose a Dios: «Pensar en él es ya al mismo tiempo creer en él y en su personalidad.»[77] Y también: «La mera idea de él es al mismo tiempo la prueba de su existencia.»[78] Y más exactamente todavía: «La mera idea de Dios es al mismo tiempo el postulado de su existencia. Pensarle y creer en él es una proposición idéntica. El principio del derecho en el imperativo categórico constituye necesariamente la totalidad como unidad absoluta, no según la filos[ofía] trasc[endental], sino según la trascendente.»[79] Si relacionamos estas afirmaciones con la tesis según la cual «un ser necesario es aquel cuyo concepto es al mismo tiempo fundamento suficiente de demostración de su existencia. Una tal proposición debe descanssar en [el principio de] identidad»[80], parece correcto pensar que Kant quiere sugerir en el plano moral algo análogo al argumento ontológico.

En efecto, como apunta J. Lacroix, hay dos maneras de entender el argumento ontológico o acaso dos argumentos ontológicos. El uno, puramente lógico y sofístico, considera la existencia como una perfección y pretende deducir la existencia de Dios de su pura idea. Contra ese tipo de razonamiento la crítica kantiana es definitiva. El otro no parte de la noción de perfección, sino de una cierta presencia de Dios en el pensamiento del hombre que lo piensa. De hecho, en los defensores del argumento ontológico la intuición profunda es la de una realidad infinita que se impone al pensamiento y que éste no puede menos de reconocer. No se trata tanto de engendrar el ser cuanto de reconocerlo. Descartes confesaba a este respecto no haber hablado jamás del infinito sino para someterse. *Si Deus est Deus, Deus est*. Es decir, si se comprende aquello de que se habla, cuando se habla de Dios, si cuando se habla de Dios es de Dios mismo de quien se habla, entonces uno somete el pensamiento a su existencia y se humilla ante la plenitud infinita de su ser[81]. Algo análogo ocurre ahora en Kant, pero en el plano moral. No se trata por supuesto de deducir la existencia de Dios de su idea en la conciencia. Se trata de mostrar que en la conciencia del imperativo categórico está implicada la existencia de Dios que me habla en y a través de él. Como en la tercera y quinta meditación cartesiana el momento decisivo es la presencia de Dios en la conciencia: allí en la idea de infinito por la que

---

77. Ibid., XXII, p. 62 (D, p. 601).
78. Ibid., XXI, p. 14 (D, p. 621).
79. Ibid., XXII, p. 109 (D, p. 556).
80. Ibid., XXII, p. 113 (D, p. 559).

81. Cf. J. Lacroix, o.c., p. 64s.

Problemática metafísica

el sujeto se reconocía como finito, aquí en el imperativo categórico por el que el sujeto reconoce todos los deberes como mandatos divinos. El imperativo categórico «es el sentimiento de la presencia de la divinidad en el hombre»[82]. He aquí la palabra clave: concebir a Dios como presente en la conciencia en calidad de sujeto que ordena moralmente, es concebirlo como existente. Por ello para la conciencia moral basta pensar en Dios para creer en él. La fórmula no es sino la expresión de la «fe racional implícita en la experiencia metafísico-moral»[83]. La moralidad es religación: reconocimiento de Dios como autor del mandato y de la obligación en que se está respecto a él. Kant está tan seguro de la validez de su planteamiento que no duda en afirmar: «El conjunto de todos los deberes como mandatos divinos suprime el ateísmo y el politeísmo.»[84]

Kant piensa que hay aquí una prueba suficiente de la existencia de Dios, aunque sólo para la conciencia moral. Dentro de la conciencia moral y para ella «la idea de la ley como voz de un legislador divino es equivalente a la fe en la existencia de Dios. Tener esta idea de Dios es para la conciencia postular su existencia»[85]. El conocimiento de todos los deberes como mandatos divinos: he aquí la encrucijada decisiva donde parecen converger todos los caminos de pensamiento del *Opus postumum*. «El principio de cumplir todos los deberes como mandatos divinos es la religión, prueba la libertad de la voluntad (el absoluto deber ser) y es a la vez, en relación a los principios prácticos de la razón, una prueba de la existencia de Dios como Dios único; por ello ambas proposiciones, en cuanto analíticas (idénticas), no [pertenecen] a la fi[losofía] trasc[endental].»[86] Subrayemos finalmente que en este contexto la idea de una presencia de Dios en el imperativo moral y, por ende, en nuestra razón práctica pierde su extrañeza inicial. Como observa Kant, «una cosa está presente allí dónde y cuándo actúa»[87]. El imperativo moral con su carácter absoluto es algo así como una acción divina en el centro de nuestro espíritu. Dios está allí, resuélvanse como se quiera los problemas que esta presencia comporta[88].

De todos modos Kant advierte (cosa que concuerda con el planteamiento de la segunda *Crítica*) que no se añade nada a la ley moral por el hecho de considerarla un mandato divino. La moralidad e incluso la religiosidad son ante todo fidelidad a la conciencia *(Gewissenhaftigkeit)*, ve-

---

82. *Op. post.*, XXII, p. 108 (D, p. 556).
83. J. Lacroix, o.c., p. 71.
84. *Op. post.*, XXII, p. 113.
85. J. Copleston, o.c., VI, p. 363.
86. *Op. post.*, XXII, p. 111 (D, p. 558).
87. Ibid., XXII, p. 121 (D, p. 609).
88. Cf. J. Maréchal, o.c., IV, p. 296.

XII. El *Opus postumum*

racidad en aquello que el hombre tiene que reconocer como en sí mismo. «Tener tal cosa no exige ni el concepto de Dios ni menos aún el postulado "hay un Dios".»[89] Por ello, «en el respecto práctico es absolutamente igual poner la divinidad del mandato en la razón humana o en una tal persona [Dios] como fundamento, porque la diferencia es más una fraseología que una doctrina que extienda el conocimiento»[90]. De ahí el sutil, pero significativo deslizamiento del «como» *(als)* al «como si» *(als ob)* que se observa en algunos pasajes. Ya no se trata de cumplir todos los deberes como mandatos divinos, sino *como si* fueran mandatos divinos. De modo similar, de la idea que nosotros nos hacemos de Dios mediante el imperativo categórico «no se sigue necesariamente la existencia de tal ser, pero sí podemos [hacer] como si se siguiera; o, con igual énfasis, llegar a las mismas consecuencias»[91].

Es muy difícil sacar nada en claro de ese complicado *puzzle* que constituyen los legajos primero y séptimo del *Opus postumum*. En ellos hay al menos tres series discordantes de textos: 1) el grupo, muy numeroso y consistente, de los que subrayan la evidencia del enlace entre la conciencia moral y la existencia de Dios como legislador trascendente. En este tipo de afirmaciones mantiene R. Daval su tesis de un análogo del argumento ontológico como conclusión de la obra póstuma. Dios me es dado como un ser existente, no en el contenido de la idea que tengo de él, sino en la estructura legislativa de mi razón práctica, estructura que él sólo puede haberme impuesto[92]; 2) los que por el mismo camino llegan a la afirmación de que Dios se pronuncia mediante el imperativo moral en la razón humana, pero subrayando no tanto su trascendencia, cuanto su presencia en el mandato. Esta segunda posibilidad es la que H.F. de Vleeschouwer considera la conclusión del *Opus postumum*[93]; 3) los que acaban o parecen acabar reabsorbiendo a Dios en la inmanencia de la razón práctica. En esta última serie de textos basa B. Rousset su afirmación de que Dios, en la obra póstuma, no es sino nuestra razón práctica personificada, el imperativo moral hipostasiado[94]. A. Cortina hace suya la interpretación de Rousset y considera que Kant, en el *Opus postumum*, lleva a cabo la disolución de la última «ilusión trascendental», de la última de las hipóstasis divinas por él mismo realizada: el Dios moral[95].

---

89. *Op. post.*, XXI, p. 81 (D, p. 668).
90. Ibid., XXI, p. 28 (D, p. 639).
91. Ibid., XXI, p 20 (D, p. 631).
92. Cf. R. Daval, o.c., p. 393.
93. Cf. H.F. de Vleeschouwer, *La evolución del pensamiento kantiano*, México 1962, p. 191.
94. Cf. B. Rousset, *La doctrine kantienne de l'objectivité. L'autonomie comme devoir et devenir*, París 1967, p. 636.
95. Cf. A. Cortina Orts, *Dios en la filosofía trascendental de Kant*, Salamanca 1981, p. 337s. Véase también p. 316ss.

Problemática metafísica

¿A cuál de estas tres series hay que privilegiar en la interpretación? Es difícil decidirlo, ya que ninguna de las tres posibilidades puede dar plena cuenta de las otras dos. Siempre queda alguna pieza fuera de juego. En conjunto parece claro que en el *Opus postumum* Kant procede a una interiorización del Dios moral de la segunda *Crítica;* lo que ya no es tan claro es que esto se haga necesariamente a costa de su trascendencia y menos como intento de proceder a su disolución. Sería muy raro que Kant destruyera sin más en el último momento el teísmo moral que él mismo con tanto esfuerzo y convicción había edificado. Es cierto, como señala A. Cortina, que, al vincular el postulado de la existencia de Dios directamente al imperativo moral, sin pasar, como sucedía en la segunda *Crítica,* por la exigencia de una síntesis trascendente de virtud y felicidad, Kant ha optado por el atajo frente al camino real, con la consecuencia de hacer más difícil lo que pretendía facilitar. Si Dios no responde ya a la pregunta: ¿qué me está permitido esperar?, sino sólo a la pregunta: ¿qué debo hacer?, su existencia deviene superflua, ya que para saber lo que debo hacer me basta con mi conciencia[96]. No olvidemos, empero, que, como señalábamos en su momento, la autonomía de la moral kantiana se refiere sólo al conocimiento del deber, no a su ejecución. Para saber lo que es moral no necesito a Dios, pero sí lo necesito para ponerlo en obra.

Por eso Kant insiste tanto en el *Opus postumum* en el carácter *absoluto* del imperativo categórico como expresión de un *mandato* divino. «Hay un Dios. Pues hay un imperativo categórico ante el cual se doblan todas las rodillas en el cielo como en la tierra»[97], anota el filósofo, invirtiendo un conocido texto de san Pablo (Flp 2,10). En este sentido no parece ser una traición a su pensamiento poner en la «presencia dinámica» de la divinidad en el imperativo la aportación central de estos discutidos pasajes póstumos[98]. Dios está presente en nosotros por su mandato. El sujeto del imperativo categórico en mí es un objeto que merece se le rinda obediencia: un objeto de adoración. *Est Deus in nobis!*[99] ¿Cómo pasar del *Deus in nobis* al *Deus extra nos,* de Dios como presente en el mandato a Dios como legislador trascendente? He aquí el problema para Kant, tanto más cuando que, partiendo de sus propias premisas críticas, no puede proceder a una demostración de la existencia de Dios como «una substancia que lo represente ante los sentidos»[100]. Pero de ahí no se sigue que Dios se convierte necesariamente para él en un mero sinónimo

---

96. Cf. ibid., p. 318.
97. *Op. post.,* XXI, p. 64 (D, p. 659).
98. Cf. J. Maréchal, o.c., IV, p. 301.
99. *Op. post.,* XXII, p. 129s (D, p. 615).   100. *Op. post.,* XXI, p. 64 (D, p. 659).

XII. El *Opus postumum*

del imperativo categórico. Lo único que se sigue es que Kant no tiene otra posibilidad de acceso a Dios que la que le facilita la conciencia moral[101]. El esbozo de un análogo de argumento ontológico en el plano moral, que hemos desarrollado largamente antes, es un intento de poner en obra esta posibilidad. En y a través del imperativo la existencia de Dios se impone a la conciencia no en términos de filosofía trascendental, sino de trascendencia. Podrá discutirse, si esa pretendida prueba constituye o no la última palabra de Kant, pero lo que no se puede hacer es ignorarla.

En conjunto, el *Opus postumum* ilustra la tendencia del idealismo kantiano a transformarse en un sistema del idealismo trascendental que, a la manera de Fichte, subordine el ser al pensamiento. No parece que Kant diera este paso decisivo. Por otra parte no sería correcto interpretar su pensamiento desde la corriente de pensamiento que le sucedió por muchos que sean los motivos que el filósofo hubiera dado para semejante evolución. Si el idealismo es el intento decidido de hacer una filosofía desde el punto de vista de Dios, Kant la hace decididamente desde el punto de vista del mismo hombre. La línea divisoria entre Kant y el idealismo pasa por la alternativa razón finita - razón infinita. Como filosofía de la finitud, la filosofía kantiana es una filosofía desde el hombre y para el hombre, una filosofía que participa de las contradicciones de la condición humana. «¡Oh hombre!», exclama nuestro filósofo en un pasaje que recuerda a Pascal, aunque sea a través de Lessing, «¿cuál es tu procedencia? ¡Eres demasiado malo para un dios y demasiado bueno para haber surgido del azar!»[102] Y añade en otro pasaje paralelo: «Ambigua cosa intermedia entre ángel y bestia.»[103] Basculado entre sensibilidad y razón, ser y deber ser, determinismo y libertad, el hombre es en Kant una dualidad en busca de unidad. Entregado a su propia finitud en el ámbito del conocimiento teórico, lleva un germen de infinitud en su conciencia moral. En este sentido «la filosofía kantiana puede entenderse como un original intento de resolver el problema de la reconciliación entre los dos reinos de la necesidad y de la libertad, no por la reducción del uno al otro, sino mediante el descubrimiento de su punto de contacto en la conciencia moral del hombre»[104].

La grandeza de la filosofía de Kant reside en cierto sentido en su inacabamiento[105]. Es sintomático a este respecto que sus últimas palabras

---
101. Cf. J Copleston, o.c., VI, p. 362.
102. *Op. post.*, XXII, p. 288 (D, p. 314). Kant cita el adagio al revés. Por ello hemos corregido el texto según un pasaje paralelo (cf. nota siguiente) del *Nachlass*.
103. *Handschriftlicher Nachlass. Anthropologie* (Ac. B., vol. XV), p. 211.
104. Cf. J. Copleston, o.c., VI, p. 365.
105. Cf. J. Lacroix, o.c., p. 18.

en materia filosófica se refieran al viejo tema de la filosofía como amor a la sabiduría. Lejos de él la pretensión hegeliana de convertir la filosofía en saber efectivo. Aplicado al hombre, el título de sabio es literalmente un escarnio. «Pues entonces sería sabio un ser mundano, pero nadie es sabio sino Dios.»[106] Sólo Dios, el ser que cumple todos los fines, realiza también el concepto de sabiduría: La unidad del conocimiento y de la acción, del saber y del hacer. Al hombre sólo le queda —y esto es ya un mérito suficiente— la filosofía como amor y aspiración a la sabiduría. «Ser sabio es más de lo que el hombre puede ser, pero él debe esforzarse hacia ello y seguirlo como un ideal.»[107] *Philosophus homo est*[108].

---

106. *Op. post.*, XXI, p. 157 (D, p. 699).
107. Ibid., XXI, p. 120 (D, p. 683).
108. Ibid., XXI, p. 157 (D, p. 699).

BIBLIOGRAFÍA

1. BIBLIOGRAFÍA GENERAL

ABBAGNANO, N., *Historia de la filosofía*, 3 vols., Montaner y Simón, Barcelona 1964.
BRÉHIER, E., *Historia de la filosofía*, 2 vols., Buenos Aires 1942.
—, *Histoire de la philosophie allemande*, París 1921; 3.ª ed. puesta al día por P. RICOEUR, Vrin, París 1954.
COPLESTON, F., *Historia de la filosofía*, 9 vols., Ariel, Barcelona 1969-74.
CHEVALIER, J., *Historia del pensamiento*, 4 vols., Aguilar, Madrid 1958-68.
Diccionario de filósofos, por «Centro de estudios filosóficos de Gallarate», ed. Rioduero, Madrid 1986.
Enciclopedia filosofica por «Centro di Studi filosofici di Gallarate», 6 vols., Florencia 1967.
FERRATER Y MORA, J., *Diccionario de filosofía*, 4 vols., Alianza Ed., Madrid 1981.
FRAILE, G.-URDÁNOZ, T., *Historia de la filosofía*, 6 vols., Ed. Católica, Madrid 1956-78.
HIRSCHBERGER, J., *Historia de la filosofía*, 2 vols., Herder, Barcelona ^{12}1982.
Historia de la filosofía, obra dirigida por F. CHATELET, 8 vols., Espasa Calpe, Madrid ^{2}1982.
Historia de la filosofía, obra dirigida por B. PARAIN e Y. BELAVAL, 8 vols., Siglo XXI, Madrid 1972.
Los filósofos y sus filosofías, obra dirigida por J. M. BERMUDO, 3 vols., Vicens Vives, Barcelona 1981.
MEYER, H., *Geschichte der abendländischen Weltanschauung*, 5 vols., Wurzburgo 1950.
REALE, G.-ANTISERI, D., *Historia del pensamiento filosófico y científico*, 3 vols., Herder, Barcelona ^{2}1992.
ROED, W., *Dialektische Philosophie der Neuzeit*. I: *Von Kant bis Hegel;* II: *Von Marx bis zur Gegenwart*, C.H. Beck, Munich 1974.
RUGGIERO, G. DE, *Storia della filosofia: La filosofia moderna*, 5 vols., Bari 1957-63.
SCHILLING, K., *Geschichte der Philosophie*, 2 vols., Munich 1951-53.
RANDALL, H., *The Making of the Modern Mind*, Boston 1940.
UEBERWEG, F., *Grundriss der Geschichte der Philosophie*. III: *Die Philosophie der Neuzeit bis zum Ende des XVIII Jahrhunderts*, reed. por W. MOOG; IV: *Die deutsche Philosophie des XIX Jahrhunderts bis auf die Gegenwart*, reed. por T.C. OSTERREICH, Berlín 1923.
VORLÄNDER, K., *Historia de la filosofía*, 2 vols., Rev. Occidente, Madrid 1932.
ZIEGENFUSS, W., *Philosophen-Lexikon. Handwörterbuch der Philosophie nach Personen*, 2 vols., Berlín 1949-50.

Bibliografía

2. KANT

Fuentes e instrumentos de trabajo. La gran edición clásica es la de la «Real Academia prusiana de las ciencias» (hoy «Academia alemana de las ciencias»), impulsada a comienzos de siglo por G. Dilthey y que hoy está a punto de concluirse: *Kants gesammelte Schriften*, 29 vols., primero G. Reimer; después Walter de Gruyter, Berlín 1902ss. Está dividida en cuatro secciones. Vols. I-IX: *Obras*; vols. X-XIII: *Correspondencia*; vols. XIV-XXIII: *Herencia manuscrita*; vols. XXIV-XXIX (falta el vol. XXV y parte del XXIX): *Lecciones*.

Entre las ediciones menores, las más a mano son hoy las siguientes: *I. Kants Werke*, 11 vols., ed. de E. CASSIRER, Berlín 1912-23; reimpresión: Gerstenberg, Hildesheim 1973 (vols. I-X: Obras y correspondencia; vol. XI: *Kants Leben und Lehre* por E. CASSIRER); *Werkausgabe*, 12 vols., ed. de W. WEISCHEDEL, Suhrkamp, Francfort del Meno 1978; *Kants Werke. Akademie-Textausgabe*, 11 vols. reprod. Cotomec. del texto de la Academia, Walter de Gruyter, Berlín 1968ss.

Ediciones manuales de las principales obras de Kant se encuentran en la «Philosophische Bibliothek» de la editorial F. Meiner, Hamburgo. Es particularmente útil la edición conjunta (con un doble texto en la misma página) de la primera y segunda edición de la Crítica: *Kritik der reinen Vernunft. Nach der ersten und zweiten Original-Ausgabe*, R. Schmidt, Hamburgo 1930; reed. 1956.

Hay traducción castellana de las principales obras mayores de Kant y de algunas de las menores. Por desgracia no siempre son fiables, sobre todo las de más lejana aparición:

Principios metafísicos de las ciencias naturales (se trata en realidad de los *Pensamientos sobre la verdadera estimación de las fuerzas vivas*), prólogo y traducción de R. OVEJERO Y MAURI, Reus, Madrid, 1921.

Pensamientos sobre la verdadera estimación de las fuerzas vivas, trad. y comentario de J. ARANA CAÑEDO-ARGÜELLES, P. Lang, Berna-Francfort del Meno-Nueva York 1988 (recomendable).

Historia general de la naturaleza y teoría del cielo, prólogo de A. LLANOS, traducción de J.E. LUNQT, Juárez, Buenos Aires 1969.

El único fundamento posible de la demostración de la existencia de Dios (1763), introd. y trad. de J.Ma. QUINTANA CABANES, PPU, Barcelona 1989.

Sueños de un visionario explicados mediante los ensueños de la metafísica, prol. de R. MALTER, ed. crítica del texto alemán, introd., trad. y notas de C. CANTERLA, Universidad de Cádiz, Cádiz 1989 (recomendable).

La «Dissertatio» de 1770. Sobre la forma y los principios del mundo sensible y del inteligible, ed. bilingüe, introd. y trad. de R. CEÑAL, C.S.I.C., Madrid 1961 (recomendable).

Crítica de la razón pura, trad. de M. GARCÍA MORENTE Y M. FERNÁNDEZ NÚÑEZ, con un estudio de F. LARROYO, Porrúa, México ^{5}1979.

Crítica de la razón pura, ed. de P. RIBAS, Alfaguara, Madrid 1978 (esta edición, con el doble texto correspondiente a la primera y segunda ed., es hoy por hoy la mejor).

Fundamentación de la metafísica de las costumbres, trad. de M. GARCÍA MORENTE, Espasa Calpe, Madrid ^{6}1980.

Crítica de la razón práctica, trad., de E. MIÑANA Y M. GARCÍA MORENTE, Espasa Calpe, Madrid 1975.

Crítica del juicio, trad. de M. GARCÍA MORENTE, Espasa Calpe, Madrid 1977.

Prolegómenos a toda metafísica futura, trad. de J. BESTEIRO, Aguilar, Madrid ^{5}1968 (no recomendable).

Filosofía de la historia (contiene: *¿Qué es la Ilustración?*, *El fin de todas las cosas*, *Idea para una historia universal en sentido cosmopolita* y *Sobre un presumible comienzo de la historia de la humanidad*), introd. y trad. de E. IMAZ, F.C.E., México 1941.

Bibliografía

La paz perpetua, trad. de F. RIVERA PASTOR. Espasa Calpe, Madrid 1919; reed. 1933.
La paz perpetua, present. de A. TRUYOL Y SERRA, trad. de J. ABELLÁN, Tecnos, Madrid 1985 (recomendable).
La religión dentro de los límites de la mera razón, trad., prólogo y notas de F. MARTÍNEZ MARZOA, Alianza Ed., Madrid ²1981 (recomendable).
La religión dentro de los límites de la sola razón, introd. y trad. de J.Ma. QUINTANA CABANES, PPU, Barcelona 1989.
La metafísica de las costumbres, est. prelim. de A. CORTINA ORTS, Tecnos, Madrid 1989.
Lecciones de ética, present. y trad. de R. RODRÍGUEZ ARAMAYO y L. ROLDÁN PANADERO, Crítica, Barcelona 1988.
Antropología en sentido pragmático, trad. de J. GAOS, Rev. Occidente, Madrid 1935.
El conflicto de las facultades, trad. de E. TABERNING, Losada, Buenos Aires 1963.
Transición de los principios metafísicos de la ciencia natural a la física (Opus postumum), por F. DUQUE, Ed. Nacional, Madrid 1983 (recomendable).
Traducciones catalanas:
La pau perpètua, trad. de E. SERRA, Barcino, Barcelona 1932.
Prolegòmens a tota metafísica futura que vulgui presentar-se com a ciència, trad. de G. VILAR, introd. de P. LLUÍS FONT, Laia, Barcelona 1982 (recomendable).
Fonamentació de la metafísica dels costums, trad. de J. LEITA, introd. de P. LLUÍS FONT, Laia, Barcelona 1984 (recomendable).
Entre los principales instrumentos de trabajo, mencionamos a continuación algunos índices y diccionarios:
Allgemeiner Kantindex zu Kants gesammelten Schriften, ed. por G. MARTIN en colaboración con I. HEIDEMANN, H. MOSER, G. UNGEHEUER, H. UNGER y L. WEISSGERBER, Walter de Gruyter, Berlín 1967ss (en curso de publicación).
EISLER, R., *Kant Lexikon*, Berlín 1930; reed. Olms, Hildesheim 1972.
HINSKE N.-WEISCHEDEL, W., *Kant-Seitenkonkordanz*, Wiss. Buchgesellschaft, Darmstadt 1970.
MELLIN, G.S.A., *Enzyklopädisches Wörterbuch der kritischen Philosophie*, 6 vols., Jena y Leipzig 1797-1804; reimpresión: Scientia, Aalen 1970-71.
RATKE, H., *Systematisches Kantlexikon zur Kritik der reinen Vernunft*, Meiner, Hamburgo 1929; reed. 1972.
Sachindex zu Kants Kritik der reinen Vernunft, ed. por G. MARTIN, Walter de Gruyter, Berlín, 1967.
SCHMIDT, C.CH.E., *Wörterbuch zum leichten Gebrauch der kantischen Schriften*, 1798; reed. Wiss. Buchgesellschaft, Darmstadt 1976.
STOCKHAMMER, M., *Kant dictionary*, Philos. Library, Nueva York 1972.
VERNEAUX, R., *Le vocabulaire de Kant*, 2 vols., Aubier, París 1967-73.

Estudios. La literatura sobre Kant ha crecido hasta hacerse inabarcable. Hay títulos que han envejecido prematuramente y otros, de autores noveles, que abordan de nuevo cosas viejas. Además, la historia posterior de la filosofía alemana, sobre todo en el ámbito del idealismo y del neo-kantismo, arroja en ocasiones nueva luz sobre Kant y merece por ello ser tenida en cuenta. En la selección bibliográfica que aquí presentamos hemos tomado como criterio la solvencia científica de los diferentes trabajos y su cercanía cronológica a nosotros, excepto en el caso de aquellas obras que, por sostener puntos de vista que se han hecho clásicos, mantienen todavía su vigencia. Hemos privilegiado también los estudios, ya sean originales, ya sean traducciones, que han visto la luz en castellano. Para facilitar al máximo el uso de esta bibliografía, hemos ordenado los diferentes títulos por materias.

Bibliografía

1. Biografías

CASSIRER, E., *Kant, vida y doctrina*, F.C.E., México 1948; ²1968.
FISCHER, K., *Vida de Kant e historia de los orígenes de la filosofía crítica*, en: I. KANT, *Crítica de la razón pura*, vol. I, Losada, Buenos Aires ⁶1970, pp. 19-114.
Immanuel Kant im Rede und Gespräch, ed. e introd. de R. MALTER, Meiner, Hamburgo 1990 (recopilación, en orden cronológico, de textos que recogen dichos y expresiones de Kant).
VORLÄNDER, K., *Immanuel Kants Leben*, Leipzig ²1921; reed. Meiner, Hamburgo 1974.
— *Immanuel Kant. Der Mann und das Werk*, 2 vols., Leipzig 1924; reed. Meiner, Hamburgo 1977.
RITZEL, W., *I. Kant. Eine Biographie*, Walter de Gruyter, Berlín 1985 (obra básica).
SCHULTZ, U., *Kant*, Labor, Barcelona 1971.
VANCOURT, R., *Kant. Sa vie, son oeuvre, avec un exposé de sa philosophie*, P.U.F., París 1967.

2. Contexto histórico-doctrinal

BIANCO, BR., *L'illuminismo tedesco*, en: *Grande Antologia filosofica*, dirigida por M.F. SCIACCA, vol. XV, Marzorati, Milán 1968, pp. 1359-1632.
BROCKDORFF, C. VON, *Die deutsche Aufklärungsphilosophie*, Reinhardt, Munich 1926; reed. Kraus, Nendeln 1973.
CAMPO, M., *Christiano Wolff e il racionalismo precritico*, 2 vols., Vita e pensiero, Milán 1939.
CASSIRER, E., *Filosofía de la Ilustración*, F.C.E., México 1943; ³1972.
Christian Wolff 1679-1754. Interpretationen zu seiner Philosophie und deren Wirkung. Mit einer Bibliographie der Wolff-Literatur, dir. por WERNER SCHNEIDERS, Meiner, Hamburgo 1983.
GUSDORF, G., *Les sciences humaines et la pensée occidentale. IV: Les principes de la pensée au siècle des lumières*, Payot, París 1971.
MERKEN, N., *L'illuminismo tedesco. Età di Lessing*, Laterza, Bari 1968; ²1974.
Rechtsphilosophie der Aufklärung. Symposion Wolfenbüttel 1981, ed. por R. BRANDT, Walter de Gruyter, Berlín 1982.
WOLFF, H.M., *Die Weltanschauung der deutschen Aufklärung*, Berna ²1963.
WUNDT, M., *Die deutsche Schulphilosophie im Zeitalter der Aufklärung*, Mohr, Tubinga 1945; reed. Olms, Hildesheim 1964.

3. Evolución e influencias

ARANA, J., *Ciencia y metafísica en el Kant precrítico. Una contribución a la historia de las relaciones entre ciencia y filosofía en el siglo XVIII*, Univ. de Sevilla, Sevilla 1982.
BENZ, E., *Swedenborg in Deutschland. F.C. Oetingers und I. Kants Auseinandersetzung mit der Person und Lehre I. Swedenborgs*, Klostermann, Francfort del Meno 1947.
CAMPO, M., *La genesi del criticismo kantiano*, Magenta, Varese 1953.
ERDMANN, B., *M. Knutzen und seine Zeit. Ein Beitrag zur Geschichte der Wolffischen Schule und insbesondere zur Entwicklungsgeschichte Kants*, Leipzig 1876; reed. Gerstenberg, Hildesheim 1973.
FERRARI, J., *Les sources françaises de la philosophie de Kant*, Klincksieck, París 1979.
GUZZO, A., *Kant precritico*, Turín 1924.

Bibliografía

HARTMANN, E. VON, *Kants Erkenntnistheorie und Metaphysik in der vier Perioden ihrer Entwicklung*, Leipzig 1894; reed. Scientia, Aalen 1979.

HINSKE, N., *Kants Weg zur Transzendentalphilosophie. Der dreissigjährige Kant*, Kohlhammer, Stuttgart 1970.

LAUENER, H., *Hume und Kant. Systematische Gegenüberstellung einiger Hauptpunkte ihrer Lehren*, Franke, Berna 1969.

PASQUALUCCI, P., *Rousseau e Kant*, 2 vols., Giuffrè, Milán 1974-76.

RÁBADE ROMEO, S., *Hume y el fenomenismo moderno*, Gredos, Madrid 1975 (para la relación Hume-Kant véase pp. 429-64).

Studien zu Kants philosophischer Entwicklung, con aportaciones de M. GUEROULT, H. HEIMSOETH, D. HEINRICH, F. KAULBACH, G. LEHMANN, V. MATHIEU, J. SCHMUCKER, G. TONELLI Y H.J. DE VLEESCHOUWER, Olms, Hildesheim 1967.

VICENTE ARREGUI, G., *Dios y hombre en el Kant precrítico. Estudio sobre los fundamentos metafísicos y antropológicos de la moralidad en el desarrollo del pensamiento kantiano*, Publ. Univ. de Sevilla, Sevilla 1985.

VILLACAÑAS BERLANGA, J.L., *La formación de la «Crítica de la razón pura»*, Univ. de Valencia, Valencia 1980.

VLEESCHOUWER, H.J. DE, *La evolución del pensamiento kantiano*, U.N.A.M., México 1962.

—, *La déduction transcendentale dans l'oeuvre de Kant*, 3 vols., De Sikkel, Amberes 1934-37; reed. Garland, Nueva York 1976.

4. Estudios introductorios

ARRILLAGA TORRENS, R., *Kant y el idealismo trascendental*, Rev. de Occidente, Madrid 1979.

BENDA, J., *El pensamiento vivo de Kant*, Buenos Aires 1941.

BROAD, C.D., *Kant. An Introduction*, Cambridge Univ. Press, Londres 1978.

DELEUZE, G., *Spinoza, Kant, Nietzsche*, Labor, Barcelona 1974 (véase sobre Kant pp. 107-198).

GARCÍA MORENTE, M., *La filosofía de Kant. Una introducción a la filosofía*, Espasa Calpe, Madrid 1975.

GOLDMANN, L., *Introducción a la filosofía de Kant*, Amorrortu, Buenos Aires 1974.

GUERRA, A., *Introduzione a Kant*, Laterza, Bari 1980.

HÖFFE, O., *I. Kant*, Herder, Barcelona 1986.

KAULBACH, FR., *I. Kant*, Walter de Gruyter, Berlín 1969; ²1983.

KEMP, J., *The philosophy of Kant*, Oxford Univ. Press, Londres 1968.

KOJÈVE, A., *Kant*, Gallimard, París 1973.

KÖRNER, W.S., *Kant*, Alianza Ed., Madrid 1977.

LACROIX, J., *Kant*, Ed. Suramericana, Buenos Aires 1969.

LOMBARDI, F., *Kant vivo*, Sansoni, Florencia 1968.

MARTÍNEZ MARZOA, F., *Releer a Kant*, Anthropos, Barcelona 1989.

ORTEGA Y GASSET, J., *Kant, Hegel, Dilthey*, Rev. de Occidente, Madrid 1973 (véase sobre Kant pp. 15-66).

PHILONENKO, A., *L'oeuvre de Kant. La philosophie critique*, 2 vols., Vrin, París ²1975.

SCRUTON, R., *Kant*, Oxford Univ. Press, Oxford 1985.

TORRENTTI, R., *M. Kant. Estudio sobre los fundamentos de la filosofía crítica*, Ed. Univ. de Chile, Santiago de Chile 1967.

VANNI ROVIGHI, S., *Introducción al estudio de Kant*, Fax, Madrid 1948.

VILLACAÑAS BERLANGA, J.L., *Racionalidad crítica. Introducción a la filosofía de Kant*, Tecnos, Madrid 1987.

Bibliografía

ZUBIRI, X., *Cinco lecciones de filosofía*, Sociedad de estudios y publicaciones, Madrid 1963; reed. Moneda y crédito, Madrid 1970 (véase sobre Kant pp. 59-115).

5. Interpretaciones clásicas

BOUTROUX, E., *La philosophie de Kant. Cours professé à la Sorbonne en 1896-97*, Vrin, París 1965.
COHEN, H., *Kants Theorie der Erfahrung*, Berlín 1871; reed. Berlín 1918.
—, *Kants Begründung der Ethik*, Berlín 1877.
—, *Kants Begründung der Aesthetik*, Berlín 1889.
COUSIN, V., *Leçons sur la philosophie de Kant*, París 1842.
FISCHER, K., *Geschichte der neueren Philosophie. I. Kant und seine Lehre*, 2 vols., Mannheim 1860; reed. C. Winters, Heidelberg ^{6}1928.
FRIES, J.F., *Neue Kritik der Vernunft*, Heidelberg 1907.
HEGEL, G.W.F., *Lecciones sobre la historia de la filosofía*, F.C.E., México 1977 (véase sobre Kant vol. III, pp. 417-460).
HEIDEGGER, M., *Kant y el problema de la metafísica*, F.C.E., México 1973.
—, *La pregunta por la cosa. La doctrina kantiana de los principios trascendentales*, Alfa, Buenos Aires 1975.
HERDER, J.C., *Metakritik zur Kritik der reinen Vernunft*, Aufbau Verlag, Berlín 1955.
JASPERS, K., *Los grandes filósofos*, Sur, Buenos Aires ^{2}1971 (véase sobre Kant, vol. II, pp. 199-443).
LIEBMANN, O., *Kant und die Epigonen*, Stuttgart 1865; reed. Berlín ^{2}1912.
MARÉCHAL, J., *El punto de partida de la metafísica*, 5 vols., Gredos, Madrid 1958-59 (véase sobre Kant, vol. III: *La crítica de Kant*; IV: *El sistema idealista en Kant y los postkantianos*; V: *El tomismo ante la filosofía crítica*).
NATORP, P., *Propedéutica filosófica. Kant y la escuela de Marburgo. Curso de pedagogía social*, Porrúa, México 1975 (véase sobre Kant pp. 71-97).
PRZYWARA, E., *Kant heute*, Oldenburg, Munich 1930.
REINHOLD, C.L., *Briefe über die kantische Philosophie*, Reclam, Leipzig 1923.
RENOUVIER, CH., *Critique de la doctrine de Kant*, Alcan, París 1906.
RICKERT, H., *Kant als Philosoph der modernen Kultur*, Mohr, Tubinga 1924.
RIEHL, A., *Der philosophische Kritizismus und seine Bedeutung für die positive Wissenschaft*, 2 vols., Engelmann, Leipzig ^{2}1908.
ROSENKRANZ, C., *Geschichte der kantischen Philosophie*, Leipzig 1840.
SIMMEL, G., *Kant*, Leipzig 1904.
SCHULZ, W., *Kant als Philosoph des Protestantismus*, Evangelischer Verlag, Hamburgo 1960.

6. Estudios y comentarios a la *Crítica de la razón pura*

ADICKES, E., *Kants Kritik der reinen Vernunft*, Berlín 1889.
—, *Kant und das Ding and sich*, Berlín 1924; reed. Olms, Hildesheim 1977.
ALLISON, H.E., *El idealismo trascendental de Kant: una interpretación y defensa*, Anthropos, Barcelona 1992.
BECKER, W., *Selbstbewusstsein und Erfahrung. Zur Kants transzendentalen Deduktion und ihrer argumentativen Rekonstruktion*, Alber, Friburgo-Munich 1984.

Bibliografía

Beiträge zur Kritik der reinen Vernunft 1781-1981, dirs. I. HEIDEMANN y W. RITZEL, Walter de Gruyter, Berlín 1981 (con aportaciones de J. SCHMUCKER, R. BRANDT, P. BAUMANN, W. RITZEL, P. HEINTEL, T. MACHO, F. KAULBACH, H.J. HESS, I. HEIDEMANN y M. HOSSENFELDER).

BENNET, J., *La «Crítica de la razón pura» de Kant*, 2 vols., Alianza Ed., Madrid 1979-81.

BIRD, G., *Kant's Theory of knowledge. An outline of one central argument in the Critique of Pure Reason*, Routledge and Keagan Paul, Londres 1965.

CASSIRER, H.W., *Kant's First Critique. An appraisal of the permanent significance of Kant's Critique of Pure Reason*, Londres 1954.

COHEN, H., *Kommentar zu I. Kants Kritik der reinen Vernunft*, Leipzig 1917; reed. Olms, Hildesheim 1978.

CONINCK, A. DE, *L'analitique transcendentale de Kant. I: La critique kantienne*, Publ. Univ. de Louvain, Lovaina 1955.

—, *L'analitique transcendentale de Kant est-elle coherente? Complement au t. I*, Publ. Univ. de Louvain, Lovaina 1956.

CHIARI, E., *La deduzzione transcendentale delle categorie nella Critica della ragione pura*, C.E.D.A.M., Padua 1971.

Das freie Urteil der Vernunft. 200 Jahre Kritik der reinen Vernunft, dirs. J. KOPPER, W. MARX y J. VUILLEMIN, Gerstenberg, Hildesheim 1981.

ERDMANN, B., *Kants Kritizismus in der 1. und 2. Auflage der Kritik der reinen Vernunft. Eine historische Untersuchung*, Leipzig 1878: reed. Gerstenberg, Hildesheim 1973.

EWING, A.C., *A Short Commentary on Kant's Critique of the pure Reason*, Chicago Univ. Press, Chicago 1961.

—, *Kant's Treatment of Causality*, Keagan Paul, Londres 1924.

FISCHER, K., *A Commentary of Kant's Critique of the Pure Reason*, Londres 1866; reed. Gerland Publ. Nueva York 1976.

HEIDEGGER, M., *Phänomenologische Interpretation zu Kants Kritik der reinen Vernunft*, Klostermann, Francfort del Meno 1977 (GA, v. 25).

HEIDEMANN, I., *Spontaneität und Zeitlichkeit. Ein Problem der Kritik der reinen Vernunft*, Kölner, Colonia 1958.

HEIMSOETH, H., *Transzendentale Dialektik. Ein Kommentar zu Kants Kritik der reinen Vernunft*, 4 vols., Walter de Gruyter, Berlín 1966-71.

HOSSENFELDER, M., *Kants Konstitutionstheorie und die transzendentale Deduktion*, Walter de Gruyter, Berlín 1978.

KAULBACH, F., *Philosophie als Wissenschaft. Eine Anleitung zum Studium von Kants Kritik der reinen Vernunft*, Gerstenberg, Hildesheim 1981.

MELNICK, A., *Kant's Analogies of Experience*, Chicago Univ. Press, Chicago 1973.

MURALT, A. DE, *La conscience transcendentale dans le criticisme kantien. Essai sur l'unité de l'aperception*, Montaigne-Aubier, París 1958.

PATON, H.J., *Kant's Metaphysics of experience. A Commentary on the first half of the Kritik der reinen Vernunft*, 2 vols., Allen and Unwin, Londres 1936: reed. 1965.

PRAUSS, G., *Erscheinung bei Kant. Ein Problem der Kritik der reinen Vernunft*, Walter de Gruyter, Berlín 1971.

—, *Kant und das Problem der Dinge an sich*, Bouvier, Bonn 1974.

Probleme der «Kritik der reinen Vernunft». Kant-Tagung Marburg 1981, dir. B. TUSCHLING, Walter de Gruyter, Berlín 1984 (con contribuciones de R. BRANDT, R.P. HORTSMANN, H. WAGNER, G. BUCHDAHL, K. CRAMER, M. BAUM, M. WOLFF, B. TUSCHLING).

RÁBADE ROMEO, S., *Kant. Problemas gnoseológicos de la «Crítica de la razón pura»*, Gredos, Madrid 1969.

RIVERA DE ROSALES, J., *La realidad en sí en Kant*, Univ. Compl. Madrid 1988.

Bibliografía

STRAWSON, P.F., *Los límites del sentido. Ensayo sobre la «Crítica de la razón pura» de Kant*, Rev. de Occidente, Madrid 1975.
VAIHINGER, H., *Kommentar zu Kants Kritik der reinen Vernunft*, 2 vols., Stuttgart 1922; reed. Scientia, Aalen 1970.
VERNEAUX, R., *I. Kant: Crítica de la razón pura*, Magisterio español, Madrid 1978.
—, *Crítica de la «Crítica de la razón pura»*, Rialp, Madrid 1978.
WELDON, T.D., *Introduction to Kant's Critique of pure reason*, Claredon Press, Oxford 1947.

7. Lógica, epistemología y teoría de la ciencia

BESTEIRO, J., *Los juicios sintéticos a priori desde el punto de vista lógico*, Tecnos, Madrid 1977.
BIRD, G., *Kant's Theory of knowledge*, Routledge and Keagan Paul, Londres 1962.
BRITTAN, G.J., *Kant's Theory of sciencie*, Univ. Press, Princeton 1978.
CASSIRER, E., *El problema del conocimiento en la filosofía y la ciencia modernas*, 4 vols., F.C.E., México 1974 (véase sobre Kant, vol. II, pp. 539-713).
COUTURAT, L., *La filosofía de las matemáticas de Kant*, U.N.A.M., México 1960.
GLOY, K., *Die kantische Theorie der Naturwissenschaft. Eine Strukturanalyse ihrer Möglichkeit, ihres Umfangs und ihrer Grenze*, Walter de Gruyter, Berlín 1976.
HARTNACK, J., *La teoría del conocimiento de Kant*, Cátedra, Madrid 1977.
HOPPE, H., *Kants Theorie der Physik*, Klostermann, Francfort del Meno 1969.
LAFUENTE, M.I., *Ideas, principios y dialéctica. La sistematización racional como proyecto libre en la filosofía de Kant*, Univ. de León-Contextos, León 1990.
MARCUCCI, S., *Kant e le science*, Liviana, Padua 1977.
MARTIN, G., *Arithmetik und Kombinatorik bei Kant*, Walter de Gruyter, Berlín 1972.
MONTERO MOLINER, F., *El empirismo kantiano*, Univ. Valencia, Valencia 1973.
—, *Mente y sentido interno en la «Crítica de la razón pura»*, Crítica, Barcelona 1989.
NENON, TH., *Objektivität und endliche Erkenntnis. Kants Transzendentalphilosophie. Korrespondenztheorie und Wahrheit*, Alber, Friburgo-Munich 1986.
PALACIOS, J.M., *El idealismo trascendental: Teoría de la verdad*, Gredos, Madrid 1979.
PAULSEN, F., *Versuch einer Entwicklungsgeschichte der kantischen Erkenntnistheorie*, Leipzig 1875; reed. Stuttgart 1905.
PAVÓN RODRÍGUEZ, M., *Objetividad y juicio en la Crítica de Kant*, Publ. Univ. de Sevilla, Sevilla 1988.
RÁBADE ROMEO, S.-LÓPEZ MOLINA, A.Ma.-PESQUERO FRANCO, E., *Kant: conocimiento y racionalidad. I: El uso teórico de la razón; II: El uso práctico de la razón*, Cincel, Madrid 1987.
ROUSSET, B., *La doctrine kantienne de l'objectivité. L'autonomie comme devoir et devenir*, Vrin, París 1967.
STUHLMANN-LAEISZ, R., *Kants Logik. Eine Interpretation auf der Grundlage von Vorlesungen, veröffentlichen Werken und Nachlass*, Walter de Gruyter, Berlín 1976.

8. Ontología y metafísica

ALQUIÉ, F., *La critique kantienne de la métaphysique*, P.U.F., París 1968.
CARVAJAL CORDÓN, J., *El problema de las categorías y la ontología crítica de Kant*, Univ. Compl., Madrid 1988.
DAVAL, R., *La métaphysique de Kant. Perspectives sur la métaphysique de Kant d'après la théorie du schématisme*, P.U.F., París 1951.
GRANEL, G., *L'équivoque ontologique de la pensée kantienne*, Gallimard, París 1970.

Bibliografía

HEINRICH, R., *Kants Erfahrungsraum. Metaphysischer Ursprung und kritischer Entwicklung*, Alber, Friburgo-Munich 1986.
KAULBACH, F., *Die Metaphysik des Raumes bei Leibniz und Kant*, Kölner Universitäts Verlag, Colonia 1960.
LACHIÈZE-REY, P., *L'idéalisme kantien*, Vrin, París ³1972.
LLANO CIFUENTES, A., *Fenómeno y trascendencia en Kant*, Eunsa, Pamplona 1973.
MARTIN, G., *I. Kant. Ontologie und Wissenschaftstheorie*, Walter de Gruyter, Berlín ⁴1969 (trad. francesa, P.U.F., París 1963).
MARTÍNEZ DE VELASCO, L., *Idealismo crítico e inmanencia en el pensamiento kantiano*, Orígenes, Madrid 1986.
MAYZ VALENILLA, E., *El problema de la nada en Kant*, Rev. de Occidente, Madrid 1965.
RIGOBELLO, A., *I limiti del transcentale in Kant*, Silva, Milán 1963.
SANTINELLO, G., *Metafisica e critica in Kant*, Patron, Bolonia 1965.
SCHÄFER, L., *Kants Metaphysik der Natur*, Walter de Gruyter, Berlín 1966.
TAKEDA, S., *Kant und das Problem der Analogie. Eine Forschung nach der Logos der kantischen Philosophie*, Nijhoff, La Haya 1954.
TORREVEJANO, M., *Razón y metafísica de Kant*, Narcea, Madrid 1982.
VUILLEMIN, J., *L'héritage kantien et la révolution copernicienne*, P.U.F., París 1954.
—, *Physique et métaphysique kantiennes*, P.U.F., París 1955.
WUNDT, M., *Kant als Metaphysiker*, Euken, Stuttgart 1924; reed. Olms, Hildesheim 1982.

9. Moral, derecho y política

ALEU BENÍTEZ, J., *Filosofía y libertad en Kant*, P.P.U., Barcelona 1987.
ALQUIÉ, F., *La morale de Kant*, C.D.U., París 1959.
ALLISON, H.E., *Kant's theory of freedom*, Cambridge Univ. Press, Cambridge 1990.
BASTONS, M., *Conocimiento y libertad. La teoría kantiana de la acción*, Ed. Univ. Navarra, Pamplona, 1989.
BECK, L.W., *A Commentary of Kant's Critique of Practical Reason*, First Phoenix Ed., Chicago 1963; reed., Univ. of Chicago, Chicago-Londres 1984.
BUSCH, W., *Die Entstehung der kritischen Rechtsphilosophie Kants 1762-1780*, Walter de Gruyter, Berlín 1979.
Crítica da razão practica de Kant. 200.º Aniversario (1788-1988), «Rev. Port. de Filos.» 44/4 (1988).
DEGGAN, H.G., *Die Aporien der Rechtslehre Kants*, Fromman-Holzboog, Stuttgart-Bad Canstatt 1983.
DELBOS, V., *La philosophie pratique de Kant*, París 1905; reed. P.U.F., París ³1969.
En el segundo centenario de la crítica de la razón práctica, «Est. Filos.» 37/114 (1988).
Esplendor y miseria de la ética kantiana, ed. E. GUISAN, Anthropos, Barcelona 1988 (con aportaciones de J.L.L. Aranguren, V. Camps, A. Cortina, J. Muguerza, J. Rubio Carracedo, etc.).
GONZÁLEZ VICÉN, F., *La filosofía del Estado en Kant*, Univ. de La Laguna, La Laguna 1952.
JONES, H.E., *Morality and freedom in the philosophy of Kant*, Oxford Univ. Press. Londres 1940.
—, *Kant's principle of personality*, Univ. of Wisconsin Press, Wisconsin 1971.
KRÜGER, G., *Philosophie und Morale in der kantischen Kritik*, Mohr, Tubinga 1931 (trad. francesa, Beauchesne, París 1961).
La philosophie politique du Kant, P.U.F., París 1962 (con contribuciones de E. WEIL, TH. RUYSSEN, M. VILLEY, P. HASSNER, N. BOBBIO, L.W. BECK, C.J. FRIEDRICH, R. POLIN).

Bibliografía

LISSER, K., *El concepto del derecho en Kant*, U.N.A.M., México 1959.
MARTÍNEZ DE VELASCO, C., *Imperativo moral como interés de la razón. Una introducción al pensamiento ético-político kantiano*, Orígenes, Madrid 1987.
PATON, H.J., *The categorical imperative*, Hutchison, Londres ⁴1963.
RITTER, CH., *Der Rechtsgedanke Kants nach den frühen Quellen*, Klostermann, Francfort del Meno 1971.
ROVIELLO, A.M., *L'institution kantienne de la liberté*, Ousía, Bruselas 1984.
RUVO, V. DE, *La filosofia del diritto di E. Kant*, Cedam, Padua 1961.
SCHILPP, P.A., *La ética precrítica de Kant*, U.N.A.M., México 1966.
SEVILLA SEGURA, S., *Análisis de los imperativos morales de Kant*, Univ. de Valencia, Valencia 1979.
TEALE, A.E., *Kantian ethics*, Geenwood Press, Westport 1975.
TRAVAGLIA, S., *Metafisica e etica in Kant. Degli scritti precritici alla Critica della ragione pura*, Cedam, Padua 1972.
VLACHOS, G., *La pensée politique de Kant*, P.U.F., París 1962.
WARD, K., *The development of Kant's views of Ethics*, Humanities Press, Nueva York 1972.
WILLIAMS, T.C., *The concept of the categorical imperative*, Clarendon, Londres 1968.

10. Teología racional y filosofía de la religión

ANDERSEN, S., *Ideal und Singularität. Über die Funktion des Gottesbegriffs in Kants theoretischer Philosophie*, Walter de Gruyter, Berlín 1983.
BOHATEC, J., *Die Religionsphilosophie Kants in der «Religion innerhalb der Grenzen der blossen Vernunft»*, Hamburgo 1938; reed. Olms, Hildesheim 1966.
BRUCH, J.L., *La philosophie religieuse de Kant*, Aubier, París 1968.
CORTINA ORTS, A., *Dios en la filosofía trascendental de Kant*, Univ. Pontificia, Salamanca 1981.
GÓMEZ CAFFARENA, J., *El teísmo moral de Kant*, Ed. Cristiandad, Madrid 1983.
GUTTMANN, J., *Kants Gottesbegriff in seiner positiven Entwicklung*, en: «Kantstudien», suplemento, 1906; reed. Wurzburgo 1970.
HABICHLER, A., *Reich Gottes als Thema des Denkens bei Kant. Entwicklungsgeschichtliche und systematische Studie zur kantischen Reich-Gottes-Idee*, M. Grünewald Verlag, Maguncia 1991.
JUNOY GARCÍA-VIEDMA, J.Ma., *La «fe racional» y el «saber metafísico» en la filosofía crítica de Kant*, Univ. Compl., Madrid 1973.
LABERGE, P., *La théologie kantienne précritique*, Éd. de l'Université, Ottawa 1973.
LAMACHIA, A., *La filosofia della religione in Kant. I. Dal dogmatismo teologico al teismo morale*, Lacaita, Bari 1969.
REARDON, B.M.G., *Kant as philosophical theologian*, MacMillan, Houndmills-Basingstoke, Hamshire 1988.
REDMANN, H.G., *Gott und Welt. Die Schöpfungstheorie der vorkristischen Periode Kants*, Vandenhoeck und Ruprecht, Gotinga 1962.
ROVIRA, R., *Teología ética. Sobre la fundamentación y construcción de una teología racional según los principios del idealismo trascendental de Kant*, Encuentro, Madrid 1986.
SENTROUL, CH., *La philosophie religieuse de Kant*, Bruselas 1912.
SCHMUCKER, J., *Die Ontotheologie des vorkritschen Kant*, Walter de Gruyter, Berlín 1980.
SCHWEITZER, A., *Die Religionsphilosophie Kants*, Friburgo 1899; reed. Olms, Hildesheim 1974.
UREÑA, E.M., *La crítica kantiana de la sociedad y de la religión. Kant predecesor de Marx y de Freud*, Tecnos, Madrid 1979.

Bibliografía

11. Estética y teleología

BAEUMLER, A., *Kants Kritik der Urteilskraft, ihre Geschichte und Systematik*, Halle 1923.
BARTUSCHAFT, W., *Zum systematischen Ort von Kants Kritik der Urteilskraft*, Klostermann, Francfort del Meno 1972.
BIEMEL, W., *Die Bedeutung von Kants Begründung der Ästhetik für die Philosophie der Kunst*, Kölner Universitäts Verlag, Colonia 1959.
CASSIRER,, H.W., *A Commentary on Kant's Critique of Judgment*, Methuen, Londres 1970.
DUSING, K., *Die Teleologie im Kants Weltbegriff*, Bouvier, Bonn 1968.
En la cumbre del criticismo. Symposio sobre la «Crítica del juicio» de Kant, ed. R. RODRÍGUEZ ARAMAYO y G. VILAR, Anthropos, Barcelona 1992 (con aportaciones de N. Bilbeny, J. Carvajal Cordón, F. Duque, C. Flórez, A.M. López Molina, F. Martínez Marzoa, J.L. Villacañas, etc.).
HEINTEL, P., *Die Bedeutung der Kritik der ästhetischen Urteilskraft für die transzendentale Systematik*, H. Bouvier, Bonn 1970.
HORKHEIMER, M., *Über Kants Kritik der Urteilskraft als Bindeglied zwischen Theorie und Praxis*, Francfort del Meno 1925.
KAULBACH, F., *Ästhetische Welterkenntnis bei Kant*, Köningshausen Neumann, Wurzburgo 1984.
KOGAN, J., *La estética de Kant y sus fundamentos metafísicos*, Eudeba, Buenos Aires 1965.
KOHLER, G., *Geschmackurteil und ästhetische Erfahrung. Beiträge zur Auslegung von Kants «Kritik der ästhetischen Urteilskraft»*, Walter de Gruyter, Berlín 1980.
KULENKAMPFF, J., *Kants Logik des ästhetischen Urteils*, Klostermann, Francfort del Meno 1978.
KUYPERS, K., *Kants Kunstsheorie und die Einheit der Kritik der Urteilskraft*, Amsterdam-Londres 1972.
LEBRUN, G., *Kant et la fin de la métaphysique. Essai sur la «Critique de la faculté de juger»*, Collin, París 1970.
LÓPEZ MOLINA, A.Ma., *La facultad de juzgar reflexionante en el sistema de la razón pura*, Univ. Compl., Madrid 1984.
—, *Razón pura y juicio reflexionante*, Univ. Compl., Madrid 1984.
MARCUCCI, S., *Aspetti epistemologici della finalità in Kant*, Le Monnier, Florencia 1972.
MARTÍNEZ MARZOA, F., *Desconocida raíz común (Estudio sobre la teoría kantiana de lo bello)*, Visor, Madrid 1987.
MENZER, P., *Kants Aesthetik in ihrer Entwicklung*, Berlín 1952.
PAREYSON, L., *L'estetica di Kant*, P. Mussia, Milán 1968.
SCHAPER, E., *Studies in Kant's aesthetics*, Univ. Press, Edimburgo 1979.
SOURIAU, M., *Le jugement refléxissant dans la philosophie critique de Kant*, Alcan, París 1926.
UEHLING, TH., *The notion of form in Kant's Critique of aesthetic judgement*, La Haya 1971.

12. Antropología y filosofía de la historia

ÁLVAREZ DOMÍNGUEZ, I., *La filosofía kantiana de la historia*, Univ. Compl., Madrid 1985.
CARNOIS, B., *La cohérence de la doctrine kantienne de la liberté*, Seuil, París 1973.
FLÓREZ MIGUEL, C., *Kant, de la ilustración al socialismo*, Salamanca 1976 (distribuido por ZYX).
HERRERO, F.J., *Religión e historia en Kant*, Gredos, Madrid 1975.
LYOTARD, J. FR., *El entusiasmo. Crítica kantiana de la historia*, Gedisa, Barcelona 1987.
PHILONENKO, A., *La théorie kantienne de l'histoire*, J. Vrin, París 1986.

Bibliografía

PITTE, F. VAN DE, *Kant as philosophical anthropologist*, Nijhoff, La Haya 1971.
SCHWARTLAENDER, J., *Der Mensch ist Person*. Kants Lehre vom Menschen, Kohlhammer, Stuttgart 1968.
WEYLAND, K., *Kants Geschichtsphilosophie. Ihre Entwicklung und ihr Verhältnis zur Aufklärung*, Kölner Universitäts Verlag, Colonia 1964.
YOVEL, Y., *Kant and the philosophy of history*, Univ. Press, Princeton 1980.

13. Estudios sobre el «Opus postumum»

ADICKES, E., *Kants «Opus postumum» dargestellt und beurteilt*, Reuther und Reihard, Berlín 1920; reed. Topos, Vaduz 1978.
DUQUE PAJUELO, F., *Experiencia como sistema. Una investigación sobre el «Opus postumum» de Kant*, Univ. Compl. Madrid 1974.
HOPPE, H., *Kants Theorie der Physik. Eine Untersuchung über das «Opus postumum»*, Klostermann, Francfort del Meno 1969.
MATHIEU, V., *La filosofia trascendentale e l'«Opus postumum» di Kant*, Edizioni di «Filosofia», Turín 1958.
—, *Kants Opus Postumum*, Klostermann, Francfort del Meno 1989.
PELLEGRINO, U., *L'ultimo Kant. Saggio critico sull'Opus postumum di E. Kant*, Marzorati, Milán 1957.
TUSCHLING, B., *Metaphysische und transzendentale Dynamik in Kants Opus postumum*, Walter de Gruyter, Berlín 1971.

14. Problemas varios

AEBI, M., *Kants Begründung der deutschen Philosophie. Kants transzendentale Logik. Kritik ihrer Begründung*, Verlag fur Recht und Gesellschaft, Basilea 1947.
CLAVEL. M., *Critique de Kant*, Flammarion, París 1980.
CHIODI, P., *La deduzione nell'opera di Kant*, Taylor, Turín 1961.
Estudios sobre Kant y Hegel, ed. por C. FLÓREZ Y M. ÁLVAREZ, Instituto de Ciencias de la educación, Salamanca 1982 (véase sobre Kant los trabajos de F. MONTERO, J.L. VILLACAÑAS, C. FLÓREZ, F. DUQUE, y J.L. MOLINUEVO).
LEHMANN, G., *Beiträge zur Geschichte und Interpretation der Philosophie Kants*, Walter de Gruyter, Berlín 1969 (colección de trabajos, entre ellos uno importante sobre el *Opus postumum*).
—, *Kants Tugenden. Neue Beiträge zur Geschichte und Interpretation der Philosophie Kants*, Walter de Gruyter, Berlín 1980.
PHILONENKO, A., *Études kantiennes*, J. Vrin, París 1982.
PLESSIS, S.I. DU, *Kants Hypothesisbegriff*, Bouvier, Bonn 1972.
SMITH, A.H., *Kantian Studies*, Clarendon Press, Oxford 1947.
WEIL, E., *Problèmes kantiens*, Vrin, París ²1970.

15. Relaciones y proyección histórica

ALEU, J., *De Kant a Maréchal*, Herder, Barcelona 1970.
CASULA, M., *L'illuminismo critico. Contributo allo studio dell'influsso del criticismo kantiano sul pensiero morale e religioso in Germania tra il 1783 e il 1810*, Marzorati, Milán 1967.

Bibliografía

ELSBACH, A.C., *Kant und Einstein*, Walter de Gruyter, Berlín 1924.
FROMM, S., *Wittgensteins Erkenntnisspiele contra Kants Enkenntnislehre*, Alber, Friburgo-Munich 1979.
FUNKE, G., *Von der Aktualität Kants*, Bouvier, Bonn 1979.
KOPPER, J., *Die Stellung der «Kritik der reinen Vernunft» in der neueren Philosophie*, Wissenschaftliche Buchgesellschaft, Darmstadt 1984.
LOTZ, J.B., *Kant und die Scholastik heute*, Berchmanns Kolleg, Pullach 1955.
SENTROUL, CH., *Kant et Aristote*, París 1913.
SPERLING, D., *La metafísica del espejo. Kant y el judaísmo*, Nueva Visión, Buenos Aires 1991.
STEGMÜLLER, W., *Aufsätze zu Kant und Wittgenstein*, Wissenschaftliche Buchgesellschaft, Darmstadt 1974.
Zur Kantforschung der Gegenwart, ed. P. HEINTEL y C. NAGL, Wissenschaftliche Buchgesellschaft, Darmstadt 1981.

Para una más amplia información bibliográfica cf. J. ARANA, *Guía bibliográfica para el estudio de Kant*, Universidad de Sevilla, Instituto de Ciencias de la Educación, Sevilla 1982. Véase también R.CH.S. WALKER, *A selective bibliographie of Kant*, University of Oxford, Oxford ²1978. La información bibliográfica más completa se encuentra en la sección anual: *Bibliographie*, desde 1969 a cargo de R. MALTER, de la revista «Kant-Studien», Colonia 1957ss.